清代台湾

清代渡海巡台制度研究

尹全海 著

九州出版社
JIUZHOUPRESS

图书在版编目(CIP)数据

清代渡海巡台制度研究/尹全海著.—北京：九州出版社，2007.9

ISBN 978-7-80195-721-4

Ⅰ.清…　Ⅱ.尹…　Ⅲ.地方政府—行政管理—政治制度—研究—台湾省—清代　Ⅳ.D691.2

中国版本图书馆CIP数据核字(2007)第137401号

清代渡海巡台制度研究

作　者	尹全海　著
出版发行	九州出版社
地　址	北京市西城区阜外大街甲35号(100037)
发行电话	(010)68992190/2/3/5/6
网　址	www. jiuzhou press. com
电子信箱	jiuzhou@ jiuzhoupress. com
印　刷	北京毕诚彩印厂
开　本	720×1020毫米　16开
印　张	18
字　数	289千
版　次	2007年9月第1版
印　次	2007年9月第1版　第1次印刷
书　号	ISBN 978-7-80195-721-4/D·176
定　价	38.00元

序一

罗福惠

全海在攻读博士学位以前，关注和思考“地缘政治”、“陆权”与“海权”等问题已久。他跟着我攻读博士学位之后，将这一思索具体化到中国大陆与台湾的关系上，而最终确定以“清代渡海巡台制度研究”为本书的题目，既符合“大处着眼，小处落墨”的为学之道，又有史学研究者的现实情怀，所以我对他的这项研究很有兴趣和信心，支持他尽快进入研究状态。

自乙未（1895 年）割台以后，台湾问题一直是中华民族共同的“百年之痛”。百余年来两岸的风风雨雨，始终在拨弄乃至煎熬着两岸人民的心绪与情愫。因此在全海着手这项研究之前，两岸历史学者有关台湾及台湾与大陆关系的研究，已经呈现出为数可观、选题不易的状态了，这或许就是近几年大陆虽有不少高校开设台湾（或台港澳）研究所，但真正有份量而且有新意的史学研究成果还不够多的原因之一。

既往有关两岸关系的历史研究，首先多数集中在政治、军事、对外交涉领域，所以郑成功收复台湾，1885 年台湾建省，中国人民反对日本割占台湾，就成了人们熟知的研究课题。其次较多的，是经济上的两岸往来，包括生产和贸易上的各种联系。再次是移民和文化联系，意在追本溯源，说明两岸人民同属炎黄子孙，理当血浓于水，风雨同舟；而“台独”分子的“台湾地位未定论”、“两国论”、“一边一国论”及“去中国化”的“理论”及行动，都是数典忘祖，罔顾历史与事实的表现。而全海以为，除上述研究还需要细化和深入之外，还更宜注意清代管辖台湾的制度运作，这不仅是“主权”的宣示和体现，更是管辖是否有效，“主权”是否得以落实的关键。说到底，移民所到之地，文化影响所及范围，还有经贸圈，甚至军事力量所及之处，往往超出“主权”之外，而只有行政制度的贯彻落实，才真正是国家“主权”的根本体现。

统治着辽阔领域的清王朝，其实在行政管辖制度的设计上是很有一套的，比如清王朝对东北“龙兴”之地、对蒙古族各旗盟、对新疆、对西藏等地的行政管辖，不仅与中原18行省有所不同，而且上述各“特区”也呈现明显差异。在清王朝强盛的时候，这种“多样化”造成了中国各地区多民族的和谐和繁荣，而且随着形势的变化对相关制度作了若干完善或改变，最终在客观上促成了“一体化”的自然趋势。清王朝对台湾的管辖治理也一样，其先或因“海权”观念的淡薄而对台湾采取“隔海遥制”之势，放手让台湾地方官治理该地；1721年朱一贵起义后设置巡台御史，1786年林爽文起义后，改变为福建大员轮值巡台；1874年发生日本首次侵台事件后又改为闽府驻台，而1884年发生中法战争，翌年就有台湾建省。凡此可以说明，清王朝对台湾的管辖行政，在制度设计和实施上虽然体现出某种程度的被动和滞后，但总体上还是因时势变化而加以改进的。读罢该书，就可以知道清朝政府在中央与地方（台湾）的关系上管辖治理制度的形成、变化和运作状况。

诚如书名《清代渡海巡台制度研究》所显示，该书属于制度史研究类。由于本书作者没有停留于对制度的文本解释，而是深入到制度的沿革变迁和制度实施中的过程和实施后的效果的考察分析，所以该论文能给人多方面的启示。就我个人的一得之见而言，即有如下几点：

其一，近代著名思想家龚自珍、魏源早就说过“法久必弊”，他们所说的“法”，实是概指广泛的制度、法令、规定之类，意思就是说各种大小范围、性质不同的“法”主要是针对当时当地的具体形势和情况而制定的，因而都有具体的针对性和时代性，时间过去久了，一方面会因时势变化而使得有关规定不适合变化了的实际情况，一方面会因人的懈怠而使得有关制度的功能流于废弛。面对这种情况只有两种处置办法，或者是重申制度，或者是对制度加以增革损益，此即“更法”或“变法”。清朝中央政府管辖治理台湾的制度的前后变化也说明了制度必须变革的道理，而且制度变革不仅要有针对性，最好还能有前瞻性，“未雨绸缪”要好过“亡羊补牢”。

其二，由于全海在书中所说的“制度的产生，一般是一个自然的历史过程，但制度的设计者为寻求最优，对制度执行者在操作中的行为，或多或少是基于一种善意的假设”一语，使我想到制度与人的关系。制度与人的关系实则包含三个层面的意义；设计和制定制度，靠的是人；执行和落实制度，同样靠的是人；受到制度规范约束和指引的，同样是人。所以研究制度绝对脱离不了对“制度链”中有关人的研究。从该书对巡台御史、轮值巡台福建大员诸人的研究可知，在同一制度之下，有的人能够尽心尽职，有所作为；有的人则畏难怕险，敷衍塞责，甚至渎职偾事。这也足以说明，即使有适合客观情形的制度，仍然需要靠人们去实施和遵守，否则就会形同具文。

其三，对于制度设施，既要明确其特殊性，也要善于发现其普遍性的意义。具体地说，本书所研究的御史巡台和福建大员轮值巡台制度，其重点是“治官”，其次才是“治民”的。因为该制度的设计，就是台湾的地方官直接治理台湾民众，而由中央派委的御史或轮值巡台的福建大员对台湾地方官的治理情形进行督导和检查，故可以说这一制度实为直接“治官”，间接“治民”。从内政的层面看，清代台湾的两次重大民变，即朱一贵起义和林爽文起义，都是由官民矛盾而起。这也足以证明，欲治民必先治官。所以清代的巡台制度，虽是具体针对中央与台湾的特殊情形而制定的，但又具有普遍性的意义。

以上所说，只是审读该书时产生的若干联想，或许有些超出了本书内容和作者的意图。对于论著本身的得失优劣，我作为老师，倒不便多言，还是留待专家和读者们的评判好了。我还希望全海在这一研究方向上继续努力，拿出更新更有份量的成果。是为序。

2007年夏于武汉

序二

谢 放

全海的《清代渡海巡台制度研究》即将正式出版，谨此表示衷心祝贺。我和全海相识于五年前，此后通讯往来，切磋学问，互有启发。当得知全海以“清代渡海巡台制度之研究”作为博士学位论文的题目，我感到这是一个极有学术价值和现实意义的选题。全海的《清代渡海巡台制度研究》完成后，我又有幸成为较早的拜读者之一，虽然对这一研究课题并不熟悉，但在拜读中却得到了有益的方法论启示。

台湾与大陆关系的研究，似已成为海峡两岸学界关注的“显学”，不过学者大多强调或突出台湾与大陆的历史文化联系，而两岸之间的管辖关系，以及历史上中原王朝对台湾的管辖形式，却或多或少被忽略。本书独辟蹊径，从制度史的视角，以清代治台政策为背景，以渡海巡台制度的演变为主线，通过对制度运作之描述与分析，揭示了其作为清政府对台湾实行的直接管辖制度的性质与功能。

本书对前人的相关研究，包括两岸学者整理出版的相关资料都作了十分细致而中肯的评述，较好地确立了研究的起点，既表现了作者严谨求实的治学精神，也凸显了作者敏锐的学术洞察力。清代渡海巡台制度，上承早期的“隔海遥制”，下启晚清台湾建省，历经御史巡台、福建大员轮值巡台，以及闽抚驻台三个阶段。对这样一个承前启后的重要制度及其运行，学术界长期缺乏系统深入的研究，不能不是一件憾事，即使有部分与之相关的研究成果问世，但研究有待深入当是应有之义。

对于制度史研究而言，本书在方法论上确有值得参考和借鉴之处。清代渡海巡台制度研究实际上具有相当难度，这一制度虽然前后运行了 160 多年，但因其过渡性和被动性的特征以及相关资料的记载极其分散，似缺少一个较为清晰而完整的制度框架，或许可以说是一个制度运行多于制度规定的事例。从制度演变史考察，一种制度的产生往往是在运行中才开始形成并逐步完善。而既存制度史的相关研究，因受限于资料或视野，大多关注于制度确立时的相关文本规定，对制度的演变过程和运行效果反倒有所忽略。制度的成文规定可能更具设想乃至理想的成分，或超前，或滞后，或差异于实际的运行。制度史的研究如果仅仅停留在对制度文本的研究，则往往可能离历史真相愈远；只有通过对制度的演变过程和运行效果更具体深入地探讨，才可能揭示出一种制度出现并逐步完善的规律。本书对清代渡海巡台制度的沿革变迁、运行过程及其实际效果和局限都进行了较为深入的考察分析，注意到了制度演变的内在联系，更注意到了制度规定与实际运行的差异。例如，福建大员轮值巡台制度，在执行过程中便出现了对规则的超越或非制度化倾向，很多巡台活动并未遵循制度的规定，而是根据需要或因突发事件而临时决定实施，故依据巡台之性质，可将巡台活动分为循例巡台和因事巡台两类，且在实际执行中两者有时又不能截然分开。书中此类具体而深入的论析尚多，均不失为比较成功的例证。

以宏观而论，本书从纵论清代渡海巡台的自然、历史与文化背景入手到以“陆权”与“海权”的视角思考清代台湾与大陆的关系为结论，具有“观水有术，必观其澜”的学术视野。以微观而论，在史实重建方面又多有精细考证，如在前人研究基础上，通过对史实的疏理、比较和考证，对福建大员轮值巡台之次数进行确切的统计和分类，又有“事不孤起，必有其邻”的学术眼光。

不回避有争议的“敏感”问题，以求真求实的态度追本溯源，重现历史的真相，亦是本书的一个特点。如对清初文献中“台湾不通中国”或“台湾不属中国”之说，历来学者或视之荒唐，或讳莫如深；本书则通过对历史资料的细致解读和认真考辩，发现所谓台湾“自古未属中国”之说始见于雍正元年的上谕；此说实有特殊的“语境”，乃雍正帝为彰显康熙帝收复台湾这一“前无古人”之伟业而言。而此处的“中国”亦是一种文化概念，反映了传统陆权国家重陆轻海的文化观念，是特殊背景下对台湾的一种“误解”。所谓台湾“自古不通中国”之说，则因清代前期历史文献的“中国”实与“中原”为同一概念，不过是中原王朝的文化视域之内记载台湾，反映了官修正史中的中原正统观念。从方法论角度，将当时人的说法置于当时特定的语境中加以解读，求得其原有之义，是值得提倡的研究方法。

作者在最后的结论中指出：“台湾海峡的自然阻隔、制度自身缺陷，以及重陆轻海观念影响和制约了清代渡海巡台制度的功能，表明清代渡海巡台制度是陆权时代的管辖制度；进入海权时代，若不能取得台湾海峡的制海权，其功能是十分有限的。”我以为这是通过对清代渡海巡台制度及其运行深入研究后得出的一个既具有历史性又具有现实性的重要结论；对这一结论更深层次地思考、探讨和验证，以个人的浅见，既可能成为作者在此书基础上进一步研究的新起点，也可能成为学界深入研究两岸关系史的一条新路径。

2007 年夏于成都

目　录

绪 论

清代渡海巡台制度，乃清王朝以闽台合治体制将台湾纳入福建地方治理之同时，面对台湾海峡自然阻隔以及台湾地方官员治理不力，在台湾建省之前实行的直接管辖制度，前后运行160多年，历经御史巡台、福建大员轮值巡台，以及闽抚驻台三个阶段。目前学术界对之关注很不够，不仅缺少系统研究成果，就是部分或相关性研究也很不成熟。然而，并不能因此怀疑这一研究的学术价值和现实意义；若能持之以恒，由此及彼，或许有益于当下台湾史和两岸关系史研究视角和学术取向的转换，开辟新的研究领域，即由文化视角而制度视角，也未可知。因此，在切入正文之前，系统梳理现有之相关成果及研究动态，对本文的研究动机、研究方法与史料的运用等予以交代，是非常必要的。

第一节 研究动机

本文之选题来自对海峡两岸历史与现状及其现存学术取向的思考；其探讨之视角虽不能称为创新，但可以认为是学术界有待努力的方向。

自1950年代，台湾银行及台湾省文献委员会邀请岛内文化精英，编辑《台湾文献丛刊》，经过近20年之努力，共整理出版各种文献资料400余种。[①] 50年后，厦门大学、福建师范大学同仁联袂，10年策划，10年艰辛，再编辑出版《台湾文献汇刊》，凡7辑100册，[②] 以填补《台湾文献丛刊》出版之时因海峡两岸的隔绝状态而留下之缺憾！两岸学人共同编辑出版规模宏大的台湾历史文献，编辑者和文献本身都在证明或诉说着同一个问题，即台湾与大陆的历史文化联系：一者为台湾历史文化研究提供更为

① 1957—1972年，共出版《台湾文献丛刊》309种，595册。吴幅员：《刊印“台湾文献丛刊提要”赘言》，载《台湾文献史料309种提要》，第2页。

② 2005年，九州出版社与厦门大学出版社联合出版《台湾文献汇刊》7辑100册。据“汇刊”主编陈支平教授介绍，今后还将整理出版后续汇刊。

完整的原始文献资料；同时也提醒数典忘祖者不可视而不见。

面对如此规模宏大的历史文献，煌煌巨册，无言的诉说，偶尔传出些噪音，如“文化台独”或“去中国化”之类的，也就显得像梦呓一般，不知所云了。事实上，用文献资料证明台湾与大陆的历史文化联系，可表学者的求真精神和爱国之心，人人当慨而敬之。但对于欺世灭祖者，这种努力似乎有些多余，或者说是不够。所谓“多余”，是指现今台湾80%以上之姓氏源于大陆，是无需证明的；对于族谱上一笔一笔地写着其祖上来自中原，却说自己“生而为日本人”者，再多的“证明”又岂非多此一举！所谓“不够”，我认为用历史文献证明现实问题，是一种不周延的研究取向和思维习惯。首先，用历史文化联系证明台湾是中国领土之一部分，是主权时代的一种非主权表达形式。很简单，历史文化联系是不赋予主权意义的，充其量是一种“文化边疆”；须知中华文化曾是强势文化，东亚地区几乎都曾进入“汉文化圈”。其次，历史文化联系，从姓氏渊源、文化信仰，到文化景观，是一种自然的文化现象，没有强制性，也没有制度意义和政府主导，当然更不具有管辖关系。于是就有一系列的问题需要我们进一步回答，如历史上中原王朝对台湾是否有管辖关系？如果有，是从什么时间开始的？事实上，即使解决了这两个问题，仍然不够。因为，台湾作为一海岛，孤悬海外，与大陆海峡阻隔；而传统中国仅仅是一个有海岸线的大陆国家，[①] 千百年来，中原王朝与陆权时代的其他国家一样，借助战车和地理屏障，[②] 在辽阔的东亚陆地对其广袤疆域进行成功治理和有效管辖，并没有经营海外疆土的尝试，那么，它又是如何管辖台湾的呢？于是，历史上中原王朝对台湾的管辖形式有了至关重要的意义。如果我们理清了历史上中原王朝对台湾的管辖关系及其运作形式，比泛泛而言台湾自古就是中国领土或仅仅停留在对两岸文化联系的追溯，更有意义，也更符合历史的原貌。

有清一代，是海峡两岸之文化联系和主权管辖关系形成的关键时期，并最终实现了台湾建省；但由于清政府割让台湾的历史及其在近代史上令人扼腕的表现，成为中华民族无法抹去的民族伤痕，因此，当后人论及台

① 近代以后，就地缘政治意义而言，亦称为陆海复合国家。

② 农业时代，夺取陆权的工具是战车，维护陆权的基础是地理屏障，如山脉、河流、沙漠、远海等。中国历史上自战国至明代修筑的“万里长城”，可视为对地理屏障的扩展。

湾与大陆之间的历史文化联系及主权管辖关系形成之动力时，如同上面提到的，人们更愿意强调大陆先民及其携带的中华文化在台湾传播所发挥的纽带作用，对清政府所做的努力总是在不得已时才轻描淡写一下。简言之，由于各种原因，文化的功能被渲染或泛化了。本文承认中华文化在海峡两岸有割不断的历史渊源和传承关系，是联系两岸同胞情感的重要纽带，但清政府为实现海峡两岸统一及其直接管辖与有效治理所做的努力，同样是历史事实。其中，台湾建省之前，清王朝面对台湾海峡之自然阻隔，而设计的渡海巡台制度及其运作，不仅在一定程度上抵消了自然障碍对地方治理产生的干扰，而且进一步加强了闽台合治体制的治理功能，保证中央政府之政策跨越海峡，在台湾进行有效运行，这是文化力量无法替代的。鉴于此，本文欲尝试探讨清王朝对台湾的直接管辖制度，并在前人研究的基础上回答以下问题：

从空间或领土意义上讲，中国是一个有岛屿领土的大陆国家。在陆权时代，陆权国家欲有效管辖其岛屿领土，必然面临自然环境和历史文化观念等诸多挑战；那么，清代之前中原王朝是如何对台湾实施管辖的，这是本文首先要考察的问题。

清王朝对台湾的直接管辖形式，整体上可以概括为“隔海遥制”、渡海巡台和台湾建省三个阶段。而渡海巡台作为承前启后的过渡阶段，又历经御史巡台、福建大员轮值巡台、闽抚驻台，直至实现台湾建省，运行160多年，其内在动因是什么？是中央政府的主观设计还是台湾地方的需要，抑或中央政府顺应台湾社会变迁，而进行的渐次调整？

清代渡海巡台制度从哪些方面实现或加强了清王朝对台湾的主权管辖？巡台官员扮演了什么角色？渡海巡台制度在多大程度上表现为区域性和特殊性；又在多大程度上表现为内地化和大陆性特征？

从巡台御史追求“权事归一”，到福建大员轮值巡台，保持“闽台呼应灵便”，再到闽抚驻台，二者兼而有之，其演变轨迹与光绪年间袁保恒、左宗棠的“改福建巡抚为台湾巡抚”如出一辙。那么，渡海巡台制度及其实施与台湾建省之间是否有内在联系？

第二节　相关研究成果之回顾

本文为制度史研究，属于清代治台政策之一部分；但其中较多涉及各级治台官员，如中央简派之巡台御史，福建地方大员，台湾镇、道等，于是又有官制史之意义。由于已有之研究尚无直接的系统成果，故只能就清代治台政策和与巡台官员有关的各级治台官员等相关成果，做一归纳与分析。当然，在此之前对近60年来海峡两岸清代台湾史的研究趋势及其特征进行鸟瞰式的回顾，意在表明制度史为清代台湾史研究之薄弱环节，似愈加彰显本文之研究价值与意义。最后指出已有研究成果之不足。

一、近60年海峡两岸台湾史研究之鸟瞰

台湾之台湾史研究，在宏观整体上可分为1945年以前、1945—1970年、1970—1987年和1987年以后四个阶段。1945年以前日据时期，整个台湾史研究存在较为明显的皇民化痕迹，但先后来台的日本人文学者对台湾进行民族学田野调查，① 为日后的台湾史研究特别是对平埔族及其文化的研究积累了难得的一手资料。战后至1970年代，主要是大陆赴台学人在“文化光复”的旗帜下，挖掘台湾的传统历史文化资源，为“正统中国”服务。由于台湾史一直纳入中国边疆史之解释框架，1970年代，严格意义上讲并没有台湾史，更无断代的台湾史；所谓的研究大多是剪贴式、史迹调查式的文章，具有学术规范的论文寥寥可数。② 1970—1987年，整个台湾学术界进入转型时期，台湾史学研究出现两个显著变化：一是社会科学方法引入历史研究，引发社会史的兴起；二是台湾历史学的第二代逐渐成长起来，③ 以大陆赴台学人为代表的“史料学派”之学术地位受到不小的冲击。中国历史仍然是台湾史学研究的中心，特别是《台湾省通志稿》的出版和《台湾文献丛刊》的编辑整理，促使清代台湾史研究成为台湾史学的重心和焦点，伴随着西方研究方法的介入，渐次开辟出新的研究领域；另外，由于官方档案和早期文献的运用，研究质量大为提升。但台湾史研

① 当时参与台湾民族学田野调查的日本学者，主要有民族学家鸟居龙藏（1870—1953）、伊能嘉矩（1867—1925）和森丑之助（1877—1926），被学界称为“台湾早期人类学调查三杰”。其中以伊能嘉矩在台时间最长，成果也最丰富，先后著有《台湾番人事情》、《台湾年表》、《台湾番政志》、《台湾志》、《台湾文化志》等10多部著作，以及70多篇论文。见杨南郡《学术探险家伊能嘉矩》，载杨南郡译注《平埔族调查旅行》，台湾远流出版事业股份有限公司，1996年，第9页。

② 林玉茹、李毓中：《台湾史》，台湾大学出版中心，2004年，第75页。

③ 参考王晴佳《台湾史学五十年（1950—2000）：传承、方法、去向》，台湾麦田出版，2003年。

究的“本土化”倾向开始萌生，由边疆史变为台湾史；“内地化”与“土著化”之争论，反映了转型时期台湾史学的焦躁与不安。1987 年以后，台湾史成为台湾历史研究的“新宠”，研究重心逐渐转移至日据时期和战后台湾；淡化台湾与大陆的渊源关系，特别是把清王朝视为外来政权，回避清政府对台湾的直接管辖和有效治理之趋势已相当明显。若对台湾史在台湾史学界的发展趋势作一量化分析，则可参考彭明辉的研究成果。彭明辉等对台湾地区博硕士论文、期刊论文和历史学报进行定量分析的结果表明：1945—2000 年，关于台湾史的博硕士论文共 321 篇，占总数的 15.9%。具体分期篇数和比例为：1945—1960 年 0（0%），1961—1970 年 3（3.2%），1971—1980 年 24（6.9%），1981—1990 年 59（10.9%），1991—2000 年 235（23.1%）。关于台湾史的期刊论文共 278 篇，占总数的 4.9%。具体分期篇数和比例为：1945—1960 年 10（2.8%），1961—1970 年 16（2.1%），1971—1980 年 109（5.6%），1981—1990 年 79（4.3%），1991—2000 年 64（8.0%）。历史学报发表关于台湾史的论文 188 篇，占总数的 7.9%。具体分期篇数和比例为：1945—1960 年 1（2.4%），1961—1970 年 2（1.8%），1971—1980 年 36（6.8%），1981—1990 年 72（11.1%），1991—2000 年 77（7.4%）。[①] 虽然彭明辉等以博硕士论文、期刊论文和历史学报为定量分析的母体，不能代表全部，但其中所反映的趋势是可以肯定的。

大陆之台湾史研究，可分为 1949 年以前、1949—1980 年和 1980 年以后三个阶段。1949 年以前台湾史研究的成果非常有限，除连横的《台湾通史》[②] 外，无专门的台湾史专著；相关研究散见于清史研究之中，如当时的清史专家孟森、萧一山的著作对清代台湾史有一定的探讨。1949 年，新中国成立，有自由主义倾向的“史料学派”纷纷离开大陆，“史观学派”独步天下；阶级斗争范式一度统领下的大陆史学，台湾史研究主要是为现实政治提供历史支持。如证明台湾自古就是中国的领土；批判日本、美国和法国等帝国主义国家对台湾的侵略。这一时期，我们所看到的关于台湾史的著作，除政治意味较重的《台湾人民革命斗争史》（李稚甫）、《台湾

① 《台湾政治大学历史学报》第 20 期（2003 年）；第 22 期（2004 年）。

② 连横《台湾通史》曾于 1920—1921 年在台湾分三册出版；1945 年，抗战胜利前夕，商务印书馆予以重排，在重庆出版。

人民的革命故事》（陈文彬）、《台湾二月革命记》（王思翔）外，便是如《台湾史话》（王芸生）、《台湾历史概述》（丁名楠等）等介绍性的著作，[①]严格意义上的学术研究成果少之又少，有人把此时的台湾史研究视为空白，[②] 这一现象一直持续到1980年。1980年以厦门大学台湾研究所成立为标志，大陆台湾史研究进入第三个的阶段。研究重点最初集中在郑明和清初两个时期，对关键时期的关键人物如郑成功、康熙、刘铭传之关注较为突出；为此，福建学者编辑出版一批资料汇编，如《郑成功收复台湾史料编选》（1982年）、《闽台关系族谱资料选编》（1984年）、《台湾林爽文起义资料选编》（1984年），同时再版连横《台湾通史》（1983年），影印出版《台湾府志三种》（1985年）。由于1980年代，两岸的政治形势都发生了很大的变化，台湾史研究机构、学术刊物和学术队伍日渐形成和壮大；[③]"清史工程"之实施进一步推动了清代台湾史研究走向繁荣。但在较长的时期内，大陆的台湾史研究主要集中在福建之厦门大学和福建师范大学，如陈碧笙、陈在正、陈孔立、邓孔昭、李祖基等。进入1990年代以后，台湾史研究逐渐向两端集中，一是两岸早期关系，诸如移民、姓氏和闽台信仰等；二是当代台湾政治与经济，相比之下，清代台湾史研究有些降温，此时大陆台湾史研究除北京外，福建仍是学术中心。所以，本文以厦门大学台湾研究院的研究成果为分析对象，对1980—2005年大陆台湾史研究进行量化分析，是有根据的。根据本文分析的结果：1980—2005年大陆台湾史研究有明显的时段性特征，以清初和晚清研究成果所占比例最大。专题研究，包括人物、移民、闽台文化，其中，人物研究持续不衰，而且也有明显的时段性，主要围绕清初和晚清政治事件中的关键人物。1683年清王朝收复台湾之关键人物，如康熙皇帝、闽浙总督姚启圣、福建水师提督施琅，以及郑氏集团之首领人物等。1874年"台湾事件"至1895年"割台"之关键人物，如李鸿章、沈葆桢、丁日昌、刘铭传等。其次，台湾民

① 依据《全国总书目》、《八十年来史学书目》、《中国近代史论著目录》等工具书检索。

② 杜继东：《1949年以来大陆地区的台湾近代史研究综述》，载《近代史研究》，2000年第5期。

③ 1980年代创办的学术刊物，主要有《台湾研究集刊》（集刊，1980年）、《海峡》（集刊，1981年）、《台湾海峡》（集刊，1982年）、《台声》（双月刊，1983年）、《台湾研究》（季刊，1988年）等。

变和分类械斗研究也比较集中。[①] 接下来是闽台资料特别是闽台族谱资料之整理、闽台文化和信仰，[②] 均占有较大分量。

总之，清代台湾史研究主要集中在国内，其中，台湾地区起步较早。大约1970—1990年代，是台湾之清代台湾史研究的黄金时期；1987年以后，当台湾史研究重点转向日据时期和战后台湾时，大陆的清代台湾史研究正方兴未艾。可以认为，大陆与台湾学者携手走过了台湾史研究的60年，保持了学术研究连续性，以至于并不因为海峡两岸的政治阻隔或意识形态之差异，影响我们对台湾史研究之学术史的完整考察。但大陆和台湾的台湾史研究分歧，也是非常突出的。综观海峡两岸台湾史研究之分歧，表现为前后两个阶段：1980年代中期以前，台湾与大陆之台湾史研究，主要受1930—1940年代"史料学派"和"史观学派"两个史学谱系的影响，表现为研究方法上差异。台湾多注重实证研究，大陆则以定性分析见长。1980年代中期以后的分歧已不仅仅是研究方法问题，而是历史观问题，主要集中在台湾与大陆的关系上。就此问题，不仅大陆与台湾学者之间分歧较大，台湾学者内部也有截然不同的观点，史学研究中甚至出现了"统、独之争"。

同时，我们发现大陆和台湾地区的台湾史研究也有共同趋势及特征，那就是对制度史抱较为冷漠的态度。据本文的初步统计，《台湾文献》（季刊）1946—1988年所刊登的1179篇文章中，有关台湾制度史的仅有16篇，其中与台湾政治制度有关的只有1篇，至于清代台湾政治制度史的文章则尚付阙如；1952—1988年，全台湾地区的博士、硕士论文154篇，有关制度史者7篇，其中关于台湾制度史则3篇。许雪姬在《清代台湾史研究的回顾与展望》一文中指出，1950年代以后，近30年时间内，台湾各大学台湾史研究专业的硕士论文中，关于制度史的仅有2篇。[③] 制度史在台湾遭受的冷遇，在中国近现代史研究领域同样存在。我们仍然据台湾学者彭明辉对台湾地区中国近现代史研究论文之分析为例，1945—2000年，627篇中国近现代史博、硕士论文中，制度史所占比例最低，仅占0.3%，低于科技史和图书史（均为0.5%）；同一时期，1010篇中国近现代史期

① 陈孔立：《清代台湾移民社会研究》，九州出版社，2003年。

② 根据《台湾研究集刊》之"本所研究人员有关台湾研究的论文目录"整理。

③ 指林圣芬的《清代台湾之团练制度》和张舜华的《台湾官制中"道"的研究》。

刊论文中，制度史所占比例不超过0.5%。大陆关于清代台湾政治制度史研究较早的专题文章，是李祖基的《清代巡台御史制度研究》[①]。25年间，关于清代台湾政治制度史的文章不超过5篇，可谓“五年等一篇”。关于清代台湾制度史的专著，是王宏斌的《清代前期海防：思想与制度》[②]。

当然，鸟瞰式的回顾，难以俱全，极有可能一些优秀论著需特别提出而由于笔者不慎或孤陋寡闻而遗漏。另外，由于大陆对清代台湾史的研究尚停留在相对“宏观”阶段，与我们主题有关的研究成果十分有限，下面两个专题研究之介绍将以台湾的研究成果为主。海外台湾史研究主要集中在日本和美国，但他们都有其相对稳定的研究时段，如美国以战后台湾为中心，日本则更关心日据时期的台湾史，对清代台湾史研究成果比较少，只得暂时付阙，是为憾事。

二、清代治台政策之研究

若从中央政府对台湾地方实施主权管辖、而不仅仅是对台湾的治理意义上讲，与清廷统治台湾相关的政策，主要有治台政策、军队与防务政策、地方官制及行政组织、禁渡和理番政策，以及海外贸易政策和涉外关系等。考虑到禁渡和理番政策，往往是衡量清代治台政策性质消极或积极的“指标”之一，[③] 似可放入治台政策一并讨论；地方官制及行政组织，在“清代治台官员之研究”部分，将有涉及和介绍，亦没有重复的必要；至于海外贸易政策与涉外关系，与本主题相去较远，不拟列入讨论范围。

在台湾，1970年代，可谓清代台湾史研究的崭新阶段，许多新的研究课题始于此；清代治台政策，也在此时成为清代台湾史研究的重点之一，张菼的《清代初期治台政策的检讨》[④]，即是第一篇研究清初治台政策的专题论文。由于该文的许多观点对后学者产生了较大的影响，其引用率非常之高，故有必要作一介绍。作者认为施琅的《陈台湾去留利弊疏》，是清初治台政策的蓝本。而且，施琅此后所奏之“移动不如安静疏”、“壤地初辟疏”、“海疆底定疏”、“收用人才疏”等，在清初治台政策中都有所体

---

① 《台湾研究集刊》1989年第1期。

② 王宏斌：《清代前期海防：思想与制度》，社会科学文献出版社，2002年。

③ 庄金德：《清初严禁沿海人民偷渡来台始末》，载《台湾文献》第15卷3—4期（1964年）；黄秀政：《清代治台政策的再检讨》，载《文史学报》20卷（1990年）。

④ 《台湾文献》21卷1期（1970年）。

现。作者通过对清初在台实行的人事政策、民政政策、财政政策、经济政策、保安政策等消极措施逐一检讨，得出“清初消极治台政策”之结论。至于清初消极治台的原因，作者认为，与清廷对台湾地位的肤浅认识有关：清廷不弃台湾，并非出于领土、主权的考虑，亦非经济价值的原因，而是为了东南四省之安全而已。另外，清代台湾的特殊化问题，也是在本文中首次提出的。遗憾的是，该文为清代治台政策之阶段性研究，其影响有所降低。张菼以“消极治台”概括清初治台政策的观点，为后人所承袭。但也有人提出质疑，如黄秀政认为，受蓝鼎元的影响，雍正朝对台湾已由防范转向开发，应视为积极治台之表现。[①] 汤熙勇则认为，若以“消极治台”概括清初治台政策，则无法解释康熙朝台湾土地的迅速开发。[②] 李祖基《论清代政府的治台政策》，以施琅与清初大陆移民渡台之规定为例，对清初移民渡台政策的颁行时间、严禁携眷渡台和严禁粤籍人民渡台等问题进行了较为详尽的考证与分析，认为不应将清初消极治台政策全部归于施琅。[③] 另外，专题讨论清代前期治台政策的还有，张明雄《康熙年间清廷治台政策及其检讨》[④]、施志汶《清康雍乾三朝的治台政策》[⑤]，因无甚影响，暂不予介绍。

较早整体讨论清代治台政策的，是张炎宪的硕士论文《清代治台政策之研究》[⑥]。张炎宪把台湾历史发展分为原住民居住时期，荷人占据时期，明郑时期，清治时期，日据时期，光复后重归祖国六个时期。张炎宪认为，清治台湾212年是台湾历史发展的关键时期，也是中华文化在台湾生根及发展的时期。“如无此时期，不仅郑明时代文化初启的曙光将为断送，台湾不能成为汉人的海外天地、中华文化的一支流，甚至台湾被日本占据后，将无从回归祖国”。关于清代治台政策，张炎宪虽然认同前人以同治十三年（1874年）为界，把清代治台政策划分为前后两个时期：前期是消极政策，后期是积极政策，但他的贡献在于对清代治台政策从消极到积极

① 黄秀政：《蓝鼎元的积极治台主张》，载《台湾文献》第28卷第2期（1977年）。
② 汤熙勇：《论清康熙时期的纳台争议与台湾的开发政策》，载《台北文献》第114卷（1995年）。
③ 《台湾研究》2001年第3期。
④ 《台湾文献》直字第74期（1985年）。
⑤ 施志汶：《清康雍乾三朝的治台政策》，台湾师范大学历史所硕士论文，2000年。
⑥ 张炎宪：《清代治台政策之研究》，台湾大学历史所硕士论文，1974年。

的转变，做了更为详细的考证和更精细解释：列强对台湾的觊觎、清政府的自强新政以及台湾移民开拓的推动与改革，共同促成清代治台政策的转变。同时，张炎宪还特别强调，清代治台政策并不是消极放任，而是具有弹性。杨熙《清代台湾：政策与社会变迁》①，曾得到台湾史大家方豪和杨云萍两教授的指导，被认为是最早综论清代治台政策的专著。首先该著选取康熙二十二年至道光二十二年（1683—1842 年），160 年之清代台湾为研究范围，原因是此时台湾涉外事件甚少，影响政策之因素较为单纯，更易透视清廷治台之初衷。其次该著研究之重点在于抚民与理番政策及其推行，前者适用于汉人，后者适用于番民。通过对抚民与理番政策推行进程之考察，作者发现历史上的重大事件如朱一贵、林爽文起义之后，抚民与理番政策都有相应调整或存废，说明清廷的治台政策还是有很大的灵活性，而且在不断的自省中，以期顺应社会变迁、符合社会现实。其三该著将清廷治台的基本原则归纳为：视台湾如同内地；以汉文化为主；顺应台湾社会变迁。对清代治台政策的积极评价，超越前人，而且也更客观。最后该著指出，清廷治台因形势悬绝难能施展，如台海横隔，足以干扰治台制度之设计，乃至各种政策之推行；凡未顾及交通阻隔影响之政策，未有不招致严重失败者。此论，本文亦有同感。

由于晚清治台政策与清代前期迥然不同，学者亦多另辟专题予以讨论，研究内容主要集中在洋务运动、台湾建省、开山抚番等，应该说是非常成熟的，不再详细列举，仅就张世贤《晚清治台政策 1874—1895》② 一书作一介绍。虽然该著仅探讨了同治十三年（1874 年）至光绪二十一年（1895 年），21 年间清廷统治台湾的政策，属于阶段性研究；但作者尝试在政策分析架构下，考察清代治台政策的国际国内环境、政策的目标、政策的内容和政策的执行等，在研究方法上有较大创新意义。该著认为 1874 年日军入侵台湾，是清代治台政策的转折点，清廷统治台湾的措施由此从防范民变等治安之挑衅，转变为防范外敌入侵之国防挑衅；而且，晚清治台政策随着国家环境的恶化，逐渐调整、成长。具体言之。关于政策之环境，与杨熙《清代台湾：政策与社会变迁》一致，作者特别强调台湾海峡对清代治台政策影响至巨：由于台湾孤悬海外，清廷难以控制，造成台湾积弊丛生，民变、械斗止而不

① 杨 熙：《清代台湾：政策与社会变迁》，台湾天工书局，1983 年。

② 张世贤：《晚清治台政策 1874—1895》，东吴大学博士论文，1976 年。

息，所谓“三年一小反，五年一大反”，（前期）治安形势严峻；台湾孤悬海外，同样易为已取得制海权的列强侵占，并以此要挟清廷，海警屡起，交涉频仍，（后期）国防形势危机。所以，只有取得制海权，克服海峡障碍，才能保证清廷治台政策之推行。关于政策之目标，作者将其归纳为杜绝觊觎、巩固海疆和收揽人心三个方面。台湾的命运告诉我们，晚清治台政策的目标落空了。关于政策之内容，囿于当时国际国内环境，其惨淡经营，在开山抚番、充实国防和健全制度等方面，还是达到了一定之效果。关于政策之执行，包括执行人选和执行经费。政策执行之人选，从沈葆桢到邵友濂，分别为钦差大臣、福建巡抚和福建台湾巡抚，与以前的台湾镇、道相比，其官职和职权都发生了根本性的变化。而且，他们都深悉洋务、敏于吏治，为当世难得之人才。或惨淡经营，或扶病内渡，不可谓不尽心竭力，然台湾终不能保者，作者认为，“治台者，不能以台湾言治台，必以整个中国言治台”。至于经费，乃政策执行之关键；没有经费，政策虽好，亦是一筹莫展。晚清治台政策，“巩固海疆，保障海防”，为国家之大计，然国家之海防经费一再挪用，落实未半；各省协饷又因西北战事而不能兑现，结果治台经费却落得由台湾地方财政自谋解决。[①] 治台政策无疾而终，势所必然也。需要指出的还有，李祖基《论沈葆桢与清政府治台政策的转变》，在更为微观意义上考察了晚清积极治台的决策过程，避免了此前研究中的泛泛而论，具有一定的方法论意义。

1980年代以后，对清代治台政策的研究逐步转向清代海防政策、海疆政策和抚番政策上。王宏斌在《清代前期海防：思想与制度》[②] 一书中认为，一部系统的海防史专著，应当全面研究海防思想、海防政策、海防制度和有关海防的重大事件。鉴于史学界在郑成功、施琅收复台湾方面，在移民和闭关政策方面已有较多研究，所以，他的研究重点集中在清初人们的海洋观念、海防地理认识水平和海禁思想渊源及其流变；清廷关于海防的军事部署状况和特点、水师的会哨制度、战船兵器修造制度等。其中，关于海岛、海岸、海港、海洋气候以及与海防有关系的海防地理认识，填补了学界的空白。另一本系统研究清代台湾海防的是许毓良的博士论文《清代台湾的海

① 张世贤：《晚清治台政策1874—1895》，东吴大学中国学术著作奖助委员会，1978年，第245页。

② 王宏斌：《清代前期海防：思想与制度》，社会科学文献出版社，2002年。

防》[①]。许毓良博士系统探讨了清代台湾的港口和海运，文武官员对海防的职掌、弁兵练勇对据点的戍守，海防的对象、台海的控制权，以及湘、淮畛域下的台湾海防等。许雪姬认为本书最大的优点是作者将台湾海防置于清朝东南海防的背景下来探讨，不孤立或特殊化台湾在清朝海防中的地位；另一方面也不忽视台湾处在中国边陲及列强环伺下的独特性，掌握到台湾海防的特质。

三、清代治台官员之研究

清代台湾隶属福建，为闽省一府。福建台湾官制是清廷治台的基本途径；各级治台官员，则是清廷治台的工具，政策之拟定及行政过程等，都是经由他们最终完成的。故而，下面将就有关清代治台官员，如巡台御史、福建巡台大员和台湾地方官员之研究成果，分别予以检视。

（一）清代台湾地方官员之研究

学术界对清代台湾地方官制与行政组织之研究，始于1970年代中叶，如戴炎辉《清代地方官制的组织及其实际运作》[②]，以淡新档案为主要资料，分别叙述了清代台湾之厅、县组织与实际运作，以及厅县长官、胥吏、差役（包括地保）、幕友及家丁等的角色。而系统研究清代台湾官僚体系的著作，当以许雪姬《北京的辫子——清代台湾的官僚体系》[③] 为代表。许雪姬把清代台湾的官僚体系划分为文官体系、武官体系和监察体系三大系统。其中台湾之地方文官，从台湾道、台湾知府、同知、通判、知州、知县，一直写到胥吏等；地方武官，包括了台湾镇总兵官、副将、参将、游击、千总、把总。其主要内容涉及官制沿革、性质；官员的推举与任用、职责与薪俸等。台湾的监察官员来自中央，非地方官制体系（在下文有所论述）。此外，许雪姬重点探讨了台湾文武官僚体系之间的关系和台湾吏治不良的原因。许雪姬认为，台湾镇、道之间职责交叉，相互监督和武官压制文官的现象比内地严重，由此导致文武不和，而文武不和又成

---

① 许毓良：《清代台湾的海防》，社会科学文献出版社，2003年。

② 戴炎辉：《清代台湾地方官制组织及其实际运作》（上、中、下），初发表于《宪政时代》第1卷2、3、4期（1975—1976年）。后收于戴炎辉《清代台湾之乡治》，台湾联经出版事业公司，1979年。

③ 许雪姬：《北京的辫子——清代台湾的官僚体系》，台湾自立晚报社文化出版部，1993年。

为台湾吏治不良的原因之一。金铄《清代台湾文官制度之研究》①，就文官之设置、铨叙、职责、任用、薪俸等，进行了初步探讨，事实上叙述的是台湾行政体系的变迁；汤熙勇《清代台湾文官任用方法及其相关问题》②，论及光绪十三年（1888年）之前台湾文官制度的编制、任用与变迁，两文之分量与质量均无法与许雪姬的著作相比。

到目前为止，学术界对清代台湾设置的主要文官如道员、知府、知县等，都有专题研究。如张舜华《台湾官制中“道”的研究》③、黄昭仁《清代台湾知府之研究》④、张胜彦《清代台湾厅县制度之研究》⑤等。其中，张舜华《台湾官制中“道”的研究》，乃针对全台最高文官台湾道进行的最为系统的研究。作者在阐明道台在清廷行政体系中所扮演的角色，以及由台厦道而台湾道（或台澎道）及加兵备衔、按察使衔的经过后，列出台湾道表，并详细分析了84任道台的籍贯、任期、原任、离职原因等。被认为是台湾学界做得最好的职官表之一。⑥黄昭仁《清代台湾知府之研究》，讨论的内容分为制度与实际运作两个层面，包括清代台湾知府在行政上的地位与角色；台湾府的组织与职掌；知府的出身与人事嬗变。此外，作者还对长任期和多任次的知府进行个案分析，探讨他们的共同原因和特殊成就。张胜彦《清代台湾厅县制度之研究》，主要讨论的是厅、县辖区的划定与调整，厅、县及其附属官署的组织与职掌，厅、县之经费及官役的待遇和厅、县首长之任用与出身等。许雪姬的《清代台湾的绿营》⑦，对台湾的最高武官总兵官的来源、特质、职责，以及朝廷对其进行监督之手段等，进行了较为详细的研究。以上研究成果多表现为官制和职官制度层面，但对实际运作之研究稍嫌不够。另外，学术界对台湾地方官员的个案研究，由于太多，恕不一一列举。⑧

① 《成功大学历史学报》，1977年第4期。

② 台湾“中央研究院”三民主义研究所专题选刊（80），1988年。

③ 张舜华：《台湾官制中“道”的研究》，台湾大学历史所硕士论文，1980年。

④ 黄昭仁：《清代台湾知府之研究》，台湾东海大学历史学系硕士论文，1995年。

⑤ 张胜彦：《清代台湾厅县制度之研究》，台湾华世出版社，1993年。

⑥ 许雪姬：《清代台湾史研究的回顾与展望——以制度史为例》，载《思与言》第23卷第1期（1985年）。

⑦ 许雪姬：《清代台湾的绿营》，台湾“中央研究院”近代史研究所专刊（54），1987年。

⑧ 林玉茹、李毓中：《台湾史》，高明士主编《战后台湾的历史学研究（1945—2000）》第七册，台湾大学出版中心，2004年，第96—109页。

清代台湾为直省地方，其官制与行政组织与内地无异，职官之职责与实际运作亦大致相同。① 台湾地方官制与内地的差异，主要因为台湾孤悬海外，情势悬殊，台湾官员的任期、回避、携眷和奖惩等方面有一些特例而已。②

（二）福建巡台大员之研究

迄今为止，海峡两岸研究清代前期福建巡台大员的专著和专文十分有限；已有的相关研究大多散见于台湾制度史或官制史著作中。如上面提到的许雪姬《北京的辫子——清代台湾的官僚体系》和《清代台湾的绿营》，都把福建大员巡台仅仅视为对台湾地方官员的监督。徐万民《刘铭传与台湾建省》③，对福建大员轮值巡台制度之演变，以及福建巡台大员之职责有简单论述。相比之下，杨熙《清代前期台湾之抚民与理番政策的研究》④，对福建大员在治台中的地位和作用有较高的评价。杨熙还在《清代台湾：政策与社会变迁》中进一步强调："清廷治台决策权力虽归属于清帝，但就其行政过程而言，则大都委诸福建省内长官，且因时局需要，或行政制度变迁，曾有数次转移"⑤。《清代闽浙督抚处理台湾原住民事务之研究（1683—1795）》⑥ 一文，认为清代闽浙督、抚，对清廷治台政策的制定及施行成效影响极大。作者以清初康雍乾三朝台湾原住民为研究主体，根据闽浙督、抚有关台湾原住民事务的奏折，梳理出闽浙督、抚处理台湾原住民事务的措施及其施行成效。通过梳理，作者发现，闽浙督、抚对台湾原住民的羁縻措施，虽多有体恤，但未有触及原住民贫困的核心问题；隘屯措施，虽出于治安之考虑，结果却增加了原住民的负担。闽浙督、抚对台湾原住民的观感，随不同时期的进展而有所改变。由于闽浙督、抚对熟番徘徊在开放与围堵之间，使熟番的生活空间日蹙。总的来看，闽浙督、抚

---

① 戴炎辉：《清代台湾之乡治》，台湾联经出版事业公司，1979 年，第 618 页。

② 《钦定大清会典事例》（光绪朝）卷六十六至六十七。

③ 徐万民、周兆利：《刘铭传与台湾建省》，福建人民出版社，2000 年。

④ 杨　熙：《清代前期台湾之抚民与理番政策的研究》，台湾政治大学政治研究所博士论文，1982 年。

⑤ 杨　熙：《清代台湾：政策与社会变迁．提要》，台湾天工书局，1983 年。

⑥ 《清代闽浙督抚处理台湾原住民事务之研究 1683—1795》，台湾"中央大学"硕士论文，1996 年。

处理台湾原住民事务的各项措施成效并不显著。作者认为，成效不彰的主要原因是，闽浙督、抚“无法亲临台地处理并监督承办属官。”这一结论对于我们探讨清初闽浙督、抚对台湾“隔海遥制”的局限性，提供了一个很好的个案。另一篇对闽浙督、抚进行群体研究的是覃寿伟的博士论文《清代前期东南督抚与海疆社会治理》①，作者对闽浙督、抚的微观分析，以及对闽浙督、抚在制定海外贸易、沿海移民和海防政策中不同心态的分析，对我们的研究均有借鉴意义。总之，从清廷治台政策的制定和执行，福建大员都有决定性作用，目前学术界对此之研究相当不够，为清代治台官员研究之薄弱环节。

从沈葆桢巡台到台湾建省前后，福建大员的巡台活动、治台主张，以及与之相关的台湾建省、洋务运动、开山抚番政策等，曾是海峡两岸研究的热点，特别是对沈葆桢、丁日昌、刘铭传的研究，已相当成熟，这里不再赘述。

（三）中央巡台官员之研究

中央巡台官员主要有巡台御史和钦差大臣。1960 年代，台湾学者开始重视巡台御史等特定官制的研究，如庄金德《巡台御史的设立与废止》②、许雪姬《首任巡台御史黄叔璥研究——试论其生平、交友及著述》③、陈捷先《禅济布巡台事迹考》④、唐亦明《清代巡台御史传略及诗录》⑤ 等。此外，还有对巡台御史吟咏作品的讨论，如林文龙《张湄与瀛壖百咏》、钟华操《台海使槎录与台海使槎录之辨》、陈汉光《夏之芳台湾纪巡诗辑注》，以及黄文雄《巡台御史被劾案》、刘如仲《清代巡台御史的设立及历史作用》等。大多是对巡台御史之生平、巡台事迹或个人诗文之介绍而已，还称不上是真正的学术论文。第一部系统研究清代巡台御史的，是何孟兴的硕士论文《清初巡台御史制度之研究》⑥。作者首先从台湾历史、地理和民情，以及清初治台政策入手，考察巡台御史设置的背景，然后系统

---

① 覃寿伟:《清代前期东南督抚与海疆社会治理》，厦门大学历史系博士论文，2006 年。
② 《台湾文献》第 16 卷第 1 期（1965 年）。
③ 《台北文献》第 44 期（1978 年）。
④ 《台北文献》第 61—62 期（1983 年）。
⑤ 《史联杂志》第 13 期（1988 年）。
⑥ 何孟兴:《清初巡台御史制度之研究》，台湾东海大学历史研究所硕士论文，1989 年。

研究了巡台御史设置经过、巡台御史职权之演变和巡台御史之角色及其功能三个问题。其中，巡台御史设置的经过，包括中央拣遣科道官员巡台的目的；关于巡台御史选拔、调补、交接及住所、经费等相关规定。巡台御史职权之演变，作者主要依其权任和派遣方式，分为四个时期进行说明：康熙六十年至雍正五年（1721—1727 年）为“初设巡察”时期；雍正五年至乾隆十七年（1727—1752 年）为“兼理学政”时期；乾隆十七年至乾隆三十年（1752—1765 年）为“三年一巡”时期；乾隆三十年至五十二年（1765—1787 年）为“因时酌遣”时期。巡台御史之角色及其功能，主要分为朝令推行之监督、地方舆情之反映、与闽台官员之关系、影响巡台御史功能之因素等四个方面；从巡台御史“监督朝令推行和反映舆情”之功能看，其扮演的是一个“沟通上下”的中间者角色。应该说，何孟兴的研究代表了清代巡台御史专题研究的较高水准，特别是对档案史料的发掘与运用，后人难以企及。但对制度设计的深层动机和价值层面的挖掘不够；对制度设计者的主观心境和制度的连续性亦有所忽略。还值得一提的是，非史学专业对巡台御史及其作品亦有所研究，如林淑慧《黄叔璥及其台海使槎录研究》[①]，作者详细考察了《台海使槎录》的版本、取材，及此书所反映当时汉移民、平埔族社会的面貌，及多元文化特色，以呈现此书在清代台湾史研究中的文献价值和地位。此外，作者在逐一分析黄叔璥的《国朝御史题名录》、《南征纪程》、《南台旧闻》、《中州金石考》、《广字义》、《近思录集朱》等著作之特色基础上，对黄叔璥之生平经历、学术思想进行了探究、评述。其研究视角与方法，确有独到之处。

大陆学者对清代巡台御史的关注，稍迟一些。到目前为止，关于巡台御史的专文研究，我们仅看到李祖基的《清代巡台御史制度研究》[②]。有趣的是，李祖基的《清代巡台御史制度研究》与何孟兴的硕士论文几乎是同时成文。通过比较，两文的研究思路也基本一致；内容包括巡台御史的设置背景、经过，巡台御史的职权演变、角色与功能等。林庆元的《南征纪程、台海使槎录及其他——关于首任巡台御史黄叔璥的几个问题》[③]，是较早对黄叔璥《南征纪程》等巡台文献进行介绍与研究的学术论文。

---

① 林淑慧：《黄叔璥及其台海使槎录研究》，台湾师范大学国文研究所硕士论文，2000 年。

② 《台湾研究集刊》1989 年第 1 期；《故宫博物院》2003 年第 2 期；后收入李祖基《台湾史研究》，台海出版社，2005 年。

③ 亚洲研究，珠海书院亚洲研究中心，1997 年 7 月。

四、已有研究成果之不足

从以上回顾可知，关于清代渡海巡台制度的阶段性或专题研究，有一些基础，有的专题研究已比较深入。但是，清代渡海巡台制度，毕竟运行了160多年，作为一种制度及其运行是一个复杂过程，目前之研究是远远不够的。首先，缺乏系统研究。现有成果更多表现为阶段性研究，而且主要集中在巡台御史制度的研究；福建大员轮值巡台制度之研究，尚未起步；闽抚冬春驻台制度由于与台湾建省有关，成果相对较多，但并非制度视角。对于完整制度的研究，若仅仅集中于某一阶段上，自然无法确定该阶段的特色及其在整个制度中的地位及其共同特征，以至于对巡台御史制度的认识出现某种偏差，甚至误判。究其原因，当然是清代台湾制度史研究薄弱的必然结果，同时也与两岸关系研究中存在的“文化的泛化”有关。其次，研究深度不够。最突出的表现是把巡台御史制度的功能仅仅局限于对台湾官员的监察，忽略了它的管辖意义，更没有上升到一个陆权国家对其岛屿领土的直接管辖和有效治理，这恰恰是在陆权时代保持台湾与大陆血肉联系的纽带之一，因此渡海巡台制度的价值也就大大降低了。其三，有的观点需要进一步商榷。由于过分强调台湾在历史发展过程中的特殊性，以至认为台湾所发生的一切现象都与内地不同，于是把渡海巡台制度视为仅适用于台湾的一种特例，似乎与内地没有什么联系。实际上，无论是制度本身或是制度的执行者，在清代其他边疆地区都有运用，只是运作形式不同而已。

第三节 研究方法与史料运用

一、研究方法与思路

选题确定以后，研究方法与思路对文章所要达到的研究目标和学术水平具有决定意义；没有恰当的研究方法，优秀的选题也难以达到预期目标，文章水平和价值也会大打折扣。由于本人对目前史学研究中援引的社会科学方法或理论架构没有熟练把握，不敢贸然轻试。在研究方法上，仍坚持以一般史学方法为主，即经由史实的重建与分析，然后归纳问题、得出结论的基本理路。具体体现在：

史学架构的制度史。制度史研究，不外乎两种架构，一是传统史学架构，按照制度演变或沿革进程，分阶段逐一推进，其脉络线索一目了然；二是现代政治学架构，根据问题或制度因素，具体剖析若干截面，横向深入，其层次清晰可现，两者各有优长。清代渡海巡台制度，时间跨度较长，阶段性特征较为鲜明。同时每一阶段又有其内在成长过程、执行主体和运作规则，若按问题或制度因素架构，行文当中对某一问题或制度因素“横向深入”时，同样会出现若干阶段，必然反复交代制度背景，重复现象相当严重。如我们将制度之沿革分为御史巡台、福建大员轮值巡台和闽抚驻台三个阶段；若讲到制度之功能时，仍需按三个阶段的不同功能一一展开，如此徒增篇幅，繁琐紊乱，似非最佳。故而本文整体上选择传统史学架构，首先考察制度的宏观背景，然后以制度演变的三个阶段为主线，辟专章逐一论述；唯如此，才能在制度的连续性中把握其演变动力及其功能转移之原因。最后专辟一章进行整体考察，作为本文的结论。

实际运作中的制度史。或以为制度史最好写，只需把问题讲清楚就可以了，实在是大错。研究制度史，不仅要了解制度制定的背景、源流及其梗概，更要了解其实际运作，及因地制宜所产生的变貌。[①] 本文之研究不准备停留在文本，除成文制度的内容和运作之外，把重点投向制度的具体执行者，即巡台官员的巡台活动上，以期描绘一个实际执行中的活生生的制度。所以，本文将以渡海巡台制度的演进脉络为“经”，以巡台官员的巡台活动为“纬”，力求将干巴无言的制度文本变得有血有肉、有声有色。

当然，研究实际运作中的制度史，难在对制度文本的解读。制度本身是一种文化载体，制度的设计体现设计者的思想意识和文化观念，制度的执行将受到执行者的主观理解或解释；我们对制度进行研究，当然也不仅仅为了恢复“历史原貌”而已，所谓“重塑历史”难，即难于此。本文的目的之一，借清代渡海巡台制度的区域性和特殊性，探究清代治台政策，以及两者之间的互动关系。所以，可能会在更宏观的背景下深度挖掘制度背后的社会因素及其思想文化观念，若海防思想、海洋观念等。

专题研究的运用。为了弥补传统史学架构之不足，本文也将借用专题研究方法，对重点研究对象进行深度剖析，上下延伸，体现层次。如清代渡海巡台制度之演变与功能为本文之研究重点，将在相关章节中进行专题研究。

① 许雪姬：《清代台湾史研究的回顾与展望——以制度史为例》，载《思与言》第23卷第1期（1985年）。

二、史料运用

史料是研究得以进行的基础和保证，尤其历史学，凭史料说话，但清代文献浩如烟海，对林林总总的文献进行整理和归类，方能得心应手，运用自如。本文之史料，依其功用分为三类。

首先，运用清代官方档案文献，如会典、实录、谕旨或朱批等，在文本层面上梳理渡海巡台制度的发展脉络以及巡台官员的职掌、职权等。此类史料相当丰富。如台湾故宫博物院藏《清代台湾文献丛编》（1999 年），包括《清宫谕旨档台湾史料》（6 册）、《清宫月折档台湾史料》（8 册）、《清宫廷寄档台湾史料》（3 册）和《清宫洋务档台湾史料》（4 册）。业经整理出版的档案史料，如《康熙朝汉文朱批奏折汇编》、《雍正朝汉文朱批奏折汇编》、《宫中档乾隆朝奏折》，以及《明清史料》、《台案汇录》等。另有，如《大清会典》、《大清会典事例》、《皇朝经世文编》；《清圣祖实录》（康熙朝）、《清世宗实录》（雍正朝）、《清高宗实录》（乾隆朝）、《清仁宗实录》（嘉庆朝）、《清宣宗实录》（道光朝）、《清文宗实录》（咸丰朝）、《清穆宗实录》（同治朝）、《清德宗实录》（光绪朝）等。

其次，通过巡台大员的奏折、著述（包括笔记），考察巡台制度的执行情况，以及制度运作过程中的变貌。此类史料有，台湾国学文献馆编《台湾研究资料汇编（第一辑）》（1993 年），收录清顺治十年至乾隆三十年，包括闽浙总督、福建巡抚、福州将军、福建水陆提督、台湾镇总兵、巡台御史及军机大臣等人之奏报 2000 余件。内容涉及清代治台政策、开发计划、吏治民生、雨水粮价、对外交涉、官员互讼、秘密社会、民变刑案、分类械斗、偷渡事件等。另有施琅《靖海纪事》、蓝鼎元《东征集》、黄叔璥《南征纪程》、《台海使槎录》、周凯《内自讼斋文集》、陈盛韶《问俗录》、沈汝翰《除氛录》、丁绍仪《东瀛识略》、徐宗干《斯未新斋文编》、《斯未新斋杂录》、姚莹《东冥奏稿》、吴元炳辑《沈文肃公政书》、温廷敬辑《丁中丞政书》、吴赞诚《吴光禄使闽奏稿》、岑椿萱《岑襄勋公遗集》等。或为巡台官员之记录，或为在台任官的亲历。从不同角度或层面展现实际运作中的渡海巡台制度。

其三，运用时人著述、台湾方志、族谱和碑碣史料，深度分析制度运作与社会之互动，即制度实施之反馈信息。此类史料，除 40 多种清代台湾地方志外，还有如朱景英（理番同知）《海东札记》卷四；季麒光（首任诸罗知县)《台湾杂记》卷一、《台湾郡治稿》卷六;徐怀祖《台湾随笔》(作者于康熙三十四至三十五年有台湾之行);吴振臣《闽游偶记》(作者于康熙五十二年随台湾知府冯协一渡台);周懋琦(同治十一年台湾知府)《全台图说》;郁永河《裨海记游》上、中、下卷(作者于康熙三十六年采硫黄于台湾之鸡笼、淡水);谢金銮《哈仔难纪略》。

在以上史料具体运用中,尽量以官方史料与当事人或时人著述互为表里、相互弥补。如朱一贵起义事件,可参证于《平台纪事本末(不分卷)》;戴潮春事件,参证于林豪《东瀛纪事(上、下卷)》、吴德功《戴案纪略(卷三)》;张丙事件,参证于周凯《内自讼斋文集(卷十)》等。

需要指出的是,本文大量运用"台湾文献丛刊"和"台湾文献汇刊",以及其他类书或丛书时,的确减少了资料检索之艰辛,但仍然对关键史料或有不同记载的史料核对了原文或其他版本,以免重犯前人的错误。

第一章　清代渡海巡台制度的背景

尽管地质学、考古学和人类学已经证明，远古时代台湾与大陆本为一整体，但大约距今7000—6000年左右全球气候变暖，大陆冰川融化之时，海水上升，台湾海峡形成，台湾成为海中孤岛，与大陆隔海相望。尽管台湾为中国之不可分割的一部分，一如山东、河南或福建、广东，所不同的不过是地理上的分别，一为海岛，一为大陆而已，但就中央政权对台湾地方实行主权管辖而言，在相当长的时间内，海峡横隔，足以干扰治台政策之设计，乃至中央政策之推行。清代渡海巡台制度，试图通过制度设计及其运作，克服自然地理环境在清王朝对台湾实行有效治理和直接管辖时所产生的阻隔作用及不利影响，继而超越历史上中原王朝对台湾的早期管辖形式——隔海遥制。

本章主要从台湾海峡的自然阻隔、历史上中原王朝对台湾的早期管辖形式及其所折射出的文化观念，在相对潜在且相当宏观的视阈下，揭示清代渡海巡台制度的自然、历史与文化背景，为后面的研究提供一个分析框架。

第一节　台湾海峡之自然阻隔

台湾海峡号称“七百里横洋”，其实际距离宽处不及200公里，狭处仅有130公里，甚至，天气晴朗之日，登福州鼓山大顶峰，极目远眺，台湾北部之鸡笼山隐约可见，以至于福州民间有“鸡笼鸡叫，福州听到”口语之流传，[①] 现代技术条件下很难称上是自然障碍，但在航海技术相对落后的帆船时代，人们对海洋及其水文气候要素，诸如风信、飓台等认识和利用十分有限的条件下，台湾海峡对海防和海上交通产生的不利影响、对渡海者心理造成的恐惧以及由此形成的海神信仰等，实非人力所能完全克

① 基隆则有“福州鸡叫，鸡笼听到”之口语。

服。正所谓“台湾洋面，横截两种，潮流迅急，岛澳丛杂；暗礁浅沙，处处险恶，与内地迥然不同。非二十分熟悉谙练，夫宁易以驾驶哉！”①

“七百里横洋”，不仅飓台骤发、风信靡常，且有黑水沟之险和鹿尔门之忧。在此，我们主要根据清代台湾方志和渡海者留下的著述（包括笔记、诗文）等早期文献，对台湾海峡特殊的水文、气候现象作静态、直观描述，在于强调一个传统陆权国家对其岛屿领土实施管辖时所遇到的自然阻碍。

一、闽台地缘关系

台湾的地理位置。传统方志以星野定方位，《周官》有言：所分封域，皆有分星，以星位辨九州之地，九州之外正多未辨。清代台湾隶属闽省，为福建之一府，故台湾之分野，当以闽省之分野而推定。以九州言之，福建应属扬州之域，天文牛、女分野。故《清一统志台湾府·分野》曰：“天文牵牛须女分野，星纪之次。”② 根据现代地理学以经纬度确定某一区域在地球表面的方位，即绝对地理位置，则台湾位于北半球之东部，其四至为：北纬21度45分至25度37分；东经119度18分至123度6分。台湾所属，包括错落海中的一百多个岛屿，依据其地理位置分为三组：一为台湾本岛及红头屿、火烧岛、龟山岛等14个附岛；二为澎湖群岛，计有岛屿64个；三为钓鱼岛群岛，计有岛屿8个。其陆地面积36000平方公里，为福建省之三分之一，是我国面积最小的省份；其中，台湾本岛面积为35700多平方公里，略大于海南岛，为我国第一大岛。

台湾在福建之东南，离福建福州1260里（陆行540里，水程720里），与福建有特殊的地缘关系，且通江、浙而连闽、粤，为四省之藩篱，此台湾之相对地理位置。从海域地形结构看，台湾为中国东海大陆架之延续，台湾与福建本为一整体，在海峡滚滚波涛之下曾有一浅滩，起于福建东南部之东山岛，经澎湖列岛，通往台湾。因浅滩曾经露出海面，故称陆桥；又因发端于福建之东山岛，1981年4月在美国召开的全新世海平面变化国

---

① 蓝鼎元：《论哨船兵丁换班书》，《东征集》，台湾文献丛刊第12种（以下简称文丛版），第58—59页。

② 按牛、女于辰为丑，银海之属、星纪之次。银海，元武象也；星纪吴越分也。有谓：台湾在泉州之极南，不宜为银海之属；在漳州之极东，亦不宜为星纪之次。遂以为台湾之分野，当在牛、虚之交。参考高拱乾：《台湾府志·分野》，《台湾府志三种》，中华书局，1985年，第2页。

际学术讨论会上，福建师范大学林观德教授将这条浅滩称之为“东山陆桥”。[1] 生活在华南地区的古人类和古动物，就是沿着这条陆桥迁至澎湖，然后到达台湾。台湾桃园县、新竹县、苗栗县、台中县、台南县、高雄市和屏东县等地先后发现的犀牛、剑牙象、剑虎、野牛、古鹿、野猪化石，与大陆之四川、浙江、广西等地洞穴堆积层中所发现的动物化石，非常相似，可谓海峡两岸早期交往的实物遗存，以及远古时期华南的哺乳动物曾迁移台湾的原始证明。

闽台特殊地缘关系，在清代台湾方志中多有记载。如台湾方志曾有对闽台山川相连特殊自然景观的描述：“自福建之五虎门蜿蜒渡海，东至大洋中二山曰关同、白畎者，是台湾诸山脑龙处也；隐伏波涛，穿海渡洋至台之鸡笼山，始结一脑。扶舆磅礴，或山谷、或平地，缭绕千余里。诸山屹峙，不可纪极”[2]。清代台湾方志还记载了闽台诸山对峙之奇特景观：若“北路之后垅港，与兴化南日对峙；后垅而上，有竹堑社与海坛对峙；竹堑而上，有南坎社与福州闽安镇关童对峙；自南坎至上淡水，与北茭相照；淡水至鸡笼城，与沙埕烽火门相照。”[3] 由于志者地质知识之缺乏，往往对如此自然景观感到好奇和不解。黄叔璥《台海使槎录》记曰：“台地负山面海，诸山似皆西向，《皇舆图》皆作南北向，初不解；后有闽人云：台山发轫于福建鼓山，自闽安镇官塘山、白犬山（与关同、白畎字异音同）过脉至鸡笼山，故皆南北峙立。”[4]

二、“七百里横洋”

清代闽台之间，唯舟楫相通，“七百里横洋”，险象环生。根据台湾早期文献《问俗录》之记载，台湾海峡之海洋险处主要表现在三个方面：

> 云天汪洋，方面难识，全凭舵工捧指南针，以候信风，定趋向，子午稍错，南犯吕宋或暹罗、交趾，北则飘荡不知所之，其险一也。舟至大洋，不遇台风，可以无患，受患多在港口。如澎湖沟有岩石，鹿耳门

① 林观德：《台湾海峡海底地貌的探讨》，载《台湾海峡》1982年第1期。
② 陈寿祺：《重修福建台湾府志》卷三“山川”。
③ 陈寿祺：《重修福建台湾府志》卷三“山川”。
④ 黄叔璥：《台海使槎录》卷一“赤嵌笔谈·形势”，台湾文献丛刊第4种（以下简称文丛版），第6页。

左右夹铁板沙，五虎门山风闪拂，八月后正月前难行；番坑（误）、王官两口不宽深，其地偏僻，海口皆有沙线拦截，舟至港门下掟，风帆未收，风浪突起即被沙裂，其险二也。海洋中有红水沟、黑水沟，海水皆碧，红黑二色，终古不淆，而黑水沟尤险，广百余里，袤长莫溯其源，极深无际，波涛萦回，舟至此，桅篷俱动，其险三也。①

我们不妨根据《问俗录》提供的线索，对台湾海峡的海洋险处给予必要的描述。

清代前期人们称福建与台湾之海洋交通航线为“海道”，称海上航程为“水程”，水程以航行时间记之，计量单位为“更”②；至于一更合几里，又有多种说法，或曰 40 里，或曰 50 里，或曰 60 里。由于受海洋水文、气候之影响以及测量技术之限制，台湾至内地各港口水程之记载多有差异，甚至很大。首先是计量单位不尽相同，除较为普遍的“更”外，还有“里”、“昼夜”（或“日”）、“点钟”等。以福建途径澎湖往返内地的水程为例，《澎湖厅志》计以里为单位。如澎湖至福建南台 660 里，至汕头 544 里，至厦门 330 里，至泉州 320 里；澎湖至鸡笼 646 里，至淡水 541 里，至旗后 230 里，至鹿港 180 里，至安平 170 里。③ 另有以昼夜记者，如大担至澎湖（顺风）1 日 2 夜，④ 泉州至澎湖（顺风）2 昼夜。⑤ 其次是同样以更为计量单位，但水程却不尽相同。我们仍以澎湖为例，吴振臣《闽游偶记》称，厦门至澎湖 9 更，澎湖至台湾 2 更。⑥ 李元春《台湾志略》

---

① 陈盛韶：《问俗录》，书目文献出版社，1983 年版。

② 台湾地方志和历史文献对定“更”方式有多种记载：如“更也者，一日一夜定为十更，以焚香几枝为度。船在大洋风潮有顺逆，行使有迟速，水程难辨；以木片于船首投海中，人从船首速行至尾，木片与人行齐至，则更数方准。若人行至船尾而木片未至，则为不上更；或木片反先人至船尾，则为过更，皆不合准也。”后人称为焚香法，见黄叔璥：《台海使槎录》卷一“赤嵌笔谈·水程”，第 15 页。另如“海洋行舟以磁为漏筒，如酒壶状，中实细沙悬之。沙从筒眼渗出，复以一筒乘之。上筒沙尽，下筒沙满更换，是为一更，每一日夜共十更。每更舟行可四十余里。”即沙漏法，见谢金銮：《续修台湾县志》卷一“地志·海道”，第 28 页。或曰：海洋无道里可稽，唯计以更，分昼夜为十更。见郁永河：《裨海记游》，第 8 页。

③ 《澎湖厅志》（光绪十九年本）卷一“封域志”。

④ 杜臻：《澎湖台湾纪略》（康熙二十五年本）。

⑤ 范咸：《重修台湾府志》（乾隆十二年本）卷一“封域志”，《台湾府志三种》，中华书局，1985 年，第 54 页。

⑥ 吴振臣：《闽游偶记》，诸家《台湾舆地汇钞》，台湾文献丛刊第 216 种（以下简称文丛版），第 13—14 页。

虽然也记载厦门途径澎湖至台湾水程为11更，但厦门至澎湖7更，澎湖至台湾4更。[①]《清一统志台湾府》记："台湾府在福建省东南五百四十里外，又水程十一更。"而黄叔璥《台海使槎录》记载，由厦门至台湾，先七更水程至澎湖，再五更水程澎湖至台湾，通水程十二更。[②]

海道，又名曰针路，早在宋元时期已有人测定。其中，成书于16世纪的《顺风相送》记载往返台湾之针路有十，[③]《东西洋考》卷九"舟师考"和卷五"东洋列国考"，也详细记载了台湾通往各地的航线。[④] 大陆学者认为，明清时期我国沿海航线有五条，国际航线有三条。[⑤] 台湾学者则进一步列出台湾岛内往返航线24条，台湾至内地港口往返航线74条，闽台至国外港口往返航线39条。其中，台湾经澎湖至内地各港口的航线有：澎湖至金门，至大担，至泉州，至厦门，至南澳，至福州等；澎湖至鹿尔门，至安平，至鹿港，至旗后，至淡水，至鸡笼等。[⑥] 以上考察为我们的研究提供了极大便利。

往返闽台诸海道，人们往往以澎湖为界，称厦门至澎湖为大洋，澎湖至鹿尔门为小洋，故由闽至台为"重洋"。又因台海潮流只分南北，台厦往来须横流而渡，号称"横洋"。志曰：大海洪波，止分顺逆。凡往异域，顺势而行。唯台湾与厦门藏岸七百里，号曰横洋。[⑦] 关于"七百里横洋"之来历，据朱景英《海东札记》所记，由厦门出大登门，或由辽罗放洋，历七更水程至澎湖，又自澎湖五更水程至台湾，通水程十有二更。更六十里，计海舶帆

---

① 李元春、尹士俍：《台湾志略》（嘉庆十一年修）卷一"地志"。

② 黄叔璥：《台海使槎录》卷一，"赤嵌笔谈·水程"，文丛版，第15页。

③ 湄州至台湾针路；台湾往日本针路；经淡水、打狗仔之东洋针路；经打狗仔、红头屿之泉州往邦仔针路；经澎湖、虎仔山之浯屿往双口针路；福州往琉球针路；乌丘往澎湖针路；辽罗往澎湖针路；咬留吧往台湾针路；经北港、鸡笼头之大泥回长崎针路等。见向达校注《两种海道针经》，中华书局，1981年。

④ 张燮著，谢方点校《东西洋考》，中华书局，2004年。

⑤ 一是由福建厦门出发向东航行，抵澎湖、台湾，转向吕宋、琉球等地；二是由福建沿海西南航行，经南澳等岛屿，到达广东沿海，可达南洋各国；三是由福建沿海北上抵达江浙；四是由浙江沿海向东航行，经琉球，抵达日本；五是由长江口出发，经黄海进入渤海，或直航天津，或停泊旅顺和威海。由浙江起始向东航行到日本、琉球各岛的东向航线；由厦门出发向南航行，抵达菲律宾等国的东南航线；由广东向南，经海南岛、越南，穿越马六甲，进入印度洋的西南航线。见王宏斌：《清代前期海防：思想与制度》，社会科学文献出版社，2002年，第232—234页。

⑥ 许毓良：《清代台湾的海防》（附录1—12、1—13、1—14），社会科学文献出版社，2003年，第281—298页。

⑦ 谢金銮：《续修台湾县志》，台湾文献丛刊第140种（以下简称文丛版），第29页。

洋，共为里七百二十。① 所以，台湾海峡之险，险在横洋。对后人而言，“七百里横洋”与下面提到的“黑水沟”一样，更多是象征意义，寓意渡海之艰难。舟人须对海上气候变化，海流、潮汐涨退，水道沙线、礁石隐现、停泊处所之海水深浅以及海底情况，都十分清楚，才敢放舟渡海。

三、风信靡常

台湾海峡气象特征之险恶，表现为风信靡常，飓台风暴时有发作；“七百里横洋”并非天天可航。志曰：“清明以后，地气自南而北，以南风为常；霜降以后，地气自北而南，以北风为常。反其常，则台飓将作。”又曰：“风大而烈者为飓，又甚为台。飓常骤发，台则有渐。飓或发而倏止，台则连日或数日而止”②。大约正、二、三、四月发者为飓，五、六、七、八月发者为台；九月则北风初烈或至连月，俗称为九降风。间有飓骤至，如春飓。船在洋中遇飓犹可为，遇台则不可当。台湾海峡，一年之月各有飓日（见附录一）；飓日之名，皆怪诞不经，而验之多应，舟人避之不敢行。所以，“过洋，以四月、七月、十月为稳。盖四月少飓日，七月寒暑初交，十月小阳春候，天气多晴顺也。最忌六月、九月，因六月多飓，九月多九降。十月以后，北风常作，然飓台无定期，舟人视风隙以来往。”③ 也就是说，一年之中只有三个月行船较为安全。

帆船时代，帆船以风为动力，在没有飓台风暴的情况下，大海航行，还要看风力、风向，即风信。行在大海，“固畏风，又甚畏无风”。无风不得起航，风大亦不能放洋（舟人捩舵扬帆出海曰放洋）。只有测定风力和风向，才能放洋，否则在港口候风。风信反常亦不得放洋。如夏天应南而反北，秋、春、冬应北而反南，必有台风；若七月北风，亦为飓台之兆也。凡行舟务依上风，夏天多南风，放洋必从南；冬季多北风，放洋必从北，若误居下风，则针路迷失。故舟人争上风，犹如文人争上游也。④ 能

---

① 朱景英：《海东札记》卷一“记方隅”，台湾文献丛刊第19种（以下简称文丛版），第3页。黄叔璥《台海使槎录》卷一“赤嵌笔谈·水程”，文丛版，第15页。

② 周钟瑄、陈梦林：《诸罗县志·风信》，台湾文献丛刊第141种（以下简称文丛版），第21页。

③ 高拱乾：《台湾府志·风信》，《台湾府志三种》，中华书局，1985年，第193页。

④ 周玺、李廷璧：《彰化县志·海道》，台湾文献丛刊第156种（以下简称文丛版），第22页。

否起航决于风力；航行之速度，“当候潮汐、视风信以为便，”① 即风向之逆顺。故而，渡台湾海峡之实际水程，将视风信为远近，“风利则船捷，易至而近；不利则船缓，难到而远，不能定程也”②。

台湾风信，与内地迥异，清晨必有东风，午后必有西风，名曰发海。西去诸舟乘之以出入，时或反是，则飓风将作，去者未可遽去，来者必亟收回。③ 所以，即使以指南针定子午放洋，因季节和时辰之不同，各有方向，如春、夏由镇海圻放洋，正南风坐乾亥向巽巳，西南风坐乾向巽。冬由辽罗放洋，正北风坐戌向辰，至夜半坐乾戌向巽巳；由澎湖至台湾，向巽方向而行。船由浯屿或大担放洋，用罗经向巽巳行，以风信计水程迟速，望见澎湖西屿、头猫屿、花屿，可进；若过黑水沟计程应至澎湖，而诸屿不见，定失所向，仍收泊原处候风。由澎湖至台湾向巽方行，近鹿耳门隙仔，风日晴和，方可泊舟；若为东风所逆不得入，而门外铁板沙又不可泊，必仍返澎湖。若遇月黑，岛屿莫辨，又不得不重回厦门以待天明。④

一般情况下，不同海道（或针路）须候相应的风信，方为安全。现将台湾海峡主要海道（或针路）之相应风信列举于下：

自台湾往内地者，以东南风为顺；自内地往台湾者，以西北风为顺。台往内地，正西为顶头风；内地往台，正东为顶头风，皆当停泊以待。南风，风气柔弱，舟小者易渡；北风，风气刚劲，舟大者为稳。故三、四、五月行舟，虽无飓风之患，但因风力不足，往往迟滞洋面，随潮飘荡，须待南风盛发，始可扬帆而行。六、八、十、十一、十二、正月，时而飓发、时而台生、时而报头骤至，风势大者折帆以驾驶，若遇太烈，近澳者可就近收泊；行于洋中，则唯有任其所之而不知所至。⑤

由七鲲身南至鹿尔门，利东南信风；北过青峰阙、蚊港、猴树港、笨港、海丰港、三林港、鹿仔港、崩山港、后垄港、中港、竹堑港、南堑港、淡水港、鸡笼港，利正南信风。

由鸡笼、淡水西北至福州，均利东南信风；由鸡笼、淡水西南至厦

---

① 陈寿祺：《重修福建台湾府志》卷三“山川”。

② 周玺、李廷璧：《彰化县志·海道》，文丛版，第21页。

③ 谢金銮：《续修台湾县志》卷一“地志·风信”，文丛版。

④ 黄叔璥：《台海使槎录》卷一“赤嵌笔谈·风信”，文丛版，第13页。

⑤ 陈文达、王礼：《台湾县志·风信》，台湾文献丛刊第124种（以下简称文丛版），第65页。

门，利东北信风；由鸡笼东北至日本，利西南信风。

由鹿耳门至澎湖，利正东信风，至厦门，利东南信风，至福州，利正南信风，至鸡笼港，利正南信风，至沙妈矶，利正北信风。① 鹿耳门南至吕宋，利西北信风。②

台湾至澎湖，必得东风方可扬帆鹿耳门；澎湖至台湾，须有西风才可进港。若早西晚东，则来澎湖日中之后始能放洋，去台船只日暮不能进口。③ 所以，由鹿耳门经澎湖往厦门，其间风信变化不定。由鹿耳门放洋者，必在黎明。往返闽台，不同时节其顺风亦有所不同，如寒食后，南风盛发，由鹿耳门扬帆而至澎湖，南风顺；秋分后，北风凛冽，由鹿耳门放洋至澎湖，利北风。再由澎湖往厦门，则以傍晚放洋为宜。南风之时，常常风不胜帆，鹿耳门至澎湖尚需一二日，澎湖至厦门则需时更久。北风之时，帆不胜风，飓风大作，行进之船多随风而去，飘至铜山者有之，飘至广东者有之，翻覆于波涛之中者不计其数。④

由于风信和风暴的缘故，自厦门至台湾，起航时间难以料定，往往侯风时间长于航行时间。风顺，则一日竞渡；无风或风大，则迟至数日，十几日，甚至数十日，也未可知也。所谓厦门至台湾水程十二更，仅指天色放晴之日，沿着既定航线，顺风而行，并非天天如此。郁永河记之曰："厦门至台湾水程十一更半；自大担门七更至澎湖，自澎湖四更半至鹿尔门。风顺则然，否则，十日行一更"⑤。"澎湖至台，虽仅二百余里，顺风扬帆，一日可到。若天时不清，台飓连绵，浃旬累月莫能飞渡。"⑥

根据现有文献，清代大员渡海赴台最顺的是，乾隆五十二年（1787年），福康安与海阑察同舟渡海平定林爽文起义，费时仅一昼夜。据载：福康安于乾隆五十二年十月十一日，在大担门配渡，不久被风打回，十四日得顺风，与海阑察同舟放洋。二十三日，因风势强劲，再回泊于崇武

---

① 陈文达、王礼：《台湾县志·海道》，文丛版，第68页。

② 高拱乾：《台湾府志·信风》，《台湾府志三种》，中华书局，1985年，第189页。

③ 胡建伟：《澎湖纪略·风信》，（乾隆三十四年修），台湾文献丛刊第109种（以下简称文丛版），第9页。

④ 陈文达、王礼：《台湾县志·海道》，文丛版，第67—68页。

⑤ 郁永河：《裨海记游》，台湾文献丛刊第44种（以下简称文丛版），第8页。

⑥ 蓝鼎元：《论哨船兵丁换班书》，《东征集》，文丛版，47页。

澳。二十八日，风势稍缓，放洋东渡，二十九日抵鹿耳门。[1] 历史上，像福康安如此幸运，一昼夜抵达鹿耳门者，少之又少。赴台上任之台地官员大都是历尽千辛万苦。如赴台采硫的郁永河同样从大担门放洋，到达台郡，“凡越四昼夜”（二月二十一日至二十五日），与之同行者，或迟至三五日，七八日，最迟者十余日方至。[2] 更有甚者，诸罗知县季蓉洲（季麒光）赴任之时，在大洋遭遇“绝风十有七日，舟不移尺寸，水平如镜”。与季蓉洲有相同经历的还有凤山县学朱仕玠，于乾隆二十八年（1763 年）赴台上任时，夜宿大洋，八日方抵鹿耳门。我们在朱仕玠《泛海纪程》中发现了他的艰辛经历：

五月二十八日甲申，登海舶。

五月二十九日乙酉，从小担屿张篷出口。是日阻风，仍退泊小担屿。

五月三十日丙戌，五更放洋。上午无风，且午潮将至，抛矴歇大洋。

六月初一日丁亥，回顾厦门诸山，散若断云，隐映斜照。

六月初二日戊子，不复有山，空绝飞鸟。

六月初三日己丑，观日出。

六月初四日庚寅，遥望厦门发舟，近一二十里，远则百里，如点墨贴空际。

六月初五日辛卯，望见澎湖岛，寸碧隐隐。

六月初六日壬辰，至澎湖，下午渡黑水沟。

六月初七日癸巳，至鹿尔门。[3]

朱仕玠八日抵达鹿尔门，且夜宿大洋，系因五月三十日至六月初五日，海面无风，寸步难行。六月初六日风信即至，一日抵达鹿尔门。

朱仕玠、郁永河等人的经历，虽说不顺，亦属常有。台湾知府冯协一

---

① 廖风德：《海盗与海难——清代闽台交通问题初探》，张炎宪主编《中国海洋发展史论文集》（第三集），台湾“中央研究院”中山人文社会科学研究所，2002 年。

② 郁永河：《裨海纪游》（卷上），文丛版，第 8 页。

③ 朱仕玠：《泛海纪程》，《小琉球漫志》，台湾文献丛刊第 3 种（以下简称文丛版），第 6—12 页。

赴台上任时的渡海经历就更惨了。据其随从吴江人吴振臣在《闽游偶记》中的记载，康熙五十二年四月十七日，冯协一准备从厦门渡海时，台厦道标战船兵丁禀云："须有南风，才好开船。登舟候风，不如岸上安逸。先要备牲礼，祭天妃海神。每人预做红袖香袋，上写天妃宝号。至进香时取炉内香灰实袋，缝于帽上，以昭顶戴之诚。再于荷包内装龟土些微及人参少许佩于身边，以防晕船时服之；并带小磁礶，以防呕吐"。十九日，舟人来报已有南风，请上船开行。行五十里，出大担门，即大洋也。水碧而清，浪软船颠，众皆头晕呕吐；虽有龟土、人参，略无效验，唯用磁礶便呕吐已。……因风小不胜帆力，行四昼夜。至二十三日午间，南风大作，始抵澎湖。老大（船柁也）云："此风可直抵台湾，但值做浪之时，难进鹿耳门，恐为不安，未若就此暂停"。其间，同行的三船，欲直抵台湾，及舟近鹿耳门，浪高如山，一涌而退。如此者三，又忽飓风大作，天气昏黑，无从下椗；直到天明风稍缓，回向澎湖而来；复各屿口做浪，舟不进，再至鹿耳门，仍为浪阻，二十七日夜返回澎湖。二十九日，仍不能行。是夕，时至夜分，有商船经过，知浪已平，老大即唤起椗张帆。午间，进鹿耳门。换小船引而进，再用牛车运上岸，至府，时五月朔日也。七百里水程，几经艰辛，半月方至，冯协一后来回忆道：起程之初"在署诸友畏于航海，先后辞别而去。"①

《沧溟记险》作者蔡廷阑在《海难杂著》中，也记述了他自厦门返回澎湖探亲老母，途中遇飓被漂至安南的经历。书中云："初，舟人称西北有黑云数片，俄而东南四布驰骤若奔马，转瞬间狂飙迅发，海水沸腾，舟倾则欲覆。余身在舱内，左右旋转，不容坐卧。惊悸中闻舟人呼曰：东向且迫岸，急转舵回者！风烈甚，柁曳水下若金汤固，十余人拥推之不少动。乃下篷，弃所载货物，冀船轻得走。天明，四顾迷茫，白浪如山，孤舟出没波涛间。……移时，妈祖旗飘动，风转东北，叫嚣怒号，飞沫漫空，淋淋作雨下，湿人顶踵，毛骨生寒，众相视无颜色。忽然一声巨浪，撼船头如崩崖坠石，舟没入水，半瞬始起，水倾盆泄舱底。余淹仆，自分必死，家弟手一绳，泣令束腰间，强抚掖出船上，俯伏告天乞命。舟人悉嗷嗬大恸。余顾谓出海曰：哭无益，速砍大桅！桅折坠水中，风始稳，随

① 诸家：《台湾舆地汇钞》，文丛版，第12—15页。

波泛泛若轻鸟。”[①] 后人评之曰：该舟四五日后漂至安南，而其经历之险状，可谓穷极骇异，艰险倍历，亦足见狂风骇浪之可畏也。[②]

四、黑水沟之险

台湾海峡，最险莫过黑水沟。有关黑水沟之险，台湾早期文献有诸多描述。如孙元衡《赤嵌集》记载，“大海洪波，止分顺逆。凡往异域，顺势而行。唯台湾与厦门藏岸七百里，号曰横洋。中有黑水沟，色如墨，曰墨洋，险冠诸海。或言顺流而东，则为弱水。昔有闽船，漂至弱水之东，阅十二年始得还中土”[③]。季麒光《台湾杂记》称，“黑水沟，在澎湖之东北，乃海水横流处。其深无底，水皆红、黄、青、绿色，重迭连接，而黑色一沟为险，舟行必藉风而过。”[④] 郁永河在《裨海纪游》中也有相同的描述，“台湾海道，唯黑水沟最险。自北流南，不知源出何所。海水正碧，沟水独黑如墨，势又稍洼，故谓之沟。广约百里，湍流迅驶，时觉腥秽袭人。”[⑤] 有人称黑水沟为落漈，水至澎湖渐低，近琉球谓之落漈。漈者，水趋下而不回也。凡西岸渔舟至澎湖以下，遇飓风发，漂流落漈，回者百无一。[⑥] 据载，古人谈到落漈，往往为之色变。[⑦] 清人谢金銮认为前人对黑水沟之记载有误。黑水沟应有两处：其在澎湖之西者，广八十余里，为澎厦分界处，水黑如墨，名曰大洋。其在澎湖之东者，广亦八十余里，则为台澎分界处，名曰小洋。小洋水比大洋更黑，其深无底。大洋风静时尚可寄椗，小洋则不可，其险过于大洋。[⑧]

海洋险处，除黑水沟以外，厦门至澎湖段海峡还有小洋黑水沟、大洋黑水沟、红水沟和清水洋沟等。若以海水之颜色判之：大洋，海水深碧，或翠色如靛；红水沟稍赤；黑水沟如墨；更近则为蓝色，近鹿尔门则渐白。后来，黑水沟之险成为台湾海峡的通称，渡黑水沟演绎为大陆赴台移

---

① 蔡廷蓝：《海难杂著》，台湾文献丛刊第42种（以下简称文丛版），第2页。

② 廖风德：《海盗与海难：清代闽台交通问题初探》，张炎宪主编《中国海洋发展史论文集》（第三集），台湾“中央研究院”中山人文社会科学研究所，2002年。

③ 黄叔璥：《台海使槎录》卷一“赤嵌笔谈·洋”，文丛版，第9页。

④ 黄叔璥：《台海使槎录》卷一“赤嵌笔谈·洋”，文丛版，第9页。

⑤ 郁永河：《裨海纪游》，文丛版，第6页。

⑥ 黄叔璥：《台海使槎录》卷一“赤嵌笔谈·形势”，文丛版，第4页。

⑦ 向　达：《两种海道针经·序》，中华书局，1981年。

⑧ 谢金銮：《续修台湾县志》，文丛版，第30页。

民九死一生的共同记忆。“十个移，六死三留一回头”，以及“过番剩一半，过台湾无得看”之传说，即是对横渡台湾海峡的伤痛记忆。

乾隆间，台湾府北路理番同知朱景英三年秩满回京，曾将黑水沟风涛之险夷札记于书，称自大登乘西北风，针盘定巽向，放舟出洋后，混茫一气，四望青苍，天角下垂，银涛怒卷。若乃天无片云，微风不动，中流停戢，栖泊未由。继而风举浪掀，高帆艄起巅荡无垠，局促海舶中者，鲜不眩摇心目、震慑魂神者。船将届澎湖，经黑水沟，乃海水横流处，深无底，水多青红碧绿色，势若稍洼，广约百里。舟利乘风疾行，迟者怒浪夹击，且水深不能下椗。传有怪蛇长数丈，遍体花纹，尾梢向上，毒气熏蒸，腥秽袭人。此为渡海极险处。或顺风鼓柁，不泊澎湖，谓之透洋；或未及泊澎，为东风所逆，不得不仍回厦门。倘已收澎湖，值风大浪涌，唯泊澳以待而已。[①] 乾隆五十八年（1793 年）崔灏赴台湾任职，亦亲历黑水洋之险。崔灏在《台阳笔记》中记曰：“出鹭门，由金门，经料罗，历黑水（黑水洋在海中，水势趋东南，无底，流甚急），一息千里，疾如惊飙。继而飓风大作，声在半天。斯时也，须臾生死，命寄鱼龙矣。”[②]

黑水沟之险，还表现在人们对黑水沟的恐惧。清代海难多发于黑水沟，主要是海洋风暴和风信所致，但时人尚无海洋气象知识，海蛇、海怪之传说由是而起。传言遇难船只都是被潜伏在海底深处的海蛇和海怪吞噬。其中，季麒光在《台湾杂记》中描述了黑水沟的海蛇，长数丈，通身花色，尾有梢向上，如花瓣六、七出，红而尖，触之即死。舟过沟，水多腥臭，盖毒气所蒸也。[③] 另有红黑间道蛇及两头蛇绕船游泳，舟师以楮镪投之，屏息惴惴，惧或顺流而南，不知所至尔。[④] 不仅如此，舟人渡黑水沟时也胆战心惊，小心翼翼，有诗云：“舟过黑水沟，舵工颜如墨。畏警骊龙睡，樯掳快掀击。回瞻黑奔浑，弱胆尚余惕。”[⑤]

由大陆至台湾，或由台湾返大陆，除经受黑水沟之险和海浪风涛之考验外，进港、靠岸、登陆同样险象环生。据史料记载，清代可入台之港口

① 朱景英：《海东札记》卷二“记洋澳”，文丛版，第 11 页。

② 崔灏：《台阳笔记·珊瑚树记》，台湾文献丛刊第 20 种（以下简称文丛版），第 176 页。

③ 季麒光录自清人王锡祺：《小方壶斋域地丛钞》第九帙，《台湾舆地汇钞》，文丛版，第 2 页。

④ 郁永河：《裨海纪游》，文丛版，第 6 页。

⑤ 朱仕玠：《由黑水沟夜泛小洋》，《小琉球漫志》，文丛版，第 12 页。

约有200多处，[①] 因鹿尔门是台湾的咽喉、入台必经之地，而且，清代前期在台湾海峡实行正口对渡制度100年间（1684—1784年），台湾凤山县安平镇鹿尔门至福建厦门是闽台对渡的唯一正口。[②] 所以，我们仅就鹿尔门港口特异之自然环境以及给渡海者带来的困难，作一简单介绍。

鹿尔门之地理特征。鹿尔门，在台湾县西三十里，为台湾出入咽喉，凡来台湾之舟，皆从此入，泊舟港内。旧志称，鹿尔门水底沙线若铁板，纵横布列，舟误犯之，则立碎。港路窄狭，仅容两艘，中有海翁窟，多浮沙，水浅风急，则深浅顿易。门内水面宽展，可泊千艘，即大圆港也。

鹿尔门之险在于，潮涨时水可一丈四五尺，潮退不及一丈。进港须悬后舵，以防抵触。其纡折处，必探视深浅，盘辟而行。最险者曰南北二礁，插竹立标，南白北黑，名曰荡缨。原设五杆，后沙线消长变易，乾隆十三年添设十三杆，以便出入趋避。[③] 据《福建通志》记载，鹿尔门在台湾港口，形如鹿耳。港甚隘，下有隐石，行船者以浮木植标识之。[④] 时人有云：铁板沙连到七鲲，鲲身激浪海天昏；任教巨舶难轻犯，天险生成鹿尔门。[⑤] 入鹿尔门者，以北极星为准；天黑无星可凭，则以指南测定，按子午格巽向而行，倘或子午稍错，南犯吕宋、或暹罗、或交趾，北则飘荡无复入境，或莫知所之。[⑥]

鹿耳门之险还在于入港时间之不定。潮满方能入港，六七月最佳。清初，大军进台均选定6月，1661年，郑成功收复台湾，战船从金门岛辽罗湾出发，渡过海峡至澎湖待机，乘潮满通过鹿耳门。《姚启圣私传》记施琅平定台湾时称，“大军既下彭湖，至鹿耳门，水浅，鼓之，舟不得上，

---

① “可通大舟者，鹿耳门外，尚有凤山之打狗及东港、彰化之上淡水三处。其余如南路之绕港、北路之盐水港、笨港、海丰港、鹿仔港、大甲西、二林、三林、中港、竹堑、蓬山，凡二十处皆狭窄，仅可通小舟”。见陈寿祺：《重修福建台湾府志》卷三“山川”，文丛版，第45—46页。

② 乾隆四十九年至同治十三年（1784—1874年），闽台实行多口对渡，由两口对渡到五口对渡。乾隆四十九年（1784年）开鹿仔港，乾隆五十三年（1788年）开八里坌海口，道光四年（1824年）开五条港、乌石港，全台五个正口与福建之厦门、泉州、福州对渡；光绪元年（1875年），始废除正口对渡制度。

③ 许毓良：《清代台湾的海防》，社会科学文献出版社，2003年，第247页。

④ 《清一统志台湾府·关隘》，文丛版，第26页。

⑤ 郁永河：《裨海记游》，文丛版，第14页。

⑥ 周元文：《重修台湾府志》卷三“山川”，台湾文献丛刊第66种（以下简称文丛版），第43页。

贼乘高守险，公起，祈于天妃庙；明日，发炮进舟，水长一丈，舟行如骛，刘国轩乃与郑克爽面缚以降。”朱一贵起义，文臣遁逃，福建水师提督施世彪入台进剿，“即登舟抵彭湖扼贼喉，与总督满保会，命林亮、林秀等为左右先锋攻鹿耳门，烧贼船十艘。时海水骤长八尺，我舟并航而入，破安平，克府治。是役也，以六月兴师，七月克复，与其父平伪郑捷期悉符”①。

由于台湾海峡特殊的气候、水文特征以及险恶环境，导致海难频繁发生。本文依据《明清史料》之戊、己、庚三编，结合《清实录》，对清代雍正至道光朝台湾海峡的41项海难史料的整理（见附录二），得出以下初步结论：其一，海难发生的时间主要集中在6月底7月初、10月至11月两个时间段。6、9月为飓风频发期，海难相应集中；10月以后，“飓台无定期，舟人视风隙可以往来”，渡者往往抱侥幸心理，冒险而行，也是海难常发之时。其次，海难发生区域，以澎湖海域为最多，其次是黑水沟。其三，海难发生之原因，文字记载最多的是“狂风陡作”、“猝遇风暴”、“在洋遇风”、“风信不顺”等均为海洋气候现象。因以上船只均为官船，航行于固定航线，触礁可能性较小；既有触礁发生，也是遭风后船体损坏，在海上漂泊而至触礁。另，根据黄衡五对雍正七年（1729年）至道光十八年（1838年）109年，86艘沉船的统计分析，也得出两个基本一致的结论：第一，沉船事件几乎每月都有，但以农历六七月最为集中，即飓风时节，约占80%以上；第二，澎湖附近的外洋，即黑水沟，为沉船多发地。沉船原因多为风暴所致。② 就是说，飓风时节出洋，或航至黑水沟时，沉船的危险最大，与台湾方志的记载正相吻合。

海难发生之时，或葬身鱼腹，或漂流别处不得复回。给赴台官员和舟人造成极大的心理压力和恐慌，他们相信“溟洋浩荡中，无神司之，人力曷能主张”③。而且“神无不在，而于海最灵。非神独灵于海也，人之神至海而灵也”④。在凶险诡谲的海上航行，往往发生许多不可解的现象，遂使

① 陈云程辑：《闽中闲闻》卷十，《台湾舆地汇钞》，文丛版，第31页。

② 黄衡五：《台湾海峡沉船事件之记录》，载《台南文化》第5卷第2期（1956年），第78—85页。

③ 严从简：《殊域周滋录》，转引自谢必震《中国与琉球》，厦门大学出版社，1996年版，第67页。

④ 夏子阳：《使琉球录》，台湾学生书局，1977年版，第165页。

鬼神之说深入人心，作为渡者的心理慰藉。[①] 水仙和妈祖信仰由此昌盛于闽台地区。

从海洋险处、海难频发到海神信仰，对所有渡者产生的心理压力和恐惧，以及渡者面对险境发出的对命运之期盼都是一样的。移民或为生计所迫；“罪民”因有生命之虞；赴台官员，系职司所在；除非得已，没有人愿意冒生命危险渡“七百里横洋”。

第二节　中原王朝对台湾的早期管辖

我们考察了台湾的自然地理环境以及台湾与福建特殊的地缘关系之后，接下来将考察重点转向历史上中原王朝对台湾的早期管辖形式以及时人对台湾的认识。关于历史上中原王朝对台湾的管辖形式，此前虽有人言及，并在历史文献挖掘与整理方面，下了很大的工夫，但事实上对史料之解释仍保持着较低的水平，而且在强调海峡两岸文化渊源的同时，显然忽略了中原王朝对台湾实施管辖的历史。本文认为，自三国吴黄龙二年（230 年），中原王朝的政治、军事势力第一次到达台湾，至明末清初，无论是疆域版图还是文化传承，台湾都已进入了中原王朝的视阈。但由于特殊的地理环境，以及中国工业化时代来临之迟缓，中原王朝对台湾的管辖形式一直停留在隔海遥制阶段。康熙二十二年（1683 年），台湾并入大清帝国版图，设一府三县，隶福建省，清王朝以闽台合治体制将台湾纳入福建地方治理，中原王朝对台湾的管辖形式发生了变化。但受清政府消极治台政策之影响，至康熙六十年（1721 年），福建大员却无一人渡海巡台，诸事委于台湾地方官员，而台湾地方官员恃风涛之险及福建大员监督不力，并不实心治理，由此削弱了朝廷对台湾的管辖，闽台合治变为“隔海遥制”。

本节将在前人研究的基础上，进一步提出历史上中原王朝对台湾的管辖形式及其由澎湖至台湾渐次推进之进程。以此作为清代渡海巡台制度的历史回顾。为做到立论扎实，本文对有关史实进行了考证和较多的描述，其中有尚不为人所知者，有人所共知但知之不深者，亦有见仁见智者。

需要说明的是，历史上中原王朝代表封建国家的统治核心，在地理意

① 廖风德：《海盗与海难：清代闽台交通问题初探》，张炎宪主编《中国海洋发展史论文集》（第三集），台湾“中央研究院”中山人文社会科学研究所，2002 年。

义上它的对应概念是“边疆”；无论是“中原”还是“边疆”，均未超出“中国”之内涵。“中原”、“中国”、华夏不仅同源，有时还互相替代；当“中原”代表“中国”时，“边疆”或四方亦在其中了。① 本文的中原王朝首先是一个政治概念，同时也是一个文化概念，而且是一个发展变化中的概念：“泛指在当今中国版图上甚至超越当今中国版图曾经建立的政权、实行王权统治的历朝历代封建国家，是中国整个中世纪君主专制中央集权的历代王朝的总称。可谓现代中国的过去。”②

一、清代之前中原王朝对台湾的管辖

清代之前，中原王朝对台湾的管辖，大致经历了三国至隋唐早期经略、宋元时期以澎湖遥制台湾和明末清初对台湾和澎湖的管辖三个阶段。为便于叙述，我们首先将历史文献中的台湾作一系统梳理。

（一）历史文献中的台湾

台湾早已进入中原文化视阈，以及与中原文化之传承关系，已是不争事实。中国早期文献之《禹贡》、《列子》等已有对台湾的记载，如《禹贡》记曰：“夷岛卉服，厥篚织贝，厥包桔柚，锡贡”之“夷岛”，被后人认为指台湾。现在看来，包括台湾在内东南海上之日本、琉球，乃至东南亚之岛屿，似可称为“夷岛”。至于《禹贡》中提到“淮海唯扬州”，系来自上古方志之《周官》封域之说，以九州分野，福建当属扬州，台湾隶福建，故有此说。然福建封域扬州已经很泛指了，更况台湾？《列子·汤问》：“夏革曰：渤海之东，不知几亿万里，有大壑焉，实为无底之谷，其下无底，名曰归虚。其中有五山焉，一曰岱舆，二曰员峤，三曰方壶，四曰瀛州，五曰蓬莱”。因岱舆、员峤之首字与台湾字音略同，故有人以为系台湾之合称。而“方壶”，被认为今日之澎湖。后人评之曰，“此为好事者牵强之说也”③，并无史实依据。《史记·秦始皇》曰：“海中有三神仙，名曰蓬莱、方丈、瀛州，仙人居之”。于是有人称蓬莱、方丈为日本、

① 关于“中原”与“中国”的关系，可参考葛剑雄《中国历代疆域的变迁》，商务印书馆，1997年，第3页。

② 参考任念文：《西北与中原——从晚清西北回民起义透视中原王朝对西北边疆的治理》，华东师范大学硕士论文，2003年。

③ 台湾省文献委员会：《台湾省通志》卷一“土地志·疆域篇”。

琉球，瀛州为台湾。连横《台湾通史》称其为“词虽凿空，言颇近理”[①]。《后汉书·东夷传》称：“会稽海外有东鳀人，分为二十余国，以岁时来献见。又有夷洲及澶洲”。遂有台湾为古“东鳀”之说。既然“东鳀”有“二十余国”，显然非指台湾一处；为日本、琉球、台湾诸岛似更接近也。故《清朝续文献通考》称，“或谓即后汉之东鳀，亦莫能征信。”总之，早期文献关于台湾的“记载”，因其比较模糊，或无从可考，引起后人的推测与附会，不足为凭。所以，我们且称之为传说中的台湾。

历史文献中的台湾，大致经历了“夷洲”、“流求”和“东番”（或小琉球）三个时代，晚明以后才称台湾；历经三国至晚明数代、一千多年之变迁。

历史文献中的台湾，最初称为夷洲。陈寿《三国志·孙权传》称：（孙权）“遣卫温、诸葛直将甲士万人浮海求夷洲及澶洲。澶洲在海上，所在绝远，不得卒至，但得夷洲数千人还。”[②] 卫温等浮海求夷洲，乃中原王朝政治、军事势力首次到达台湾的最早记载，[③] 具有非同一般之意义，但因卫温、诸葛直等“违诏而返”被下狱，也就没有产生太大影响。30年后，[④] 吴丹阳太守沈莹《临海水土异物志》一书问世，卫温等“浮海求夷洲”之历史意义得以彰显。沈莹在《临海水土异物志》中记曰：

> 夷洲在临海东南，去郡二千里，土地无霜雪，草木不死；四面皆山，众山夷所居，土地饶沃，既生五谷，又多鱼肉；人皆（空一字）头穿耳，女人不穿耳，舅姑男妇，卧息共一大床，交会之时各不相避，能作细布，斑纹刻画；得人头，砍去脑，取其面肉，留置骨。……中庭建一大材，高十余丈，以所得头差次挂之，历年不下彰示其功。

《临海水土异物志》中“夷洲”的地理位置和自然环境与今日之台湾无甚差别；特别是“山夷”的社会组织和生活习惯与今天台湾少数民族当时的发展水平及习俗正相吻合。郭廷以据此认为，“除了台湾，没有第二个地方

---

① 连横：《台湾通史》卷一“开辟纪”，北京：商务印书馆，1983年，第1页。

② 《三国志·孙权传》卷四十七。

③ 郭廷以：《台湾史事概说》，台湾正中书局，1954年初版，第2页。

④ 张崇根估计此书成于264—280年之间，见《三国孙权经营台湾考》，载《安徽大学学报》1981年第1期；另据姚永森估计，此书成于274年，见《<临海水土异物志>：世界上最早记述台湾的文献》，载《安徽师范大学学报》2005年第4期。

合乎这些条件；除了生番更无法在东南海上找到另一个民族具有这些风习”[①]。如此，即印证了《三国志·孙权传》中卫温等所到的夷洲[②]，便是今天的台湾。

隋朝以后，约七百年间，台湾在历史文献中进入了“琉求”时代；历经隋、唐、五代、宋、元数朝。《隋书》之《琉求国》称：“琉求国，居海岛之中，当建安郡东，水行五日而至。”[③]《新唐书·琉求传》的记载是：自（泉州）正东海行，二日至高华屿，又二日至（空一字）屿，又一日至琉求国。[④]其间，唐人张鷟《朝野佥载》称琉求为留仇、流虬。[⑤]《宋史》亦有《琉求传》称，“琉求国在泉州之东，有海岛曰澎湖，烟火相望，其国堑棚三重，环以流水。……旁有毗舍邪国，语言不通，袒裸盱睢，殆非人类”[⑥]。其内容大多抄自《隋书》及赵汝适的《诸蕃志》。值得注意的是，宋代史籍中均有关于毗舍邪之记载。《诸蕃志》“毗舍邪”曰：毗舍邪，语言不通，商贩不及，袒裸盱睢……。泉有海岛曰彭（澎）湖，隶晋江县，与其国密迩，烟火相望，时来寇掠，其来不测，多罹生啖之事害，居民苦之。马端临《文献通考》之“四裔考四”亦称：“琉求国在泉州之东，有岛曰彭（澎）湖，烟火相望，水行五日而至。旁有毗舍邪国，语言不同，袒裸盱睢，殆非人类”。张崇根考诸历史文献，认为毗舍邪就是台湾的别称，而且“我国关于台湾的许多官方或私人著作，早已明确指出：毗舍邪即台湾，或为台湾的某一部分”[⑦]。

---

① 郭廷以：《台湾史事概说》，台湾正中书局，1954年初版，第3页。

② 有学者将“夷州”与“夷洲”通用，台湾史专家陈孔立教授认为，三国时期的台湾称“夷洲”，而非“夷州”，见陈孔立《夷洲非“夷州”辨》，载《台湾研究集刊》2001年第1期。

③ 《隋书·东夷传》卷八十一，“琉求国”条。

④ 《新唐书》卷四十一“地理志”。

⑤ 郭廷以：《台湾史实概说》，台湾正中书局，1954年初版，第4页；另见罗春寒：《清代台湾平埔族文化变迁之研究》，中央民族大学博士论文，2005年。

⑥ 《宋史·列传》卷二百五十，“琉求国”条。

⑦ 张崇根：《毗舍邪——宋代台湾之别称》，另有朱契《关于台湾历史的几件重要资料》，载1954年11月25日《光明日报》。关于宋代台湾之别称，学术界有争论，黄叔璥的《台海使槎录》最早引用《文献通考》之记载，并称“彭（原文如此）湖东南即今台湾，殆即毗舍邪国也”；连横《台湾通史》称：“台海使槎录谓毗舍邪即指台湾，非也。毗舍邪为吕宋群岛之一”；伊能嘉矩称：琉球或琉求才是当时对台湾的称呼，而毗舍邪是台湾附近的另一地名。见《台湾文化志》上卷87—88页；《元史》曰：瑠求，在南海之东，漳、泉、兴、福四州界内；澎湖诸岛，与琉求相对。天气晴朗时，望之隐约若烟若雾，其远不知几千里也。（《元史》（卷二百一十）《列传》卷九十七“瑠求传”条。

明代之台湾称为东番，因两本《东番记》的相继问世，[①] 已为世人所共知，自是无须赘述，但由于此时闽台交往已相当频繁，历史文献，特别是福建地方文献留下了台湾的不同称谓，如“鸡笼”，本系台湾北部一小地名，源自平埔族部落的音译汉字“鸡头笼”，简称“鸡笼”，后附加“山”字，遂有“鸡笼山”之地名。在《明史》列传“鸡笼山”条有记：鸡笼山在澎湖屿东北，故名北港，又名东番，去泉州甚迩，地多深山大泽，聚落星散。《读史方舆纪要》“澎湖”条亦记曰：澎湖为漳泉之门户，而北港即澎湖之唇齿，失北港则唇亡齿寒，不特澎湖可虑，漳泉亦可虑也；北港在澎湖之东南，亦谓之台湾。台湾之称谓始于《东番记》，巡台御史张湄在《瀛壖百咏·序》中称：至明季莆田周婴远游篇，载东番记一篇，称其地为台员，盖南音之伪也。台湾之名入中土，实兹于始。[②] 徐怀祖《台湾随笔》也记：台湾于古无考，唯明季莆田周婴著《远游篇》，载《东番记》一篇，称台湾为台员，盖南音也。后人多引用此说。此外，明代台湾还有琉球、大鸡笼、大冤等称谓。如此众多的称谓，或源于地名，或源于发音，或源于景观，表明大陆来台之移民已不仅仅是闽南人，已有多元趋势。而且，大陆移民对台湾的

---

① 明末有两本记载台湾早期历史的《东番记》流传于世，故有必要加以说明。陈第《东番记》成后，先抄赠于沈有容，沈将本书及其赠言编辑成书，名曰《闽海赠言》。张燮和何乔远编辑《东西洋考》和《闽书》时，亦分别将陈第的《东番记》删改后辑入两书，但隐去了作者的名字，只是在附文中注明“连江陈第曰”。张燮的《东西洋考》，把《东番记》题名改为《东番考》，附于卷五之“东洋列国考”之后。清乾隆年间，刘良壁的《重修福建台湾府志》，范咸《重修台湾府志》，余文义《续修台湾府志》，都是从《闽书》中转引了《东番记》的内容，而且没有注明原出处，陈第《东番记》渐形湮没。台湾文献丛刊第303种《陈第年谱》出版时，并未发现《东番记》，故谓《东番记》惜今已佚。1955年，台湾学者方豪先生在日本友人帮助下，在东京帝国大学图书馆寻得沈有容的《闽海赠言》，作为台湾文献丛刊第56种重新印行，陈第的《东番记》得以再次流传。因徐怀祖《台湾随笔》称：“台湾，于古无考。唯明季莆田周婴著《远游篇》载《东番记》一篇称台湾为台员，概闽音也。然以为古探国，疑非是”，此后，清初之台湾文献，如黄叔璥《台海使槎录》和早期台湾方志等都以周婴之《东番记》为根据，追溯台湾地名之起源。由于陈第的《东番记》首先被发现，而又没有人见到过周婴的《远游篇》，所以，方豪先生最初断定“《远游篇》所载可能是陈第文也。”幸运的是，20世纪80年代初，中央民族大学的张崇根先生从当时的北京图书馆善本部得到周婴的《远游篇》，其中第十二卷即是《东番记》。张崇根的发现，说明台湾早期文献确实有两本《东番记》，那么，两本《东番记》是什么关系呢？根据张崇根先生的初步整理，周婴的《东番记》可能以陈第《东番记》为史料基础，但并非抄袭；周婴的厦门之行，是其创作《东番记》的主要依据。目前，对《东番记》的权威研究，当为厦门大学台湾研究院的李祖基教授。见周婴《东番记》研究，《台湾研究集刊》2003年第1期；陈第、沈有容与《东番记》，《台湾研究集刊》2001年第1期。方豪和张崇根两位先生为寻找失散的《东番记》所付出的努力，后学者当倍加敬慕。

② 伊能嘉矩《台湾文化志》卷一，日本东京：刀江书院，昭和三年，第5页。

垦殖与开发，已遍布台湾各地。[①] 在明代台湾之称谓中，还存在“流球”与“小琉球”之关系。自洪武五年（1372 年）琉球国中山王察度遣使入明，称臣纳贡，接受明朝册封，成为中国的一个属国进贡通商。[②] 由是明代文献以“琉球”专指古代之琉球（今日本冲绳）；以“小琉求”或“鸡笼”称台湾。《明史》列传“琉球”条4061 字全是讲述的琉球与明朝朝贡之事；而有关台湾的记载，则记在“鸡笼”条中。可见台湾即不再以“琉球”相称，而称小琉球。嘉靖间陈侃的《使琉球录》说：“闽中士大夫频云，鼓山齐日，可望琉球，盖小琉球也。若大琉球，借目难娄，何从望之”[③]。

（二）三国至隋朝，中原王朝对台湾的早期经略

学术界对中原王朝经略台湾，始于1700 多年以前的三国时期，是没有疑义的。[④] 这里将着重探讨的是吴国为何要“浮海求夷洲”（台湾时称夷洲）以及何以能够到达夷洲？关于孙权遣将征夷洲之目的有两种历史文献：一是《三国志》的最初记载：“远规夷洲，以定大事”[⑤]。据张崇根考证，孙权所说的“大事”，就是一统天下，将夷洲纳入吴国疆土。[⑥] 所以，对夷洲之役的失利，直到嘉禾二年（233 年），孙权还眷眷不已，特颁诏书以明志：“勤求俊杰，将与戮力，共定海内”[⑦]。二是司马光在《资治通鉴》中的记载：“欲俘其民以益众”，即增加吴国的人口。卫温等虽然“得夷洲数千人还”，但因“军行经岁，士卒疾疫死者什八九”，并没有完成吴主孙权交给他的任务，所以才有“温、直坐无功，诛”之结果。[⑧] 本文认同张崇根教授的考证，孙权“浮海求夷洲”之目的除为了增加人口外，更重要的是欲将夷洲纳入吴国的疆域之内。而且，卫温等人确实做了极大的努力，甚至在台湾进行了短暂的统治。尽管《临海水土异物志》的作者沈

---

① 参考葛剑雄主编《中国移民史》第六卷第八章“台湾的移民垦殖”，福建人民出版社，1997 年。

② 至光绪五年（1879 年），琉球被日本吞并之前，中琉之间一直保持着友好往来。

③ 张胜彦：《台湾史研究》，台湾华世出版社，1981 年，121 页。

④ 有人根据《后汉书·东夷传》，把福建与台湾的交流追溯至汉代，但这种交往以民间为主。见廖大珂《汉唐至宋元时期的闽台交流》，载《中国边疆史地研究》2002 年第 4 期。

⑤ 《三国志·吴书·陆逊传》卷五十八。

⑥ 张崇根：《三国孙吴经营台湾考》，载《安徽大学学报》1981 年第 1 期。

⑦ 《三国志·吴书·孙权传》卷四十七。

⑧ 《资治通鉴》卷七十一、七十二。

莹是否亲至台湾无可考证，但沈莹曾为吴丹阳太守，而丹阳郡治即在建业，卫温、诸葛直的军队虽死者什之八九，但毕竟有人回来，且尚有虏得的“夷人数千”；《临海水土异物志》有关台湾的信息来自卫温等“浮海求夷洲”之行动，是可以肯定的。从《临海水土异物志》对台湾描述的详细程度看，朝夕之间是无法获得如此详细信息的。据此推定，卫温等人在台湾有一定时间的停留。[①] 至于孙吴大军何以能够到达夷洲，除了吴国业已具备较为发达的航海和造船技术外，还说明他们已掌握了关于夷洲的准确信息。起码在此之前已有人到达过夷洲，[②] 甚至还可以认为，黄龙二年卫温“浮海求夷洲”，并非是吴国的第一次尝试。卫温大军没有完成吴主孙权将夷洲纳入版图的使命，但由此问世的《临海水土异物志》增进了台湾与大陆之间的交往与了解，亦是功不可没。

隋朝结束了战乱与分裂，中华帝国再度实现统一；随着隋朝国力之强盛，开始考虑将琉求（时台湾称琉求）纳入其版图，为此，三次派人对琉求进行“慰抚”无效之后，直接动用武力加以征服。先是大业元年（605年），海师何蛮奏言，每年春秋二时，天清风静，东望依稀，似有烟雾之气。“炀帝令羽骑尉朱宽入海访异俗，至琉求，因言语不通，虏一人而返”。次年，“炀帝复令宽慰抚之，不从，宽取其甲布而还”[③]。大业三年，隋炀帝拜陈棱为虎贲中朗将，越三年，与朝请大夫张镇州发东阳兵万余人，自义安泛海，击琉求国，月余而至。《隋书·陈棱传》详细记载了此次征琉之经过，略谓：

棱率众登岸，遣镇州为先锋。其主欢斯渴刺兜遣兵拒战，镇州频击破之。棱进至低没檀洞，其小王欢斯劳模率兵拒战，棱击败之，斩劳模。其日雾雨晦冥，将士皆惧。棱刑白马以祭海神，既而开霁，分为五军，取其都邑。渴刺兜率众数千逆拒，棱遣镇州击走之。棱乘胜逐北，至其栅，渴刺兜背栅而阵。棱尽锐击之，从辰至未，苦斗不息。渴刺兜自以军疲，引入栅。棱遂填堑，攻破其栅，斩渴刺兜，获其子岛槌，虏男女数千而归。帝大悦，进棱为右光禄大夫，武贲如

① 张崇根：《三国孙吴经营台湾考》，《安徽大学学报》1981年第1期。

② 连横《台湾通史·开辟纪》：“澎湖之有居人，尤远在秦、汉之际。或曰，楚灭越，越之子孙迁于闽，流落海上，或居于澎湖”。北京：商务印书馆，1983年。

③《隋书·琉求国传》卷八十一。

故，镇周金紫光禄大夫。[1]

三国至隋朝，380年间，中原王朝两度经略台湾，试图将台湾纳入其版图，均因言语不通，水土不服以及瘴疠之气伤人而未能建立稳固的统治。但海峡两岸的交往，特别是大陆对台湾的认识不断增强。与《临海水土异物志》相比，《隋书·琉求国传》对台湾番族的人物、姓氏，政治组织、武器用具；男女服饰、风俗习惯、文化礼义、宴会歌舞、婚丧嫁娶、宗教信仰；居处建筑、垦殖农作、赋税刑名，乃至树木鸟兽等，都有更准确、更详细的描述。台湾之民登陆大陆亦始于此时。有人认为，从孙吴到隋朝，前后两次大概有一万左右（似有虚）的高山族人被虏至大陆。[2] 无论是军事征讨还是遣使“抚慰”，结果促成了台湾与大陆之间的往来与交流。

（三）宋元时期，中原王朝以澎湖遥制台湾

宋元时期，中原王朝吸取历史上的教训，结束了对台湾的直接军事行动和慰抚政策，开始在澎湖设立军事、行政建置，对其实施有效管辖，进而遥制台湾。

唐代中叶以后，“中原板荡”，中原之民相继南迁入闽，由此带动福建经济社会之空前繁荣，“二浙七闽”成为国内“繁盛雄富”之区。人们多以唐宪宗时诗人施肩吾的《夷岛行》作为汉人移居澎湖的依据，但最早经营澎湖者当始于宋代。汪大渊《夷岛志略》记曰：“泉人结茅为屋，……山羊之孳生，数万为群。”由于漳、泉之民越海移居澎湖垦殖、贸易者多于往时，泉州地方政府在南风来临时遣水师至澎湖保护当地居民。其中，汪大猷任泉州知州时，实行的遣将分屯制，时人多有记载。如周必大《文忠集》收录《汪大猷神道碑》记载“毗舍邪”（台湾之别称）侵入澎湖事时说：“七年（即乾道七年）四月知泉州。海中有大洲号平湖，邦人（泉州人）就植粟、麦、麻。有毗舍邪蛮，扬飘奄至，肌体漆黑，语言不通，种植皆为所获。调兵逐捕则入水，持其舟而已。俘民为向导，劫掠近城赤嵌州，于是春夏遣戍，秋暮始归，劳费不赀。公（汪大猷）即其地造屋二

① 《隋书·陈棱传》。

② 吴法：《台湾历史札记》，台湾七十年代杂志社，1976年，第16页。

百区，留屯水军，蛮不复来。”[①] 楼钥之《玫瑰集》也有相同的记载：“频海中有洲数万亩，号平湖，忽为岛夷毗舍邪奄至，尽刈所种，他日又登海岸沙略，擒四百余人。初则每遇南风，遣戍为备，更迭劳扰。公（汪大猷）即其地造屋二百间，遣将分屯，军民皆以为便，不敢犯境（疑有漏字）”[②]。《宋史·汪大猷传》记载了汪大猷遣将分屯澎湖之事，称“毗舍邪掠海滨居民，岁遣戍防之，劳费不资。大猷作屋二百区，遣将留屯”[③]。与此同时，汪大猷还在澎湖推行“编户”制度，将岛上居民编入国家户籍，进行管理。在行政管辖方面，泉州地方政府已将澎湖划入晋江县管辖。赵汝适《诸番志》称：“泉有海岛，曰澎湖，隶晋江县”。汪大渊《夷岛志略》也称澎湖“隶泉州晋江，至元年间立巡检司”。何乔远《闽书》《方域志》记载，澎湖屿在巨浸中。……有争讼者，取决于晋江县。[④] 相同的记载，还有明代黄仲昭编《八闽通志》和陈懋仁《泉南杂志》等。[⑤]

根据以上文献，我们可作如下判断：一、澎湖最初称平湖；[⑥] 二、南宋之时，澎湖已成为福建人（闽南人）去台湾和台湾人（毗舍邪人）到大陆的中转站。不仅如此，连横在《台湾通史》中说：“当宋之时，漳、泉边民渐来台湾，而以北港为互市之口。”也就是说，出泉州，中经澎湖，以抵台湾成为固定的航线；[⑦] 三、最迟南宋乾道七年（1171 年），澎湖地区在海防、行政和司法上都属晋江管辖。汪大猷实施“遣将分屯”之前，泉州地方政府已对澎湖地区实行保护措施。“遣将分屯”，不仅为了管理渡海而来的毗舍邪人，即台湾人，还应包括经澎湖与“北港”互市或由此迁入台湾的漳、泉人。[⑧] 据此，可以认为宋代泉州地方政府首先尝试了以澎

---

① 周必大：《文忠集》卷六十七，《汪大猷神道碑》，《四库全书》台湾商务印书馆影印本，第 1147 册。

② 楼钥：《玫瑰集》卷八十八，《汪公行状》，《四库全书》台湾商务印书馆影印本，第 1153 册。

③ 《宋史》卷四百。

④ 何乔远《闽书》卷七“方域志”，引南宋《清源志》，第 179 页。

⑤ 参考陈孔立《澎湖不属同安考》，载《台湾研究集刊》2005 年第 2 期。

⑥ 关于澎湖曾称平湖及其早期与台湾的关系，可参考陈正祥：《三百年来台湾地理之变迁》，载《台湾文献》第 12 卷第 1 期；《台湾通志稿》卷二“人民志·人口篇”；《读史方舆纪要》卷九十九。

⑦ 廖大珂《汉唐至宋元时期的闽台交流》，载《中国边疆史地研究》2002 年第 4 期。

⑧ 德化苏姓七世祖苏钦于南宋绍兴三十年迁入台湾。见庄为玑、王连茂《闽台关系族谱资料选编·德化使星坊南市苏姓族谱》，福建人民出版社，1985 年，第 2 页。

湖遥制台湾之管辖形式。①

至元代，漳、泉之民移居澎湖，继而迁入台湾者不断增加，连横《台湾通史》称，大德年间（1297—1306 年），“澎湖居民日多，已有一千六百余人。贸易至者岁常数十艘，为泉州外府”。另据《永春岫山陈氏族谱》和《安平颜氏族谱》中，均有元代迁台的记载。② 元朝为横跨欧亚大陆之庞大帝国，不仅有游牧民族驰骋草原的雄风，还蕴涵着征服大海的勇气。世祖至元十八、二十三年（1191、1196 年），元朝曾有两度渡海征讨日本岛之尝试；对于近在咫尺的台湾更不会轻易弃之。当福建南部地区得到基本稳定以后，即开始招抚瑠求（台湾时称瑠求）。先是至元二十八年（1291 年）九月，海船副万户杨祥请求以六千军往降之；不听命则伐之。继有书生吴志斗称熟知海道利病，以为若欲收抚，且就澎湖发船往谕，相水势地利，然后兴兵未晚也。是年十月，朝廷从其请，乃命杨祥为宣抚使，给金符，吴志斗为礼部员外郎，阮鉴为兵部员外郎，给银符，持诏至瑠求。诏曰：“收抚江南已十七年，海外诸番，罔不臣属，唯瑠求迩在闽境，未曾归附，议者请即加兵。朕维祖宗立法，凡不庭之国，先遣使诏谕，来则安诸如故，否则必至征讨。今止其兵，命杨祥、阮鉴往谕汝国。果能慕义来朝，存尔国祀，保尔黎庶；若不效顺，自恃险阻，舟师奄及，恐贻后悔”③。二十九年三月，遂由丁路尾澳发船征瑠求。成宗元贞三年（1297 年）福建省平章政事高兴建议，“今立省泉州，距瑠求为近，可伺其消息，或宜招宜抚，不必它调兵力，直接由泉州发兵征之。九月，高兴遣省都镇抚张浩、福建新军万户张进赴瑠求国，擒生口一百三十余人”④。然而，元朝的两次招抚均无结果，遂于至元中（1335—1340 年间）在澎湖设立巡检司，隶晋江。⑤ 汪大渊《夷岛志略》记曰：“以周岁额办盐课中统钱钞十一锭二十五两，别无科差”⑥。征收租赋，行使治权。巡检司之设

① 张崇根《南宋已在台湾建置说》，也认为“汪大猷作为泉州总理军事、民政的最高长吏，亲自执掌了有关台湾地区的事务。他不仅于乾道七年‘遣将分屯’于澎湖，而且采取了与此相应的行政措施，即在那里推行‘编户’制度。要比元朝在澎湖设立巡检司早一百多年。”

② 庄为玑、王连茂《闽台关系族谱资料选编》，福建人民出版社，1985 年，第 2 页。

③ 《元史·瑠求国传》卷二百一十。

④ 《元史·成宗纪》卷十九。

⑤ 元代澎湖隶晋江，不是同安。见陈孔立：《澎湖不隶同安考》，载《台湾研究集刊》2005 年第 2 期。

⑥ 汪大渊《夷岛志略·澎湖》（校释本），中华书局，1981 年，第 13 页。

立，在澎湖行使治权，其政治意义远远大于南宋在澎湖的建屋驻军和遣将分屯。始于宋代以澎湖遥制台湾的管辖形式，由此赋予了治权内容。

（四）明代对澎湖和台湾的管辖

明代对澎湖和台湾的管辖多有反复，然而反复中亦有发展。曾与朱元璋争天下、来自东南沿海的张士诚、陈友谅和方国珍三股势力，虽然最终被朱元璋击溃，但其残余或散落沿海，或逃至海外，为即将诞生的明王朝埋下隐患。为彻底消灭盘踞海上的反明势力，朱元璋建国之初，即明令禁海，限制渔船及货船的吨位、规制和携带货物之种类；限制船民的出海时间和出海范围，甚至禁止渔民下海捕鱼，若有违反，重罪治之。凡是私自下海贩鬻番货，或引诱蛮夷为盗，都被认为是严重犯罪，“比照谋叛罪处斩”①。洪武十四年（1381 年）以后，因倭患频发，朱元璋再次严明海禁，滨海之民不得出海，不得交结番夷互市称贷，不得揽造违式海船，私鬻番夷。洪武十七年，“命信国公汤和巡视浙江、福建沿海城池，禁民人入海捕鱼，以防倭敌也。”② 洪武二十七年，再颁谕：“海外诸夷多诈，绝其往来”③。凡私通海外诸国，或擅自出海与外国互市者，一律治罪。《大明律》规定：“凡沿海之处，下海船只，除带货物下海，前往番国买卖，潜通海贼，同谋结聚及为向导劫夺良民者，正犯比照谋叛，以刑律处斩，枭首示众，全家发边卫充军。其打造前项海船卖与夷人图利者，比照将应禁军器下洋者，为首者斩，为从者发边卫充军。若仅将大船雇与下海之人，分取番货；接卖番货与探听下海之人；番货物来，私买贩苏木、胡椒至一千斤者，俱发边卫充军，番货并没入官”④，禁海令列入刑律，载入法典，其海禁之严苛，可见一斑。明中叶以后，倭寇骚扰日剧，危害愈烈，朱元璋的海禁政策被他的子孙们不折不扣地继承下来，成为终明之世既定国策。

明朝受禁海政策之影响，因澎湖不易防守而将岛内之民迁于内地，据曹学佺《石仓全集》记载：“因海中绝岛易于寇通，难驭以法，国朝移其民于泉之

---

① 张炜、方堃：《中国海疆通史》，中州古籍出版社，2002 年，第 264 页。

② 《大明实录》卷一百五十九。

③ 《大明实录》卷二百三十一。

④ 《皇明世法录》卷二十，转引自王日根：《明清海疆政策与中国社会发展》，福建人民出版社，2006 年，390 页。

南关，而虚其地。"[①] 唐垣京《澎湖要览》称，洪武年，以居民叛服不常，遂出大兵，驱其大族，徙置漳、泉间，今蚶江之处皆有遗族。《方舆纪要》在记载澎湖事时也称，澎湖为泉州外府，元末，置巡检司于此，明洪武年，尽徙屿民，遂虚其地。[②] 由此中断了宋元以来中原王朝对澎湖的管辖以及通过澎湖遥制台湾的努力。明朝撤废巡检司，原本为了避免澎湖居民与倭寇勾结而实施的"坚壁清野"之策，但巡检司撤废后，澎湖遂成为海寇巢窟。嘉靖四十二年(1563年)，戚继光、俞大猷等大破倭寇后，俞大猷追击海寇林道乾至澎湖，林道乾遁入台湾，俞大猷乃留偏师驻澎湖，不时巡哨鹿尔门。林道乾远走占城大年后，澎湖驻军亦撤，复置巡检司，一度恢复以澎湖遥制台湾之管辖形式。但为期不久，再撤。澎湖驻军和巡检司反复撤设期间，福建之民往台湾海域捕鱼以及往台湾贸易的商人，并未因此而减少。[③] 据记载，海上之民"采捕艋舴，村村户户，不可以数计，东番诸岛乃其从来采捕之所。"[④] 福建巡抚黄承玄在《条议海防事宜疏》中也称："濒海之民，以渔为业，其采捕于澎湖、北港之间者，岁无虑数十百艘。"[⑤] 说明闽台之间的联系并未因澎湖巡检司的一度撤设而中断；闽人入台之数一直保持增长趋势。据族谱资料统计，仅南靖一县迁台移民有案可查的就有125人。[⑥]

万历二十年（1592年），日本伐朝鲜，东南沿海形势紧张，"哨者谓有将侵淡水、鸡笼之议。明廷以澎湖密迩，议设兵戍险"[⑦]。福建地方大员也认为，"不宜坐弃澎湖，因设兵往戍之"[⑧]，遂有设置"澎湖游"之议，至万历二十五年（1579年）澎湖游兵正式设立，《泉州府志》记曰："及万历二十五年，新设澎湖游兵把总，俱军门札给名色者。"[⑨] 设色总一员，哨官二员，兵士约九百人，分乘二十艘船，于春秋两季分别驻守澎湖三个

① 转引曹学佺：《曹能始先生石仓全集》，《湘西纪行》卷下"海防"，第28—30页。见徐晓望：《曹学佺石仓全集与晚明台湾澎湖的开发》，《海峡两岸台湾史学术研讨会论文集》，厦门大学台湾研究中心、厦门大学台湾研究院，2004年。

② 许鸿磐：《台湾府方舆考证》，《台湾舆地汇钞》，文丛版，第58、60页。

③ 林国平、邱季端：《福建移民史》，方志出版社，2005年版，第149页。

④《明季荷兰人侵据澎湖残档》，台湾文献丛刊第154种，第25—26页。

⑤《明经世文编选录》，台湾文献丛刊第289种（以下简称文丛版），第236—250页。

⑥ 林嘉书：《南靖与台湾》，台湾华星出版社，1993年版，第15页。

⑦ 连横：《台湾通志·开辟纪》，北京：商务印书馆，1983年，第8页。

⑧ 何乔远：《闽书》卷四十"扜圉志"，福建人民出版社，1994年，第989页。

⑨ 阳思谦：《泉州府志》（万历本）卷十一"水寨官"，泉州市地方志编纂委员会，1985年影印明刊本，第9页。

月或两个月；漳、泉两州负责粮食供应。[①] 由是，明政府再度恢复了对澎湖的管辖。万历二十五年，丰臣秀吉二次出兵朝鲜，东南沿海形势随之紧张，福建巡抚金学曾聘沈有容至闽，补授浯铜游指挥，主持海防大计。二十九年，沈有容在东椗外洋生擒倭寇十八名，斩首十二级。同年十二月，闽抚朱运昌题补沈有容为浯屿寨把总。三十年（1603 年）腊月，沈有容奉命强渡台湾海峡，赴东番（台湾时称东番）剿倭。沈有容在台前后近二十日，斩倭首十五级，焚毁倭舰六艘，倭寇投海溺亡者无数，营救被倭寇掳去的漳泉渔民男女三百七十余人，沈有容得胜而归。此役乃中原王朝继三国、隋朝后，第三次经略台湾，也是中国为了台湾问题第一次感受到日本的威胁。[②] 沈有容东番剿倭，击败了日本入侵者，维护了中国政府在台湾的领土管辖权。另根据厦门大学陈小冲教授新近发现的张燮轶失文集《霏云居续集》提供的信息，[③] 晚明福建巡抚黄承铉曾有在澎湖、台湾屯垦及设置郡县的计划，说明至少在万历四十六年以前，中国官方就开始了对台湾本岛的短期治理和直接管辖。特别是关于福建军方在台湾设置城堡的记载，表明中国政府的实际管辖权此时已到达台湾本岛，早于荷兰人入侵台湾至少 7 年。这一发现对台湾早期历史研究具有重要意义，中国政府经营和直接管辖台湾的历史始于明万历末年。[④]

二、清代闽台合治及其最初实践

清朝立国，同样面临来自东南沿海的挑战和抵抗，前期以南明流亡政权为主，后期则是据有台、澎、金、厦的郑成功集团。清政府因无力剿灭这一庞大的海上势力，仿照朱元璋“禁海”令，于顺治十二年（1656 年）六月十六日，敕谕浙江、福建、广东、江南、山东、天津等地督抚，申严海禁：“自今以后，严禁商民船只私自出海，有将一切粮食货物等项与逆贼贸易者，或地方官查出，或被人告发，即将贸易之人，不论官民，俱行奏闻正法，货物入官，本犯家产尽给告发之人，其该管地方文武各官不行盘诘擒拿，俱革职，从重治罪。地方保甲通同容隐不行举首，皆论死。凡

① 关于澎湖游兵的具体情况，可参考阳思谦等：万历《泉州府志》卷十一“水寨军兵”、“兵船”。

② 郭廷以：《台湾史事概说》，台湾正中书局，1969 年版，第 12 页。

③ 张燮：《霏云居续集》卷四十“海国澄氛记”，明万历刻本，藏于国家图书馆。

④ 参考陈小冲：《张燮霏云居续集涉台史料钩沉》，载《台湾研究集刊》2006 年第 1 期。

沿海地方，各该督抚镇俱严饬防守，各官相度形势，设法拦阻，或筑土坝，或树木栅，处处严防，不许片帆入口，一贼登岸，如仍前防守怠玩，致有疏虞，其专汛各官即以军法从事，该督抚镇一并议罪”①。同时规定，“海船除给有执照，许令出洋外，若官民人等擅造两桅以上大船，将违禁货物出洋贩卖给番国，并潜通海贼同谋结聚，及为向导，劫掠良民，或造成大船图利卖与番国，或将大船租与出洋之人，分取番人货物者，皆交刑部分别治罪”②。朝廷希望通过“申海禁、断接济、片帆不得下海”，置郑成功于死地。至康熙朝，再下“迁界”令：“迁沿海居民，以垣为界”；“濒海之民徙迁内地五十里，以绝接济台湾之患”，东南沿海之江、浙、闽、粤四省，特别是广东，沿海五十里，空无一人。然而海禁而不止，利之所驱，沿海民人冒险与郑成功贸易者无减反增。同时，郑成功凭借海上势力垄断海上贸易，与南洋、日本诸国通商，不仅没被封死，势力反而愈大，形成与清王朝相抗衡的割据势力。

1683 年（康熙二十二年），康熙收复台湾，对于一个正在实行海禁政策的清王朝来说，首先没有管理海洋的经验，其次也没有治理海疆的实力，如何将台湾并入版图，而又不致成为“海外藏奸之渊薮”，的确是一大难题。关于清政府收复台湾后面临的首要问题，学界普遍认为，收复台湾，对清廷来说只是“消灭了一个为患多年的夙敌”，仍视台湾为“弹丸之地，得之无所加，不得无所损”（康熙语）。所以，清廷面对的首要问题是台湾的弃留问题，于是有了关于台湾的弃留之争，甚至认为“弃而不守之论颇为盛行”③。本文认为，历史上几乎不存在台湾弃留之争，所谓的“弃留之争”不过是对台湾如何管辖而已。关于清初闽台合治体制及其最初实践，下面将从三个层次逐次展开。

首先，我们回到历史的本来，考察是否有所谓的“弃留之争”。根据史料记载，康熙二十二年，闰六月十八日，施琅克澎湖，二十六日，上《飞报大捷疏》称，“澎湖为台湾咽喉，今澎湖既已克取，台湾残贼必自惊崩胆落，可以相机扫荡矣。但二穴可扫之后，或去或留，臣不敢自专。合请皇上睿夺，或遴差内大臣一员来闽，与督臣商酌主裁，或谕令督、抚二

① 《清世祖实录》卷一零二，顺治十三年六月“癸巳”。转引自王日根：《明清海疆政策与中国社会发展》，福建人民出版社，2006 年，第 142 页。

② 《光绪大清会典事例》卷六二九。

③ 陈碧笙：《台湾地方史》，中国社会科学出版社，1982 年，第 98 页。

臣会议定夺，俾臣得以遵行”。施琅第一次提出台湾去留问题。[①] 七月十九日，康熙依据施琅之奏疏，命工部右侍郎苏拜往福建料理军钱粮饷事务。七月二十四日，施琅率师渡台，上《台湾就抚疏》，再称“查台湾土地千余里，户口数十万，地在琼海之表，或去或留，伪官兵户口繁多，当作何安辑，事关重大，所当亟请皇上迅赐睿裁。敕差才能户、兵二部（原文如此），迅速前来，会同督、抚主裁料理，安置得宜，毕此大事；俾臣得即勾当班师，从此金瓯永固。”[②] 施琅第二次提到台湾去留问题。八月十五日，郑克塽等人投降后，施琅第三次提出台湾之弃留问题，称“郑克塽遣伪官冯锡珪等降表文稿诣臣军前请缴伪册印，率众登岸，以求安插。……至台湾虽在海外地方千里、户口数十万，或弃或守，伏候上裁”。康熙当即颁谕称：“海洋远缴尽入版图，积年捕寇悉皆向化；朕心深为嘉悦！在事有功人员，该部一并从优议叙。谕令议政王大臣会议以闻”。议政王大臣等回奏，“台湾应弃应留，俟郑克塽等率众登岸，令侍郎苏拜与该督、抚、提督会同酌议具奏”[③]。八月十九日，施琅在《舟师抵台湾疏》中称，台湾“土地肥饶，出产五谷，沃野千里，人民土番杂处，甚为稠密；应去应留，臣经具疏题请，未奉敕旨仰冀迅赐睿夺，俾得钦遵奉行”[④]。十一月二十三日施琅内渡，回福州参加由侍郎苏拜主持召开的台湾善后会议。

侍郎苏拜主持的善后会议原本由督、抚、提督四人共同参加，然会议未决，姚启圣病逝；在与会的苏拜、金鋐和施琅三人中，施琅以靖海将军领师提督，又因战功封侯，其官职之显要、爵位之荣宠，不在苏、金两人之下；更为重要的是，施琅是善后会议中唯一亲历台地，熟悉台湾情形者，所以，会中“遂得尽情发言，苏拜、金鋐只得用施琅的意见奏疏上闻”。[⑤] 十二月二十二日施琅的《恭陈台湾弃留疏》[⑥]，只是“恭陈”而已，并没有争，亦无人与争。次年正月二十一日，康熙问大学士，“尔等之意如何”？李蔚等奏曰：“据提督施琅奏云，‘台湾有地数千里、人民十万，

① 施　琅：《靖海纪事》卷上，文丛版，第35页。

② 施　琅：《靖海纪事》卷上，文丛版，第45页。

③ 康熙二十二年八月十五日谕旨，《清圣祖实录选辑》，台湾文献丛刊第165种（以下简称文丛版），第127页。

④ 施　琅：《靖海纪事》卷上，文丛版，第52页。

⑤ 杨　熙：《清代台湾：政策与社会变迁》，台湾天工书局，1983年，第55页。

⑥ 施　琅：《靖海纪事》卷上，文丛版，第59—62页。

则其地甚要，弃之必为外国所踞；奸宄之徒鼠匿其中，亦未可知'，臣以为守之便。”康熙的反应是“台湾弃取，所关甚大。镇守之官，三年一易，亦非至当之策。若徙其人民，又恐失所；弃而不守，尤为不可”。命李蔚会同议政王大臣、九卿、詹事、科道再行确议具奏”。六天后，议政王大臣回奏称，“上谕极当。提臣施琅目击彼处情形，请守已得之地，则设兵守之为宜”。同时，令福建督、抚、提、镇详议。四月十四日，差往福建料理钱粮的侍郎苏拜会同福建督、抚、提督疏言：“台湾地方千余里，应设一府三县，设巡道一员分辖。应设总兵官一员、副将二员、兵八千，分为水陆八营。澎湖应设副将一员、兵三千，分为二营。每营各设游、守、千、把等官”①。

所有这一切，都在有序中进行，尽管持续了将近一年的时间才有结论，但施琅一直处于主动地位。在一定程度上，施琅的《陈台湾去留利弊疏》，是清初治台政策的蓝本，而且，施琅此后所奏之“移动不如安静疏”、“壤地初辟疏”、“海疆底定疏”、“收用人才疏”等，在清初治台政策中都有所体现，并没有什么争论。至于李光地《榕村语录续录》中关于“空其地，任夷人居之，而纳款通贡”之主张，仅仅是与康熙的私下讨论，也没有被康熙采纳。

其次，我们考察闽台合治体制及其确立。台湾并入版图时，共有田园一万八千四百五十三甲，② 其中，田七千五百三十四甲，园一万零九十九甲；户一万两千七百二十七，口一万六千八百二十人。根据台湾善后会议的建议，初设一府三县。一府曰台湾，县曰台湾、诸罗、凤山。台湾县治在东安里（附郭），东至保大里大脚山一百里；西至澎湖水程二更，广五十里（除澎湖水程）；南至凤山县依仁里交界，约十里；北至新港溪与诸罗交界，四十里。南北共五十里。凤山县治，在府南一百二十五里。东至淡水溪二十五里；西至打鼓山港二十五路；南至沙马矶头三百七十里；北至台湾县文贤里。东西广五十里；南北袤四百九十五里。诸罗县治，在府北一百五十里。东至大龟佛山二十一里；西至大海三十里；南至新港溪与台湾县交界一百四十里；北至鸡笼城二千一百七十五里。东西广五十里；南北袤延二千三百五十里。由于台湾府南北广袤二千多里，再分为南、

① 《清圣祖实录选辑》，文丛版，第132页。

② 按台地田园十分曰一甲。每甲东西南北四至各二十五戈，每戈长一丈两尺五寸。

北、中三路。以府治为准，东至保大里大山脚五十里，曰中路；南至沙马矶头六百三十里，是为南路；北至鸡笼山二千三百一十五里，是为北路。如此相对独立的地理单元，四面皆海，与大陆隔绝。值得思考的是，清政府在管辖形式上为什么没有充分考虑台湾的地理因素和行政区划的独立性，而是将台湾隶属福建，成为福建一府，实行闽台合治？

平定郑氏之后，清廷消除沿海祸乱之目的已达，而真的要把台湾纳入版图，独立设置，康熙反而担心再次出现"郑成功"，而且还会增加朝廷负担。所谓"台湾属海外地方，无甚关系，因从未向化，亦不足为治道之缺。"① 然而，施琅以亲身经历写成的《恭陈台湾弃留疏》，从以下三个方面打消了康熙的顾虑。第一，设兵戍守，无添兵增饷之费。施琅认为，"海氛既靖，内地溢设之官兵尽可陆续汰减，以之分防台湾、澎湖两处"。台湾设总兵一员、水师副将一员、陆师参将二员，兵八千名；澎湖设水师副将一员，兵两千名。通共计兵一万名，足以固守，又无添兵增饷之费。"保留台湾，将成为负担"的顾虑，不复存在。第二，内地换班，兵无久任，无"拥兵"之忧。三番之乱后，朝廷一直担心，"边疆提镇，久据兵权，殊非美事"。施琅建议"驻守总兵、副、参、游等官，"定以三年或两年转升内地，无致久任"，以此解除了朝廷对"边疆提镇，久据兵权"的顾虑，也就是说，台湾不会因为派兵镇守而再次成为边患或敌对势力。第三，虚地迁民，必酿大祸。施琅称，"今台湾人居稠密，户口繁息；以有限之船渡无限之民，非数年难以报竣"。迁民不成，一旦流离，潜匿深山穷谷，或为匪为盗；急则走险，纠党为祟，造船制器，剽掠濒海，沿海诸省不得安宁。"若虚地为红毛所有，则彼性狡诘，所到之处，善能蛊惑人心，重以夹板船只，精壮坚大，从来乃海外所不敌"。施琅认为，虚地迁民，实际是变相"海禁"；如同"海禁"不能保证边疆秩序一样，虚地迁民更是祸无止境。施琅的《恭陈台湾弃留疏》，言之凿凿，一针见血，康熙皇帝的诸多顾虑由是打消。以是观之，康熙皇帝接受施琅等人的建议，实行闽台合治，在台湾设官建置，既可收"绝濒海之患，永固边圉"之效，亦能解"边疆提镇，久据兵权"之忧，同时也不增兵添饷。所以，施琅《恭陈台湾弃留疏》之价值之一是影响康熙最终确立闽台合治体制，而不是台湾的弃留之争，这一点并未引起学者之重视。

---

①《清圣祖实录》卷一一二。

闽台合治体制，主要体现在台湾的行政区划和台湾地方官员管理的特殊政策。

行政建置。台湾一府三县，隶福建，设台厦兵备道驻府治，兼理提督学政，并按察使司事。分巡台厦兵备道[①]，正四品，为台湾地方最高文官，属福建布政使司。台湾官员缺，由福建督、抚于闽省现任官内拣选调补。按清制，凡属有品级的官员，铨选之权操诸吏部，地方官最多只能委署，而台湾之文官则由福建巡抚遴选。如康熙二十七年九月二十三日谕，“台湾文职员缺，准该抚于闽省现任官内拣选调补。”[②] 至雍正年间，更进一步规定：“凡调往台湾各官，道员到任三年，知府、同知、通判、知县到任二年，该督、抚于本省内地属官内遴选贤能之人，乘冬月北风之时到台，与旧员协办；至半年后，则令旧员乘夏月南风之便回至内地。”[③] 为收人地相宜、教有所成之效，“台湾府学训导及台湾、凤山、诸罗、彰化等四县各教谕、训导，遇有缺出，先尽漳、泉七学调缺教职内拣调；倘或不敷，或人地未宜，仍于通省教职内一体拣选调补。”[④] 所以，台湾教职多有闽人担任。第一任台湾府儒学教授林谦光长乐县人、台湾县儒学教谕傅廷璋南安县人、凤山县儒学教谕黄思英晋江县人、诸罗县儒学教谕陈志文长乐县人。[⑤]

军事体制。台湾镇是福建水师五镇之一，台湾镇总兵官由福州将军、闽浙总督和福建水师提督节制。福建水师提标辖本标中、左、右、前、后五营，节制金门、海坛、台湾、南澳、福宁五镇，并听闽浙总督节制。台湾镇辖本标中、左、右三营、城守左、右军、水师协标三营、北路协标二营、嘉义营、澎湖协标二营、南路营、南路下淡水营、艋舺营兼辖沪尾水师营，并听福州将军、闽浙总督、福建巡抚节制。”[⑥] 驻防台湾官兵由福建调拨。根据议政王大臣议准，“闽省各营官弁调往台湾、澎湖所遣员缺，请于本省现任官弁中酌量调补”[⑦]，所谓的“换班兵丁”，均来自福建。

---

① 分巡台厦兵备道，管辖厦门、台湾两地，雍正五年，设兴泉永道驻厦门，台湾道辖区仅限于台湾、澎湖，改称台湾道或台澎道。

② 《清圣祖实录选辑》，文丛版，第 142 页。

③ 《清会典台湾事例》（光绪朝），文丛版，第 13 页。

④ 《钦定大清会典事例》（光绪朝），卷六十五。

⑤ 高拱乾：《台湾府志》卷三“秩官志”，《台湾府志三种》，中华书局，1985 年。

⑥ 孙尔准、陈用光：《重修福建通志》卷八十三“兵制”，清道光九年修，同治七年正谊书院刻本。

⑦ 张本政主编：《清实录台湾史料专辑》，福建人民出版社，1993 年版，第 71 页。

此外，有关台湾的事务均经福建总督、福建巡抚代为上奏，由朝廷议准；有关台湾之信息亦经福建传递。[①] 朝廷将台湾治理权基本上委诸福建大员。

其三，闽台合治体制的最初实践。闽台合治，在体制上遏制了台湾再度分裂的倾向，但是执行起来相当困难。由于海峡阻隔，闽省大员不肯轻易涉海，自康熙二十三年（1684 年）台湾隶福建省，至康熙六十年（1721 年）朱一贵起义之前，历 37 年，福建大员之福州将军 5 易、福建总督（后为闽浙总督）11 易、福建巡抚 16 易、福建水师提督（施琅此前曾有巡台之经历）4 易、福建陆路提督 10 易其人，竟无一人渡海巡台，凡事无论大小均委诸台湾地方官员，闽台合治变为隔海遥制。福建大员往往通过回闽之台员了解台湾的情况。如雍正九年（1731 年）三月十三日，福建总督刘世明"奏闻事"折称，"福建内地年岁情形，臣俱真知灼见，唯台湾远隔重洋，传闻互异。海疆关系非轻，臣不敢不时勤察访。兹于本年三月初二日，有台湾道刘藩长闻讣丁忧回闽，细询地方年岁情形"，方知"所属四县，甚是宁静，谷米、糖、豆价值倍减于前。唯去冬略觉缺雨，于正月初三日，时雨沾足，二麦秀茂，丰收可必。再询其生番致死匠役陈勋一案，并凤山县通报传言胡九抢新庄起衅之实情，该道将事之原委，及审理发落之处，一一备悉陈说"[②]。直到乾隆十三年（1748 年），身兼巡阅海防之责的福建水师提督，因海洋阻隔仍不肯渡海巡台。是年十二月二十日，闽浙总督客尔吉善奏报闽省水师提督应否仿照浙江之例，三年一次巡查时，曾会同水陆两提督商议决定，二年分巡一次。其中，水师提督，以四月为期，一年北巡海坛、闽安、烽火等营，一年南巡金门、南澳、铜山等营；如遇钦差巡查之年，提督停止。各镇仍照例每年总巡烽火、铜山二营；提督巡查后，闽安副将、南澳总兵停查。"至于台湾，因远隔重洋，仍听该镇分年巡查"。兵部批准了闽督的决定，[③] 说明至乾隆十三年福建水师提督尚无渡台计划。总的来看，福建大员对台湾隔海遥制，主要受清政府重陆轻海边疆战略和台湾海峡自然环境两种因素之影响。

第一，康熙朝奉行重陆轻海的边疆战略，收复台湾后的数十年中，其

---

① 清代在福建设驿站 68 处，因山路崎岖，不设驿马，所有公文传递，均由驿夫走递，但福建驿站体系，至海中断，并不渡海。参考刘文鹏：《清代驿站及其与疆域形成关系之研究》，中国人民大学出版社，2004 年版，第 65—67 页。

② 《雍正朱批奏折选辑》，台湾文献丛刊第 300 种（以下简称文丛版），第 50—51 页。

③ 《清高宗实录选辑》，台湾文献丛刊第 186 种（以下简称文丛版），第 72 页。

战略重点一直放在西北陆疆。然而，明清两朝与历史上其他中原王朝相比，遭遇的最大困扰就是同时面对西北陆疆和东南海疆的威胁，在国力不济的情况下，将面临两难选择。康熙认为台湾为癣疥之患，所以选择了先平定海疆再巩固陆疆的战略。收复台湾之第二年，即大军北指，遏制沙俄在黑龙江流域的扩张与咄咄之势。历经两次雅克萨之役，于康熙二十八年（1689 年）签订《中俄尼布楚条约》，划定中俄两国东段边界，巩固了龙兴之地。而后，在蒙古地区实行蒙旗制度；在新疆维族居住区实行伯克制，在游牧区实行扎萨克制，在西藏实行土司制度，由此巩固了北部陆疆。与此同时，禁海仍是清王朝海疆政策的主体，东南海疆仍严格限制商船出洋贸易、捕鱼等，更不准留居国外。康熙五十五年（1716 年）下令禁止南洋贸易，“如所去之人留在国外者，将知情同去之人枷号三个月，杖一百；该督、抚行文外国，将留下之人令其解回，即行立斩。”① 或“出洋贸易人民，三年之内准其回籍；三年不归，不准再回原籍。”②

受重陆轻海边疆战略之影响，清廷之海防政策在于禁与防，具体到治台而言，则表现为消极的治台政策，即为防台而治台。康熙二十三年五月十八日，首任台湾总兵官杨文魁陛辞时，康熙戒之曰：“海洋为利薮，海舶商贩必多，尔须严饬，不得因以为利，致生事端，有负委托。”③ 所谓“防台”，在台防番汉冲突，在内地防“罗汉脚”等不良分子入台，闽省大员的治台重点都放在后者。对于渡台者，先给原籍地方之照单，经分巡台厦兵备道之稽查，依台湾海防同知之审验，许之，方能渡台。同时还规定渡台者，不准携带家眷，④ 如此等等，均须闽省官员一一查验。康熙五十一年（1712 年），清廷严格渡台申领照单制度，对执行不力的官员进行严惩：“内地往台湾之人，该县给发照单。如地方官滥给往台湾照单，经该督、抚题参一次者，罚俸六月；二次者，罚俸一年；三次者，降一级留任；四次者，降一级调用。如有良民愿入台籍居住者，令台湾府、县查明，出具印文，移内地府、县知照，该县申报该道稽查，仍令申报该督、抚存案。若台湾府、厅、县官不行查明以至奸宄丛杂居住，经该督、抚查

① 康熙五十六年，兵部“禁止南洋案”，《清代内阁大库原藏明清档案》第三册。

② 《清文献通考》卷三十三。

③ 《大清圣祖仁皇帝实录》卷一一五。

④ 林国平、邱季端：《福建移民史》，方志出版社，2005 年，第 170 页；李祖基：《对清初大陆移民渡台若干政策问题的讨论》，载《台湾源流》2001 年春季号。

出题参，照隐讳例议处。”[①] 另一个值得注意的问题是，康熙朝台湾并无大规模的民变和械斗发生；[②] 既然台湾“一切平静”，闽省大员只需坐镇内地堵塞乱源，无需渡台，同样达到“治台”目的。

第二，台湾环境恶劣，内地官员多视赴台为畏途。台地官员赴任遇到的恶劣环境，包括“七百里横洋”、黑水沟之险等，因第一节已做了详细描述，这里讲的主要是台湾本岛的自然、人文环境。

清初之台湾，战事初定，“地广人稀，萧条满眼，蕞尔郡治之外，南北两路一望尽绿草黄沙，绵邈无际”[③]，台湾知府蒋毓英称，初设之一府三县，除附郭台湾县尚有规模外，北诸罗、南凤山之大部分地区还是相当荒芜。南路之“凤山以南下至淡水等处，早夜东风盛发，及晡郁热，入夜寒冷，冷热失宜。以水土多瘴，人民易染疾病。”[④] 当年郁永河行至淡水时，好友告之曰：“君不闻鸡笼、淡水水土之恶乎？人至即病，病辄死。凡隶役闻鸡笼、淡水之遣，皆唏嘘悲叹，如使绝域；水师例春秋更戍，得以生还为幸。”乡人又告知，此地“水土害人，鬼物为疠”之事，称“朱有龙谋不轨，总戎王公命某弁率百人戍下淡水，才两月，无一生还者；下淡水且然，况鸡笼、淡水远恶尤甚者呼”？又称“县役某与其侣四人往，仅以身返”。郁永河虽笑曰：“吾生有命，苍苍者主之”，但还是接受了乡人赠送的散药丸和解毒辟疠之药，以备不测。行之不十里，即发现“奴子病矣，诸给役者十且病九矣！乃至庖人亦病”，身处在在危机、刻刻死亡之地的郁永河，方想起临行时乡人之劝诫，竟有却步之念。据郁永河观察，此地“山川不殊中土，鬼物未见有征，然而人辄病者，特以深山大泽尚在洪荒，草木晦蔽，人迹无几，瘴疠所积，入人肺肠，故人至皆病，千人一症。”[⑤] 由于水土恶毒，瘴气盛发，自康熙二十三年至四十六年（1684—1707年），九任凤山县巡检中，除沈翔升一任系“告老解任”外，其余“历任卒于官，甚至合家无一生还者。”[⑥] 北路之诸罗，“半线以北，山愈

---

① 《清会典台湾事例》，文丛版，第30页。

② 据陈孔立《清代台湾移民社会研究》和刘妮玲《清代台湾民变研究》两书之统计。

③ 蒋毓英：《台湾府志》卷五“风俗”，厦门大学出版社，1985年，第56页。

④ 高拱乾：《台湾府志》卷七“风土·气候”，《台湾府志三种》，中华书局，1985年，第20页。

⑤ 高拱乾：《台湾府志》卷七“风土·气候”，《台湾府志三种》，中华书局，1985年，第26页。

⑥ 李祖基：《清代台湾地方的开发与岛上对外交通》，载《台湾研究集刊》2002年第2期；陈文达：《凤山县志》卷二“规制志·衙署”。

深，水愈燥，烟瘴愈疠，人民鲜至；虎尾、大肚，人皆视为畏途”。① 内地官员赴台上任之时，往往有亲朋好友十里相送、挥泪道别之情景。

雍正朝之前，台湾所设一府三县不仅管辖范围有限，而且官员的实际管辖能力更弱。“三县所隶，不过山外沿海平地，其深山野番，不与外通，外人亦不能入。”其中，“诸罗、凤山无民，所隶皆土著番人。”有赋竹枝词曰：“台湾西向俯汪洋，东望层峦千里长；一片平沙皆沃土，谁为长虑教耕桑。”意思是说，台湾之东，层峦叠嶂，为野番巢居穴处，鸟道虫丛，人不能入。山外平壤皆肥沃土地，惜少有人居，土番不务稼穑，地力未尽，甚是可惜。② 当时台湾所设县级统治几乎是徒有虚名而已。如凤山县设治于1684年，但知县一直侨居安平府治，至1704年才归建临事。诸罗县摄理知县、亲临其地的时间更晚。1723年设立的彰化县和淡水厅，而知县一直侨居诸罗，6年后才莅任。③ 至于台湾的防备，多为有名无实。以台湾西北隅尽处之淡水为例，此处高山嵯峨，俯瞰大海，郑成功居台湾时，因淡水近内地，设重兵戍守。康熙收复台湾，“不虞他寇，防守渐驰；唯安平水师，拨兵十人，率半岁一更，”而水师弁卒，又视为畏途，“扁舟至社，信宿即返”。十五六年城中无戍兵之迹！“汛守之设，特虚名耳!”。

三、“台湾不属中国”考释

台湾海峡的自然阻隔，在一定程度上制约了中原王朝对台湾的管辖形式；反过来，历史上中原王朝对台湾的管辖形式，则蕴涵着传统陆权国家重陆轻海的文化观念，以及对台湾的认识程度。从历史文献中的台湾可以看出，随着两岸人民交往之频繁，大陆对台湾的认识和文献记载愈加清晰，但因特殊背景下也有对台湾的“误解”，如清初文献中就有“台湾不通中国”或“台湾不属中国”之说。对于“台湾不属中国”之说，因明显有悖历史之真实，学者们多视之荒唐，以为没有辨伪之必要，以至于此说之来龙去脉及其缘由，无人愿意厘清，大有讳莫如深之感。本文通过对台湾早期文献和清代台湾方志的仔细考察，发现此说始于雍正初年。

考诸清代台湾方志，康熙朝尚无“不通中国”或“不属中国”之说。

① 高拱乾：《台湾府志》卷七“风土·气候”，《台湾府志三种》，中华书局，1985年。周钟瑄：《诸罗县志》卷七，“兵防志·总论”

② 郁永河：《裨海记游》，文丛版，第10、32、15页。

③ 陈其南：《台湾的传统中国社会》，台湾允晨文化实业股份有限公司，1994年，第28页。

蒋毓英《台湾府志》（康熙二十四年修，二十七年刻本）卷一“沿革”：“台湾古荒裔之地，明宣德间，太监王三保下西洋，舟曾过此。以土番不可教化，投药于水中而去。此亦得之故老之传闻也”①。高拱乾《台湾府志》（康熙三十四年修）卷一“封域志·沿革”：“台湾，古荒裔地也。前之废兴因革，莫可考矣。所得故老之传闻者，近自明始。”建置：“台湾滨山阻海，居要荒之外。明嘉靖间，澎湖属泉州同安，设巡检守之。”② 周元文《重修台湾府志》（康熙五十七年至五十九年刻本）卷一“封域志·沿革”：“台湾，古荒裔地也。前之废兴因革，莫可考矣。所得故老之传闻者，近自明始。”建置：“台湾滨山阻海，居要荒之外。明嘉靖间，澎湖属泉同安，设巡检守之。”③ 周元文还在“自序”中写道：“台湾自古为荒服奥区，声教所不及。今天子御极之二十有一年。薄海永清，四方底定；荒服之地，亦入版图。设郡县、立学校，规制与内郡等。”另有康熙年间周钟瑄、陈梦林《诸罗县志》（康熙五十六年修，五十六年至雍正二年刻本），李丕煜、陈文达《凤山县志》（康熙五十九年刻本），王礼、陈文达《台湾县志》（康熙五十九年刻本）三本台湾县志，均无“不通中国”或“不属中国”之说。

清代文献中，第一次出现“未属中国”，系雍正元年的一道圣谕。雍正为弘扬康熙收复台湾之功德，于雍正元年特颁谕旨称：

> 台湾地方，自古未属中国；皇考以圣略神威取之，载入版图。逆贼朱一贵等倡乱，占据台地；皇考筹划周详，指授地方官员遣调官兵，七日之内剿灭数万贼众，克复全台。皇考当春秋高迈，威扬海外，功德峻伟；官兵感戴皇考教养之恩，奋勇攻取，甚属可嘉！故不必援引前例，后亦不得为例；兹仰副皇考从优议叙之旨，官员现行议叙功加之外，着概行各加一等……。④

---

① 蒋毓英：《台湾府志》（康熙二十四年修）卷一“沿革”，《台湾府志三种》，中华书局，1985年，第2页。

② 高拱乾：《台湾府志》（康熙三十四年修）卷一“封域志·沿革”，《台湾府志三种》，中华书局，1985年。

③ 周元文：《重修台湾府志》（康熙五十七年至五十九年刻本）卷一“封域志·沿革”，第6页；“建置”，文丛版，第2页。

④ 余文仪：《续修台湾府志》，文丛版，第375页。

此道谕旨的核心内容是，根据康熙之遗旨从优议叙在平定朱一贵时的立功官员。如闽浙总督满保得兼兵部尚书衔，水师提督施世骠给予世袭头等阿达哈哈番，总兵蓝廷珍给予三等阿达哈哈番，副将许云给予拜他拉布勒哈番，参将罗万仓、游击游崇功，给予拖沙拉哈番；总兵欧阳凯追赠太子少保。在同时颁发的另一道上谕中，雍正谕兵部称："克复台湾有功人员，其现在者均已议叙，唯已经身故者未得议叙。同为国家立功之人，乃以身故之后不得均沾恩泽，朕心深为悯恻。"兵部根据雍正之谕旨议准：将立功身故之副将、游击、守备、千总、把总二十一员，均准荫一子监生，给予执照。其官兵阵伤者，头等伤给银三十两、二等伤给银二十五两、三等伤给银二十两、四等伤给银十五两、五等伤给银十两，其兵丁身故者照阵亡例给予祭葬银两。凡参与平定朱一贵之官兵一律加功一等，多有赏叙；对于"威扬海外，功德峻伟"的康熙皇帝更是无以言表。为彰显康熙这一"前无古人"之伟业，"台湾地方，自古未属中国"由此而来。

因为雍正朝时间较短，台湾未曾修志，至乾隆朝，雍正元年的"谕旨"开始在三部《台湾府志》中有所体现。刘良璧《重修福建台湾府志》（乾隆五年重修，七年刻本）卷二"建筑·沿革"称："台湾府，古荒服地。先是，未隶中国版图。明宣德间，太监王三保（《通志》作郑和）舟下西洋，因风泊此。嘉靖四十二年，流寇林道乾扰乱边海，都督俞大猷征之，追及澎湖；道乾遁入台，大猷不敢进逼，留偏师驻澎湖，时哨鹿尔门。"[①]"刘志"是第一部接受雍正"谕旨"之说的清代台湾方志。但行文中还是冒险将雍正的"谕旨"作了"修改"，在"未隶中国版图"之前加了一个定语"先是"。结合下面的内容，"刘志"隐含着对明朝管辖台湾之认可。第二部是范咸、六十七《重修台湾府志》（乾隆十二年刻本）卷一"封域·建置"称："台湾府在东南大海中（北路淡水直对福州省城，南路赤山直对南澳），离福建福州府一千二百六十里，古荒服地。"[②]"范志"在"附考"中引用了《文献通考》、《台湾随笔》、《蓉洲文稿》以及《春明梦余录》中关于澎湖和台湾的记载，这些文献大多追溯到台湾的琉球时代，对台湾的认可上溯至隋朝。余文仪《续修台湾府志》（乾隆二十五年

① 刘良璧：《重修福建台湾府志》（乾隆五年重修，七年刻本）卷二"建筑·沿革"，文丛版，第39页。

② 范咸、六十七：《重修台湾府志》（乾隆十二年刻本）卷一"封域·建置"，《台湾府志三种》，中华书局，1985年，第3—4页。

始修，四十年刻本）卷一“封域·建置”称：“台湾府在东南大海中，离福建福州府一千二百六十里，古荒服地。”“余志”之“附考”内容基本上抄自“范志”。此后，鲁鼎梅《重修台湾县志》（乾隆十六年修，十七年刻本），王瑛曾《重修凤山县志》（乾隆二十七年修，二十九年刻本），胡建伟《澎湖纪略》（乾隆三十六年刻本），先后承袭，直到晚清。至于后来方志及相关文献，辗转抄袭此说，更多是对皇上金口玉言之敬畏和忌讳，当然还有对文字狱的畏惧。

“自古未属中国”之传说及缘由既如上；“自古不通中国”之含义考释于下：首先，与清代之前的历史文献一样，清代文献继续坚持在中原王朝的文化视阈之内记载台湾，将其定位于“五服”之“荒服”①，那么，对此文献之解读，亦应放在中原王朝与边疆的框架之下，而雍正所指的“中国”更多指的是文化概念。其次，清代文献中所谓“自古不通中国”之“古”，大多限定在隋朝，因为在同一种文献中我们还可以看到隋朝陈棱经略澎湖的记载。对隋朝之前三国时期吴国经略台湾历史的“忽略”，乃官修正史中中原正统观念发挥作用。另外，正如我们已经说明的一样，清代前期的中国与中原是同一概念，隋朝台湾不通中原（地理概念），似是事实。尽管雍正的谕旨有特殊指向，但从中可以看出此时台湾在朝廷心目中的地位，以及时人对台湾的认识还相当肤浅。

---

① “荒服”为五服之一，五服说系中华先民对自己居住的地理单元的最初解读及其秩序的维护，根据《国语·周语》的解释：“邦内甸服，邦外侯服，侯外宾服，夷蛮要服，戎狄荒服。甸服者祭，侯服者祀，宾服者享，要服者贡，荒服者王。”以天子所在地之京师为中心，500里以内为甸服，臣民百姓要定期向天子进贡和晋见；甸服以外500里为侯服，侯服之民不仅有义务向天子进贡，而且赋有守卫京师之责任；侯服之外500里为宾服，宾服之民为天子保卫边疆；宾服之外50里为要服，要者，“事以文教礼也”，要服之民无须向天子进贡和晋见，但须对天子保持敬意，不得有反叛；至于要服之外的荒服之民，与天子之间的关系，相当松散，“来不拒去不禁”。甸服至宾服，为华夏之民；要服和荒服之民，被视为夷狄。古代中国所讲的夷狄，尽是中华先民之一部分。

第二章 巡台御史制度

巡台御史，巡视台湾御史之简称。巡台御史制度，乃清代渡海巡台制度之初始阶段，确立于康熙六十年（1721 年），至乾隆五十二年（1787 年）废止，历康、雍、乾三朝60余年，共有47位御史先后巡台。由于缺乏强有力的权力制约和监督机制，清初确立的闽台合治，其治台功能严重弱化，结果变成“隔海遥制”，酿成清代台湾历史上第一次大的民变——朱一贵起义。但康熙并没有因此废除闽台合治体制，而是通过御史巡台巧妙地将皇权介入，形成京师—福建—台湾三地权力互动，并在朝廷与台湾之间建立了一个信息通道。虽然有可能因此削弱福建地方大员管辖台湾的能力和积极性，但保证了中央政策在台湾的推行，在一定程度上抵消了自然障碍造成的消极影响。巡台御史制度，肇建于对清代台湾第一次民变的反思；而它的废止，则很快迎来了台湾历史上又一次大的民变，即林爽文起义。无论是历史的巧合还是具有一定因果关系，巡台御史制度对清代台湾之政治、武备和文化教育等方面产生的积极而广泛的影响，是可以肯定的。

大约1990年代，清代巡台御史制度进入学者的视野，[①] 海峡两岸对之均有所关注，特别是台湾学者在相关史料的搜集和运用诸多方面已达到较高水准，为我们的研究提供了很多便利，这是我们非常感谢的。或许由于学术背景、问题意识甚或研究旨趣的缘故，已有之成果，对制度设计的深层动机和价值层面的挖掘稍嫌不够；对制度设计者的主观心境和制度的连续性亦有所忽略，即离开清代典章制度有机体、人为切割巡台御史制度的源与流，使巡台御史成为一个孤独的流浪者。

本章在现有研究成果的基础上，将研究重点转移到制度的执行者巡台御史和实际发生的活生生的制度、规则、惯例，以及实际运作模式，而不

① 台湾地区学者对巡台御史等特定官制的关注，始于1960年代，但并没有作为一种制度进行研究。林玉茹、李毓中：《台湾史》，台湾大学出版中心，2004年，第98页。

仅局限于成文制度的规定与运作。本章主要围绕以下三个方面展开论述：巡台御史的设置及其派遣程序、巡台御史的治台活动，以及巡台御史职权式微的原因及其表现等。

第一节　巡台御史之设置

明代已有执行特殊事务的巡察御史，如巡盐御史、巡漕御史和茶马御史等，多为临时派出，并无定制。巡台御史设立之前，清初亦在两淮、两浙、长芦、河东设巡盐御史各一人；在京师设五城御史，建御史衙门，即“五城察院”。所以，巡台御史既非无源之水，亦非台湾之唯一。就其巡阅范围而言，表现为一定的特殊性和区域性；而作为一种制度，则是清代御史制度的具体运用而已。

一、清初御史制度

清初之御史，包括都察院隶下的六科给事中、十五道监察御史，以及由科、道派遣出来的为监察特殊事务或特殊区域而设置的监察御史或给事中。其中，巡台御史是为监察特殊区域而特定的监察官员。因此，在正式探讨巡台御史制度之前，概括介绍清初御史制度之历史渊源、机构与职掌，以及御史之职权等，为我们的深入研究展现一个宏观背景和解释依据。

清初科道体系及其职掌。御史之设，始于三代。然秦之前，虽有御史之名，其职责与后来御史之职权范围大不相同；秦代之御史，始掌纠察职任，但史籍多不载。自汉代确立大夫制和中丞制，历经数代沿革损益，多有变化。至唐代，建立两台三院体系，御史制度达于鼎盛。明洪武年间，中国御史制度发生了较大变化，罢御史台设都察院，为中央监察机构，都察院长官为都御史，“专纠百司，辨明冤枉”；地方各道设监察御史，直属都察院，定例每年八月出巡，事毕归院，“纠察官邪，明密奏劾”。清承明制，入关前曾于崇德元年（1636年）仿明制设立都察院，为最高监察机构，因事出草创，初置参政、承政及理事官数员。入关后改承政、参政为左都御史、左副都御史。都察院左都御史满汉各一人（从一品），左副都御史满汉各二人（从三品），执掌院务。右都御史，右副都御史，俱外省督抚加衔，无专职。[①] 都察

① 《清朝文献通考》卷八十二。

院“专掌风宪，整饬纲纪为职”。“凡政事得失，官方邪正，有关国计民生之利害者，皆得言之；大狱重囚，协刑部、大理寺谳之。

都察院下辖六科、十五道，便是清初御史制度之科道体制。顺治、康熙两朝，沿袭明制，六科自为一署，与都察院并行设置，独立于都察院之外，所谓“台自为台，省自为省”；至雍正元年（1723年），“诏以六科隶属都察院，听都御史考核”①，“自是台省合而为一”。

六科，计吏科、户科、礼科、兵科、刑科、工科。六科职官称给事中②，初为言官，“掌稽查六部百司之事，”诸如掌发“科抄”，稽核政事，注销文卷等。“凡制敕宣行，大事复奏，小事署而颁之。如有失，奉还执奏。内外章疏，分类抄集，参署付部，驳正其违误焉。”③ 给事中之设，初无员限，并置汉军副理事官，顺治十八年（1661年），定例满、汉给事中，左、右给事中，各一员。自康熙三年（1664年）给事中员额始有减缩，每科保留满、汉各一员。康熙五年后，各设掌印给事中满、汉各一员（正四品），给事中满、汉各一员，笔帖式八十人，经承六十三人，共设职官一百六十七人。六科给事中，与中央六部“对口监察”。其中，吏科，稽核人事；注销吏部、顺天府文卷。户部，稽核财赋；注销户部文卷。礼部，稽核典礼事务；注销礼部、宗人府、理藩院、太常寺、光禄寺、鸿胪寺、国子监、钦天监等衙门文卷。兵部，稽核军政；注销兵部、銮舆卫、太仆寺等衙门文卷。刑科，稽核刑名案件；注销刑部文卷。工科，稽核工程；注销工部文卷。

十五道，设于顺治元年（1644年），基本上按省区划全国为十五道，计有京畿道、河南道、江南道、浙江道、山西道、山东道、陕西道、湖广道、江西道、福建道、四川道、广东道、广西道、云南道、贵州道。其中，河南道、江南道、浙江道、山西道、山东道和陕西道，为“掌道”，即“六掌道”；掌道“分稽在京诸司，复理本道刑名”。其余诸道通称“坐道”；坐道“在京坐食，徒戴空衔，不理本道事务”。十五道职官为监察御史，即谏官。监察御史“掌纠察内外百司之邪正。在内，刷卷，巡视京营，监文武乡会试，稽查部院诸司；在外，巡盐、巡漕、巡仓，及提督学政等。各以其事，专司纠察。朝会纠仪，祭祀监礼，有大事集阙廷议

① 纪昀：《历代职官表》卷十八“都察院”（上）。

② 给事中之名称始于汉代，因为在殿廷内办差，故名给事中；又因出人琐闱，又叫黄门给事。

③ 《清朝文献通考》卷八十二。

焉。”[①] 每道设满、汉掌印监察御史各一人，各道御史员额不一，且时有增减，多者满、汉各三人，少者满、汉各一人。如江南道监察御史满、汉各三员，山东道监察御史满、汉各二员，其他诸道，设监察御史满、汉各一员。由于监察御史负有稽查在京各衙门事务之责，在京各部将接受六科、十五道的双重监察，包括十五道主管机构都察院也在监察御史的监察之内（唯有军机处直接听命于皇上，不接受监察）。如河南道，除掌河南刑名外，还负有照刷部院司卷宗，稽查吏部、詹事府、步军统领、五城等责；浙江道，除掌理浙江刑名之本职外，尚有稽查礼部、都察院之兼职。

清初御史之资格与职权。为保证监察体系之有效运转，历朝对御史选任资格均有严格要求，清初亦如此。康熙二十六年（1687 年）谕：“国家设立都御史、科道官，以建白为专责，所以达下情而去壅弊，职位至重。”学识优长、练达政务者，乃克胜任。故清代御史之选，首在品质，尤先正己。所谓“若言官正，则外官自不敢肆行贪婪。”清廉自居，忠直刚果，通达时务，不避权贵，秉公奉法等，系御史必备之品质。其次，重视出身，尤重科举正途。康熙十九年（1680 年）有谕：“汉官非正途出身者，虽经保举，不准考选。”据《国朝御史题名》所列 2153 个汉籍御史，1170 人有进士出身。[②] 当然，满人则只需“通晓清、汉文字，品行端谨者”，即可充任。清代科道选授，满、汉差别很大。满籍科道，多系论俸叙升，汉籍则须“行取”；凡政绩优长、品行可用之知县，须经内外大臣推荐，方能选用。通观有清一代，御史之出身，大概有三途。一、经科举为进士，入庶常馆，三年期满，卒业授翰林院编修之职者，可为御史；二、持政有绩，兼有勋劳之常官，皇上特为提拔，可为御史；三、为政有殊绩，且为他官举荐于皇上之常官，见信于皇上而任之，亦可为御史。汉御史，提拔、举荐而为之者甚少，绝大部分出身科举，且有进士出身。出任御史，还有年龄之要求，精力强壮、经验丰富，一般在 30—65 岁之间者，为御史之最佳年龄段。[③] 此外，清政府还明确规定，下列人等不得考选御史：汉人现任三品以上堂官子弟，不准考选；汉人督抚子弟，不准考选；父兄现任三品京官，不准考选。[④]

---

① 《清朝文献通考》卷八十二。

② 黄叔璥原辑，苏树藩增订：《国朝御史题名》（光绪朝刻本）。

③ 《大清会典事例》（光绪朝）卷一千零二十九，“都察院·各道”。

④ 《大清会典事例》（光绪朝）卷一千零二十九，“都察院·各道”。

御史选任资格如此；巡台御史，因系奉差巡视重地，对其品行、学识乃至责任心等有更高的要求。如“廷议以叔璥廉明有才识，堪任台湾巡察御史”，黄叔璥终获首任巡台御史之职[①]。特别是巡台御史之出身须得正途，据何孟兴统计，清代先后派遣47位巡台御史，其中25位汉籍巡台御史中，进士出身者23人，只有两位系举人出身。22位满籍巡台御史中，至少有三位系举人出身，其他大多是由笔帖式、内阁中书或内阁侍读，经保送候简得位列台臣。[②] 巡台御史奉差期间，皆尽心尽责，不敢稍有怠慢。如奚德慎、李元直“恭报微臣到台任事日期”折称：“台郡远隔重洋，关系紧要，臣等职司巡视，唯务洁己奉公，察吏安民，固不敢多事以滋扰，亦不敢畏事以养奸”[③]。

清初御史之职权。根据《都察院则例》和《钦定台规》之规定，清初御史等监察官员的职权，总括起来主要有如下几项。（一）建议国事、检查行政。都察院之都御史，位居九卿，皇上每遇重大决策，由都察院左都御史合通政使司、大理寺，及六部组成九卿会议议定之。顺治十年上谕：“凡事关政治得失，民生休戚，大利大害，应兴应革，切实可行者言官宜悉心条陈，直言无隐。”[④] 从中央到地方各级官厅，其所辖事务之施行与实效，均须报于都察院或地方各科道，接受检查；都察院或地方科道，有权对各官厅政务施行之不当或违纪行为予以纠正。“如有迁延迟误事件即行参奏。”[⑤]（二）考核、弹劾官吏。清代文官之考核，分京官之“京察”与外官之“大计”两种，均须由都察院监督进行。凡“京察”，由本衙门考覆，填注考语事迹，造册密送吏部、都察院吏科、京畿道会考。至“大计”，由各省督抚出具官评，分别会题吏部，会同都察院吏科、京畿道详加考察，分别奏请。所谓“三年大计，册报责在抚按，考核责在部院，纠拾责在科道。”[⑥] 清代之御史

① 黄叔璥在《南征纪程》中称：康熙六十一年正月二十一日，殷达里、莫尔洪、柴谦、叔璥四人列入巡台御史候备名单，见《台湾文献汇刊》（第6辑）《南征纪程》，厦门大学出版社、九州出版社，2005年。

② 汤吉禾：《清代科道之职掌》，第343页；转引自何孟兴：《清初巡台御史制度之研究》，台湾东海大学历史研究所硕士论文，1989年。

③ 雍正八年正月二十六日，奚德慎、李元直“恭报微臣到台任事日期”折，《宫中档雍正朝奏折》（台湾故宫博物院）。

④ 《钦定台规》卷二。

⑤ 《钦定台规》卷十五。

⑥ 《清朝文献通考》卷五十九。

有独立弹劾权，弹劾之内容也相当广泛，甚至包括法律之外的道德问题，如“旷废职掌，嗜酒色，好逸乐，取民财物，夺民妇女”等不道德之举；“骄肆慢上，贪酷不法，无礼妄行”等不当之处，一经风闻，必劾之，“即所奏涉虚，亦不坐罪”①。（三）会谳重案，辨明冤枉。凡重罪至死之案，须经都察院与刑部、大理寺组成“三司”会同复核；关系国家大政之大案，须左都御史、通政使和大理寺卿会同六部尚书组成“九卿”同审，方可定案。顺治八年（1651年）上谕：“自今以后，凡有奏告之人（在外者），应先于各该管司道、州府县衙门控诉；若司道、州府县官不予审理，应于该管总督、巡抚、巡按衙门控诉；若总督、巡抚、巡按不准或审断冤枉，再赴督察院衙门击鼓鸣冤”②。（四）封还驳正。六科对本章诏书之封还驳正权，始于顺治初年，凡部院督抚本章已经奉旨，如确有未便施行之处，许该科封还执奏；如内阁票拟批本错误，六科即可驳正。③ 不过，至雍正朝军机处出现后，封驳之权，也就名存实亡了。

总之，清初御史制度，承袭历史，但又不同前朝，在实际运作中逐渐确立了自己的监察体系、运作程序和信息输送载体。其基本特征有二：一是科道合一。清代以前，科、道为两个独立的监察机构，不仅衙署分立，而且职责权限互不从属，有言官与察官之分。其职掌与权责大致分为：给事中掌宣行制敕，故居于内；御史掌纠弹百官，故居于外。给事中所以监督朝廷，御史所以监督官吏。④ 至雍正元年（1723年），六科并入都察院，已非独立的监察机构，清代之监察体系，由两个系统归并为一个系统；科道之职掌、职权也随之归于一。另一特征是谏官系统之消亡。中国古代之监察体系中，有两个系统在同时运作，即谏官系统与言官系统。所谓谏官司言，御史司察；谏官谏君，御史察官。自明代，伴随着中央集权之加强，谏官权力屡次削弱，御史之权则大大增强，六科给事中虽有封还诏书权，⑤ 事实上少有行使者。清顺治十五年（1658年），三院改为内阁，内阁大臣负责拟定和宣发皇帝之诏令、百官奏章、代拟谕旨，行使出令之职，六科失去了行使封还权力的机会。特别是军机处的设立和密折奏事的

---

① 《钦定台规》卷二。
② 《钦定台规》卷十一。
③ 《钦定台规》卷十二。
④ 高一涵：《中国御史制度的沿革》，商务印书馆，1934年，第73页。
⑤ 《大明会典》卷二百一十三“六科”：“章奏之下，又经六科，六科可封驳，纠正违失。”

普遍运用，皇帝和大臣之间建立了封闭的公文传递渠道，他人无法参与其中，雍正从体制上将谏官变成了御史，谏官系统亦不复存在。

清初御史制度之沿革及其特征，不仅反映了皇权高度集中的历史趋势，同时，也为我们提供了巡台御史职权之消长及其式微的合理解释。

二、朱一贵起义与巡台御史的设置

清代治台政策，每经一次变乱，随后即作渐进调整，巡台御史制度的确立即是平定朱一贵起义后，清廷调整治台政策的内容之一。因此，我们对朱一贵事件的关注，并不因它是清代台湾历史上“五大民变”之一，而是因为它在一定意义上直接拉开了渡海巡台制度之序幕。清廷在对朱一贵起义及其后果的反思中意识到，闽省大员不肯渡海巡台，导致台湾地方官员缺乏监督，腐败成风；而地方官员的腐败，最终激起民变。清政府为强化对台湾地方官员的监督与管理，并以此加强对台湾的管辖，决定从中央简派御史巡台。故此，朱一贵起义的前因后果，与巡台御史制度之确立息息相关。

关于朱一贵起义的原因。我们拟从起义发生时台湾地方官员的反应、事后起义首要人物的供词正反两方面，进行实证研究，以探讨台湾吏治不良与朱一贵起义之因果关系。①

（一）从起义发生时台湾地方官员的反应，看朱一贵起义的原因。起义发生时台湾地方官员的反应，按时间列举于如下。康熙六十年（1721年）四月二十一日，郡治已获朱一贵在冈山起事的消息，但总兵欧阳凯仅派镇标右营游击周应龙率兵四百与新港、目加留湾、萧垅等社土番（台湾县县丞冯迪所调）前往追剿。周应龙部两天行军20里，于二十三日到达小冈山，与朱一贵部相遇，朱一贵部开战即溃，本可就此剿灭，然而周应龙不仅不予追击反而收兵屯驻二滥，观望不前，贻误战机；更可恶的是，二十四日，周应龙在二滥传谕称：“杀贼首领一名赏银五十两，杀贼一名赏银三两。”于是，“远近贼党借兵番杀掠为辞，鼓煽沿途村庄，迫协居民，分授以帜，由是各乡纷纷响应，竖贼旗帜。”② 形势发生急剧变化。二十七日，南路营被破的消息传到府城，哗然大震，文武官员大为恐慌，“各遣家属宵遁，先后驾

① 朱一贵之乱，主要由地方吏治腐败，加上天灾地变之困苦，借原来移民心态引发的事变。见张明雄：《康熙朝清廷治台政策及其检讨》，载《台湾文献》，直字74期（1985年）。

② “朱一贵谋反残片”，《台案汇录》（巳集），台湾文献丛刊第191种（以下简称文丛版），第3页。

舟并出鹿耳门，士民相率逃窜。”[①] 水师左营游击游崇功闻报叹曰：“官者，兵民之望，官眷逃则人心散，大事去矣”[②]。三十日决战府城。当时驻守府城的营兵，包括总兵直属的镇标三营、水师协三营，共六营约6000名的编制，总兵欧阳凯竟只能调集1500名作战兵力，可见，朱一贵起义之初，周应龙仅派400兵丁围剿，也是因为无兵可派。[③] 五月一日，府城陷落，台厦道梁文煊、台湾知府王珍及以下文职官员16人逃往澎湖。据记载，逃亡人群一路践踏，呼号连连，以至引起厦门人心慌慌。

从四月二十一日朱一贵在冈山起事，至五月三日在府城宣布称王，仅十余日，清王朝经营近40年的台湾，顷刻之间变了天。据我们初步统计，当时驻守台湾的文武官员70余人，阵亡殉难16人，逃往澎湖16人。其余41名官弁中，战时不在台者3人；病重奄奄一息者2人；“贼至先遁”，并无接战者4人；开战即散，不知去向者6人；战败潜至黄蘖寺为僧者7人；战而不利投匿民宅者10人；只有5人坚持抵抗。[④]

（二）从起义首要人物的事后之供词，看朱一贵起义的原因。起义首领朱一贵的供词称：“去年知（原档缺6字）山县事务（指凤山县令缺，知府王珍摄理凤山县事务），他不曾去，令伊次子（原档缺6字，指王珍委政于次子）间要粮（即向民间要粮），每石要折银钱七钱二分。百（原档缺5字，内容不清）众人俱各含怨。续因地震，海水泛涨，众百姓合伙谢神唱戏，知府王正（珍）又令伊次子去说百姓无故拜把，拿了四十余人监禁；又拿了砍竹的二、三百人，将给钱的放了，不给钱的杖四十板，俱逐过海，撵回原籍。又民间耕牛，每只给银三钱打印子，方许使唤，不给银即算私牛，不许使唤。每座糖磨铺要银七两二钱，方许开铺。又向米隆砍藤人俱勒派抽分，骚扰民间。”于是，朱一贵等25人拜了把，各自又招集1000多人加入他们的队伍。他们砍竹为尖枪，旗上书写“激变良民”、“大明重兴”、“大元帅朱”字样。周应龙在二滥传谕：“杀贼首领一名赏银五十两，杀贼一名赏银三两。番子杀了良民四人，放火烧死八人。因此

① 蓝鼎元：《平台纪略》，文丛版，第3页。

② 蓝鼎元：《平台纪略》，文丛版，第4页。

③ 谢国兴：《清代台湾的三大民变》，台湾自立晚报社文化部，1993年，第27—28页。

④ 根据蓝鼎元《东征集》之“覆台变武职四十一员看语”整理。

百姓惧怕，投顺我们，又二万余人。”[①] 另一位起义首领杜君英供词称：“知府王正（珍）不向民间要粮，每石折银七钱二分，众民怨恨生变，俱各纠人竖旗，要抢台湾仓库”。罗汉门之黄殿等供：“今地方官长但知沉湎樗蒲耳，种种不堪，兵民瓦解，欲举大事，此其时乎！”[②]

另据一位参与者翁仪的供词称：“六十年四月二十六日，小的在半平山耕田，因小的穿青衫青裤，被苗参将（南路营参将苗景龙）拿去捆打，说小的是贼。二十七日，苗参将被贼杀败逃走，贼留郭国正（起义军民变头目）在南路营把守，小的投在他营下。二十九日，穆周、林泗从蔗园把苗参将拿来，郭国正交给小的去杀。小的想起前日被打，心里愤恨，就下手把他杀死，将头割与郭国正拿去献功，封小的做将军”[③]。苗参将不论青红皂白捆打百姓的行为，似具有一定代表性，大伤民心，为渊驱渔，帮了朱一贵的大忙，实在是愚不可及。

根据起义发生时台湾地方官员的反应，以及事后起义首要人物的供词，台湾吏治不良，特别是知府王珍刻剥人民，理政不当，是朱一贵起义的直接原因；起义爆发，台湾武备废弛，官员贪生怕死，腐败无能，导致七日之内全台陷落。时人评之曰，台湾地方数千里，其民数百万，其守土之官，则文有道、有府、有县令，大小佐贰杂职若干员。武有总兵、副将、参将、游击、守备，大小弁目若干员。其额兵7000有余，粮储、器甲、舟车足备。“朱一贵以喂鸭小夫，忽然倡乱，不旬日间，全郡陷没，此岂智能所及料欤！”正所谓太平日久，文恬武嬉，“兵有名而无人，民逸居而无教，官吏孳孳以为利薮，沉湎樗蒲，连宵达曙；本事先拔，贼未至而众心已散，虽欲无败，弗可得已。”[④]

关于朱一贵起义的后果。朱一贵起义，七日之内全台陷落，朝廷上下大为震惊，并由此引发对现行治台政策的反思与检讨。前方将领、福建督抚和坐镇京师的康熙皇帝，在平定朱一贵起义过程中，由于不同的经历和认知，先后提出了各自的因应之策。结果，康熙否定了福建督抚的因应措施，吸收了蓝鼎元的治台主张，对早期治台政策，特别是台官的设置和任

① “朱一贵供词”，《台案汇录》（已集），文丛版，第3页。注释部分参考陈孔立：《清代移民社会研究》（增订本），九州出版社，2003年，第250页。

② “朱一贵谋反残片”，《台案汇录》（已集），文丛版，第19页。

③ “朱一贵谋反残片”，《台案汇录》（已集），文丛版，第8页。

④ 蓝鼎元：《平台纪略》，文丛版，第29页。

用作出重大调整的同时，决定钦差御史巡台。所以，关于朱一贵起义对清廷治台政策的影响，我们将从福建督抚的因应措施、蓝鼎元的治台主张和康熙皇帝的决策，展开分析。

（一）福建督抚的因应措施

台湾陷落的消息于五月六日传到厦门，闽浙总督觉罗满保自福州至厦门坐镇指挥，福建巡抚吕犹龙在省城负责筹措粮饷军需，两人并未渡台。朱一贵起义平定后，闽浙总督满保于六月初奉旨主持台湾善后事宜，制定因应措施，主要内容包括：

第一，增兵台湾。满保认为台湾七日陷落系因兵力不足，所以提出台湾增兵计划。其中，府治增兵1000名，四面协护。南路增兵1000名，以500名驻冈山，前护本营，后护府东，并保护罗汉门口；以500名驻下淡水、新园，后护本营，前查龙桥东之阿猴林等处。北路增兵1000名，以500名驻斗六门，后护半线，前护本营，并查笨港海口，防御生番；以500驻半线，后护淡水，前护斗六门，稽查鹿仔港，防护大江口。考虑到北路营距府治需两日路程，又有大河阻隔，不能及时接应，故于适中之地再增兵500名，前则协护府治，后则稽查北路横港海口，堵截内山，共计增兵3500名。台湾原有镇标额兵3350名，道标兵360名。安平协2500名，彭湖协2000名，南路营890名，北路营890名，淡水营500名，加上闽省将军标兵500名，共10000名。[①] 按照满保的增兵计划，台湾驻兵总额达13500名，居全国各镇之冠。

第二，迁民划界。为避免民人再度起事，满保等主张凡是起义军活动的地区一律虚地迁民。如罗汉门黄殿庄为朱一贵起事之所，应将房屋尽行烧毁，人民尽行驱逐，不许往来耕种。槟榔林为杜君英之根据地，琅琊为极易藏奸之所，房屋人民，皆当烧毁驱逐，不许再种田园，砍柴来往。阿猴林山径四达，大木丛茂，达三四十里，抽藤、锯板、烧柴、耕种之人甚多，亦尽数撤回，田园蓬场一并烧毁。满保还主张将诸罗、凤山、台湾三县山中之民尽行驱逐，房屋进行拆毁，阻断山口出路，不许一人出入；外山以十里为界，深挖壕堑，筑土为墙，永为定界，不得逾越。“如此，奸

① 黄叔璥：《台海使槎录》卷二“赤嵌笔谈·武备”，文丛版，第32页。

民无窝顿之处，野番不能出而为害矣”。

第三，总兵移驻澎湖。根据满保的建议，将台湾总兵官移驻澎湖，仍照旧下设游击二员、守备二员、千总四员、把总八员，兵2000名。台湾陆路改设副将一员，下设游击二员、守备二员、千总四员、把总八员，兵2000名，驻台湾府。水师营仍留副将一员，带游击二员、守备二员、千总四员、把总八员，兵2000名，驻扎安平镇。如此布局，若陆路有事，则水师营可以赴援；水师营有事，则陆路官兵亦可接应。

由于满保未曾渡台，对台湾的情况并不清楚，他主持制定的“经理台湾”之策，大都是纸上谈兵，尤其是“迁民划界”，要在台湾修一道“千里长城”，不仅多余，而且无法实现。

（二）前方将领蓝鼎元的治台主张

在平定朱一贵起义时，真正渡台作战的是福建水师提督施世骠和南澳镇总兵蓝廷珍。蓝廷珍之族兄蓝鼎元应邀“遂募戎伍”，渡台平乱，“出入风涛戎马间”。在台一年多，从用兵谋划、招降抚民，到台湾善后与开发，均有独到之处，他的治台主张主要有两项。

第一，反对福建督抚移台湾总兵驻澎湖和“迁民划界”之主张。关于移台湾总兵于澎湖，蓝鼎元在《论台镇不可移澎湖》中认为，若果台镇移澎湖，则海疆危若累卵。因为仅守澎湖，无异于弃台湾；弃台湾，无异于弃东南半壁之封疆。“台湾一去，则漳、泉先为糜烂，而闽、浙、江、广四省俱各寝食不安，山左、辽阳皆有边患”。其“危言切论，几同贾生痛哭。缘地方安危所系，不激烈不能动听。一片公忠为国之心。……全台安危，斯文之力也。”[①] 后因首任巡台御史黄叔璥、水师提督姚堂亦疏陈情，反对移台湾总兵于澎湖，最终说服了满保，满保据以入奏，此意乃止，遂照旧制驻扎。

针对“迁民划界”之规定，蓝鼎元在《复制军迁民划界书》中指出，事必求其有济，谋必出于万全。若欲迁数万户之民，必有能容数万家筑室之处和耕种之田；欲迁数万民之居，必有五六万两之资，然而，迁民之田畴、庐舍，无从拨给；迁民之费，亦无从动支。故迁民不可行。至于“划界”，蓝鼎元认为，台湾有山1500余里，隘口不止百计，每口伐木筑墙，

① 蓝鼎元：《论台镇不可移澎湖》，《东征集》卷四，文丛版，第47页。

人夫不下数万；1500余里之界墙，需1500余里之壕堑，大工大役，计费不下数十万。如此工役费用，“将给之自官，则无可动支之项；将派之于民，则怨声四起，登时激变”①。所以，“划界”也行不通。由于蓝鼎元的强烈反对，满保“划界迁民”计划并未立即付诸实施。②

第二，添兵设防的依据和添兵计划。蓝鼎元的治台主张中也有添兵计划。他认为，台湾并入版图，业经40多年的经营与开发，疆域、人口等都发生了很大的变化，但兵防不足。如台湾并入版图之初，府治百余里，凤山、诸罗皆毒恶瘴地，知县侨居郡城，不敢到治就任；而今南尽琅琊，北至淡水、鸡笼以上1500里，人民趋之若鹜。再如，前此大山之麓，人莫敢近，以为野番噬杀；今则群入深山，耕者愈众，垦殖愈广，疆域愈阔，然兵防相对薄弱。如凤山南路，为山海澳区、民番错杂之所，方园四五百里，仅有一营驻防。下淡水、琅琊乃盗贼出没之地，驻防兵丁不足千人。诸罗地方千余里，淡水营守备防范所不及。另外，自八里坌以下八九十里，下加冬、笨港、斗六门、半线等，“皆奸宄纵横之区”，亦需设汛戍守。近山一带又有野番出没，以八九百里险阻丛杂之边地，而委之北路一营890名之兵，聚不足以及远，散不足以树威。况且，朱一贵起义虽7日平定，但若要拔尽根株，非两年不成。所以，蓝鼎元提出，“欲为谋善后之策，非添兵设官经营措置不可也。”③ 蓝鼎元的添兵设防计划包括：罗汉内门中埔庄设汛防兵300名，以千总一员驻扎其地；琅琊设千总一员，兵300名，控扼极边一带。南路添下淡水守备，带兵500名，驻扎新园；设冈山守备，带兵500，驻扎浊水溪埔，扼罗汉门诸山出没之路。北路添设半线守备一营，带兵500，居诸罗、淡水之中，上下控扼，联络声援。另添设下加冬守备一营，兵500名，以诸罗县守备驻扎本港，增兵200名，添设下加冬守备一营，兵500名。郡治增设守城游击一营，兵800名，与镇标三营相埒。全台共计增兵3600名，④ 比满保的增兵计划多100名。

---

① 蓝鼎元：《复制军迁民划界书》，《东征集》卷三，文丛版，第4页。

② 次年，新上任的福建巡抚杨景素，再次提出“划界迁民”计划，并得到批准：凡逼近生番处所，相去数十里或十余里，竖石以限之；……自加六堂以上至琅峤，亦为严禁，不许偷越。见王瑛曾《重修凤山县志》卷三“风土志”。

③ 蓝鼎元：《鹿洲文集之平台纪略总论》，《治台必告录》卷一，台湾文献丛刊第17种（以下简称文丛版），第1页。

④ 蓝鼎元：《复制军台疆经理书》，《治台必告录》卷一，文丛版，第23页。

此外，蓝鼎元还主张在彰化、竹堑设治，加强北路管辖；兴建书院、义学，尊儒重教，振兴教化；整饬吏治，清理官庄；推行保甲，革除旧俗等治台主张。[①] 蓝鼎元的治台主张，或为当世所采纳，或为后人效用，影响及至数代。乾隆五十二年（1787 年），当乾隆看到蓝鼎元所著《东征集》中关于诸罗另设一县等治台主张时，称“大有可采之处”，命在台湾主持善后的常青、李侍尧购取详阅，并称：“于办理善后时将该处情形细加体察，如其书内所论各条有与现在事宜确中利弊要害者，不妨参酌采择，俾经理海疆事事悉归尽善，以为一劳永逸之计”[②]。后人评蓝鼎元的治台主张，“见识之远大，前无古人。”嘉庆间，嘉义县教谕谢金銮在《蛤仔滩纪略》中盛赞蓝鼎元为“筹台之宗匠”[③]。

（三）康熙皇帝的决策

朱一贵起事之初，康熙就认为，台地官员“平日但知肥己，刻剥小民，激变人心，聚众叛逆”；台湾百姓“非同贼寇，或为饥寒所迫，或因不肖官员刻剥”[④]。所以，康熙对福建官员提出的增兵计划不以为然，主张简派御史前往巡察，督察台官，稽查地方，使台湾与大陆联成一气，“血脉互达相通”。

第一，严惩台员。康熙称：“台湾府文职官员，平日并不爱民，但知图利可索；及盗贼一发，又首先带领家口弃城退回澎湖，殊属可恶！道员以下文职官员，俱着提拿，交总督满保、提督施世骠会同审明，发往台湾正法。并查没其家产，给赏效力有功之人。”[⑤] 康熙甚至认为：“大军进剿，杀戮已多，上干天和，台飓陡发，倒塌房屋，淹没船只，伤害民人，此皆不肖有司贪残所致也。”[⑥] 为平民愤，安民心，康熙颁诏，将台厦道梁文煊、同知王礼、知县吴观域和朱夔，发往台湾正法；台湾县丞冯迪、典史王定国，诸罗县典史张清远，一并羁台湾县狱秋后处决；知府王珍尸棺剖枭示众。另有李由、陈喜等六弁，不战而降，失身辱国，罪同叛逆。周应

① 蓝鼎元：《台湾经理书》、《论筑城书》，《东征集》卷三，文丛版，第 52 页。
② 《清高宗实录选辑》，文丛版，第 401—402 页。
③ 谢金銮：《蛤仔滩纪略》，《治台必告录》卷二，文丛版，第 95 页。
④ 《清圣祖实录选辑》，台湾文献丛刊第 165 种（以下简称文丛版），第 171 页。
⑤ 《清圣祖实录选辑》，文丛版，第 174 页。
⑥ “台湾事件残档”，《台案汇录》（己集），文丛版，第 34 页。

龙玩寇陷台，丧师弃地，潜至泉州，罪大恶极。张彦贤、王鼎等六弁坐视副将许云战死而不救，弃城逃去澎湖，以及逃奔泉州之王丑等，“平日享荣华，靡禄俸，无事则耀武扬威，小警则垂头丧气，养成叛乱，携家逃奔，朝廷封疆，弃若敝屣”①，统统斩首。

康熙还认为，台湾地方水师营设副将一员，兵3000名；陆路营设副将一员，兵2000驻扎。水师有事，陆路可以赴援；陆路有事，水师亦可以接应，兵力并不算少。兵部也认为，台湾镇标原有兵3350名，水师营副标2500名，南路营参将兵890名，北路营参将兵890名，淡水营兵500名，道标兵360名，且澎湖协又有兵2500名，如果足数，训练得宜，尽足防御地方。而台湾不肖文武官员，平日但知贪婪肥己，剥削小民，空兵冒饷，至台湾兵丁三年更换之时，并不将福建内地兵丁如数调往，而以本地之人冒名顶替，代为守防。故而，百姓不堪文官之剥削，兵丁不堪武官之克扣，以至武备废除，吏治腐败，“匪类聚众为乱，并非兵少之故”②。

第二，钦差御史巡台。朱一贵起义及其后果表明，如何对远在海外的台湾官员做有效监督，快速获得岛内信息并作出应对，已成为清廷治台的关键。为此，康熙试图建立一条信息通道，把台湾官员纳入朝廷的直接监督之下。所以，当福建地方官员俱奏台湾添兵时，康熙说“添兵无用也”，决定“每年自京派出御史一员，前往台湾巡查。此御史往来行走，彼处一切信息可得速闻。凡有应条奏事宜，亦可条奏；而彼处之人，皆知畏惧。至地方事务御史不必管理也。”③ 后经九卿议决：每年自京派出满、汉御史各一员，前往巡察，一年更换。如有应行条奏事件，具体条奏。④ 由是，巡台御史正式设置。

钦差御史巡台，表明康熙皇帝对台湾官员对朝廷的忠诚，以及福建大员兼辖台湾之能力和责任心，大为失望和不安。于是在其皇祚运转到最后时刻，皇权直接介入对台湾的管辖，加强朝廷对台湾的实际控制能力，结束福建大员对台湾的“隔海遥制”。巡台御史之设可谓匠心独运，表达了一个传统陆权国家，面对自然阻隔，试图通过制度设计实现对其岛屿领土实行有效管辖的最初尝试，历史证明这一尝试是成功的。巡台御史不仅

---

① 蓝鼎元：“论台变武职罪案书”，《东征集》，文丛版，第44页。
② “台湾事件残档”之七，《台案汇录》（己集），文丛版，第35页。
③ 《清圣祖实录》，文丛版，第175页。
④ 《台案汇录》（乙集），文丛版，第29页。

“抵消了海峡分隔对地方治理的不良影响”[①]，而且自然而然地完成了中央对特殊地区的直接管辖，在中国历史上第一次实现了“皇权渡海”。

如上所述，清代设置巡察特殊事务的御史，始于顺治元年，在两淮、两浙、长芦、河东设巡盐御史各一人。[②] 顺治三年（1646年）设五城御史衙门，又称“五城察院”。康熙六十年，巡台御史设置之后，又设有巡察盛京、吉林、黑龙江，巡察归化城游牧等。台湾在清廷心目中，是非常特殊且十分要紧之区，其重要性足以与龙兴之地之盛京和天子脚下之皇城相提并论。以此观之，巡台御史的设立，除对朱一贵起义的反思与因应之外，清廷对台湾地位的日渐重视亦是一个重要原因。

三、巡台御史的派遣程序

巡台御史制度，在康熙六十年（1721年）十月五日即确定下来，[③] 第一任满、汉巡台御史吴达礼、黄叔璥[④]于康熙六十一年（1722年）元月得以钦差。从巡台御史之设置至废止，其制度运行多有变易，但其派遣程序基本保持一致。乾隆六年（1741年）四月十二日，巡台御史兼理学政张湄在“为恭报微臣接印任事日期仰邀睿鉴事”折中，为我们描述了巡台御史的派遣过程，略谓：“臣奉命巡视台湾，又蒙皇上天恩赏给臣假省亲，遂恭请圣训，于乾隆五年十二月初三日自京启程，至本年四月十二日抵台郡，接受前任巡察杨二酉亲交钦颁学政关防一颗，臣遂恭设香案望阙叩头，即日任事”[⑤]。据此，巡台御史的派遣，大致包括如下程序：都察院遴选开列，皇上钦差；恭请圣训，择日出发；恭报抵任日期及沿途见闻；接印任事，留任谢恩等。至于在差题补、卸任升迁者，也会照例叩谢皇恩，自是官场通则，不列入派遣程序。

---

① 杨　熙：《清代台湾：制度与社会变迁》，台湾天工书局，1983年，第25页。

② 《钦定大清会典事例·都察院》卷一千零二十八。

③ 《清圣祖实录选辑》，“十月初五日条”，文丛版，第175页。

④ 黄叔璥（1681—1757年），字玉圃，顺天大兴人，康熙四十八年（1709年）已丑进士，由太常博士迁户部云南司主事，调吏部文选司，再迁稽勋员外，以荐擢湖广道御史，巡视东城。康熙六十一年，受命巡视台湾，乃首任巡台御史，两年任满，于雍正二年（1724年）回京。著有《南征纪程》、《台海使槎录》、《国朝御史题名录》、《南台旧闻》、《中州金石考》和《近思录集注》等。

⑤ “巡台御史兼理学政张湄题本”，《明清史料》（戊编），中华书局影印本，1987年，第54页。

都察院遴选开列　皇上钦差

巡台御史的派遣，非常慎重，按例由都察院左都御史负责遴选开列。巡台御史初设之时，每年四月都察院左都御史在满、汉监察御史中，“除内升批本稽查内务府人员不开外，将在衙门应开之监察御史职名，各按资俸，通行开列俱题”，恭请皇帝钦点。由于清初监察体系是科道分立，六科自为一署，与都察院并行设置。都察院只有从监察御史中遴选御史巡台。康熙六十一年派出首任巡台御史，至雍正五年（1727 年）十月，8 位巡台御史均为监察御史，仅有汪继燝和景考祥两人在差改为给事中。尽管雍正元年，六科给事中已并入都察院，但迟至雍正五年，都察院才开始在六科给事中和十五道监察御史中同时遴选巡台御史。首任以给事中差往巡台的是雍正六年吏科掌印给事中赫硕色。[①] 雍正五年，都察院还重新规定了巡台御史的遴选开列时间和遴选范围。都察院须于现任巡台御史届满半年之前，将应开列满、汉科道职名，缮写“绿头牌”，随题本附上，或“预备带领引见”，或由皇上钦点。对巡台御史的遴选范围和资格也增加了新的规定，如凡“现在出差奏明亲老、停派远差、奏明兼办工程等项、本省应行回避各员、内陛批本稽查内务府人员”，一律排除，不予开列。

至乾隆十七年（1752 年），巡台御史变为三年一次命往，三十年，再改为“届三年请派之期，该衙门仍照例奏请，或暂请派往，或数次后派员一往巡察”。都察院对巡台御史的开列也就没有了固定的时间，往往是根据定例或圣谕，届时提前奏请，至于是否派遣、何时派遣，只有候旨。如乾隆三十六年（1771 年）正月，都察院奉旨派出给事中喀尔崇义、王显曾，前往台湾巡察，至四十年（1775 年）四月已届三年之期，都察院依据乾隆十七年关于巡台御史“届三年请派之期，该衙门仍照例奏请或暂停派往或数次后派员一往巡查，候朕随时酌量办理”之圣谕，照例奏请时，谕曰：“此次著停派，明年再请旨”。至四十一年（1776 年）四月又至请旨之期，都察院左都御史再次将各科道御史之除亲老、兼办工程和应行回避各员外，一律开列，缮写绿头牌，合理奏明，“恭请钦定”[②]。

① 雍正六年巡台吏科给事中赫硕色奏“恭报受事日期”折，《雍正朱批奏折选辑》，文丛版，第 65 页。

② “都察院奏副”，《明清史料》（戊编第二本），中华书局影印本，1987 年，第 125 页。

恭请圣训　择日出发

根据清代御史出差之通例，凡御史，一经皇帝钦点，即为钦差，当遵守各种回避规定，如不许会客，不准赴宴，不得接受一切书信，亦不准投递信件。领敕后三日内必须离开都门，不得迟行。一路之上，只准自带经承文件书吏；所过州县，铺设迎送之事，一概禁止。为加强对御史之监督，都察院还为每一奉差御史立有一册，自出都门至入境，一应条陈举劾勘报之事，皆按日登记，以备考绩之资。

巡台御史赴任日期，须在都察院择定；有时皇帝为示恩宠或慎重，会亲自为巡台御史择定吉日。如雍正八年（1730年），李元直奉命巡视台湾时，"世宗曾取时宪书，亲为择日而行。"① 择定出巡日期后，照例赴宫门聆听圣训。所谓圣训者，是指皇帝对即将赴任御史面授之机宜，大多是告诫或鼓励的话，如"实心做事，为官廉明"等。乾隆十三年（1748年），巡台御史白瀛在"到任办理事宜"折中称："臣一介庸愚，蒙皇上天恩，俾以巡察重任。出京之日，又蒙皇上特赐召见，谕以实心任事，不可好名。"② 有时也会谈到具体问题，如黄叔璥陛辞之时，康熙皇帝诫之曰："台湾断不可建城，去年朱一贵无险可凭，故大兵入鹿耳门，登岸分击，彼即鼠逃；设婴城自固，岂能克期奏捷"③？当然，奉诏入见之时巡台御史也会借此机会，向圣上多方请教，信誓旦旦一番，表示忠心；对皇帝的"面谕"自是跪而聆听，甚有"感激无地者"。幸运者，接受圣训时还能得到皇帝的恩赏，如"谕笔"、"克食"、人参或宫中用品等。雍正二年（1724年），巡台御史禅济布和丁士一曾得到皇帝赏赐的"克食"和貂皮。④ 乾隆十二年（1747年）巡台御史被劾案后，皇上对巡台御史的重视和信任均不如以往，所以，乾隆十五年，钱琦巡台之时，乾隆仅仅着大学士传谕钱琦称，台郡远隔重洋，最关紧要；务须实心经理，弹压地方，俾兵民不至滋事、番众借以宁辑，方为妥协。"令其自京束装，即行赴任；不必前来请训"⑤。自此，"恭请圣训"作为巡台御史

---

① "巡视台湾监察御史李公墓志铭"，袁枚《小仓山房诗文集》卷二十五。

② 何孟兴：《清初巡台御史制度之研究》（硕士论文），第48页。按白瀛于乾隆十一年授任，十二年四月到任，何以十三年奏"到任办理事宜"折？

③ 黄叔璥：《台海使槎录·赤嵌笔谈》卷一，文丛版，第18页。

④ 雍正二年闰四月二十一日，禅济布、丁士一奏"恭谢天恩并报微臣接任日期事"折中，《宫中档雍正朝奏折》（台湾故宫博物院）。

⑤ 《清高宗实录选辑》，文丛版，第80页。

的荣誉和觐见天颜的机会，不复存在。

恭报抵任日期及沿途见闻

因台湾地处边远，又孤悬海外，官员离京赴任或奏事期限多有展期，如康熙三十四年（1695年）议准："福建台湾、广东琼州远隔重洋，升员领凭于交代两月定限外，再展期两月。雍正七年（1729年）再次调整为，"各官自京赴任，计道理远近酌量凭限，造册移送吏科。台湾限百有十日"。至光绪四年（1878年）定制为："于正期两月外，再展期两月"。[①] 然而，巡台御史之实际赴任限期，陆程尚可限定，水程全凭风信，非人力所能料定。

根据清代驿传网络，可分别自浙江和江西两路，进入福建。巡台御史离京后，一般是经直隶、山东、江南，由浙江入闽，直抵厦门，自厦门渡海。乾隆十七年（1752年）后，巡台御史改在省城接印，御史赴任须先至福州接印，然后由厦门渡海。厦门至台湾，七百里横洋，风信靡常，候风、放洋之期全凭风信而定。若风信月余不至，亦不得起航。康熙六十一年首任巡台御史黄叔璥，于当年二月自北京启程，六月才抵台湾，费时四月；雍正五年，奉旨巡台的尹秦，于四年十月九日奉旨起程，第二年正月二十六日即到厦门，顺风渡海，二月初九日至澎湖，十三日入鹿耳门，十七日即到署"望阙叩头谢恩"，前后约行九十余日。[②] 乾隆六年（1741年）巡视台湾的张湄，于当年十二月初三日自京起程，至本年四月十二日抵台郡，为时亦四个多月。

巡台御史虽然是奉差巡台，但毕竟是朝廷耳目之官，其职司所在，"外而督抚以及州县，内而部院、八旗、五城衙门等，如有不法及不称职人员，闻见确实，皆可参奏"。所以皇上要求巡台御史可"不域以地"，起程之后，所经过之水陆路程，凡地方之利弊、官箴之贤否，均当悉心察访，一一奏明。到任之后，将"一路见闻"附在"到任奏闻事"折中，据实入奏。从历任巡台御史"奏报到任日期"折的内容看，所谓一路见闻，并没有实质性信息，大多是雨水、谷价和风土民情之事。如雍正四年（1726年）抵任的满籍巡台御史索琳，在其"奏报到任日期事"折和"奏报地方米价"折中，就详细陈述了他一路之上的所见所闻。"臣从顺天南

---

① 《钦定大清会典事例》卷九十。

② 尹秦奏"报到任日期"折，《台湾研究资料汇编》（第一辑），台湾国学文献馆主编，1993年，第1978—1981页。

来，所过山东地方，大小两麦因雨旸及时，俱各十分茂盛。四月初八日入江南地界，春熟亦好，米价每石向卖至一两六七钱，今每石只卖一两二钱；小麦实价八九钱不等。四月二十二日经由江浙地方，米价每石向卖至一两七八钱，今每石只卖一两二三钱；其各府豆麦菜子收成，自五六分以至七八分不等，概因土地有肥瘠，民有勤惰，是以收成各异；故其价亦自六七钱以至一两，不能一定。五月十一日至福建浦城县地方，其时米价只卖一两。省城各府民食，大半取于浦城所产之米；今当青黄不接之时，商贩偶稀，米价遂至一两七八钱之多。闻经地方大吏斟酌时宜，先将存仓谷石出粜，一面遣员往浙江之温州府及江西地方，买米平粜，鼓得市价稍平。"① 但根据现有史料，在所有巡台御史的奏折中，雍正三年景考祥上任之时，入奏的"一路见闻"有较大价值，并受到皇上的嘉奖。② 不过，乾

① 索琳奏"报到任日期事"折、"奏报地方米价"折，《台湾研究资料汇编·雍正朝》（第一辑），台湾国学文献馆主编，1993 年，第 1583—1595 页。

② 景考祥在"为历陈闻见实据仰邀天鉴事"折中，将一路之上所察所访，择声名之最著者，上至督抚，下及州县，共计优劣大小文武官员十人，一一为皇上敬陈。常州府无锡县知县李玫，能以数年之积欠尽皆征完，成属吏治长才，但其天性残刻，滥用五刑。夹棍短至一尺五六寸，枷厚至五六寸，凡枷人多有跌标限，死日放者，甚有八十三岁老人董唯贤，亦受夹棍枷号，更有周元常者，被人盗银，该县乃置贼人不论，而将原告周元常重夹双责，即日毙命，殊伤天地之和也。望皇上用其所长，惩其所短。杭州钱塘县知县杨梦琰，立心清白，凡衙门大小陋规，裁革必尽；至于办理地方事件，其有理所不合、心所未安者，虽加以上司之令，亦不能强之使行，诚操守廉洁，品行端方之员也。桐庐县知县张坦熊，其收粮之火耗尚不足加一，每年之盘费，皆从其家中取来供用，且勤敏亦能办事，而其实心爱民，合县皆传颂之。此两员者，浙省之上司皆甚爱之、重之，倘有荐章，望皇上特赐擢用，必收得人之效也。浙江严州府七里陇至衢州府之青湖，约水程五百里，皆江流一线，出入万山之中，素有盗贼出没，商贾常以为苦。近两年地方宁静，皆因严州副将郝弘勋、衢州署副将事张兴祖二人，能整饬营伍，巡缉盗贼。郝弘勋更能捐修营防、盔甲、器械，添设哨船。武臣能留心地方若此，亦属罕见。望皇上奖励之，所以示鼓舞也。福建福州府知府胡承谋，清廉爱民，声名特著，凡外府州县有难处之事，其上司委之办理，必能清楚，诚才守兼优之员。但到任未久，望皇上记其名，可视其后效也。泉州府惠安县知县邝梦元，系广东解元出身，为人老诚，学问亦优，惜过于长厚，不谙吏治，似当以教职改用。但系现任知县，到任日浅，尚无过举，不应在降调之列，此人宜对品调闲散小京官用，庶不致贻误地方，亦可以成全此人。泉州府知府张无咎，居官廉洁，立心慈祥，听断诉讼全不轻用刑罚，必再三推问，得其实情，令其抒服之极，然后薄示惩戒。且有其人，情甘受刑，而犹存案免责，期其悔过自新，所以民皆感激。其初放告之期，告状者多至百余人，后不过二三人止耳。民间谓不敢欺之、不忍劳之。如此省刑布德、洁己爱民，诚属罕见。闻其原系特简之员，诚足见我皇上知人善任也。（闽省之中）北自建宁南至泉州，所在文武官员言及巡抚黄国材者，无不畏其严峻、感其至诚，问及地方之事，则开心见诚，直切指示，言及世受国恩，则感激恳切，涕泣不止。至于（福州）将军宜兆熊，清洁严肃，约束营伍，从无兵丁与百姓争角之事，亦从无兵丁一名，擅敢轻自出城，所以，士民之口无不欣感传颂，亦可谓不负皇上之任使者矣。《台湾研究资料汇编》（第一辑），台湾国学文献馆主编，1993 年，第 1233—1247 页。

隆中后期以后，由于巡台御史之职权屡遭侵凌，奏折内容亦加谨慎，其奏报到任日期折遂流于形式。如乾隆四十二年（1777年）八月抵任的觉罗图思义，其“奏报到任日期”折，已不如索琳之详细，且言之无物。略谓：“五月二十六日自京起程，经由直隶、山东、江浙等省，维时二麦俱已登场，早禾已各畅发。于七月初五日抵福建省界，所过之建宁、延平、福州、兴化、泉州等府，早稻全行刈竣。访问村民，咸称本年收成，较之往年倍加丰稔。现在雨水调匀，沟浍充满，目睹近北处所，晚稻俱栽插齐全；江南一带，业已条达畅茂，预卜有秋。”[①] 当然更无法与景考祥的“一路见闻”折相比。

接印任事，留任谢恩

上面已提到，巡台御史之接印地，初在府城，御史可直奔厦门渡海，赴台接印任事。乾隆十七年规定，差满离台之御史，无论是回京复命，还是赴他地接任新职，均须将巡台御史关防交福建省藩库封存，由布政使司保管，下任御史在省城接印后，再赴厦门渡海。所以，乾隆三十六年巡视台湾的喀尔崇义，在“恭报接印日期之题本”中称，三月初一日由京起程，至五月初三日抵福建省城，据福建布政使司布政使钱琦，于初四日委经历耿允谦斋送存封藩库钦颁巡察关防一颗至臣。臣等恭设香案，望阙谢恩叩头。[②]

关于前后任巡台御史的接任，亦有详细规定。设立之初，巡台御史接印后，现任方为任满。如雍正二年四月二十一日，禅济布、丁士一“恭谢天恩并报接任日期”折称：“臣等奉命巡视台湾，于雍正二年二月初六日，恭请圣训，仰承天语谆切，敢不力图报称，于四月二十五日至福建省城，于闰四月二十一日至台湾。臣等恭设香案，望阙叩头谢恩。前御史臣吴达礼、黄叔璥口传朱批，将数年历经土俗、一切地方事宜，备悉令新任知悉。”[③] 雍正八年（1730年）元月，奚德慎、李元直抵台接任时，前任御史赫硕色、夏之芳将巡台关防以及两个尚未使用的钦颁奏匣一并移交；汉御史夏之芳将学政关防移交李元直。同年规定，“台湾地方关系紧要，巡察御史新旧并用始为有

① 乾隆四十二年八月二十四日，觉罗图思义、孟邵“奏闻事”折，《宫中档乾隆朝奏折》（台湾故宫博物院）。

② “巡台给事中喀尔崇义等题本”，《明清史料》（戊编），中华书局影印本，1987年，第120页。

③ 《雍正朱批奏折选辑》，文丛版，168页。

益，奚德慎已留任一年着差御史柏修去，高山再留任一年”①。自此满汉御史不能相偕赴任，但“新旧并用，克服了以往两御史调换之时，新任御史具为新手、人地生疏的弊病，更有利于发挥其稽查、督察的功能”。乾隆十七年，“巡台御史，三年一次命往，事竣即回，不必留驻候代”之规定，新任御史无法得到原任御史掌握的信息，对台湾的风土民情一无所知，短时期熟悉情况又很困难，其消极效果，自不待言。

御史任满留任，须奏“恭谢天恩”折，如雍正三年五月，禅济布奉旨留任一年，遂奏“恭谢天恩”折，称“闻命自天，惶感无地，唯有益励冰兢，以图报称。”② 雍正七年（1729 年），赫硕色、夏之芳，奉旨“再留台湾巡视一年”，随即恭设香案，望阙叩头谢恩曰：“臣奉命出巡一年以来毫无报称，兹复蒙天恩，再留任一年，闻命之下，益且悚惶，唯有和衷料理，实心办事，竭尽愚忠，保固海疆，以仰酬高厚于万一。”③ 乾隆十二年正月十五日都察院奉旨，着巡台御史六十七再留任两年，六十七接准都察院扎开，一面上奏“恭谢天恩”折，一面钦遵扎行，恭设香案、望阙叩头谢恩。并称：“自乾隆八年奉命巡视台湾，二年以来寸长未效，兹复奉旨留任二年，闻命之下感激无地，唯有益加奋勉，以图仰报皇恩高厚于万一耳”④。当然，奉差巡台之御史，差满离台时，也要奏报交印日期。如乾隆三年（1738 年）新任巡台御史诺穆布抵台时，奉差已满的巡台御史白起图亲自将巡台御史之关防交于诺穆布，并奏报交印日期。⑤

第二节　巡台御史的治台活动

康、雍、乾三朝，朝廷曾对巡台御史抱有极高的期望，并委之以重任。康熙希望每年自京派出御史，前往台湾巡察，“彼处一切信息可得速闻，凡有应奏事宜亦可条奏，而彼处之人皆知畏惧”⑥。雍正强调“和辑兵

① 范咸、六十七：《重修台湾府志》卷三“职官”《台湾府志三种》，中华书局，1985 年，第 99 页。

② 巡台御史禅济布奏“恭谢天恩”折，《雍正朱批奏折选辑》，文丛版，第 191 页。

③ 巡台吏科给事中赫硕色、兼理学政御史夏之芳奏“恭谢天恩”折，《雍正朱批奏折选辑》，文丛版，第 71 页。

④ 六十七奏“恭谢天恩”折，《明清史料》（戊编），中华书局影印本，1987 年，第 81 页。

⑤ “巡台御史白起图题本”，《明清史料》（戊编），中华书局影印本，1987 年，第 43 页。

⑥《清圣祖实录选辑》，文丛版，第 175 页。

民，安靖地方乃巡台第一要务；尔等果实力任事，朕之耳目自能周悉”①，乾隆认为，“国家设立满汉巡台御史各一员，有稽查、抚绥之责；弹压地方，以佐督抚耳目之所以不及，固边圉而收效也”②。历任巡台御史亦知，巡察一官，任职非轻，仓库钱粮、命盗案件、治民驭兵之事，巡台御史均可参与。③ 概言之，巡台御史之职责在于沟通信息，包括朝廷政令之推行和台湾地方舆情之反映；朝廷通过巡台御史“往来行走”，既能有效监督台湾地方官员，又能实现对台湾的直接管辖。

由于御史职权的特殊性，即巡台御史虽奉差巡台，但它首先是御史，“耳目之官，事无远近，俱应据实入告”。于是，巡台御史在实际巡察过程中的作为就变得广泛而笼统，且没有明确规定。所以，本节探讨重点不在巡台御史制度的预设功能，即对巡台御史职责的制度规定；而是巡台御史制度在实际运作中所发挥的功能，我们称之为巡台御史的治台活动。当然，47 任巡台御史的所有活动逐一展开，实不可能，仅就条陈台地事宜；参与处理地方事务；发展教育，推行教化；巡阅营伍，以固海疆等四个方面展开论述，如有忽略，亦是本文篇幅所不济的，遗憾在所难免。

一、条陈台湾事宜

巡台御史巡台其间，除弹奏不法官吏、安抚番民、如实反映所见所闻外，还要针对台地社会需要或现存弊端等，陈奏自己的见解，供朝廷决策参考。根据历任巡台御史的奏折内容，涉及台地事宜之条陈，主要包括调整治台政策、设官建置和理番等。

（一）调整治台政策

巡台御史亲历台地巡察，且长期驻台，对台湾社会现实有真切体验；对清廷治台政策的具体执行情况及其实施效果，亦有直接判断，所以，奏请调整治台政策，成为巡台御史治台活动的主要内容之一。根据现有史料，巡台御史对治台政策的调整，基本上集中在乾隆十二年之前，即巡台

① 《雍正朱批奏折选辑》，文丛版，第 100 页。

② 书山、熊学鹏奏“请查核案件”疏；六十七：《使署闲情》，台湾文献丛刊第 122 种（以下简称文丛版），第 84 页。

③ 奚德慎、李元直奏“恭请敕书以明职掌以专责成事”折，《宫中档雍正朝奏折》（台湾故宫博物院）。

御史被劾案之前。如乾隆三年（1738 年）二月三十日，巡台御史白起图奏请过台商船免验箕斗。雍正年间，为防止无照游民顶替水手偷渡过台，闽浙总督高其倬令商船船舵、水手填注箕斗，出洋之时，查验相符，始可放行。执行之中，由于员弁舞弊，苛索之事时有发生，而且不利商民往来。乾隆三年（1738 年）二月三十日，巡台御史白起图等疏请，以后过台商船船舵、水手等免其查验箕斗，令原籍州、县官将各舵、水手年貌翔实填照，或有事另雇，就地给单填注；取具船户、行保甘结，汛口各官验放。台地仿照内地设立十家牌，填注实在籍贯、人口确数，以及做何生意。每月出具“并无招揽游民”结状报覆。乾隆三年二月三十日，兵部议复：应如所请，[①] 查验箕斗之弊得以废除，大大便了过台商民之往来。

乾隆九年（1744 年）巡台御史熊学鹏奏请招垦番地，然闽浙总督那苏图不以为然，称台湾一府孤悬海外，并无土著，半数游惰；海疆重地，一旦开垦令出，恐无籍棍徒偷渡蜂至，由此台湾不得安宁。朝廷接受那苏图的建议，称：“台湾孤悬海外，聚处其地者多无籍之徒，唯宜静镇弹压，息事宁人，不应听奸徒之浮言，图目前微利，遽议招垦；或致将来别生事端，甚有关系”[②]。从而拒绝了熊学鹏的招垦建议。

乾隆十年（1745 年）二月，巡台御史六十七更定“台郡营弁事宜”：一、台地武官，以到台日期结算俸给。六十七巡察中发现，此前在台任职之武员往往接受任命之后迟迟不肯渡台，加上每年考核之期，仍回内地，一年之中在台时间不及十月；兵将难以熟悉，训练自是荒废。为鼓励台地武官及时赴台，六十七建议自台地武官到台之日起结算俸给。二、照水师之例，拔补台兵。台兵拔补陆路外委，待其回至内地，仍降目兵，与体制不符。请照水师之例，事故缺出，就台兵拔补；期满缺出，与内地外委对调。[③]

乾隆十年九月，巡台御史六十七奏请恢复台湾道、府巡察之旧例。按例，内地各省、州、县、道、府都按季巡察地方。六十七认为，台郡远隔重洋，方圆二千里，一应钱粮、仓库、刑名事件俱归道、府管理。若令按季出巡，广袤两千里之地，非月余不能遍及，且旷废公事。请照台湾镇、

① 《清高宗实录选辑》，文丛版，第 7 页。
② 《清高宗实录选辑》，文丛版，第 38 页。
③ 《清高宗实录选辑》，文丛版，第 41 页。

道巡察旧例，一年之内道、府各巡一次。[①]

乾隆十一年（1746 年）四月，巡台御史六十七奏准内地民人来台奉养。依清初之规定，赴台任职或内地民人渡台不准携眷。雍正七年（1729 年），经闽浙总督高其倬奏请，四十岁以上尚无子嗣之文员，可以携眷同行，但对一般民人并未放宽限制。六十七认为，父母子女隔越海洋，常年不得相聚，以至台地赌风、嫖风日盛。他建议内地民人有祖父母、父母在台，子孙欲来侍奉，或子孙在台，祖父母、父母、妻子内地无依，欲来就养者，准其给照来台。户部根据六十七之建议，对在台民人果有祖父母、父母在籍，准其赴台就养；如祖父母、父母在台，准其子孙赴台侍奉。若本人在台，而内地妻小子幼、并无嫡亲可托者，亦准其搬移聚处，即赴台侍奉祖父母、父母之子孙，果有幼小妻子，亦准一体赴台。[②] 开放台民搬眷过台，准许渡台移民回大陆团聚，“对于改善台湾地方的人口结构，促进移民社区的建设与岛上经济的发展实有很大裨益”。

（二）设官建置，拓展版图

清初台湾建置之调整与增设，以及台湾版图之拓展，都由巡台御史奏请并最终确定。如康熙六十一年黄叔璥奏请台湾总兵不可移驻澎湖。关于台湾总兵移驻澎湖之议，康熙六十年十二月，已获兵部奏准：“澎湖系台湾咽喉紧要适中之地，移台湾总兵驻澎湖，陆路改设副将”；蓝鼎元以为不可，争之再三，未果。首任巡台汉御史黄叔璥甫已到任，即与水师提督姚堂疏陈，总兵不可移澎湖，朝廷许之。

吴达礼奏请彰化建置。雍正元年八月，首任巡台满御史吴达礼奏请，在诸罗县北民番杂处之半线地方，分设知县一员、典史一员。在形势辽阔之海岸要口淡水地方，增设捕盗同知一员”[③]。次年，朝廷根据吴达礼之奏请，诸罗析县曰彰化；设淡水厅，稽查北路，兼督彰化捕务”[④]。《彰化县志》载：“雍正元年，乃分诸罗中间百余里之地，南截虎尾，北抵甲溪，

---

① 《清高宗实录选辑》，文丛版，第 44 页。

② 《清高宗实录选辑》，文丛版，第 50 页；李祖基：《清代巡台御史制度研究》，《故宫博物院院刊》2003 年第 2 期。

③ 《大清世宗宪皇帝实录》卷十。

④ 《清世宗实录选辑》，文丛版，第 3—4 页。

设彰化县治，而彰化之建置自此始。”① 彰化建置为台湾并入版图以来，第一次建置拓展。

赫硕色奏请彰化、淡水设官。因彰化、淡水不曾设员，朝廷政令不得畅通。当年蓝鼎元曾力主将析诸罗为二，于半线以上，另设一县；于淡水八里坌设巡检一员，补半线县令之所不及。② 雍正六年（1728年），巡台御史赫硕色巡至彰化，见彰化崎岖八百里，县治所不及，遂奏请“添设官员，以密防守”。其大意称，台湾一府之内，台湾、凤山、诸罗三县，开垦已久，人民凑集，文武官弁驻扎相近，耳目易周；唯彰化一县，地方空阔，谷邃山深，文官只有同知、知县、典史各一员。知县有刑名、钱粮之责，典史力微，不能远巡，只靠同知一员巡查七八百里崎岖之地，实难遍及。请于彰化县东南沿山一带，及彰化县西北沿海一带于适中地方，添设巡检各一员，带领民壮，专司巡缉，“庶南北呼应灵通，而稽查亦易遍矣。”③

赫硕色奏请专设台湾署员 。由于台湾远隔重洋，所有道、府、县以及佐贰等官，遇有升迁事故离任者，需由委员署理；海上风信靡常，一时不能骤到，每致人缺虚悬，似此海疆重地恐有贻误。巡台御史赫硕色建议在福建拣发人员内，由福建督抚选其老成廉干者预发一二人，令其先驻台郡，给以本职额俸。平常无事，凡地方人情、风土既可亲切见闻，或有要紧公务，听道府委派协办。一遇有升迁事故离任之缺，即著署理，试看若能胜任，请台湾道府申详福建督抚，酌量题请实授，其不称职者令其回内地。④

（三）理番

巡视台湾番地，体察番情，是巡台御史职责之一，自黄叔璥以后，汪继燝、索琳、尹琴、夏之芳、白起图、张湄等对番族事务多有关注。黄叔璥著有《番俗六考》、《番俗杂记》，对北路诸罗番、南路凤山番、南路凤山傀儡番之居处、饮食、衣饰、婚嫁、丧葬、器用等，都有详细的记载和

① 周玺：《彰化县志》卷一“封域志·建置沿革”，文丛版，第2页。

② 蓝鼎元：《平台纪略》，文丛版，第31页。

③ 雍正六年五月六日，巡台吏科给事中赫硕色、兼理学政夏之芳：“敬陈台地事宜”折，《雍正朱批奏折选辑》，文丛版，第67—68页。

④ 雍正八年，朝廷同意：“嗣后调台各员到任二年，该督抚另选贤能赴台协办；半年之后将旧员调回，令督抚仍据实分别实能称职及居官平常之处，照例具题。”刘良壁《重修福建台湾府志》卷十三，文丛版，第363页；《雍正朱批奏折选辑》，文丛版，第75页。

描述。对生番、熟番之区别；番役、番界、番饷之状况，以及番乱之源、驭番之策等，亦有真切见解。巡台御史每至番社，召集番民，宣布皇仁，诱以教化，劝以勤劳耕织，告以勿生事端，还多备烟酒、牛羊、布什等物，赏赐土番，以安番众。如乾隆四年，杨二酉巡视南路至阿猴社，以“阿猴、武洛诸社”诗，记下了番社的生活习俗。诗云：“问俗来番社，青葱曲茎长；家家茅盖屋，处处竹编墙。牵手葭笙细，嚼花春酒香。知能但耕凿，真可比义皇。”乾隆六年，张湄巡视番社，目睹土番习汉文，学汉语，倾心汉化，喜不自禁，欣然作诗云：“鹅筒惯写红夷字，鸭舌能通先贤书，何物儿童真拔俗，琅琅音韵诵关雎”①。随即倡议设立义学，教育番童。由于自大陆陆续移至台湾的汉民仍以农业耕种为其基本经济形态，随着沿海汉民大量移至台湾，对土地需求日增，侵占番田之事时有发生，民番纠纷日多，蕃政日番，但乾隆三十一年（1766 年）理番同知设立之前，台湾地方并没有管理蕃政的机构和职官。其间，台湾番政大多是由巡台御史协助台湾地方官处理。

清代台湾早期理番政策，大多出自巡台御史。如雍正七年，巡台御史赫硕色、夏之芳奏“严禁番民界限”，认为台地番民共处，只可令其各安本分，不可令其互相固结。从前虽经划界，禁止民人出入，而生番之害不能禁绝者，实因内地之民学习番语、娶其番妇、认为亲戚、居住生番境内，并将盐、铁、火药等物贩卖与番所致。所以，赫硕色等建议，划定生番界址，不许番民出入贩卖物件，一切火药、盐、铁，尤宜严禁，如有擅入生番界内，并贩卖违禁物件者，置以重典；地方官弁纵容、失察者，加倍治罪。如此，“生番不致为害，地方相安无事”②。乾隆元年，巡台御史白起图弹劾后垅通事张方楷“作威苛索，激番焚掠”后，特奏理番善后条例。乾隆二年（1737 年）闰九月，总理王大臣议准巡台御史白起图的理番条例四项：

> 归还番地，以安民心。命地方各官严禁民人私买番地，并将近番地界划清，以杜滋扰。所有私占番地，勒令归番，其契买田土、久经

① 范咸、六十七：《重修台湾府治》卷二十四“艺文志·诗二”，《台湾府志三种》，中华书局，1985 年。

② 雍正七年八月十八日，巡台吏科给事中赫硕色、兼理学政御史夏之芳奏“敬陈台地事宜”折，《雍正朱批奏折选辑》，文丛版，第 75 页。

垦熟升科者，查明四至，造册报部存案。

严禁班兵扰累，以安番众。班兵过台分汛时，命台湾镇派游击、守备大员沿途约束，不得任意需索；抵汛后，严禁偷入番社滋扰，若有所犯，重者计赃论罪，轻者责革示惩。所有官员徇隐失察，分别议处。

严禁民人私取番妇，以防煽惑。地方官通行查禁，犯者照例离异责处。

文武相互稽查，以重海防。民人不法等事，许武员移送地方究治；兵丁生事，亦许文员关会营伍责惩。如有推诿者，照例罚俸；徇庇者，照例议处。①

白起图所奏善后四例，成为清代较早的理番条例。当然，巡台御史也参与剿番。如雍正四年十二月，巡台御史索琳曾参与剿捕水沙连二十五番社。第二年，巡台御史尹琴也曾带领兵丁剿捕南路凤山番乱。②

巡台御史条陈台地事宜，无论是设官建置、理番，还是调整治台政策，真实反映了台湾之现实需要或有待调整的诸多弊端，大多被朝廷接受，成为此后清廷治理台湾的重要政策，长期奉行，对中央政府加强台湾管辖和有效治理，具有非常积极意义。但若对巡台御史条陈内容进行细分，则可发现所奏条款多为消极政策，如禁止民人渡台等；唯有巡台御史熊学鹏奏请开垦台地之建议有积极意义，反而被朝廷拒绝了。从朝廷对巡台御史所陈台地事宜的态度，折射出此时清廷治台政策之主旨在于维持现状，并不想拓展经营。

二、参与地方事务

根据康熙皇帝设立巡台御史之初衷："此御史往来行走，彼处一切信息可得速闻；凡有应条奏事宜亦可条奏，而彼处之人皆知畏惧；至地方事务，御史不必管理也。"③ 并不打算让巡台御史参与台湾地方事务之管理，

① 《清高宗实录选辑》，文丛版，第9页。

② 雍正至道光二十年间，清政府大规模征讨生番有4次，均在雍正朝；同一时期，征讨熟番4次，亦在雍正朝。台湾省文献委员会：《台湾省通志》卷八"历代治理篇"，第64、66—67页。

③ 《清圣祖实录选辑》，文丛版，第175页。

因为清代御史职掌中只有弹劾权，没有处置权和指挥官员的权力。然而，自雍正年间，巡台御史的职责逐渐扩大并变得笼统而不确定，经朝廷授权开始承担一些地方事务，如台地武备、治安、官吏操守、土风民俗、钱粮库藏，乃至词讼盗案、汛防营伍，等等。雍正初年巡台御史参与地方事务，得到皇上的认可，成为日后巡台御史制度运作中的例则之一。乾隆皇帝还要求巡台御史遇有要紧事件，应一面提审，一面奏闻，不可推诸地方了事。如乾隆三年（1738 年）三月，巡台御史诺穆布奏："台属被旱成灾，现饬地方官加以赈恤"。乾隆谕批曰："赈恤之事，虽地方之责；汝等不可不用心查察，使灾黎有不受惠之难"①。此后，巡台御史开始广泛参与地方事务，包括南北营伍吏治、民风番俗之事，也由巡台御史分年亲历稽查。最后发展到地方文武"分司专任"之事，如仓库钱粮、命盗案件、治民驭兵之事，以及地方利弊、官弁贤愚，都由巡台御史持筹措书，综合稽查，上达圣聪，下商督抚。② 可以认为巡台御史已全面参与台湾地方事务，其职司几乎与台地常设职官无异。

（一）清理诉讼

由于巡台御史初设之时不准参与地方事务，台地诉讼案件，更不得与闻。依例，清代地方诉讼，凡人民之赴诉者，先告代书，书其事，呈之厅县，定日召讯，判其曲直。不服者，控之府；不服，复控之道，不得越诉。道判不服，控之省；复不服，则控之京。然"路远费重，迁延岁月，非有奇冤巨案，未尝至于京控也。"③ 命盗之案，亦有厅县讯之，取其口供，合以证据，初拟罪名，呈报于府，府呈报于道，由道造册，送省秋审。依闽台合治体制，台湾隶福建布政使司，刑名案件"寄权于巡道"。然而，雍正年间，巡台御史已开始参与命盗案件的审理，其中，雍正十二年（1734 年），巡台御史图尔泰、林天木就参与了诸罗北门插旗案的审理。其前任巡台御史觉罗柏修、高山在"奏闻事"折中称，四月，缉获案犯萧全、许祖和无齿甫三人，巡台御史图尔泰和林天木认为，此案涉谋不轨，

① 《清高宗实录选辑》，文丛版，第 14 页。

② 奚德慎、李元直："恭请敕书以明职掌以专责成事"折，《宫中档雍正朝奏折》（台湾故宫博物院）。

③ 连横：《台湾通史》卷十二"刑法志"，中华书局，1983 年，第 19 页。

即会同总兵苏明良、巡道张嗣昌和知府尹士俍等，对萧全等三人，审讯对质。①

乾隆八年（1743 年），巡台御史书山等访得台湾地方案件审理之混乱和积压现象严重，民怨多多，遂上奏称，“台地各官案件，有报知巡察衙门者、有不报知巡察衙门者。其不报知之案，经该处民人告发查询，始将缘由声明；又复任意延捺，至有经年不复结者。”据此，书山等建议，“台湾地方官所办案件，按月将已结、未结造册，申送巡察衙门；如任意迟延、隐匿不报，查出题参，② 乾隆批准了书山等人的请求，巡台御史由此获得了台地诉案的审理权，而且，地方有司所办案件，还要按月造具清册呈送巡台御史衙门，接受复核；事实上，地方有司之办案程序接受巡台御史之监督。巡台御史参与地方案件审理，对于清理积压案牍、伸张冤情、疏导民怨等都有积极意义。

（二）查禁官庄

开台之初，地广人稀，台地文武官员，都曾有自己的庄产。或自己创立，召佃开垦，或接受前任已有之产业，甚至有巧夺民田，攫为己有者。朝廷曾因台官艰辛，对所置官产并未禁绝，以作养廉之用。但后来，朝廷意识到，台湾武官置立庄田垦种收利，进而发展为侵占番地，引起纠纷，“民番互控之案，络绎不休”。若不彻底清查，严行禁绝，终非宁辑番民之道。根据乾隆九年三月严禁台地武官置产之谕令，福建督、抚委派布政使高山会同巡台御史六十七等对台地官庄一一清厘，并奏请历任武职大员已垦之庄产，若无侵占番地和民地，且无争控之案者，无论是本任所创，或是子孙转售他人，均令照旧管业；若有侵占民番地界，责令民产归民、番地归番。此后，永行禁绝台郡大小武员创立庄产、开垦草地。“若有托名开垦者，将本官交部严加议处，地亩入官；该管官通行容隐，并行议处。”九年十二月，六十七会同布政使高山清查台地民番互控地亩，令其各归原业，并开列土名、查造四至清册，永远不许丝毫越占。十年十月，户部议准：台郡民番错壤，经福建布政使高山会同巡台给事中六十七彻底清查，断以民地归民、番地归番，各相允服。其历任武职庄产，实无侵占投献，致涉争控者，照旧经营；

① 觉罗柏修、高山：“奏闻事”折，《宫中档雍正朝奏折》（台湾故宫博物院）。
② 《清高宗实录选辑》，文丛版，第 33 页；六十七：《使署闲情》卷三，文丛版，第 84 页。

此后台郡武员各员一律不得再行开垦、置立庄田。[1]

（三）巡阅南北两路

雍正初年，巡台御史每年于农隙时，分别巡察南北两路一次。乾隆十二年（1747 年），巡台御史被劾后，大学士等认为，台地向分南北两路，满汉巡察每年一路周巡，随从仆役太多，或致扰累地方。以后请于每年农隙时，分路自巡察一次。[2] 同时，还规定巡台御史沿所设塘、汛，尖宿里站，二十里一打尖，五十里一住宿。[3] 犒兵赏番及食用之物，亦应自备；其他巡阅费用从台澎耗羡之内支养廉银。[4]

巡阅南北两路之巡察内容，相当广泛，凡举“营伍吏治、民风番俗”等，[5] 均在巡察之列。如雍正十二年，林天木巡阅北路时，在诸罗县巡阅北路营、彰化半线汛之操防，及淡水所属之竹堑、大甲溪、沙鹿各处汛兵，对于熟练之汛兵劝其加勉，未至者令其演习。所至地方接见吏员，面加训饬，令其小心防范，勿得情懒，借端生事，扰害番民，有负皇上天恩。如乾隆十六年，巡台御史钱琦巡察南路时，至凤山县治，“传集士民宣讲圣谕、播扬皇仁；并面谕该地文武官弁，海外不比内地，兵民俱属赤子，唯当以公务为重，不得少存参差意见，至开党同立异之渐”[6]。六十七巡阅南路时还劝导加籐社，琅琊、傀儡二社土目率领生番三十四名归诚。[7]乾隆四十二年（1777 年），觉罗图思仪、孟邵巡察北路时称，台地濒临闽之漳泉、粤之惠潮，“匪徒易致透洋偷渡”。所以，每到一处，不时留心体访，每接见文武员弁则谆谆告诫，谕以严疆隘口关系紧要，唯当严查偷渡，肃清边隅，地方益得宁静。[8]

---

① 《清高宗实录选辑》，文丛版，第34—35 页、40—41 页、42 页。

② 《清高宗实录选辑》，文丛版，第63 页

③ 清代台湾南路汛塘尖宿里站、台湾北路汛塘尖宿里站，见《台湾兵备手册》，台湾文献丛刊第 222 种。

④ 参考何孟兴：《清初巡台御史制度之研究》（硕士论文），第55—56 页。

⑤ 乾隆十一年十一月二十六日，六十七、范咸“操阅巡视情形”折称：“台湾为海外沿疆，武备与吏治均关紧要。所有镇协各营官兵以及地方利弊，例应臣等查阅巡视”。

⑥ 乾隆十六年十一月二十二日，钱琦奏“恭报巡察南路情形”折，《宫中档乾隆朝奏折》（台湾故宫博物院）。

⑦ 《清高宗实录选辑》，文丛版，第 46 页。

⑧ 乾隆四十二年十月八日，觉罗图思仪、孟邵奏“恭报巡视北路情形”折，《宫中档乾隆朝奏折》（台湾故宫博物院）。

巡阅南北两路之路线，没有具体规定，我们只能根据巡台御史之奏折了解其大概。其中，巡阅北路之路线，根据雍正十二年（1734年）二月，觉罗柏修、林天木“巡查北路情形”折提供的信息，巡台御史一般自郡城出发，巡察诸罗、彰化、淡水所属之竹堑、后垅等处；再巡海滨鹿仔港、笨港、盐水港一带地方。① 巡察南路之路线，依据乾隆二十九年（1764年）三月，永庆“访察南路情形”折可知，仍自台郡起程，先往南路一带地方巡查。由二层行溪入凤山界，至大湖街，经小店仔、礁巴斯绒等处，抵凤山县。②

巡台御史参与地方事务，从表面上看其职权得以拓展，但由此扰乱了福建地方对台湾的管辖体制，造成权力之重叠，其后果反而导致巡台御史职权的式微。③

三、发展教育，推行教化

清制，提督学政为行省最高教育主管官员。行省之下，府学设教授一员，正七品，训导一员，从八品；州学设学正一员，正八品，训导一员，从八品；县学设教谕一员，正八品，训导一员，从八品。台湾设学，始于康熙二十五年（1686年），巡台御史兼理学政之前，首任分巡台厦兵备道周昌兼理台湾学政（时称提学道），为台湾学务最高主管。由于周昌重视台湾教育，视“建学校、行考校，为海天第一要务”④，在任期间，台湾的教育体制和教育设施基本形成。主要有官办儒学，官方倡建的社学，民间义捐的义学，以及官民合办的书院等。⑤ 这里主要围绕汉籍巡台御史兼理学政之活动，透视巡台御史为发展台湾教育、推行教化所发挥的卓越贡献。

---

① 雍正十二年二月二十五日，觉罗柏修、林天木“奏闻事”折，《宫中档雍正朝奏折》（台湾故宫博物院）。

② 乾隆二十九年二月九日永庆、李宜青“恭报巡察台湾南路事宜仰祈睿鉴事”，《宫中档乾隆朝奏折》（台湾故宫博物院）。

③ 参考第三节“巡台御史与福建地方官员的矛盾”。

④ 周昌：《详请开科考试文》，刘良壁《重修福建台湾府志》卷二十，文丛版，第519—523页。

⑤ 有清一代，台湾先后设置儒学13所，书院55所，见叶宪峻《清代台湾教育之建置与发展》，中国文化大学，2003年博士论文。另据许世颖统计，台湾书院为63所。见许世颖《清代台湾书院之研究》，台北师范大学硕士论文，1995年。

（一）恢复台湾乡试另编字号，增加中额

康熙二十六年（1687 年），丁卯乡试，台湾新奉开科之时，福建陆路提督张云翼奏言：“台士乡试请照甘肃、宁夏边疆前例，闽省乡闱另编字号，额取一名，俟应试者众，乃撤去”。朝廷准之，设“台”字或“至”字号，额中一名。康熙三十六年（1697 年）闽浙总督郭世隆称：“台湾人文日盛，福建乡试已历四科；请撤台湾额外举人一名，归闽省额内，合闽省一体取中”。因台地兴学晚于内地，文风亦稍弱，于闽省一体取中，台地士子登科机会很是有限，不少人望洋兴叹，知难而退，“自后每多辍科，渡海危难，试者益少”①，几于停滞。雍正六年（1726 年），巡台御史兼理学政夏之芳②奏称，海外文风稍逊内地，且文场中试皆系内地冒籍之人，故请乡试从内地八府外，另立台字号，于正额内分中一二名，以励之。③次年朝廷恩准，援照旧例，台湾应试士子另编“台”字号，于闽省中额内取中一名，恢复闽省乡试中台湾另编字号的规定。十三年，巡道张嗣昌请加台湾解额，于是在闽省解额 89 名之外，将“台”字号再加一名，共取 90 名。④ 乾隆元年丙辰恩科，闽省于常额加中 30 名，台郡亦加一名，遂以为例。⑤

（二）力争台湾会试录送名额、另编字号

乾隆三年（1738 年），巡台御史兼理台湾学政诺穆布、单德谟奏请台湾会试应照乡试之例，于闽省名额内另编台字号，取中一名。诺穆布等称，数年以来，台地中乡试者有人、入会试者未见。海外僻处，岂能与内地士子一体较量？请以后会试之期，台郡士子亦照乡试之例，于闽省名额内另编台字号，取中一名；待数年之后，台郡举人增添数目，再为酌改。

---

① 连横：《台湾通史》（卷十一），“教育志”，第 190 页，北京：商务印书馆，1983 年。

② 夏之芳，字荔园，号筠庄，江南高邮人。雍正元年进士。雍正六年，巡视台湾，兼理学政。至则以澄叙官方、振兴文教为己任。主岁科两试。著有《海天玉尺》二编，见余文义《台湾府志》卷三《夏之芳传》。

③ 雍正六年十一月四日，夏之芳奏“敬陈台地学校事宜仰祈睿鉴事”折，转引自何孟兴《清初巡台御史制度之研究》（硕士论文），第 140 页。

④ 《钦定大清会典事例》卷三四八。

⑤ 连横：《台湾通史》卷十一“教育志”。

次年礼部议复，将来台郡士子来京会试果至十名以上之多，礼部再行奏闻，仍与闽省举人一体进取。① 七年，巡台御史书山再上一折，称台湾乡试，每科取中两名，积至五考方满十名，而经历十五年之久，仍不满十名之数。“若按原议，台湾举人虽会试有名，究无中式之实”。书山建议以后会试举人到京，未至十名，亦别编字号，不必拘定中额。至期考官凭文酌量，有可取者，取中一名；无可取者，仍然缺额。按清例，会试中额，由礼部查明应试举人实在数目，并将各省多寡请旨钦定。其边地、海疆来京会试，亦按省编号凭文取中，从无分府编号之例。所以，礼部复曰，会试乃朝廷抡才大典，最为慎重，非若乡试之一省而论。而且台郡来京会试者，不过三四人，若遽定中额一名，未免功名太易，启士子侥幸之心。礼部坚持“台郡士子来京会试，至十名以上之多，再行奏闻，恭请钦定中额”②。书山之议再造驳回。

自乾隆初年，台湾定额中举人两名，但录送应试者多达500名。乾隆八年，朝廷有裁减为200名之议，台地士子闻之颓然，且有奔走争辩者。是年八月初八日，巡台御史熊学鹏奏称，“台湾孤悬海外，情形与内地不同。向例额中举人二名，录送科举五百名。今定额仅送二百名，应裁减过半，恐无以示鼓励”。礼部从熊学鹏所请，“于定额二百名外，择其文理清通者酌量宽余录送”③。为更多人提供了赴考应试机会。

（三）设立考棚，建立书院

乾隆二年（1737年）十月二十七日，巡视台湾给事中兼理学政单德谟巡台时发现，台湾考试童生向来未建考棚，仅就东海书院之便，而地方湫隘，实不能容。遂别开门迳，于圣庙戟门外，搭盖棚场，未免杂沓喧嚣，邻于亵慢。且于关防不密，易滋弊端。单德谟奏请照内地之例建立考棚，以昭严肃。是年十二月，乾隆谕称：“向因台湾应试人少，故未建立考棚；今人文日盛、生童众多，非复畴昔之比。着该督、抚转敕地方有司，相度地方情形，修造试院，以重造士育才之典。”④

① 刘良壁：《重修福建台湾府志》卷十六“选举”，文丛版，第547页。
② “题请会试额中部覆”疏，刘良壁：《重修福建台湾府志·移会》，文丛版，第518页。
③ 《钦定大清会典事例》卷三三七。
④ 《大清高宗纯皇帝实录》卷五十九。

清代台湾书院，或官建，或民捐，或官倡民建，是台湾文风鼎盛之标志。康、雍两朝，台湾已有书院十多所。乾隆四年，单德谟奏请府治府学之西建校士院，以作岁试之所，乾隆五年，巡台御史杨二酉再奏，仿内地直省书院之例，建海东书院（康熙五十九年巡道梁文煊最初请建），以府学教授为师，考取诸生而教之，奖励读书风气。次年，巡道刘良壁手订书院学规，杨二酉立碑以记之；[①] 台湾儒学建筑殿堂配置，与福建保持一至，即庙学合一格局。乾隆朝《续修福建台湾府志》之“学校”记曰：台湾府学，中为大成殿，左为明伦堂。内置崇圣祠、名宦祠、乡贤祠、朱子祠和文昌阁等。据督学台澎观察使孔昭虔《重修海东碑记》记载，“海东书院在台湾府学之西，昉于康熙五十九年。旋改考棚，巡台御史兼督学太原杨公二酉复建为书院；嗣后屡有增修，凡分巡海外能尽厥职者，无不以课士为急。”[②] 清初，巡台御史奉旨或鼓励绅民兴建台湾书院共16所，分布台湾全境。[③]

（四）禁止冒籍

由于台湾开发较晚，文化教育相对落后，遂有他郡之人得以冒籍赴考。为保护台地生员之利益，雍正五年（1727年），朝廷严令禁止冒籍赴考，“如查出有冒籍台地儒学者，将该地方官题参议处，本童照冒籍例治罪。对于从前已经冒籍进学之文武诸生，限两月内具呈自首；该地方官会同教官一同查明，俱令改归原籍考试。如过期不行呈首，一经发觉，黜革治罪”。但冒籍之弊禁而不止，每逢台湾科考，“内郡之不得志于有司者，群问渡而东焉。岁科两试，此邦之人拱手而让之；一登解额，即飞扬而归故里。”[④] 从而引起台湾“科举社群”的强烈不满，乾隆二十二年（1757年），诸罗县士绅共立“严禁冒籍应考条例碑”[⑤]，以示抵制。

乾隆二十九年（1764年），巡台御史李宜青题疏严冒籍及枪手顶替之弊，称台湾四县应试，多福兴泉漳四府之人。稍通文墨，不得志于本籍，指同姓在台居住者，认为弟侄，公然赴考。教官不及问，廪保互结未暇

① 刘良壁：“海东书院记”，刘良壁《重修福建台湾府志·移会》，文丛版，第558—559页。
②《台湾南部碑文集成》（三），“甲·记（下）”，文丛版，第237—238页。
③ 王启宗：《台湾的书院》，台北“行政院文化建设委员会”，1984年，第20—23页。
④ 周钟瑄：《诸罗县志》卷一，文丛版，第269页。
⑤ “严禁冒籍应考条例碑”，《台湾南部碑文集成》，文丛版，第384—385页。

详，是故按名为台之士，实在台湾无其人。李宜青建议，将内地冒籍台属各学文武生员，照冒籍北闱中试之例，悉改归本籍。然后谕令福建督抚饬行兼管提督学政之台湾道，至府县试之时设法稽查，① 尽除冒籍之弊。根据李宜青题疏，朝廷再次严令禁止冒籍赴考，称“如有冒籍赴考，除将本童及廪保照例治罪外，地方官一并查参议处。现已经冒籍入学各生照例勒限一年改归原籍；如地方官奉行不力，该督抚指明参处。”② 台湾科举冒籍之弊，得以遏制。

台湾古为荒服之地，教化所不及。论者皆称清初为防台而治台，殊不知推行教化为其关键一环。儒学、书院、社学与义学的建立，中华文化由此源源输入台湾；以儒家经籍为命题准则的考试制度，潜移默化中台湾进入“汉化”和“内地化”进程；循序上考的规定，追求功名之土著士子必须到省城、京城参加乡试、会试，从而强化了中央对边疆的控制力，以及边疆士子对中央的效忠和向心力。③ 巡台御史大多是科举制度的受益者，同时也是儒家文化的传播者。至汉籍御史兼理学政，主持台地岁科二试，拔擢人才，训饬士子，振兴教育，更是职司所在。巡台御史为台湾教育事业之发展作出了不可磨灭的贡献。

四、巡阅营伍，巩固海疆

巡阅营伍，原本是提督、总兵之职责，其制始于明万历年间。当时巡抚、总兵官不得驻同城，依例分别定期巡阅沿边镇、所。清初，营伍巡阅无定制，雍正十一年（1733 年）恢复巡阅营伍之制之前，台湾营伍巡阅由巡台御史承担。如乾隆十五年，巡台御史书昌在奏闻折中称：“台湾为海外严疆，武备与吏治均关紧要。所有镇协各营官兵，以及地方利弊，例应臣等查阅巡视”。又云：“台湾海疆重地，民番错处，吏治固为首务，而武备所管尤属紧要”④。

---

① 户部“为内阁抄出巡台御史李宜青奏”移会，《明清史料》（戊编），中华书局影印本，1987 年，第 115 页。

② 《清会典台湾事例》，文丛版，第 99 页

③ 尹章义：《台湾—福建—京师—科举社群对于台湾开发以及台湾与大陆关系之影响》，见 1987 年尹章义在“近代中国区域研究研讨会”上的发言。

④ 乾隆十五年十一月二十七日，书昌奏“巡察地方情形”折，“军机档”第 6394 号，转引自何孟兴《清代巡台御史制度之研究》（硕士论文），第 21 页。

巡阅对象

驻扎府城之台湾镇标左、中、右三营。

驻扎府城之台湾城守左、右两军。

驻扎红毛城台湾水师中、左、右三营。

驻扎安平之安平水师左、中、右三营。

驻扎彰化之台湾北路中营；驻扎诸罗之北路左营；驻扎竹堑之北路右营。

驻扎凤山之台湾南路营。

驻扎淡水港之淡水营。

驻扎妈宫汛之澎湖水师左、右二营。

以上15营，武职114员，步战守兵12670名，战船89只，马兵100多匹。另有分防塘汛211处，[①]均属巡台御史巡阅之对象。

巡阅规则

在以上所列15营中，以巡阅台湾镇标三营、城守左右两军和安平水师三营为主；南北两路之淡水等5营，一般是在巡视南北两路时，就近巡阅。

对于澎湖水师两营之巡阅情况往往是因人而异。大多情况下，巡台御史檄委澎湖通判、协办通判及副将简校后，将结果报与巡台御史，然后由巡台御史宣布校阅等第。如雍正七年十月十五日，巡台御史赫硕色阅看台湾水陆两操时，即委澎湖通判王仁协同该副将查阅确报。有时，巡台御史也会在澎湖候风之时，就近校阅。如雍正四年三月，巡台御史汪继燝验阅台、澎操演之时，因澎湖副将董方当值巡哨，且有拨护饷银之任，在澎船只甚少，不便至澎，所以，六月十六日，当新任巡台御史索琳路经澎湖候风之时，澎湖协副将请留阅视澎湖二营。六月十九日，索琳在澎看演陆操，称"鸟枪、藤牌俱各精熟"，又于二十二日看演水操，称赞其"开合攻击，人船便利。"[②]此外，还有将澎湖之兵轮流调至台湾逐一校阅者。

巡阅时间一般是秋、冬之间。如雍正七年，巡台御史夏之芳奏称，台湾地属海疆，水陆军务关系甚重，每年旧例于秋、冬间，阅看水陆两操。

---

① 关于清代台湾塘汛总数，连横《台湾通史》计为197处。见本书231—242页；许毓良《清代台湾的海防》统计，清代台湾塘汛最多时达211多处。连、许之不同在于对塘汛之增设裁并时间统计有误，或重复或同名而已。

② 雍正四年七月，巡台御史索琳、吏科给事中汪继燝奏"恭报台澎两协操期验阅已竣"折，《雍正朱批奏折选辑》，文丛版，第33—34页。

所以，当安平镇副将祁进忠移送该镇三营将弁、兵丁清册至夏之芳后，夏之芳遂于九月初九日会同阅看水师兵丁操演。又据台湾镇王郡移送该镇三营将弁、兵丁清册后，于九月十一日，会同阅看陆路兵丁操演。[①] 但也有特殊情况，如索琳曾于六月看演澎湖水操，尹琴曾于三月检阅安平水师等。巡台御史阅看营伍时，一般都有总兵或副将陪同。

巡阅内容

验阅水陆操演。根据雍正五年（1727 年）三月二十五日，索琳、尹琴“恭报验阅台湾镇协水陆操演事宜”折中描述的操演阵式与内容，其操演阵式为：马兵先出，分为两翼，卷作后队；次则施放连环鸟枪，及大炮火器；然后，发纵藤牌、挑刀、单刀等杀手兵，奋出攻击，分合进退，此陆操之法。其中，雍正五年，巡台御史索琳、尹琴在台湾道吴昌祚、台湾知府孙鲁陪同下校阅安平水师三协时，阵式相当宏大。据载，步战陆操动用操演兵 1127 名，水战演练调集战船 27 艘。

点验班兵军器。根据雍正七年之规定，换台班兵军器，由福建督抚于公存银内动支制造，务必坚利精良，该督抚验看发给。待兵丁到台之日，由巡视御史会同台湾镇查验点收。倘有不堪使用者，巡视御史等据实题参，将该督抚及承办官交部议处。[②]

校拔营弁。依例，巡台御史根据步箭、弓力准头是否合式，枪炮是否精纯，藤牌跳舞是否便捷，对兵丁营弁之表现予以评判，成绩优良者奖升，成绩不佳者降职察看。

值得注意的是，巡台御史除例行巡阅南北两路和水陆操演之外，大都据地方知县或通事奏报，并不亲至。如雍正四年（1726 年）六月诸罗县柴里社的生番杀人案，索琳、汪继燝并不亲往查察，而是转据通事所报，上奏朝廷。雍正四年十月二十四日，索琳在“奏闻事”折中称：“台湾全郡，今年海飓不作，雨顺风调，稻谷十分收成”。雍正朱批曰：“欣闻台郡年岁仅有八分收成，为何奏称十分？百事唯当据实，不宜粉饰”[③]。如此因信息不实遭皇上申饬者，为数不少。

---

① 巡台御史兼理学政夏之芳奏“报明看操日期”折，《雍正朱批奏折选辑》，文丛版，第 78 页。

② 刘良壁：《重修福建台湾府志》，文丛版，第 24 页。

③ 《雍正朱批奏折选辑》，文丛版，第 37 页。

第三节 巡台御史职权的式微

巡台御史制度的演变，学界有不同认识，宗括起来可归为两种，其一，根据清廷对巡台御史的态度，将巡台御史制度划分为雍正朝和乾隆朝两个阶段。此说认为“雍正皇帝对巡台御史一职较为倚重，他们的权力相对也比较大”；“与此相反，乾隆皇帝则认为巡台御史一职实在可有可无”，因此，“对巡台御史制度多次改动”，直至废止。① 其二，依据巡台御史的职掌和派遣形式之变化，将其分为初设巡察、兼理学政、三年一巡和因时酌遣四个时期。② 在帝制时代，皇帝的气质，包括学识、个性，乃至爱好，的确会影响到制度的实施，甚至存废；强调“朝代”更替的影响是非常必要的。但乾隆初期对巡台御史的态度也是相当积极的，基本上保持了雍正朝的政策，具有明显的连续性，可以从巡台御史的职权扩张（如兼理学政和参与地方事务等）和频繁留任，得到证明。只是乾隆十二年（1747 年）的“巡台御史被劾案”才导致乾隆态度之重大变化，因此，以“朝代”划分，似过笼统，不能反映制度的内在规定性及其演变趋势。至于四阶段划分法，也仅是一种观察视角，意在强调制度运作形式的变化，但可能会因突出运作形式而弱化制度功能。本文依据巡台御史的巡察形式及其职权发挥程度之变化，以乾隆十七年（1752 年）为界，将巡台御史制度分为前后两个时期：康熙六十一年至乾隆十七年（1722—1752 年），为御史驻台时期；乾隆十七年至乾隆五十二年（1752—1787 年），为例行巡差时期。

巡台御史，乃七品科道小员，其无限权力为皇权所赋。同时，朝廷为避免巡台御史渐成“专制一方”之势，亦令福建督、抚与之互相监督，以达制衡。所以，一旦皇权与巡台御史疏离，或因巡台御史制衡福建督、抚而加剧两者的矛盾，其巡察功能之发挥不仅失去权力依据，而且将面临各方阻力，发生式微将是必然的。本节以巡台御史职权之运行为焦点，围绕京师（皇权）—福建（督抚）—台湾（巡台御史）三地权力互动，透过一系列案件，揭示巡台御史职权式微的原因及其表现。

① 李祖基：《清代巡台御史制度研究》，载《故宫博物院院刊》2003 年第 2 期。

② 何孟兴：《清初巡台御史制度之研究》，台湾东海大学历史研究所硕士论文，1989 年。

一、福建地方官员与巡台御史的矛盾

巡台御史为朝廷之耳目，身负稽查、监督之责。上自福建督、抚大员，下至台湾道、镇、厅、县，若有违失都将受到巡台御史的监督与稽核。从巡台御史的角色与职责看，显然与福建地方官员是对立的。依据“大事则照言官之例条奏入告，小事则与督抚二臣会商办理”之规定，巡台御史与福建督、抚之间是有职权划分的，但巡台御史拥有密奏奏事权，福建督、抚事实上也在巡台御史的监督之下；由于御史职限不明，频繁参与地方事务，与台湾地方权力运作出现交叉或重叠，地方官的职权势将受到侵占或削弱，角色对立在权力运作中自然会加剧。所以，巡台御史与福建地方官员的矛盾，是角色和职责决定的，不可避免的，或者说是帝制时代权力体系的通病。雍正初年的周钟瑄案和乾隆十二年的巡台御史被劾案，则折射出福建台湾地方官员与巡台御史之间的矛盾逐渐激化的趋势。

（一）周钟瑄案

雍正朝以后，巡台御史不仅长期驻台，而且全面参与地方事务，巡察衙门成为镇、道之外的另一个权力中心；或似在镇、道之上增设一级衙门；镇、道权力被部分剥夺，使之处于尴尬地位。且以司法权为例，依《大清律》，州县衙门是地方基层法庭。只有州、县拒绝受理控诉，或判决被认为不公时，诉者才可以申诉于上级衙门；未先在州、县衙门控诉，而直接诉于上级衙门为越诉。越诉是违法的，“越诉者，杖五十”①。自乾隆八年（1743 年）朝廷接受了巡台御史书山等人的建议，对有关民生风化者，准许巡台御史可酌量轻重批发提讯。② 如此，地方不法之徒，一旦遇到地方官执法稍严，便告之于巡察衙门，越级诉讼；巡察衙门一旦受理，即破坏了原有的司法程序，致地方官尴尬难堪。台湾镇、道为发泄不满，往往对巡台御史消极抵制。雍正十年（1732 年）的苏鼎元案即是一例，淡水营都司苏鼎元因贪婪不法，由北路营参将靳光瀚列款揭报台镇苏明良，苏明良乃据实揭参，知与闽督。此时，巡台御史觉罗柏修、林天木正在台湾巡察，亦寄字与闽督郝玉麟，告知苏鼎元不法之事，并称台镇苏明良明

---

① 《清律例》卷三十四。

② 参考第二节“参与地方事务”。

知其事，却隐讳不言。苏明良参奏苏鼎元之事不事先知会两御史，闽督便知其中之不和，故告诫苏明良“凡应行相闻御史之事，必告知，共相酌议，以资教益”[①]，意在化解两者之矛盾。由于台湾镇、道职分较小，一旦与巡台御史发生矛盾时除消极抵制外，更多是采取回避或事先就屈服。清代台湾镇、道，原本就不和，钦差御史到彼处巡察目的之一，就是“和衷文武，安辑地方”[②]，若遇巡台满汉两御史不和，台湾镇、道往往不是联合抵制，而是各自寻求权利资源，与两御史相交。特别是台湾地方官员若得到福建督、抚的支持，就不会回避或屈从，而会变得强硬起来。雍正初年的周钟瑄案便是台湾地方官员在福建督、抚的支持下，对巡台御史的强硬反抗。

雍正三年（1725年），先是台湾知县周钟瑄不见能于巡台御史禅济布而遭劾，汉籍御史景考祥认为周为能吏，[③] 不愿因小事而劾之，而与满御史禅济布不和，进而导致台地官员各自结交御史，互不相能。据记载，当时台厦道吴昌祚、台湾知府范廷谋、海防同知王作梅、淡水同知王汧及升任参将吕瑞麟，投入汉御史景考祥一边。总兵林亮则与满御史禅济布站在一起。“彼此隐然对立，台地镇、道各党御史，其不和之状已露。”[④] 周钟瑄遭解职后，禅济布进一步罗列其罪，称其“加派耗银，归为己有，应拟绞监侯。”同时为报复台湾知府范廷谋曾与景考祥“为伍”，连带弹劾范廷谋“徇庇、故容属员周钟瑄。”[⑤] 福建督、抚因担心禅济布进一步追究，遂参与其中。[⑥] 雍正四年三月二十六日，福州将军署理闽浙总督印务宜兆熊、福建巡抚毛文铨状告禅济布以伪证为周钟瑄捏造罪名，称台湾知县周钟瑄业经奉旨解任，是非曲直，对薄自明。巡台御史禅济布理宜静听督臣高其倬到任之日确审情实，请旨遵行，岂可别生枝节、贻害海疆？称禅济布不念严疆重地，唯欲加重周钟瑄之罪。并将周钟瑄无罪之证人李好等解省审理。雍正明白福建督、抚担心自己卷入周钟瑄案才先发制人，状告禅济

① 闽浙总督郝玉麟奏折，《宫中档雍正朝奏折》（台湾故宫博物院）。

② 《雍正朱批奏折选辑》，文丛版，第100页。

③ 连横：《台湾通史》卷三十四，《列传》（六），商务印书馆，1983年。

④ 许雪姬：《清代台湾的绿营》，台湾“中央研究院”近代史研究所专刊（54）1987年，第194页。

⑤ 《雍正朱批奏折选辑》，文丛版，第214页。

⑥ 关于周钟瑄案详细情况，可参考林文龙：《周钟瑄被诬案及其诸罗县任内政绩》，载《台南文化》第41期（1996年）；庐胡彬：《周钟瑄传》，1997年。

布。所以，在朱批中对福建督、抚予以警告。雍正朱批称，周钟瑄之是非曲直，禅济布固宜静听高其倬到日确审，“尔等又岂不当遵旨静待耶？据尔等奏称将李好等即发臬司审讯，甚属不合”。同时申饬福建巡抚毛文铨，“自莅任以来，一切奏折及料理事件甚属不妥”①。因福建督、抚牵涉其中，朝廷不敢轻下结论，于雍正六年十月，特派吏部左侍郎史贻直会同高其倬、刘世明审理周钟瑄“加派耗银”案，结果证明周钟瑄是清白的。但经此一案，巡台御史与福建地方官员之间的矛盾愈加表面化，以至于雍正亲自出面调停。

雍正年间，虽有雍正八年，闽浙总督高其倬参劾巡台御史李元直，致李元直差未满而解职。但总体上，雍正还是刻意维护巡台御史与福建督、抚之间的平衡。或朱批，或颁谕，缓和彼此间矛盾。如雍正三年有谕曰：台湾为海疆重地，巡视有稽查、抚绥之责；国家设立满汉巡台御史各一员，原欲其留心体察，弹压地方，以助督、抚耳目之所以不及，固边圉而收效也。鼓励福建督、抚与巡台御史“和衷共济”。在周钟瑄案中，雍正朱批申饬毛文铨后，又对新任闽浙总督高其倬进行安抚，饬令巡台御史事事告知督抚。此后，在朱批巡台御史索琳、汪继燝“奏闻生番杀人事”时也称：“地方上凡遇此等案件，当加意察理，尤宜与督、抚大僚和衷共济。高其倬非满保可比，乃朕所委信股肱之臣。尔等所见所闻，一面奏闻，一面就近行知，伊未有不秉公推究，悉心商办之理”②。与此同时，当禅济布向雍正请安时，雍正在请安折上批道：“朕风闻得，尔台湾文武不和，诸事异见，想于地方无益，兵民受累，朕为此甚忧之，有则改，无则勉。”雍正朱批中还特别指出，“‘和衷’二字最为官箴之要，倘有意见不同处，秉公据实密奏，不可匿怨尔友，犹不可徇友误公。”显然是对禅济布之不当予以警戒。雍正五年闰三月二十一日，雍正接到巡台御史索琳、尹秦奏关于凤山县生番焚烧熟番田园之奏折时，朱批曰：“地方诸务悉听高其倬指挥而行。”所以，雍正五年八月十二日，索琳、尹秦奏“台郡田粮利弊”时，便遵行雍正谕旨，“移咨督臣高其倬，理合逐一陈奏”③。对周钟瑄案的处理，说明福建督抚与巡台御史之间发生矛盾时，雍正往往采中立

① 雍正四年三月二十六日福州将军署闽浙总督宜兆熊、福建巡抚毛文铨奏“据实奏闻事”折，《雍正朱批奏折选辑》，文丛版，第61页。

② 《雍正朱批奏折选辑》，文丛版，第36页。

③ 《雍正朱批奏折选辑》，文丛版，第41、44页。

态度。

由于雍正希望巡台御史与福建督、抚之间相互制衡，在处理周钟瑄案时“和平了解”，意在缓和两者之矛盾，然而，雍正的良苦用心不可能阻止巡台御史与福建地方官员原本存在的矛盾。乾隆十二年的巡台御史被劾案，则表明这一矛盾最终激化。

（二）巡台御史被劾案

上面提到，由于雍正的努力使巡台御史与福建地方官员之间的矛盾有所延缓，至乾隆朝情况发生了变化。首先是福建督、抚对巡台御史常年驻台愈加不满。闽浙总督喀尔吉善曾奏称，台郡袤延两千余里，远隔重洋。平日地方宁谧，道、镇等员足资办理。[①] 闽抚陈大受也尝言，“台郡原分南北两路，每年镇、道官业有轮训之例，若巡察二员必令同路周巡，官吏、兵役相属于道”。意即不欢迎御史来台巡阅。接着乾隆二年（1737 年），巡台御史与福建督、抚因限渡之争，发生了直接冲突。先是乾隆继位之初，闽浙总督郝玉麟与福建巡抚卢焯会同奏请严禁偷渡，制订稽查办法，商船出海，须将随船出海之舵工、水手的姓名、籍贯、年龄、相貌、箕斗等，一一填列，并取得保甲证明，商船行至台湾各汛口，须接受该处官员详细盘验。如此，虽避免了偷渡者进入台湾，但阻止了两岸贸易发展。所以，乾隆二年，巡台御史白起图等奏请免验箕斗，[②] 获兵部议准，推翻了福建督、抚的既定政策，成为乾隆朝巡台御史与福建督、抚的第一次直接冲突，但其中尚无掺杂利益关系，仅仅是治台理念的不同。乾隆十二年由台湾米谷的采买引发的御史被劾案，则不仅仅是理念问题，其间蕴含有深刻的利益关系和权力之争。

乾隆十二年（1747 年），巡台御史被劾起因于台湾米谷的采买。福建土地贫瘠，人多地少，原本缺粮，再加上闽省内地水陆官兵五十三营，及驻防旗兵，不下十万，所收正供本无法保证驻闽官兵之食，戍台班兵及其眷属之米食更无着落。雍正七年（1729 年），署福建总督史贻直请求，自雍正八年为始，每年春、冬动拨台粟十六万六千余石运赴厦门，令福、兴

---

① 《清高宗实录选辑》，文丛版，第 63 页。

② 《清高宗实录选辑》，文丛版，第 7 页。

等府属厅、县按积谷之数，派运入仓，易换旧存仓谷平粜给兵。”① 此后，清代前中期，福建军粮和闽南四地民食均来自台米。②

乾隆四年以后，由于台湾稻米歉收，台米输入福建成为巡台御史、福建督抚，乃至朝廷共同关注的焦点问题。历任巡台御史，一直担心台湾米谷产量、价格，以及向福建输入的能力问题。如乾隆五年，即有巡台御史张湄、舒辂“请建府仓以裕民食”之请和书山、张湄“请禁透越私渡”之折。其中，张湄在“先实台仓”之奏中担心，“台仓之积储不充，则内地之转输易竭；海外设有缓急，他处难以接济”，故“请先实台仓，然后买运内地”。书山、张湄的“请采买米谷按丰歉酌量价值”疏，也表达了相同的观点，他认为台郡之所出，每岁只有此数，而流民渐多；复有兵米、眷米及拨运福、兴、漳、泉平粜之谷，以及商船定例所带之米，总计不下八九十万。此既岁岁丰收，亦断难望其如从前之价平减。若闽省委员集中采买，“台地储谷有限，未免米价昂贵，转于民食有碍”。他建议，以后请按年岁丰歉，酌量价值及时采买；“闽省提、镇采买台谷之前，预为咨商台地官员，果有盈余，然后委员赴买。”③

福建督、抚关心的不是台米产量问题，而是如何保证福建供应。如闽浙总督高其倬在“请开台湾米禁疏”中称：闽省漳、泉二府，向资台米以济民食。自朱一贵之变后，巡台御史恐其运出接济洋盗，又恐听民搬运以

---

① 《清世宗实录选辑》，文丛版，第33页。

② 清代前中期，台湾米谷运销大陆，依据承运主体和供给对象之不同，分为粜运、台运、商运和私运四种。粜运，指官方承运台米供给福建等缺粮区，以调节粮食余缺、平抑米价；台运亦是由官方承运台米供给福建驻军和戍台班兵眷属食用。相关研究之权威为杨彦杰和邓孔昭。杨彦杰不仅对台运兵眷米谷之调运缘起、运销数量估计、演变过程及台运衰退的原因有相当深入的考察研究，而且对姚莹《东槎纪略》和连横《台湾通史》之“粮食志”若干错误进行考证。据杨彦杰之研究，自雍正三年，台湾米谷供应福建军粮种类不断增加，先是眷米，继而增金厦兵米、督标兵米和闽安各营兵米。雍正三年，调运内地眷米二万一千余石；自雍正五年，增运金厦提督两标兵丁月米二万四千余石；自雍正十年增运督标四营兵丁月粮一万五千余石。到乾隆十年，调运至内地兵眷米谷共有四项，年运额为七万六千余石。见杨彦杰：清代台湾大米对福建的输入，中国社会经济史研究，1988年第1期；《清代台湾大米对福建的输入——以兵眷米谷为中心》，杨彦杰，《台湾历史与文化》第163—165页，海峡文艺出版社，1995年。邓孔昭对连横《台湾通史》“粮食志”的台运数量和配运表，亦有较多校正。见邓孔昭《台湾通史辨误》，江西人民出版社，1990年。还可参考，马波《清代闽台地区的农产品流通》，载《中国历史地理论丛》1994年第4期，第93—104页；黄跃荣《1683—1860年台湾米谷运销大陆研究》，厦门大学硕士论文，2002年。

③ 书山、张湄奏“请采买米谷按丰歉酌价”疏，王瑛曾：《重修凤山县志·移会》，文丛版，第346—349页。

致台湾米价腾贵、或生事端，遂禁止不许过海。“臣查开通台米，其益有四：一、漳、泉二府之民有所资藉，不苦乏食；二、台湾之民既不虑米积无用，又得售卖之益；三、可免漳、泉、台湾之民，因米粮出入之故，受协勒需索之累；四、漳、泉之民既有食米，自不搬买福州之米，赴民亦免乏少之虞。”① 片面强调台米输闽之益处。闽省大员，只知台地一年丰收，足供四五年之食；而台地官员则希望台米输闽，取之有度，不致影响台湾民生和社会稳定。虽各为本位但亦为实情。

乾隆也很关心台米过多外运问题。如乾隆七年十二月二十六日谕曰，台湾远隔重洋，一方孤奇，实为数省藩篱，最为紧要，虽素称产米之区，迩来生齿倍繁、土不加僻，偶因雨泽衍期，米价即便昂贵。概缘拨运四府及各营兵饷之外，内地采买既多，商船所带每年不下四五十万。另有南北各港来台小船巧借失风名色，私装米谷透越内地。遂饬令福建督、抚、提、镇，“严防港路、汛口，遏制偷运台米之弊。民番不致乏食，港路亦可肃清”②。

乾隆十年，闽省大旱，福州、福宁、兴州、泉州等地，尤为严重，至青黄不接之时，必得大加平粜，以平市价而济民艰。京师—福建—台湾三地，由此聚焦于台米之采买。先是，福建巡抚周学健考虑到自乾隆元年至十年台湾供粟压欠谷米九十九万九千余石难以兑现，而台郡积存粟谷，更无可拨，于十一年三月奏定分配商船，赴台搬运兵眷米谷；压欠谷米限五年运完，为此奏准支司库银八万两，一面派员“赴台买谷二十万石，以供平粜”；一面追究台米供应短缺之原因。七月，周学健将所谓“再四密访”的结果上奏，称“台郡采买官价发于有田业主，所发之价只令一半谷石归公，为奉文采买之数，余并不令缴谷；至次年青黄不接时按时值缴价还官，获利加倍。以故各官私买之谷，转多于公买”。周学健还称，此等陋弊，本应革除，但因“台郡远隔重洋，各官幕宾脩脯以及巡台供应费倍于内地，是以各官唯借此以补养廉不敷。”周学健名为巡台御史着想，实际上暗示台官之私利导致台米紧缺、兵眷米谷供应紧张。乾隆称周学健“所奏奉公除弊之中，而复情理允当”③，予以嘉许。接下来是，巡台御史六十

① 《清经世文编选录》，文丛版，第4—5页。
② 《清高宗实录选辑》，文丛版，第28页。
③ 《清高宗实录选辑》，文丛版，第52页。

七对周学健采买计划的回应。六十七称抚臣周学健委员齐价银八万两来台，会同各厅、县采买谷二十万石。但“台郡今秋少雨，米价渐增；如将来采买米谷无碍民食，自应饬厅县妥办。设发买之后，米价日长或致病民，臣等当一面据实奏闻，一面咨明抚臣，暂停采买”，事实上拒绝了周学健的采买计划。乾隆对六十七提出的“暂停采买”建议大为震怒，并颁谕申饬六十七，称“汝等只知在台言台，全不思全闽民食之攸关也。且此事周学健早奏台米发买之弊，皆出官吏之作奸；汝等此奏，想又入官吏之计矣”。责怪巡台御史不能查吏去弊，唯姑息了事以博宽大之名，至内地民食、仓储最要之处，则视为膜外。乾隆已受周学健先入为主之影响，而六十七尚蒙在鼓中，对乾隆的如此严责，其妙莫名。十二月十一日，乾隆称再谕：“台郡本产米之区，福、兴、漳、泉等郡向资接济；纵迩来民人赴台者众，然地土亦日见开辟，何致米价较前更昂？及览周学健所奏，方知台郡官吏有此种种情弊”。乾隆坚信周学健在闽经理有年，实心体察，故能言之切中。而御史等不为全闽计民食，只知目前图了事，姑息养奸。对巡台御史愈加不满，令其“协同地方官妥协办理，毋得掣肘!”[1] 乾隆的态度显然系受到周学健的诱导。至是，台米采买之争议暂告一段。但乾隆因对六十七的不满，已迁怒到巡台御史。

乾隆十二年，陈大受新任福建巡抚，并奉命复查巡台御史六十七关于台湾米谷歉收之实情。经陈大受查证，台郡晚稻收成只有七分，市价较定价昂贵，证实了六十七的所奏确是实情。而且，陈大受在回奏中还强调，该郡从前丰收之年，采买不过十万石，今收成未得丰，建议先买十万石，余俟秋收后买，但乾隆对周学健的奏言深信不疑，转而责怪陈大受莅任未久，“所见非深谋之意，究属一偏”，令其加意体察，务除前弊。[2] 三月初，陈大受将密访情形密折上奏，称“该御史等于养廉外，又分派台、凤、诸、彰四县轮值，每季约需费三、四百金；其出巡南、北两路供应夫车橱传、赏给各社番黎、操阅犒兵，俱应各县措备。该衙门滥准词讼，差拘滋扰；于额设胥役之外，更有奸民挂名，恃符生事。”[3] 特别是“台郡各官有自为一局之势，虽刑名、钱谷、诸案照例申报院司衙门批行，而其他事务

① 《清高宗实录选辑》，文丛版，第53—54页。
② 《清高宗实录选辑》，文丛版，第55页。
③ 《清高宗实录选辑》，文丛版，第56页。

率多观望御史意旨。其两御史渐有专制一方之意。”[①] 引起乾隆的警惕，台米采买争议，急转直下。乾隆盛怒之下，当即敓谕追究，称“御史所以稽查人者，今乃自作弊，后先相袭不为怪，岂朕差往本意!”随即将乾隆五年以后历任巡台御史，均交部严察议奏。巡台御史被劾案的结果，在以下三个方面对巡台御史制度产生非同一般的影响。

第一，乾隆五年以后历任巡台御史，均交部议处。除前任御史诺穆布已病故、现任御史白瀛尚未到任免议外，现任御史之六十七、范咸，照溺职例革职；前任巡台御史中，已升河南按察使舒辂、已升内阁学士书山、已升太仆寺卿熊学鹏，以及杨二酉、张湄等，均照溺职例革职。后来，乾隆认为，“此案自应分别现在、前任议处。”将吏部之议奏圣裁为：现任巡查六十七、范咸，俱着革职；前任巡察舒辂、书山、杨二酉、熊学鹏，革职留任；张湄，于补官日革职留任。如此众多御史遭劾落马，清代御史中仅此一例，巡台御史制度经此巨创，已是元气大伤。

第二，乾隆开始怀疑巡台御史存在的必要，并着手限制其职权。乾隆将弹压地方之权归台湾总兵、道、府；案件察核之权归福建督、抚；汉籍御史虽仍兼理台湾学政，但自此以后的四任汉御史，基本上无所作为。总之，地方事务不得参与。同时，乾隆也不再把巡台御史作为获得台湾信息之渠道。如乾隆十四年（1749）四月，伊灵阿奏报淡水拳头母山刘富家衣物被抢一案时，乾隆皇帝谕批曰：“此事早已闻之，而汝等此时方奏，何耶?”[②] 如此农家小事，远在京师的乾隆皇帝早已知晓，巡台御史已形同虚设。

第三，因福建巡抚陈大受密奏，致使乾隆五年以后之巡台御史，或革职或革职留任，福建督抚与巡台御史之潜在矛盾走向公开。乾隆十二年四月，奉差巡台的白瀛深知其中奥妙，有意弥补裂痕，凡遇大小事件，悉与督、抚商酌而行；“矜令内外通达、嫌疑悉泯，使官吏无所售其揑饰”。白瀛甚至将亲历察访巡台御史种种弊端、台地班兵之积弊，以及生番与熟番之争斗等，一一“详细札商督抚，应参者复实指参，应调者酌量掣调。见准督臣来札，逐渐查复办理”[③]。乾隆果然十分满意，命再留任二年。但五

---

① 陈大受奏“密奏巡台御史衙门积弊”折，转引自何孟兴：《清初巡台御史制度之研究》（台湾东海大学历史所硕士论文），第122页。

② 《清高宗实录选辑》，文丛版，第76页。

③ 《清耆献类征选编》，台湾文献丛刊第320种（以下简称文丛版），第824—825页。

年后彰化凶番戕杀兵民案证明，白瀛的努力并没有缓解福建督、抚与巡台御史之间已经激化的矛盾。

巡台御史被劾之后，乾隆坚信，“台湾本有总兵、道、府大员足资弹压，一切案件原属本省督、抚察核；似可以不必另派巡察，以滋烦扰。”以后是否继续简派御史巡台，交由大臣议定。闽浙总督客尔吉善认为，台郡袤延两千余里，远隔重洋，巡察坐镇其间，耳目易周；且使文武各官有所顾忌，不致荡检，应请仍照旧制，毋庸议裁。[①] 巡台御史得以照例差往，但巡台御史制度因受到皇权的怀疑，渐有疏离之迹象。

二、皇权与巡台御史的疏离

巡台御史制度运行的60多年间，正值“康乾盛世”、皇权高度集中之时，同时也是中国御史制度走向衰弱之时；巡台御史制度之沿革损益以及巡台御史职权之消长，不仅与中央集权大背景相一致，而且还与朝廷对台湾的认知程度以及对巡台御史之态度密不可分。

巡台御史的角色和职责，决定了他必须事事如实奏报，如有懈怠或虚瞒，则是御史之大忌。从雍正朱批内容可以看出，巡台御史因有欺瞒和不实之奏，而引起雍正的不满。如雍正三年（1725年）三月十六日，禅济布在“生番归化日众”折中称，升任台湾知府高铎招徕北路山前把老远社等四社；台湾道吴昌祚招徕八里罔、埤南六十六社归诚。意在历数巡台政绩。然而，雍正朱批曰：“生番归化已悉，更闻生番有伤人之事，为何不行奏闻?”[②] 责怪御史报喜不报忧。七年七月二十九日，赫硕色、夏之芳奏报，七月二十六日海风大作，台地民船、商船、哨船及营船多有损失后，又于十月十五日奏报“巡阅水师操演”时，雍正朱批曰：“日前据称营船多被海风损坏，果如所言，一介武夫将设何法以修理？所奏朕殊不解”[③]。怀疑赫硕色等巡阅水师操演的真实性。雍正十年（1732年），当福建总督刘世明奏巡台御史奚德慎、高山姑息同知张弘章一事。雍正的回复是：“奚德慎、高山容隐如此劣员，既不言之督抚，又不奏闻于朕，致令激出事端，殊为甚负朕之任用”[④]。尽管如此，雍正仍坚持在巡台御史与福建

---

① 《清高宗实录选辑》，文丛版，第63页。
② 《雍正朱批奏折选辑》，文丛版，第190页。
③ 《雍正朱批奏折选辑》，文丛版，第78—79页。
④ 福建总督刘世明奏“奏闻事”折，《雍正朱批奏折选辑》，文丛版，第56—57页。

督、抚之间，奉行平衡之术，权力之天平并不倒向任何一方，巡台御史还是能够得到皇权的支持。如果说乾隆十二年巡台御史被劾案，皇权开始倾向福建督、抚的话，那么，乾隆十七年彰化凶番戕杀兵民案和二十九年李宜青案的结果，则标志着巡台御史失去了皇权的支持。

（一）彰化凶番戕杀兵民案

乾隆十六年（1751 年）七月，台湾镇总兵李有用接替年老解任的张天骏，为福建水师提督。九月即奏请巡视台湾南北两路。十七年正月，闽浙总督喀尔吉善接到水师提督李有用札，称彰化凶番杀害汛兵民人，喀尔吉善随即函告巡台御史，请详察事件之缘由以及地方官员是否有知情不报者。正月二十五日，巡台御史立柱、钱琦回复，称彰化凶番杀死兵民之事，发生于十六年底，现知府陈玉友已亲往查办，对于事件之缘由并无作答。因事关重大，喀尔吉善和福建巡抚潘思榘，分别将此事奏明朝廷，称“细察此次凶番残杀兵民，因奸民占种番地，熟番逞凶焚杀”。乾隆称赞喀尔吉善等“所奏得当，甚得办理机宜”，同时传谕，命其详查实情，妥办此案。但朝廷很快又收到水师提督李有用的奏折，李在奏折中详细禀明了地方官对此案肇衅缘由两种完全不同的调查结果：据差弁刘聪、千总马犹龙禀称系彰化熟番生事，而该县知县相验时谓系生番，与熟番无干。至于杀死兵民之情况，台湾镇、协所报系汛兵游巡，途遇被杀；差弁所访是因凶番涌入营盘，焚屋杀兵，仍为殊说殊异。乾隆认为，如此互异重重，官役弁兵各有成见、文武大相龃龉，“于海外严疆，殊非所宜”。乾隆更加担心的是，如果确系熟番构衅仇杀，至放火逞凶，地方官为推脱责任而诿罪于生番，“谓为化外顽凶，无可致诘，希图讳饰了事，则贻害更大。”三月十三日，乾隆传谕军机大臣，将李有用的原折抄寄喀尔吉善阅看，并称：“总督统辖全省，文武皆其所属。伊等既各执一词，该督务必秉公确查，究察实际情形，不可稍存偏向之见；尤不可令该员隐讳蒙混、草率完事，以长刁风”①。如果李有用的奏折无误的话，那么福建督、抚的奏折应是道听途说而已。福州将军也为此上奏，称“凶番焚杀兵民一事，文职则称生番，武职则称熟番，彼此互异，显有捏饰情弊。”

① 《清高宗实录选辑》，文丛版，第 88 页。

由于福建地方官员的奏折各执一词，彰化凶番戕杀兵民案事发三个多月，朝廷仍不知事实真相，而巡台御史并无一言奏闻，于是，乾隆对巡台御史在此案中扮演的角色甚是不满，责之曰："御史为耳目之官，事无远近，俱应据实入告；该地方既有此等情节即当备细陈明。今该提督（即李有用——引者注）一一奏闻，而该御史并无折奏；此岂设立巡察本意耶？况此系地方官承办之案，该御史虽非道、府有司可比，而身处其地，耳目易周，当日之情形与现在之舆论、禀报之真伪、办理之当否，俱可逐一究访，得其确实，着即明晰奏闻，以赎前愆。"① 乾隆不仅希望巡台御史能及时奏报此案，而且还要监督地方官对此案的处理结果。然而，立柱、钱琦的回奏让乾隆大为失望，在五月十二日的上谕中称，立柱、钱琦所奏，"情词尚属糊涂，不过据地方禀报，苟且了事"。同时，再次告诫："御史为朝廷耳目之官，平日于各省案件及地方官办理不能妥协之处，苟有访问，俱当据实陈奏。况立柱、钱琦身任该处巡察，亲历其地、职司其官，于当日之情节、启衅之来由，文武禀报孰虚孰实？何难确察；乃为此扶同徇隐之词，朝廷之差委者何意？伊等之职守者安在耶？"谕旨之用词已是非常的严厉，但乾隆还是给两御史改过之机会，只是"传谕申饬，仍着访查确实，详细奏闻"。六月初，立柱、钱琦的查访结果再次被乾隆斥为"仅据地方官禀报，敷衍其词，并未亲往勘查"，称"巡察竟成冗赘，于设官本意失之甚远"。立柱、钱琦失去了最后的机会，被交部议处。

巡台御史立柱、钱琦陷入彰化凶番戕杀兵民案，并最终被"交部议处"，起因于福建水师提督李有用的奏折。根据乾隆十三年十一月福建水陆提督巡查地方之定例，水师提督两年分巡一次，一年北巡海坛、闽安、烽火等营，一年南巡金门、南澳、铜山等营；如遇钦差巡查之年，提督停查；台湾因远隔重洋，仍由台湾镇分年巡察。② 换句话说，台湾尚不在福建水师提督分巡之范围。乾隆十六年九月，刚接任的福建水师提督李有用突然巡视南北两路，并由此引发彰化凶番杀死兵民案。乾隆也仅仅借李有用一面之词将钱琦等发落，彰化凶番戕杀兵民案之真实情况事实上是个谜。《国朝耆献类征初编·疆臣钱琦》关于彰化生番杀死兵民案的记载为："台湾旧例，生番杀人，地方官处分比熟番加重。公（钱琦）奉命巡台，

① 《清高宗实录选辑》，文丛版，第89页。
② 《清高宗实录选辑》，文丛版，第72页。

有彰化生番杀内地兵民，公据实奏闻。总督徇庇武员，奏与公异；上严旨责公复奏。或劝公改前奏以顺督臣之意；公不可，曰：'生番杀人，熟番抵命，是以人命为儿戏也！'执前奏益坚。会断狱者以生番抢去人头，不能定案；乃各处剖棺借新死人头以充所杀二十九人之数。满城哀嚎，有谋叩阍者。总督闻之惭悔病死。新督崔公据实上闻，番案始定；而天子亦诏公还都。"① 彰化凶番戕杀兵民案，似乎另有隐情，从乾隆日后诏钱琦还都，以及钱琦离任后台籍人士特立《巡台钱公去思碑》，并请谢家树撰文，"书其功于石，以昭不朽"等情况看，钱琦并非敷衍塞责之人，彰化生番戕杀兵民案，巡台御史是冤枉的。

当然，对巡台御史来说，弄清彰化凶番戕杀兵民案的真相原本就毫无意义。在此案中，乾隆试图根据李有用提供的信息，证实他对巡台御史继续存在价值和意义的怀疑是正确的；李有用无意中充当了乾隆决心废止巡台御史的工具。立柱、钱琦交部议处后，乾隆称"台湾文有道府、武有镇、营，足资弹压。巡察三年更替，徒拥虚名；事权则不如督、抚，切近则又不如守、令，介在其间。在有志向上者，或以多事致败；而循分供职者，多致志气隳颓，于公事殊无裨益！所有巡察台湾御史，着三年一次命往；事竣即回，不必留驻候代。著为例。"② 如同乾隆十二年巡台御史被劾案的后果，这次受害者除立柱、钱琦外，乾隆还对巡台御史的巡察形式和赋予的职权均作较大的调整。由于"三年一次命往"，而且"事竣即回，不必留驻候代"，巡台御史的派遣次数和巡台时间，均受到限制，其巡察职能的发挥无形中受到阻止。

（二）李宜青案

乾隆十七年六月，立柱、钱琦疏职交部议察，汉御史钱琦交还台湾提督学政关防后，两御史返京。根据"巡台御史三年一巡，事竣即回，毋得留驻候代"之规定，自乾隆二十年至二十八年，共有3任巡台御史先后奉差巡台。巡台时间长者半年，短者三个月，若扣除赴任、离任路途时间，赴闽接印、缴印时间，或遇风信不至，或遭洪水泛滥不得巡视，其有效时间十分有限。所以，巡台御史奏折的内容大都是风土人情，雨水收成，米粮价格，校

① 《国朝耆献类征初编》卷一百七十八"疆臣"（三十）。
② 《清高宗实录选辑》，文丛版，第92页。

阅营伍，核查案牍，巡察南北两路等，一般例行性公事。唯有乾隆二十九年李宜青返京后独自上奏的“敬陈台湾事宜仰祈圣鉴事”折，有一些实际内容和见地，然而，正是这道折子加快了巡台御史制度的废止。

乾隆二十八年（1763年），永庆与李宜青奉差巡台，是年十一月抵台，次年五月差竣返京复命。李宜青自认在任期间，言犹未尽，经过思考后，单独上“敬陈台湾事宜仰祈圣鉴事”折，李宜青折子的主要内容概括起来有四：第一，彰化水沙连归公田园之清偿问题。水沙连官庄，以往流寓无业贫民在此开垦以资日食。至乾隆十六年，将已成田园奏报入官。自十七、十八两年每粟一石折征银六钱。十九年以后，概征本色；因该地土瘠租重、累有积欠，致原佃逃散。该处民人反映不能以现今顶耕之民汇追十余年积欠。李宜青称“钦奉恩命，巡察台湾，具知水沙连民力之艰隐，默而不言，则其罪滋大。”即在折中建议，所有该处旧佃逃散并田亩坍没处所，请福建督抚另委员确勘是否属实，再奏行办理。如此，则“滨海贫民皆歌舞于蟹舍渔村间矣”。第二，台地运米兵役索取陋规问题。台地官员过海，运送内地班米眷米，以及补送州县借动谷石，均派商船承运。然舡户所最畏者，莫如运载米石。如兑收则有守候之苦，重洋有风涛之患，抵仓交卸如仓书斗级等。李宜青认为“法制定，而后贤愚皆可奉行。”但时下运送兵糈等项，尚未有一定成规。其守口兵役多有暗中需索等弊，福建督抚身任地方自应孰筹妥议立定章程，使“海澨风清而弊端永息”。第三，台湾冒籍考试及枪手顶替等弊。台湾四县应试，多福、兴、泉、漳四府之人，稍通文墨不得志本籍者，则指同姓在台居住者，认为弟侄公然赴考；教官不及问廪保，互结不暇详。李宜青建议，将内地冒籍台属该学文武生员，照冒籍北闱中试之例，悉改归本籍。李宜青还建议福建督抚饬行兼管提督学政之台湾道，此后府县试及该道考试设法稽查，杜绝此弊。第四，台湾换班兵丁之戍守时间问题。定例，台郡文武员弁均为督抚就内地拣选贤能请旨调补，三年任满仍撤回内地候升，至水陆各营汛，三年替换，则有弁刚到而兵届应换者；有兵丁方来，而弁已内移者。三年之内将恐难相识。李宜青主张将调台员弁除老病及政绩平常者，三年期满仍照旧例办理外，其有循声卓著及整营有方者，许该督抚保题以升衔留任。[①]

① 户部“为内阁抄出巡台御史李宜青奏”移会，《明清史料》（戊编），中华书局影印本，1987年，第114页。

平心而论，李宜青的折子是对巡台期间所发现台地诸多弊端的深度思考，言之真切，其中不乏独到之处，是一般御史所做不到的。然而，李宜青绝对没有想到，满腔热忱闯下莫名之祸。九月十一日李宜青接到乾隆的谕批，谕批称："御史李宜青条陈台湾事宜一折，所奏应行与否，且不具论，而其用意之取巧器小，已大失言官之体。该御史奉差巡台，地方之事皆其职分所难诿。第同差满汉二员，考成均属一体；见闻所及，理宜和衷共酌，会衔入告。即意见容有参差，亦应据实声明，专折奏请。乃李宜青既不于在台时彼此会商，至回京复命未闻一言及此；直至差满日久挟此为独得之秘，罗列见长，彼以建白博名高者，存心鄙琐，固当如是耶？此等伎俩，犹得以尝试为得计耶？李宜青着传旨申饬。"①

根据乾隆谕批的内容，乾隆对李宜青的申饬，主要集中在两个问题。一、李宜青专折独奏，违会衔入告之成例，② 有失言官之体；二、李宜青在任不奏，差满日久忽而奏陈，有悖常理。事实上，回答了第一个问题，第二个问题即不复存在。从李宜青奏折之内容看，确是深思熟虑、精心准备的，所触及台湾问题之深度和范围，在乾隆十二年陈大受弹劾御史案以后几乎没有出现过。所幸的是，乾隆还将李宜青的奏折交部议复。部议的结果，除换班兵丁一项，因涉及国家军事体制，未从李宜青之请外，其他三项均照李所奏，乾隆亦认可之。说明李宜青所奏系出于公心，并无私欲。根据巡台御史联衔合奏之规定，李宜青如在任上表达自己的见解，必得永庆会衔，然自乾隆十二年巡台御史被劾后，御史巡台仅是例行奉差，不愿多惹是非的情况下，永庆未必愿意与李宜青会衔，若永庆出于自己的原因不予会衔，李宜青的奏折也就不能发出。就是说，李宜青在任之时不可能发出这样的折子。如果我们的分析成立的话，李宜青差满日久才肯上奏，自是合情合理；"有失言官之体"亦是牵强无据。

李宜青之错误在于，其奏折矛头对准的是福建督、抚。在所奏四项内容中，水沙连归公田园之清偿，涉及原闽浙总督喀尔吉善、升任福建巡抚陈弘谋所奏之不当；台地运米陋规问题，牵连到升任福建巡抚周学健；冒籍考试问题，则与前任闽浙总督杨廷璋有关。乾隆不可能对以上诸位抚臣

① 《清高宗实录选辑》，文丛版，第139页。

② 巡台御史有三种情况可以专折独奏，或一御史离职，而新御史尚未抵任，或参奏另一御史，或谋御史专司其职。

一律追究，但又不能没有交代；乾隆为维护福建督、抚，只有拿巡台御史开刀。李宜青由此成为继钱琦之后，福建督、抚与巡台御史之争的又一牺牲品。

李宜青奏折披露后，显然激怒了前任福建巡抚，在李宜青被皇上训斥不久，福建督、抚即开始对巡台御史进行报复。乾隆三十年（1765 年）四月，即李宜青案不到半年时间，福建布政使颜希深奏“请停巡台御史之例以省虚文以崇实政事”折，请求停派巡台御史。

颜希深奏请停巡台御史之例的理由有三。第一，台郡情形今昔不同。昔日民番杂处，易启事端，自应多方稽查；台湾并入版图已近百年，皇仁远播，番民教化，台地熟番悉已辫发改服，实与编氓无异；生番亦畏威远避，匿迹深山。边界劫杀之案，日就稀少，地方极为宁谧。且每年已有道员巡历各社，宣谕番民，又有镇营会哨海洋、盘查奸宄，定例已极周详，不必另差巡察之员。第二，巡台御史遵例赴台，多者五六月，少者三四月，即返京复命，“除巡察番社之外，无应办之事，偶有台民赴控，批准呈词，皆发府县讯覆”。因在台为时不多，历任巡台御史，特别是乾隆中期以后的巡台御史，能纠察属员、兴利除弊者，实不多见，正如乾隆所言“无所建白”。第三，御史巡查各社，番社头目为彩棚番戏等项，科敛银钱备办，难免借端侵蚀。虽经历任巡察禁革，但番民文告不通，听番目欺弄，每借夫轿名色，按社科派，民怨颇多。且巡察衙门，胥吏衙役例无额设，为各县临期酌拨雇募之人，或乘机射利、需索民番之事，时有发生。颜希深最后恳言：“臣到任一载以来，留心体访，大抵巡察一官，往来道路、沿袭具文，实于公事无关轻重，稍有约束不严之处，转于台地番民不无滋扰。恳请特颁谕旨，将三年巡察一次之例亦停止。仍责成台湾镇、道实力稽查。①

颜希深选择此时奏陈，对巡台御史之杀伤力最大。首先，借乾隆对李宜青案的不满，趁热打铁，推动废除巡台御史制度；其次，颜之奏折所奏内容，确是巡台御史之种种弊端，也是乾隆下决心废止巡台御史所需要的理由。况且，乾隆十二年（1747 年），御史遭劾后，乾隆敕谕，要求“所有各巡察之处或应仍差往，或应一并掣回”时，是闽浙总督喀尔吉善认

① 乾隆三十年四月一日，颜希深奏奏“请停巡台御史之例以省虚文以崇实政事”折，《台湾研究资料汇编》（第一辑），台湾国学文献馆主编，1993 年，第 17475—17481 页。

为，“巡察坐镇其间，耳目易周；且使文武各官有所顾忌，不致荡检，应仍照旧制。”如今，福建督、抚建议停派巡台御史，正如乾隆心愿。

一个月以后，即五月初三日，乾隆皇帝放谕称：“巡台御史，前已降旨三年简派一次；事竣即回，毋庸留驻候代。今思该处现有道、镇大员驻扎，一应地方事务俱可随时经理；而向来巡台御史在彼并未闻有所建白，原属有名无实。若遽行裁撤，则地方官或以远隔重洋，无人稽查，日久不免废弛；亦不可不防其流弊。嗣后届三年请派之期，该衙门仍照例奏请，或暂停派往、或数次后派员一往巡察；候朕随时酌量办理”[①]。至此，巡台御史的巡察形式变为“因事酌派”。李宜青案对巡台御史制度而言，其最大后果是，巡台御史变得无所适从：遇事不奏，则“形同虚设”，受皇上申饬；如实奏呈，则又有“心存卑琐”之嫌。所以，乾隆后期基本上看不到巡台御史的弹奏折。乾隆以巡台御史“并未闻有所建白”为借口，将台湾的管理权回归福建地方官员，表明巡台御史在与福建地方官员的矛盾与冲突中，最终成为失败者。

（三）最后一任巡台御史

自乾隆三十年“因时酌遣”，至五十二年停止派遣，23年间共有4任御史奉差巡台。同样因为受巡台时间限制，不可能有太多建树，所奏内容均为例行之事。至乾隆四十六年（1781年）塞岱、雷轮巡台时，诸罗县境内发生贼匪抢案；塞岱和雷轮的表现，使其成为清代历史上的最后一任巡台御史。

塞岱、雷轮抵台之前，诸罗县已发生洪笼抢案，闽浙总督陈辉祖因诸罗知县杨慰缉拿不力，奏请将其革职。按例，总督系专司戎政，向来各省遇有参革文员及地方事件皆系巡抚专衔会同总督具奏；而奏请革职杨慰反由总督陈辉祖独奏，乾隆大为不解，怀疑诸罗县境内的抢劫案，已非一日，陈辉祖、富纲此时才奏或许担心近日巡台御史抵闽，恐为所觉察。[②]于是，特命杨魁暂署福建巡抚，负责洪笼一案之查处和台地事务之整顿。杨魁到任后，先是参奏“凤山县知县韩燕于解省重犯差役私自雇替致替役脱逃，该县并不严拿详解，请旨革职”，不久再与陈辉祖会奏台湾理番同

① 《清高宗实录选辑》，文丛版，第141页。
② 《清高宗实录选辑》，文丛版，第248页。

知史崧寿于社番阿眉迭控衙役胡陛等诈番银一案，庇役迁延，捏病规避；台湾道俞成于道厅书差受贿朋比，漫无觉察；知府万绵前近在同城，并不举报。请旨将俞成、史崧寿、万绵前分别革职。最后，杨魁在“闽省台湾所属诸事废弛”折中，将台地官员诸多不当之事，以及台湾地方政务之荒废情由，一一奏明。乾隆由此得知，“该地方官平日因循玩愒，以致积弊相仍，可谓废弛已极。”① 与此同时，巡台御史塞岱、雷轮的“巡视台湾应行查办各事宜”折，则称台湾“城垣坚稳完固，弁兵技术认真，库帑仓谷并无短小亏缺。”朝廷同时收到杨魁和巡台御史的奏折，两折所奏同为一事，一者问题多多，一者平安无事，其中必有一折在撒谎。因杨魁独奏或与总督陈辉祖会奏之折先至，且事实俱在。显然，巡台御史所奏为不实之言。乾隆本已对前任巡台御史立柱、钱琦之失职大为不满，塞岱、雷轮又犯同样错误，遂降旨责问，巡台御史三年始行派往一次，所有该地方一切事务皆应实力查察，随时据实奏闻。“现在该地方官玩误疏纵之案，经杨魁查明参奏者不一而足，该御史等岂无闻见，何竟无一语入告!”乾隆由此从以下三个方面证明巡台御史已是有名无实：第一，至杨魁复奏“闽省台湾所属诸事废弛”折时，巡台御史已抵台四个多月，杨魁所奏诸事，巡台御史一无觉察，更无一奏，即为有名无实；第二，杨魁复奏后，所奏诸事，巡台御史无一异议，也就是说，巡台御史没有亲历查访。皇上最想得到的东西不能得到，大为失望，又为有名无实；第三，巡台御史所奏“库帑仓谷并无亏缺”之说，也毫无价值，因为地方官即使有所亏缺，待大员查询时，早已“预为弥补”，实在是无凭无据，三为有名无实。有其三，再联想到乾隆十七年彰化生番戕杀兵民案中，立柱、钱琦的失职行为，乾隆决定，“巡查台湾之御史可不必派往。”

十二月十七日谕旨传到台湾，两御史即复奏“奉朱批，自陈惶悚，并请交部议处”（拜发日期为十二月五日）和“巡察台湾北路情形”（拜发日期为十二月十七日）两折，试图做最后努力，弥补过错，结果将问题弄得更糟，以致无可挽回。乾隆四十七年（1782）二月，乾隆对两御史之奏折作出裁定。第一，两折拜发日期不同，但又同日奏到，恐有弄虚作假之嫌。第二，在“奉朱批，自陈惶悚，并请交部议处”折所奏“诸罗县盗犯洪笼”一案中，称该厅、县先后拿获贼犯二十余名，俱经抚臣杨魁行提过

① 《清高宗实录选辑》，文丛版，第253页。

海审办；续获匪贼陈明等八名，已飞饬各县严究办理等，乾隆称其为“殊属非是”。按例，台湾地处海外，遇有紧要事件，自应一面提审办理、一面奏闻。该御史应就近审办，再行移交抚臣归案完结；而两御史仅饬各县审完，以图了事。乾隆还认为“巡察台湾北路情形”折，不过是巡视地方情形，敷衍塞责，对“诸罗县盗犯洪笼”一案，完全不予提及，更为蹊跷。乾隆决定维持原议，“塞岱、雷轮仍着交部议处。”此后，当塞岱、雷轮奏“台湾诸罗县贼匪洪笼之弟洪庐及贼伙马水被获”之消息时，杨魁早已具奏在先。塞岱、雷轮已经失去了补过的机会，只有离台返京，接受议处；这一走，运行了60多年的巡台御史制度宣布寿终正寝。

三、巡台御史职权式微的表现

在考察了巡台御史职权式微的原因及其大致过程之后，下面我们根据《清代巡台御史表》（见附表二）提供的实证材料进一步量化分析。

首先，巡台御史职权式微表现在，巡台时间逐渐缩短和巡台次数的减少。以乾隆十七年为界，由前期最长三年，减至后期最短三个月。

前期，康熙六十一年至乾隆十七年（1722—1752年）：

首任巡台御史黄叔璥、吴达礼，康熙六十一年二月从京城出发，六月二日抵达鹿尔门。一年任满，留任一年，在台时间两年。

禅济布、丁士一，雍正二年闰四月二十一日抵任。半年后，丁士一升福建按察使，于三年二月离台赴任。景考祥，于四月抵台，接替丁士一，九月升福建盐运使，十一月离台赴任，两人在台时间，均约半年。禅济布，一年任满，留任一年，于雍正四年四月，赴闽接受质询，在台时间两年。

汪继爆、索琳分别于雍正四年二月、七月抵任。半年后，汪继爆因丁忧，先行离台；尹琴，于五年正月抵任，接替汪继爆，十月，始兼理台湾学政，一年期满，于六年正月卸任，在台时间一年。索琳，一年任满，留任一年，六年二月卸任，在台时间两年。

赫硕色、夏之芳，雍正六年二月抵任，一年任满，留任一年，于八年正月卸任，在台时间两年。

奚德慎、李元直，雍正八年正月抵任。李元直，同年六月遭劾，去职。十月，高山抵任，接替李元直，一年任满，留任两年，于十一年三月卸任，在台时间三年。奚德慎，一年任满，留任一年，十年三月卸任，在台时间两年。

觉罗柏修，雍正十年三月抵任，一年任满，留任一年，十二年三月卸任，升内阁学士兼礼部侍郎，在台时间两年。林天木，于雍正十一年抵任，一年任满，留任一年，十三年卸任，在台时间两年。

图尔泰，雍正十二年抵任，一年任满，留任一年，乾隆元年卸任，在台时间两年。严瑞龙，雍正十三年抵任，一年任满，留任一年，乾隆二年卸任，在台时间两年。

白起图，乾隆元年抵任，一年任满，留任一年，三年卸任，在台时间两年。单德谟，乾隆二年抵任，一年任满，留任一年，四年卸任，在台时间两年。

诺穆布，乾隆三年三月抵任，一年任满，留任一年，五年三月卸任，在台时间两年。杨二酉，乾隆四年四月抵任，一年任满，留任一年，六年三月卸任，在台时间两年。

舒辂，乾隆五年三月抵任，一年任满，留任一年，七年卸任，在台时间两年。张湄，乾隆六年四月抵任，一年任满，留任一年，八年四月卸任，在台时间两年。

书山，乾隆七年四月抵任，一年任满，留任一年，九年五月卸任，在台时间两年。熊学鹏，乾隆八年四月抵任，一年任满，留任一年，十年三月卸任，在台时间两年。

六十七，乾隆九年三月抵任，一年任满，留任两年，十二年遭劾革职，在台时间三年。范咸，乾隆十年四月抵任，一年任满，留任一年，十二年三月卸任，在台时间两年。

伊灵阿，乾隆十二年抵任，一年任满，留任两年，十五年十月卸任，在台时间三年。白瀛，乾隆十二年四月抵任，一年任满，奉旨留任两年，旋改留闽道府题补，十四年春卸任，在台时间两年。

书昌，乾隆十五年十月抵任，十六年十月卸任，在台时间一年。杨开鼎，乾隆十四年四月抵任，次年八月丁忧，在台时间一年。

钱琦、立柱，分别于乾隆十六年二月、十月抵任，次年六月交部察议，在台时间一年。

前期31年中，共有33位御史巡台，其中22位巡台时间为2年，约占

70%；3位巡台时间为3年，占10%；5位巡台时间为1年，约占15%；另有4位巡台御史，或升迁或丁忧，先期离台，巡台时间为半年。

后期，乾隆二十一年至四十七年（1756—1782年）：

官保、李友棠，乾隆二十一年四月抵任。（七月，李友棠升福建学政），九月差竣离台，在台时间五个月。

宝麟、汤世昌，乾隆二十五年二月抵任，五月差竣离台，在台时间三个月。

永庆、李宜青，乾隆二十八年十一月抵任，二十九年五月差竣离台，在台时间半年。

觉罗明善、朱丕烈，乾隆三十二年八月抵任，三十三年差竣离台，在台时间不详。

客尔崇义、王显曾，乾隆三十六年六月抵任，三十七年四月差竣离台，在台十个月。

觉罗图思义、孟邵，乾隆四十二年八月抵任，四十三年二月差竣离台，在台时间半年。塞岱钱琦，乾隆四十六年八月抵任，四十七年二月离台，在台时间半年。

后期28年中，共有14位御史巡台，除2位巡台时间不详外，有6位巡台时间最长为半年，约占40%；有2位巡台时间最短为3个月，约占10%；2位巡台时间为5个月，约占10%。

与之相应的是，巡台御史派遣次数逐渐减少。仍以乾隆十七年为界，由前期两年派一次，到后期四年派一次。康熙六十一年至乾隆十七年，31年共派20次，几乎一年半就派一次，而且每年有两御史在台。乾隆十八年至四十六年（1753—1781），28年共派7次，平均四年派一次。巡台时间的缩短和派遣次数的减少，严重影响御史巡察功能的发挥。一般的说，有作为的巡台御史，大都在台停留时间比较长，只有更多时间调查、走访，才能了解情况、发现问题，当然也最有发言权。如首任巡台御史黄叔璥、吴达礼，雍正六年的赫硕色、夏之芳等。

其次，巡台御史职权之式微，除朝廷对巡台御史的重视程度逐渐降低，如从一年更替到"三年一次命往"，再到"因时酌派"，更重要的是巡台御史弹劾权之弱化，具体表现在巡台御史奏折之总量和奏折内容的变化。总体上看，巡台御史奏折总量呈递减趋势：雍正朝1（折数）/1（年）、2/9、3/24、4/10、5/14、6/8、7/10、8/9、9/8、10/8、11/19、12/8、13/10。乾隆朝4（折数）/2（年）、5/1、16/4、17/10、20/1、21/5、28/1、32/6、42/43/7、44/2。其他年为零，共157件。[①] 奏折的内容也在发生变化，其中，巡行南北两路、雨水、气候、收成、粮价、臣工私事等内容有上升趋势；敬陈建言和弹劾呈递减趋势；缉捕治安等保持不变。最为关键的是，巡台御史制度运行60多年中，有史可查的弹劾台郡官吏案共16宗，[②] 雍正朝占13宗，乾隆元年3宗。此外，乾隆年间巡台御史再没有弹劾台地官员的奏折，其弹劾权已不仅是弱化，几乎等于消失（见附表二）。

① 根据《清实录》、《雍正朱批奏折》和《台湾研究资料汇编》等，整理而成。

② 何孟兴的统计共12宗。其中，雍正三年4宗；十年3宗；九年2宗；五年、十一年、十二年各1宗。

第三章 福建大员轮值巡台制度

福建大员轮值巡台（以下简称轮值巡台），系指福建督、抚、将军、水陆两提督，每年（或二年）一人前往台湾巡察。福建大员轮值巡台制度（以下简称轮值巡台制度），是清代渡海巡台制度的第二个阶段，自乾隆五十三年，至同治十三年（1788—1874 年），历乾、嘉、道、咸、同五朝，共运行 86 年。此前，大凡巡察之员，或因一二事随时特设，尚于地方有益；至巡台御史，定以年限更换，成为常设职官，则扰乱了业已形成的闽台合治体制之权力结构，出现了权力交叉或重叠，引起福建地方官员的抵制，巡台御史与福建督抚的矛盾尤为突出，几经交锋，至乾隆三十年，朝廷已认识到制度的设计出了问题，开始减少巡台御史的派遣次数和巡台时间。巡台御史的废止，朝廷将治台责权归还福建督、抚，看似复归闽台合治，但就制度功能之设计而言，与巡台御史制度之前的闽台合治，又有本质的区别。如果说御史巡台，是对闽台合治管辖体制的补充或加强，那么，轮值巡台则综合了两者的积极功能，既理顺了闽台权力运作关系，又保证中央政策之推行；中央政府对台湾的直接管辖由此进入常态。此后的调整或变更，几乎都是在这一框架内进行的。

御史巡台其间，除条陈台湾地方事宜外，也曾针对台地存在的诸多弊端提出自己的建议，其中自不乏高见，但闽台合治体制下，巡台御史之治台主张须由福建大员实施，结果往往是无疾而终。与此相反，福建大员，特别是因事巡台的福建大员，由于亲历台地，对治台政策的制定最有发言权，所拟善后之策，具有很强的针对性，甚至是大创之后须臾不可迟缓之事，朝廷及其朝中大员也没有阻止的理由。所以，乾隆朝以后，清廷治台政策之制定与调整，大多是经由福建巡台大员完成的。当然，轮值巡台期间，正值大清帝国由盛转衰，“康乾盛世”渐为落日辉煌；内忧外患冲击之下，影响制度运作的因素变得复杂起来。即使有理想的制度设计，不一定能达到预期之目的。本章通过对福建大员的早期渡台活动、轮值巡台制度的设计、巡台个案统计与分类，以及轮值巡台制度两度中断的原因等，进行描述和分析，勾勒福建大员轮值巡台制度的基本轮廓及其功能。

第一节 轮值巡台制度之确立

制度的产生，一般是一个自然的历史过程，但制度的设计者为寻求最优，对制度执行者在操作中的行为，或多或少是基于一种善意的假设。乾隆以福建大员轮值巡台，代替巡台御史，便是基于以下假设：就管理体制而言，既然巡台御史扰乱了闽台合治体制，引发福建大员与巡台御史之权力冲突，若将治台大权归还福建大员，则台湾的管辖体制自会理顺；就中央集权以及朝廷对地方的控制来说，福建将军、督、抚、水陆提督轮值巡台，既能闽台兼顾，又不致“专制一方”。从这个意义上讲，福建大员轮值巡台将比御史巡台收到更好的效果。

本节从轮值巡台制度之定制、运作规则和巡台大员的职责等，透视轮值巡台制度设计者希望达到的目的和效果。此前也会对福建大员及其早期渡台活动作一交代，且为历史背景。

一、福建大员的早期渡台活动

自顺治元年（1644 年），福建大员衙门及职官相继建置，与其他直省相比，福建大员还肩负有剿灭郑氏集团之特殊使命，其选派与任命，亦充分考虑到这一因素。[①] 清代前期的重大涉台事件，举凡康熙二十二年收复台湾、六十年平定朱一贵起义，乾隆三十三年的黄教案和五十一年平定林爽文起义等，福建作为前线（同时也是后方），福建大员均参与其中，或调兵遣将，渡台作战；或筹运粮草，安辑兵民。如康熙二十二年，康熙收复台湾时，福建大员参与其中者有福建总督姚启圣（二十二年六月以后为施维翰）、福建巡抚金鋐（二十二年三月以前为董国兴）、福建水师提督施琅；参与善后者为工部右侍郎苏拜。但真正统兵渡台的仅有福建水师提督施琅。康熙六十年平定朱一贵起义时，福建浙江总督觉罗满保亲至厦门指挥，福建巡抚吕犹龙在省城为后援，渡台作战者唯水师提督施世骠一人而

① 如康熙四十五年谕大学士：“闽省海疆与台湾相近，总督职任必才兼文武之人乃可”。原福建浙江总督金世荣为人忠厚，居官虽无恶处，然无才，不能知事，调任兵部尚书。《清圣祖实录选辑》，文丛版，第 150 页。

已。鉴于施琅、施世骠的渡台活动及其影响，前文已有提及（第一章第一节），现仅就乾隆五十一年至五十三年平定林爽文起义期间，福建大员的渡台活动及其影响略述于后。

乾隆五十一年十一月，林爽文起义，是台湾历史上最大规模的起义事件，有数十万人参加，前后持续一年三月。清廷为平定此次民变，除动员台湾地方文武官员及其所属军队外，福建驻军及周围浙、楚、川、粤、黔五省兵力亦投入战斗，最多时达六万之众。福建大员之水师提督黄仕简、蓝元枚、柴大纪，陆路提督任承恩、蔡攀龙，原闽浙总督常青，钦差大臣福康安先后渡海，在一线指挥作战。闽浙总督李侍尧、福建巡抚徐嗣曾（善后渡台）在福建运筹钱粮、调拨军队、组织渡海，保证一线供给。

林爽文攻陷彰化县城、知县俞峻被害的消息传到福州，十二月二十七日，闽浙总督常青移驻泉州，同时飞咨水师提督黄仕简①率兵2000名，由鹿尔门飞渡进剿。二十八日，常青以"台湾郡城紧要"为由，再命陆路提督任承恩②，调提标1200名由蚶江口对渡鹿尔门，与黄仕简"声势相援"，力保郡城。黄仕简、任承恩，分别于五十二年正月四日和六日先期抵鹿尔门，即以府城和鹿仔港为基地，同时向内路推进，二十一日收复诸罗县城。此后，黄仕简赴郡城防守南路，任承恩扎营彰化堵御北路。因兵力分散，不敢进攻，"师久无功"，不仅打通南北两路计划落空，已攻入城的台湾镇总兵柴大纪等部也陷入孤立无援之境。

由于，黄、任二人一味观望，迟迟不肯会攻，乾隆甚是不满，三月二十一日传谕饬之曰：黄仕简株守郡城、任承恩安居鹿仔港，仅派将弁零星打仗，二人彼此观望，"不思进攻，致贼匪日久不能扑灭"。黄仕简、任承恩以"不相统摄、互相观望、临阵畏葸"罪名被解职。蓝元枚继水师提督，柴大纪继陆路提督兼台湾镇总兵事务。八月蓝元枚病逝鹿港，调补柴

---

① 黄仕简，福建平和人，曾祖黄梧，一等海澄公，雍正八年，仕简袭爵位。乾隆十九年，授浙江衢州镇总兵，二十九年，调广东提督。二十八年，调福建陆路提督。三十三年，调水师提督。四十七年，台湾彰、泉籍民人械斗，戕杀兵民，仕简亲赴台缉拿，皇上甚嘉之，交部议叙。五十一年正月，猫里社生番杀害淡水同治潘凯，抢掠军火、枪械等，仕简闻报，再度赴台进剿，再交部议叙。时，仕简已两度赴台剿乱。

② 任承恩，山西大同人。其父四川重庆镇总兵，征金川，战没。承恩荫都司。乾隆二十九年，授福建陆路提标左营游击。三十二年，调台湾镇右营游击。三十六年，迁江南六安营参将，翌年，调准安城守营参将。四十一年，调漕标中军副将，四十四年，擢山东允州总兵。四十九年，升江南提督，赏戴花翎。四月，调福建陆路提督。

大纪为水师提督，蔡攀龙补授陆路提督。乾隆担心常青初为总督，料理事变不尽应手，调补李侍尧为闽浙总督，驻蚶江，办理粮饷。常青以湖广总督衔，督办台湾军务，亲自渡台，统率水陆两提督。① 常青到台后，遵谕"慰抚义民、乡勇，俾伊等共知激劝、用心争先。"所以，当林爽文部攻打府城时，义民设法阻截，士气大振，屡次克捷，乾隆称其"甚合机宜"，交部从优议叙。六月以后因台地军事没有进展，常青有失职守，被摘去双眼花翎。八月，任命陕甘总督福康安为钦差协办大学士办理将军事务，入台主持台湾军务。十一月，福康安率大军浩浩荡荡抵台。福康安为清代渡台作战之首位钦差大臣，所率大军主力除参赞海兰察等侍卫京章100多人外，更有贵州兵2000人、湖北兵2000人、湖南兵2000人、四川屯番2000人，江西与广西合兵6000人、广东兵1000人，合计约15000人。② 福康安大军抵台，很快扭转战局，乾隆五十三年一月，林爽文被捕，至此，持续一年有余的林爽文起义基本荡平。

此外，福建大员渡台平定林爽文起义之前，乾隆十六年（1751年），福建水师提督李有用，曾奉命巡察台湾南、北两路。乾隆三十一年（1766年）六月，为查办淡水居民被生番戕杀一案，福建按察使余文仪署分巡台湾道，（同年十一月卸）赴台查办。乾隆三十三年（1768）十一月，为黄教一案，福建按察使余文仪，再署分巡台湾道，奉命赴台。乾隆四十七年（1782年），因彰、泉籍民人械斗，戕杀兵民，水师提督黄仕简亲赴台缉拿，并得皇上嘉许，交部议叙。乾隆五十一年正月，因猫里社生番杀害淡水同知潘凯，抢掠军火、枪械等，黄仕简再度赴台进剿，再交部议叙。

综括福建大员的早期渡台活动，我们可作以下分析。首先，所有大员渡台皆因战事，或平定民变，或弹压械斗，没有主动巡台者，基本上体现了此时清廷为防台而治台的治台政策；而对于台湾的开发和经营并不关心，或者说尚未提到日程。

其次，早期渡台之福建大员，除福康安外，其他均为福建水、陆两提督；福建督、抚中尚无一人渡台。一则，依清制巡抚"经理吏治，辖一省"，治民而不治军，不可轻易离开省城。如康熙二十年，水师提督施琅

① 常青，满洲正蓝旗人，乾隆二十一年，授镶红旗蒙古副都统，后，调盛京熊岳副都统、西安副都统、察哈尔副都统。四十七年，授杭州将军，四十九年，调福州将军，五十一年六月，署闽浙总督，十月，实授闽浙总督。十二月，林爽文乱，水师提督黄仕简飞渡台湾进剿。

② 根据《钦差平定台湾纪略》（台湾文献丛刊第102种）统计。

奏请收复台湾之时，康熙颁旨曰：巡抚吴兴祚有刑名、钱粮诸务，不必进剿。[①] 至于总督，虽“专注军政”，但往往辖两省或两省以上，职任所在，并非一地。关键在于，清廷和福建大员对台湾重视程度不够，而且担心台地之乱波及福建地方，[②] 所以，地方大员职在内地，守在省城。

其三，福建大员的渡台经历，成为清代早期制定治台政策的决策依据。从收复台湾、平定朱一贵和平定林爽文起义后所制定的善后措施看，渡台大员因其亲历台湾，了解台湾的真实情况，提出的治台主张既有针对性，又有说服力。如康熙二十三年，第一次台湾善后会议虽由工部侍郎苏拜主持，但基本方针均来自施琅。康熙六十一年，第二次台湾善后会议由总督觉罗满保奉命主持，但满保制定的善后措施基本上被亲历台湾的蓝鼎元否定，康熙最后接受的是蓝鼎元的治台主张。乾隆五十三年，第三次台湾善后会议，由渡台作战的钦差大臣福康安主持，福康安在处理台湾善后事宜中提出的“清查台湾积弊，酌筹善后事宜”、“添设移驻文员营汛事宜”、“筹议台湾换防兵丁”等，均被朝廷采纳。渡台大员亲历台湾，加深了中央决策层对台湾的认识与了解，为日后台湾之经营与开发提供了准确信息和决策依据。

二、轮值巡台之定制

巡台御史制度的废止，朝廷与台湾地方之间失去了一条有效的信息沟通渠道；朝廷对台湾的管辖以及对台地官员的监督亦有所放松。林爽文起义与康熙六十年的朱一贵起义一样，皆因“官员贪婪，激变民乱”，对清廷产生了不小的刺激。所以，事后乾隆对治台政策之调整亦从涉台官员之整饬开始，凡与台湾地方有关之台湾镇道、福建督抚和巡台御史，均在整饬之列。乾隆五十二年十二月，福康安大军打通南北两路、林爽文起义即将荡平之际，朝廷便开始对此次民变进行检讨。乾隆在十二月十七日上谕中准确表达了对此次民变检讨的主要内容：

第一，检讨林爽文起义之原因。乾隆认为，福建台湾府孤悬海外、远隔重洋，地方辽阔，无籍奸徒往往借端生事，皆因台湾“地方官任意侵

① 《清圣祖实录选辑》，文丛版，第115页。

② 康熙二十一年，总督姚启圣、提督侍郎准备于五月初四日率师进取台湾时，康熙特颁谕称：大军启行之后，金门、厦门及陆诸隘口所关甚要，速移文福建将军、巡抚、陆路提督、总兵官等，务期有裨地方，协志和衷，严加防御，以固守要隘。《清圣祖实录选辑》，文丛版，第120页。

婪，累民敛怨”，而福建督、抚遇有台湾道、府、厅、县缺出，以该处地土肥饶，不问属员能升任与否，每用其私人率请调补，使得侵渔肥橐。所调各员不以涉险为虞，转以调美缺为喜。到任以后利其津益，贪黩无状，对于地方案件唯知将就完结，希图了事，以致“奸民无所忌惮，始而作奸犯科、互相械斗，甚至倡立会名、纠众不发，遂而酿成巨案”①。在乾隆心目中，台湾地方官员腐败和福建督、抚用人不当成为林爽文起义的主要原因，因此台地官员和福建督、抚首先成为力加整饬的对象。

乾隆皇帝对台湾地方官员的不满，始于乾隆三十三年（1768年）黄教②事件，台湾镇、道的剿捕不力。据载，时台湾镇总兵王巍于是年九月抵台不久，即报“贼已四散窜匿，匪徒只有百余人”，并无大事。至十一月，福建按察使余文仪渡台审办滋事人等时，发现“仍有贼人在北路一带，焚烧营房、拒伤官兵”。足见台湾镇、道所报并非实情。乾隆皇帝愤愤然，称地方官员意在化大为小，禀报多有粉饰，感慨“外省积习如此，实属可恨！”由于朝廷担心台湾总兵王巍，于统兵调度之事未必能悉合机宜，且“其人原本平常，殊不足恃”，决定派遣福建提督吴必达带兵渡台剿办。同时传谕吴必达，对“王巍办理不善情形，及所有台郡文武员弁禀报不实之处，俟事竣后查明参处，以示警戒”。经吴必达查明，王巍于九月初一日抵台湾，本应即刻亲往剿捕，尽获匪众，以净根株。但王巍仅派守备、把总入山搜拿，迁延一月，“致贼匪得以肆行无忌”。直到十月初二日，“闻匪众竖旗之事，始带兵亲往”。乾隆闻之，称其“观望畏缩情形毕露，即此一节，已难胜总兵大员之任”！王巍遂被革职。台湾道张珽，平日既不能率属稽查奸宄，“及贼匪蔓延，又复安坐郡城，并不亲往督捕；且一味存心讳饰，捏混欺蒙，亦着革职，仍留台湾，令其自备资斧协拿逆贼，俟事竣之日，另行降旨。”③乾隆还特别警示，“所有台湾道员缺紧要，必须熟谙强干之员，方足以资整饬”。遂诏四川按察使孙孝愉以按察使衔

① 《清高宗实录选辑》，文丛版，第509页。

② 黄教，原福建同安人，早年来台谋生，乾隆二十二年曾因偷窃并拒捕被判押回原籍。三十二年再因行窃被监禁，被保出狱后，于三十三年十月在凤山县之冈山聚众，竖旗招人，焚烧汛塘，滋扰地方，不及半年，遂扰及台湾、凤山、诸罗各县。闽省以“二十倍有余”之兵力搜捕，费时半年得以平定。所以，乾隆饬闽台官员对黄教之剿捕为“不成事体”。转引自《大清高宗皇帝实录》，卷八三三；刘妮玲：《清代台湾民变研究》，台湾师大历史研究所硕士论文，1980年，第186页。

③ 《清高宗实录选辑》，文丛版，第161、163页。

管理台湾事务。台湾总兵，自王巍革职，至乾隆四十八年（1783 年）柴大纪任台湾总兵，凡 15 年 13 任，3 人受处，两人卒于官，其他任职时间都很短。① 此前台湾总兵屡有留任或快速升迁的现象不复存在。

林爽文起义之前，台湾总兵柴大纪曾因“用心取巧，不识大体”，而被调离。此事起因于乾隆五十年十月初八日，朝廷收到台湾镇总兵柴大纪差弁奏报收成雨水情形折后，第二天又收到该镇奏折，乾隆以为必是地方要件，故连日累发两折。及阅之后，方知是该镇奏请赐封，并非紧要。折内书写拜发日期分别为七月二十五日和二十七日，柴大纪特令差弁分日呈递。乾隆为此传谕军机大臣称：“总兵为专阃大员，台湾又地处海疆，必得持重、识大体之员方资弹压。”而柴大纪，“如此存心，糊涂取巧，于海疆要任尤非所宜。”十一月，调柴大纪丁州镇总兵，南澳镇总兵陆珽柱为台湾总兵。

五十三年二月，南、北两路既平，福康安与新任福州将军魁伦奉旨处理善后事宜，对林爽文起义期间失职官员大加整饬。台湾道永福，贻误地方，革职，交刑部治罪。臬司李永祺因庇护永福，一并革职。所有台湾道、镇，乃至福建水、陆提督，统统撤换。② 其中，现任台湾总兵柴大纪在任四年期间（林爽文起义前夕回调台湾总兵）的贪污罪证，因其家信泄密而暴露。刑部侍郎琅玕在其屋后地下起出金锭银两六万之多。据柴大纪交代，他在任之时曾令驻防班兵从事两岸贸易，从中取息。当然，若非在兵丁内渡贸易中牟利勒索、剥削兵民，柴大纪也不可能有如此巨资。仅此一项，“柴大纪执法营私、贪婪激变之证据确凿可据”③。柴大纪先因贻误军机，革职拿问，今又发现贪污新证，民愤极大，被明正典刑。与此同时，闽浙总督李侍尧奉旨查出台湾各口收受陋规之文武官员中，文官段玠、李本楠等 17 人，武官卓其祥、长明等 28 人，一并发往新疆充当苦役，所得银两，按数追缴。对于在林爽文起义中被害的台湾知府孙景燧、台防同知刘亨基、原任台湾县知县程峻、署诸罗县事原任台防同知董启延、署诸罗县唐益等，因其平日“声名狼藉，贪渎敛怨，被害实由自取，不准议恤”。可谓死不得其所。朝廷对贪渎成性台官之愤恨，略见一斑矣。

福建督、抚对于台地吏治废弛和官员侵婪，负有不可推卸责任。乾隆认

---

① 《福建省通志稿》卷七“人物志”。

② 蔡攀龙为水师提督、梁朝柱为陆路提督、普吉保为台湾镇总兵，万钟杰为分巡台湾兵备道，加按察使衔，兼理提督学政。

③ 《清高宗实录选辑》，文丛版，第 566 页。

为“历任督、抚阘冗废弛，地方官吏竟不可问”①。乾隆对福建大员虽心存不满，最终还是从轻发落。从前历任督抚，不再追治其罪，如富勒浑（四十五至四十六年任福建巡抚，四十七至五十年任闽浙总督）、富纲（四十四至四十六年任福建巡抚；五十一年任闽浙总督）、雅德（四十七至五十年任福建巡抚；五十至五十一年任闽浙总督）等免予深究。但柴大纪案发后，乾隆进一步追问福建督抚及其上司的连带责任。如柴大纪在总兵任内执法营私，废弛激变，钦差大臣福康安并未将其种种劣款指出参奏；历任闽浙总督李侍尧、常青亦未据实直陈。遂将福康安严饬，李侍尧交部严加议处，常青即予罢斥。原本不予追究的前任总督富勒浑、雅德一并革职拿问，按律治罪。后来朝廷念及台湾远隔重洋，且富勒浑曾经饬查，未据该道等禀报，其未经参办尚有可原，从宽勾免，富勒浑、雅德均加恩释放，令其闭门思过。② 但对时任督、抚，无论有功与否，并不宽贷：福建巡抚徐嗣曾、台湾道永福，对柴大纪纵令兵丁私回内地贸易牟利，及废弛营伍不加训练之事，缄默不言，视同膜外，均负失察之责，一并惩处。同时，剥夺了福建督、抚对台湾地方官员的调补权，此后，“台湾道、府缺出，俱着请旨简放”③。

第二，废止御史巡台。林爽文起义平定之后，乾隆即强调，经此次大加惩创之后，海疆重地不可不力为整顿，以期绥靖地方。乾隆谕旨称：向来三年一次派出巡台御史满汉各一员，前往巡视；该御史职分较小，且由京派往，不能备悉该处情形，易为地方官欺蒙，不过虚应故事，属有名无实。“嗣后着照四川巡查促浸赞拉之例，令该督、抚及水师、陆路两提督每年轮值一人前往台湾，严行稽查”。为避免福建督、抚姑息台地官员，乾隆在谕旨中警告道：倘该督、抚、提镇等于奉有此旨后仍前玩驰，并不实力整顿、又复虚应故事，或致地方有滋事之案，唯该督抚、提镇是问。由是，福建大员轮值巡台替代御史巡台。

第三，福建大员轮值巡台的最初缘由。台湾并入版图，台地官员之任用非吏部铨选，而是由福建督、抚题补，台湾道、府、厅、县皆福建督、抚所属，其官声贤否、能力如何，及有执法营私、扰累小民之事，福建督

① 《清高宗实录选辑》，文丛版，第508页。

② 《清高宗实录选辑》，文丛版，第647—648页。

③ 清代官吏的铨选和除授例归中央，由吏部具体负责。督抚作为地方最高长官也参与铨政，他们往往以保举和题补的形式向朝廷推荐人才，升调属员。督抚调补地方官员，给清代官僚制度带来生机的同时，也流弊多多。

抚即可就近查明，随时据实参奏。至营伍兵弁，系由内地换班派往防守，为水、陆两提督所管辖，其操防一切，孰勤孰惰及有无扰累生事，水陆两提督当然可以随时查察。所以，福建督抚与水陆两提督轮值巡台，“既足以资弹压，又可整饬吏治戎行，于海疆实为有裨”。

从朝廷命福建大员轮值巡台之初衷看，轮值巡察的重点是台湾镇、道。如乾隆五十三年六月初六日，当乾隆在福康安“清理台湾积弊，酌筹善后事宜”折中看到，台湾镇将在署内竟设有旗牌、伴当等四项名目管领额兵，总兵署内至少有300多，以至该处兵丁分班轮值，其余均在外自谋生计，甚至有挂名在内、贴钱包差代班差操等弊时，“殊为惊异”。称“台湾镇、道各员恃有重洋间阻，督、抚耳目难周，无不通行循隐，尤为恶习，故令将军、大员分年巡查”。在另一道谕旨中，乾隆还提到，“若该处总兵皆如奎林，足资委用，原不必又令督、抚等前往，多此一番跋涉。”①由此可以看出，朝廷对台湾地方官员十分不满。

根据乾隆五十二年十二月十七日谕旨，次年三月初四日，正式确定福建大员轮值巡台之例：

> 台湾孤悬海外，远隔重洋；民情刁悍，奸徒易于滋事。向来只派御史前往巡察，职分较小且不能备悉该处情形，殊属有名无实。着将请派御史之例停止，令该督、抚，及水师、陆路两提督每年轮值一人前渡台湾，严行稽查。如地方文武或有执法营私、扰害兵民之事，可就近查明，据实参奏。福州将军亦系该省大员，自应一体论派。②

巡台御史之废止以及福建大员轮值巡台制度之确立，清代渡海巡台制度由此进入轮值巡台阶段。

三、轮值巡台大员及其职责

轮值巡台大员

根据乾隆的最初设想，参与轮值巡台的福建大员，只有福建督、抚和

---

① 奎林自任台湾总兵以来，于地方营伍、诘奸缉匪诸事，皆能实心整顿，该处玩法行凶积习渐次挽回。《清高宗实录选辑》，文丛版，第613、683页。

② 《清高宗实录选辑》，文丛版，第571页。

水陆两提督四人。如乾隆五十二年十二月十七日的上谕称，“福建督、抚及水师、陆路两提督每年轮值一次，前往台湾严行稽查”。至乾隆五十三年三月初四日，确定轮值巡台定例的上谕则称，“该督抚及水师、陆路两提督每年轮值一人前渡台湾，严行稽查。如地方文武或有执法营私、扰害并民之事，可就近查明，据实参奏；福州将军亦系该省大员，自应一体轮派”。增加了福州将军。考虑到远渡重洋，究系涉险，“如该将军、督抚、提督内有年逾七十者，着免其前往，以示体恤”①。由于最终确定的轮值巡台大员福州将军、福建督抚，以及福建水陆两提督，均系封疆大吏，因此，有必要将其放在大清帝国行政区划和官僚体制内，对其设置、变易，及其职掌，作一交代。

清入关之前，实行独特的八旗制度，管理所辖区域；入关后，划全国腹地为18行省②。在东北，继续实行八旗制；在蒙古、青海、新疆、西藏，以及边疆少数民族居住区，设都统、将军、办事大臣等，“因俗而治”，与北京、盛京两都，可谓特别行政区。直省与特别行政区并存。直省总督、巡抚，驻防将军和绿营水陆两提督称地方大员。

总督为各直省之最高长官，从一品，专主兵制文武，察举百官，修饬封疆”③。因总督节制兵权、监察地方，故例有兼衔。凡总督授加尚书衔者，例兼都察院右都御史；无尚书衔者，加兵部右侍郎衔，例兼都察院右副都御史。此外，总督可兼理所节制之职务，如不设巡抚之各直省，由总督兼管巡抚事；总督还可兼理诸如河道、盐政等专职总督事；清季以降，直隶总督兼“北洋大臣”、两江总督兼“南洋大臣”。清代共设8总督④，闽浙总督，即总督闽浙等地地方提督军务、粮饷兼巡抚事之简称。顺治二年（1645年）初置，为福建总督，驻福州，兼辖浙江。五年更名为浙闽总督，迁驻衢州，兼辖福建。十五年，闽、浙两省均设总督，福建总督驻漳州，浙江总督驻温州。十多年的分并裁设、变易更替，基本反映了清初督

---

① 《清高宗实录选辑》，文丛版，第510页。

② 计有：直隶、山东、山西、河南、湖北、湖南、江苏、浙江、江西、安徽、福建、陕西、甘肃、四川、广东、广西、云南、贵州。

③ 《清史稿》卷一六〇，《职官志》三。

④ 计有：直隶总督、两江总督（辖江苏、安徽、江西）、闽浙总督（辖浙江、福建、台湾）、湖广总督（辖湖南、湖北）、陕甘总督（辖陕西、甘肃、新疆）、四川总督、两广总督（辖广东、广西）、云贵总督（辖云南、贵州）。1907年东北建省，增设东三省总督。

抚制度的特征和趋势。康熙八年（1669年）裁浙江总督，十一年移福建总督驻福州。二十六年，改福建总督为福建浙江总督。雍正五年（1727年），闽、浙总督分设，特授李卫总督浙江，整饬军政吏治，兼巡抚事；郝玉麟以浙闽总督专辖福建。十二年，闽、浙总督复和为一。乾隆元年（1736年），依李卫总督浙江例，特授稽曾筠总督浙江，郝玉麟专辖福建。三年，稽曾筠入阁，郝玉麟仍总督闽浙。闽浙总督几经分合，至是始为永制（光绪十一年，改福建巡抚为台湾巡抚，闽浙总督兼福建巡抚事，同时管辖台湾）。闽浙总督，驻福州。管辖督标左中右三营、督标水师营、浙江海防营；节制福建水、陆两提督，浙江提督，福建金门、海坛、台湾、南澳、福宁、建宁、汀州、漳州八镇，及浙江定海、黄岩、温州、滁州、衢州五镇。

巡抚为各直省最高行政长官，从二品，经理吏治，辖一省，也直接对皇帝负责，督抚同城者，受总督节制。巡抚例有兼衔，统领绿营，监察地方，其职掌为，"宣布德意，抚安齐民，修明政刑，兴革利弊，考覆群吏，会总督以诏废置。" 三年大比，与总督同充监临官；武科充主考官。" 清代共设16巡抚[①]，福建巡抚，设于顺治元年（1644年），驻福州。光绪元年（1875年），半年驻台。

在全国各战略要地派驻防八旗（京师八旗称京营八旗，或禁旅八旗），以各地之位置或政治、军事价值之大小，设立将军、都统或副都统。将军，从一品（乾隆三十三年前为正一品），其职掌为，"镇守险要，绥和军民，均齐政刑，修举武备。"[②] 统领八旗军，并节制绿营水陆镇协各营，与加尚书衔的总督同，因驻防全国要冲重地，也有"封疆大吏"之称。与总督同城时，若会同奏事，以将军领衔，其地位略重于总督，但实权不及之。清代共设将军有9人[③]，福州将军之设少迟。顺治十三年（1674年），驻福建八旗长官为固山额真，十七年，改都统，十九年，置福州将军，驻

① 计有：江苏、安徽、陕西、山东、山西、河南、新疆、浙江、江西、湖南、广东、广西、甘肃、贵州、福建、台湾。注：1907年，奉天、吉林、黑龙江各设巡抚，1910年裁奉天巡抚，东三省总督兼之；光绪十一年，福建巡抚改为台湾巡抚，闽浙总督兼福建巡抚事；直隶、湖北、广东、云南四省，也曾设有巡抚，后改总督兼之。

② 《清史稿》卷一七〇，《职官志》四。

③ 山西驻绥远城将军、江苏驻江宁将军、福建驻福州将军、浙江驻杭州将军、湖北驻荆州将军、陕西驻西安将军、甘肃驻宁夏将军、四川驻成都将军、广东驻广州将军。另有驻防特别地区之盛京将军、吉林将军、黑龙江将军、伊犁将军4人。

福州。管辖军标，节制陆路镇、协各营。

各省绿营，受总督、巡抚节制，其最高武官为提督（“提督军务总兵官”之简称），从一品。提督下辖总兵、副将、参将、游击、都司、守备等。其职掌为，“巩护疆陲，典领甲卒，节制镇、协、营、汛”。全国共设提督15人，其中，陆路提督12人①，水陆提督3人②。福建设水、陆提督各1人，陆路提督，设于顺治四年（1647年），驻泉州。管辖陆路提标左中右前后五营，福州守城营、兴化守城营、泉州守城营；节制福宁、建宁、丁州、漳州四镇。水陆提督，设于康熙元年（1662年），驻海澄，七年裁之，十七年复设，驻厦门，辖水师提标左中右前后五营，节制金门、海坛、南澳、福建、台湾、福宁等镇。福建提督下辖总兵4人（镇）、副将8人（协）、参将9人（营）、游击30人、都司25人、守备60人（汛）、千总84人、把总179人。

轮值巡台大员之职责

轮值巡台之定制，要求巡台大员对“地方文武或有执法营私，扰乱兵民之事，可就近查明，据实参奏”。乾隆五十三年六月六日的上谕又作了进一步补充，巡台大员还需对台地“镇、将及道、府、厅、县各员通行查覆，出具考语具奏。”如此均为非常具体的规定，但巡台大员特别是因事巡台大员都有各自的巡台任务，其职责与活动往往不受以上条款之限制。我们根据巡台大员之巡台奏报，对其职责整理如下。

1. 查察官吏，出具考语

根据乾隆五十三年六月初六日上谕之规定，将军、督、抚、提督大员分年巡察，“需将镇将及道、府、厅、县各员通行查覆，出具考语具奏；其弁备佐杂各员应行考察咨部者，亦一体留心查覆，一面报部，一面据实具奏。”③ 若有贪纵殃民者一经发现，将未经参覆之员，从重治罪。”④ 但清代文武官员按例都要接受大计和军政考核，为避免重复，巡台大员在巡台活动中，并没有对台地官员出具考语，似乎此项内容不曾实施。

---

① 直隶，驻古北口；江北，驻淮阳；福建，驻泉州；湖北，驻襄阳；陕西，驻固原；甘肃，驻甘州；新疆，驻喀什葛尔；四川，驻成都；广东，驻惠州；广西，驻龙州；云南，驻大理；贵州，驻安顺。

② 福建，驻厦门；广东，驻虎门；长江，驻太湖或岳州。

③ 《清高宗实录选辑》，文丛版，第613页。

④ 《清会典台湾事例·边禁》，文丛版，第28页。

2. 巡阅营伍

巡阅对象

在本文第二章，我们已考察了清代前期台湾驻防戍兵，以及巡台御史的巡察对象，但自嘉庆以后台湾营制屡有调整，这里再予以进一步说明。福建大员轮值巡台其间，台湾营制及驻防情况大略如下：

台湾镇标营，挂印总兵官一员，驻府城，辖中、左、右三营；

台湾城守营，参将一员，驻府城，辖左、右两军；

安平水师营，副将一员，驻安平镇城，辖中、左、右三营；

北路营，副将一员，驻彰化，辖中、左、右三营；

嘉义营，参将一员，驻嘉义；①

澎湖水师营，副将一员，驻妈宫汛，辖左、右两营；

南路营，参将一员，驻凤山，分防水底寮等汛；

南路下淡水营，驻山猪毛口汛，分防新园等汛；

艋舺营，水师参将一员，驻艋舺，统辖艋舺陆路及沪尾水师；

噶玛兰营，都司一员，驻噶玛兰五围城内，分防噶玛兰城等讯。

所有以上均为轮值巡台大员的巡察对象。

巡阅科目

根据历次巡台大员的巡台奏报，将其巡察科目概括为以下几种。

（1）校阅官兵武艺，分别等第。具体包括，陆师：操阵是否整齐，藤牌对械是否便捷，马步骑射是否合式，枪箭中靶比例。水师：驾舡是否纯熟，折戟转蓬、施放火具、爬桅泅水是否准确等。至于等第，一般分为一、二、三等。

（2）点验军装器械，包括各营旗帜、军装、器械是否有损、是否齐备等。

（3）巡察海口，即海口驻防和塘汛巡哨情况。

（4）请旨降补员弁，对于成绩优异者予以奖励升迁；成绩欠佳者降职处罚。

3. 稽查地方

如会见地方官员，文武是否和衷；询问老农，察看田畴，农田收成如何、米价行情；民情是否安妥，是否有械斗事件；察看番情，约束番民，

① 道光十三年，复设台湾镇标右营游击，改原设北路左营为嘉义营，归台湾镇总兵统辖。

勿生事端等。有时还要察看禁采硫黄之事。

福建大员巡阅营伍，以集中巡阅为主，台湾营伍的日常巡阅，主要靠台湾镇、道，但须将巡阅情况向巡台大员汇报。从某种意义上讲台湾镇、道的巡台活动，也是福建大员巡阅的一部分，所以，我们把台湾镇、道巡阅营伍情况作一简单介绍。台湾总兵巡阅营伍，始于雍正十一年（1733年），主要是检查营伍骑射，点验军装、器械等。至乾隆元年（1736年），福建水师提督王郡咨准闽浙总督郝玉麟请定镇臣出巡章程，台湾镇每年一巡，初系一年南巡，一年北巡，称为分巡；① 乾隆三十九年以后，变为一年巡阅南北两路，称为总巡。② 道光四年（1824年），台湾道孔昭虔以台湾地处海外，漳、泉、粤三籍民人杂处，辄有械斗掠夺之事，奏定台湾镇、道出巡章程：道员与总兵每年亲历巡察一次，借资弹压，始有台湾镇、道同时巡阅营伍之制。八年，闽浙总督孙尔准奏“请定台湾道出巡章程”，称台湾道事务殷繁，巡察往返需时，若遇将军、督、抚及水陆提督过台巡阅例期，请将该道停止出巡。道光诏准所奏：“嗣后该道常年照例巡察外，如届将军等过台巡阅，即毋庸出巡，以免烦扰。其台湾镇总兵，仍着每年出巡一次。”③ 台湾镇、道巡阅营伍的基本程序是，水陆各营将备于操演枪炮之期，逐名点验，分别等第，并开报镇臣亲自校覆；其分防各汛亦令如期操演，随时抽验，于年终将名单会送督抚衙门查覆。同时，仍留档册一份，待福建大员亲巡时，照册查验。

四、轮值巡台制度的运作程序

朝廷命福建大员轮值巡台，至于巡台大员何人出巡、何时出巡、巡察何地等，并无制定实施细则，一般是至巡台之期，由福建督、抚奏报，请皇上钦定。嘉庆朝以后，因事巡台次数渐多，往往是根据需要而巡，更无章可循。不过，从制度实施之背景及其力图达到的目标看，福建大员巡察台湾，显然是通过整饬文武、弹压官民，以达到镇静海疆之目的。所以，我们根据早期巡台大员之奏章、皇帝的谕批，以及由此形成的“规则”或个案，如福康安巡台之时奏请、业经大学士九卿议准的“清查台湾积弊，

---

① 《清朝通典》卷三八“职官·提督”。

② 《乾隆朝宫中档》第30182号，转引自许雪姬：《清代台湾的绿营》，台湾“中央研究院”近代史研究所专刊（54）1987年，第169页。

③ 《清宣宗实录选辑》，文丛版，第66页。

酌筹善后事宜”列出的相关条款等，对轮值巡台的实际运作程序作一归纳，大致包括巡台时间、出巡大员之确定；巡台大员奏请缘由和事后奏闻；对巡台大员奖惩之规定等。

（一）轮值巡台时间之确定

首先，对于轮值巡台次数之规定，前后有所变化。乾隆五十三年（1788年）三月初四日上谕称：向来只派御史前往巡察，职分较小且不能备悉该处情形，殊属有名无实。将请派御史之例停止，令该督、抚，及水师、陆路两提督每年轮值一人前渡台湾，严行稽查。如地方文武或有执法营私、扰害兵民之事，可就近查明，据实参奏。福州将军亦系该省大员，自应一体论派。[①]每年轮巡一次。至嘉庆十五年（1810年）因弹压漳泉籍民械斗，闽浙总督方维甸巡察台湾，就地方营伍力加整顿，酌改章程，台事渐有起色。但嘉庆皇帝仍担心该处俱系漳、泉、粤民人杂处，素行强悍，总须时有大员前往巡阅，使知敬畏。所以，谕令以后福建总督、将军每隔两年，轮赴台湾巡察一次，用资弹压。[②]轮值巡台次数变为每两年轮巡一次。

其次，轮值巡台的具体时间。乾隆五十二年十二月十七日、五十三年三月初四日和嘉庆十五年五月二十九日之谕旨都曾强调，海洋风信靡常，该督抚等前往巡视不必拘定时日，只需视何月份风信平稳之时配船前渡，亦不至于涉险。[③]事实上，具体巡台时间，除受海洋气候限制外，还受福建社会稳定情况的影响；一旦遇有福建内地不稳，轮值巡台活动将因此而推迟，是常有的事。[④]

---

① 《清高宗实录选辑》，文丛版，第571页

② 《清仁宗实录选辑》，文丛版，第166页。

③ 《清高宗实录选辑》，文丛版，第509、571页。

④ 如乾隆五十四年，闽浙总督伍拉纳称，“台湾为海外要枢，将军与督、抚、提督例应分年轮往稽查”，奏请本年先令水师提督哈当阿前往巡察，但伍拉那纳于六月十九日接到的上谕称，台湾大功甫行告竣，经此大加惩创之后，该处兵民自必倍加震慑，咸知安分守法；且有总兵奎林在彼，足资弹压。“现在福建内洋盗劫案频闻，沿海一带地方较之台湾更关紧要；哈当阿系水师提督，董率兵弁缉捕奸宄，是其专责，难以遽离。此时哈当阿不必前往；俟明年察看内地情形，或伍拉纳，或哈当阿，二人届时再自行商酌一人奏闻，前往巡查”。见《清高宗实录选辑》，文丛版，第661页。

（二）轮值巡台大员之确定

由于将军、督、抚、水陆两提督共有5位大员参与轮巡，每年一巡，循环一次需5年，两年一巡，循环一次则需10年。10年期间，5位大员之变动，如升调降革、退休、丁忧等频繁发生，无可预料，所以，巡台制度并没有具体规定福建大员之巡台顺序。考虑到台湾远隔重洋，水师提督职责所系，赴台巡阅的机会更多一些。巡台大员之选定，一般有三种情况：一是应轮大员，如道光十一年（1831年），陆路提督马济胜在“前赴台湾校阅营伍稽查地方情形及回抵泉州日期”折中称，“奴才准督臣孙尔准、抚臣魏元烺函商，巡台之举，今年必当举行，轮应奴才前往”①。是年马济胜循例巡台。二是新任大员为报皇恩，主动请缨；或为减轻督抚、将军之负担，提督往往替代之。如道光六年（1826年），福建水师提督许松年在“为赴台巡阅配舡东渡日期”折中称，台湾孤悬海外，民番杂处，最为闽省紧要之区。朝廷特谕本省将军、督抚、提督分年轮次亲往，将该处营汛、操防等事逐一认真详细察核，事竣后专折奏报等。“兹届道光六年又值轮巡之期，例应大员前往察办。臣仰蒙天恩，畀任水师提督毫无报称，时切悚惶。况台湾水师营伍缘臣统辖，地隔重洋，人分气类。风闻正月间曾有漳泉各营戍兵纠斗伤命之事，尤关紧要。是以臣于二月出洋督缉，并商督臣孙尔准，将今岁之差奏明，令臣前往巡察弹压，以肃营伍而靖地方”②。道光八年（1828年），水师提督刘起龙亦属上任之初，即请求循例巡台。③ 三是临时替换，如本应由巡抚巡台，因巡抚有任，总督或将军替换；或因陆路提督有急务，由水陆提督替换。

福建大员轮值巡台86年间，共有26人渡海巡台，其中将军2人，占7%；总督6人，占20%；巡抚2人，占7%；陆路提督5人，占22%；水

---

① 户部“为内阁抄出为福建陆路提督马济胜奏”移会，《台案汇录》（丁集），文丛版，第208页。

② 兵部“为内阁抄出为福建水师提督许松年奏”移会，《明清史料》（戊编），中华书局影印本，1987年，第946页。

③ “刘起龙自道光六年九月任福建水师提督，已将海坛、闽安、福宁各营伍洋面亲历巡察。因台湾为海外要区，民情刁悍，向例必须有大员轮往稽查，用资弹压，今水师提督刘起龙履任后尚未到过台湾亲往巡察，至台巡察，对目击情形，措施一切，更有把握”。道光八年三月二十四日，兵部“为内阁抄出闽浙总督孙尔准等奏”移会，《明清史料》（戊编），中华书局影印本，1987年，第952页。

师提督11人，占44%。水师提督最多，其次为陆路提督。

（三）巡台奏报

每遇轮值之期，大员出巡，先由福建督、抚合奏巡阅之缘由，同时奏报巡台大员之名单。如道光三年（1877年），水师提督许松年巡台时，闽浙总督兼署福建巡抚赵慎畛为此专奏“为水师提督循例赴台考拔营伍稽查地方”折，奏明巡台缘由，略谓：自嘉庆二十五年，前任水师提督王德禄赴台查阅后，计至道光三年应值陆路提督前往。水师提督许松年咨称该提督钦奉恩命，提督福建水师、统辖台、澎官兵，所有内地营伍洋面业经遍历周查，唯台湾远在海外，该提督从前追剿逆匪曾至其地，今历十有余载，该处地方情形未免今昔互异，宜不可不亲往查察，于是，“咨请将本年巡台之差奏明，令该提督前往，以便将营伍操防等事详细查办”。赵慎畛还称：“臣亦以台湾重地，远隔重洋，大小营官是否均属可靠，嘱令该提督到台后，逐一察看，并向总兵观喜详细咨询，如有办事因循、操防未能得力，及与台地不堪相宜之人，均须确切查明，以便分别撤忝，使海外营务不致日久废弛”①。有时，巡台大员自陈巡台缘由。②

巡台大员出发之前要奏报起程日期，及巡阅之详细线路。根据对巡台大员之实际考察，巡台路线大致分为两种：一是由厦门或泉州放洋，在鹿尔门登岸，直抵郡城后，③ 先由郡城北巡，然后巡阅南路，再由南路回郡城，由鹿尔门内渡。二是由厦门或泉州放洋，先至澎湖，巡阅澎湖驻军，然后，由澎湖至鹿尔门登岸，至郡城，巡阅南北两路。其中，福建大员巡阅台湾南北两路之线路，与台湾总兵之巡哨线路基本一致。④

根据嘉庆十一年三月十四日上谕之规定：“自本年为始，令将军、总督、巡抚、水路陆路两提督轮往查阅营伍；事竣，专折奏闻”⑤。大员巡台

---

① 闽浙总督兼署福建巡抚赵慎畛“为水师提督循例赴台考拔营伍稽查地方”折，《明清史料》（戊编），中华书局影印本，1987年，第927页。

② 福建巡抚孙尔准“为恭报微臣巡阅台湾、澎湖各官兵事竣，分别拔擢降革”折，《明清史料》（戊编），中华书局影印本，1987年，第930页。

③ 福建巡抚孙尔准“为恭报微臣巡阅台湾、澎湖各官兵事竣，分别拔擢降革”折，《明清史料》（戊编），中华书局影印本，1987年，第930页。

④ 参考许雪姬：《清代台湾的绿营》附“台湾总兵巡哨路线图”。

⑤ 《清仁宗实录选辑》，文丛版，第74页。

内渡后都要专折奏报，其内容包括，出巡时间、巡台线路、巡阅内容，以及请旨拔擢降补之清单等。①

（四）对巡台大员之惩戒

乾隆五十三年，轮值巡台的福建大员尚未出发，朝廷即收到在台湾监修城工的工部左侍郎德成②的奏折，内称“不如但令将军、提督前往，督、抚似可不必。”乾隆认为，德成的奏折意在将军、提督与地方无统辖之责，前往台湾尚不致有需索供应之事；若督、抚前往，则各州、县备办应酬大员且不说，家人、胥吏需索门包，不胜累及。因为前任闽督富勒浑视察地方时就曾纵容家人殷士俊、李世荣沿途勒索，官民怨恨不已。

为制止巡台大员沿途勒索或需索供应发生，乾隆特此颁旨称：“令督抚前往巡查，原为稽查奸弊起见，若督、抚等令家人、长随、胥吏籍端需索，是未受其益，而先受其害，不成事体”。遂传谕福建督、抚，“嗣后前往台湾巡查时，务宜严紧纵役，毋得有得受门包、沿途需索等事；如有明知故纵及漫无觉察者，或经科道参奏、或经朕别有访闻，即将该督、抚加倍治罪，决不宽贷”③。同时规定，督、抚出巡俱应轻骑简从，并严加约束，毋任有违例骚扰之事；除应得廪给、驿马之外，自行雇备马夫，亦不应格外需索，累及地方。

（五）对巡台大员之奖赏

福建大员轮值巡台制度中并没有奖励条款，但我们从巡台大员的履历中发现以下官员因巡台而获奖。如乾隆五十四年，福建巡抚徐嗣曾因巡台而获奖。是年正月初三日的上谕称：徐嗣曾此次前赴台湾整饬地方、惩治奸匪，俱能认真严办、精心经理，甚属出力可嘉。虽该抚于逆匪滋事（指林爽文起义）及台湾从前吏治废弛之处，失于察觉；但究系历任督、抚积

① 嘉庆二十一年八月初十日，福建巡抚王绍兰“为巡阅台湾、澎湖营兵，分别等第，及马步全不中靶之都司，请旨降补”折，兵部“为内阁抄出福建巡抚王绍蓝奏”移会，《台案汇录》（丁集），文丛版，第190页。

② 德成，瓜尔佳氏，满洲正黄旗人，由监生，捐纳员外郎。乾隆二十八年，授山西道监察御史，兼办工部事务。二十九年以后，曾巡视淮安漕务、通州漕运；转礼科给事中，授工部右侍郎、左侍郎，查办沈阳工程，承办辟雍图式，五十三年，奉命修筑台湾城垣。

③ 《清高宗实录选辑》，文丛版，第623页。

玩所致，非徐嗣曾一人之过。现在台湾地方宁谧，徐嗣曾已内渡回任；着加恩赏戴花翎。① 道光六年（1826年），闽浙总督孙尔准渡台处理嘉义械斗，“彰国宪而快人心，所办甚属可嘉”，赏加太子少保衔，并赏戴花翎，发去珊瑚豆双瓣大荷包一对、小荷包二个，以示嘉奖。② 道光八年，三载考绩之时，宣宗皇帝又称：“闽浙总督孙尔准，于道光六年办理台湾滋事匪徒，远涉重洋，克臻妥速，着交部议叙。”

第二节 循例巡台

福建大员轮值巡台期间，到底有几位大员巡台、为何巡台，以及巡台之效果与影响如何，至今没有详细的统计与整理。为了更准确把握福建大员轮值巡台制度的实际运作及其效果，本节将对轮值巡台制度之执行情况予以系统整理，按时间顺序进行统计、分类后，首先对循例巡台个案进行具体考察。

一、轮值巡台之统计与分类

在已有之研究中，对福建大员轮值巡台之次数进行初步统计的唯有许雪姬。许雪姬在《北京的辫子——清代台湾的官僚体系》中，列出福州将军赛冲额（1806年），闽浙总督方维甸（1810年）、程祖洛（1833年）和刘韵珂（1847年），福建巡抚王绍兰和孙尔准（1824、1826年两次），水陆提督许文谟、陈化成、马济胜、罗大春等共10位巡台大员。③ 在《清代台湾的绿营》中则列出巡台之福建大员18人，22次。④ 许雪姬的初步统计，在时间上始于嘉庆十一年（1806年），止于同治十三年（1874年）。因为，她认为乾隆五十三年至嘉庆十一年，18年间福建大员轮值巡台制度从未实行过。⑤ 其次，统计范围，不包括钦差大臣，如因张丙事件渡台的

① 《清高宗实录选辑》，文丛版，第650页。

② 《清宣宗实录选辑》，文丛版，第53—60页。

③ 许雪姬：《北京的辫子——清代台湾的官僚体系》，台湾自立晚报社文化出版部，1993年，第38—40页。

④ 许雪姬：《清代台湾的绿营》，台湾“中央研究院”近代史研究所专刊（54）1987年，第197—198页。

⑤ 许雪姬：《清代台湾的绿营》，台湾“中央研究院”近代史研究所专刊（54）1987年，第196页。

瑚松额和琅琦事件巡台的沈葆桢。

本文认为许雪姬的统计时间和统计次数，都值得商榷。首先，把福建大员轮值巡台的时间限定在嘉庆十一年以后，有违史实。尽管乾隆五十三年至嘉庆十一年，18年间福建大员轮值巡台制度未得到很好的实施，但并非“从未实行过”。如乾隆六十年，陈周全纠众滋事，闽浙总督伍拉纳和陆路提督乌兰保，奉命赴台查办。况且，福建大员轮值巡台制度确定于乾隆五十三年，对此之统计自不应“掐头去尾”。其次，另有其他巡台大员的巡台活动被许雪姬遗漏了。例如，同治元年十二月，署水师提督吴鸿源因戴潮春事件赴台巡阅等，没有统计。徐万民《建省前清政府管制台湾的若干特殊制度》，以及福州市档案局，在提到清代曾经巡台的福建大员时，受许雪姬之影响，以嘉庆十一年（1806年）许文谟巡台为始，但包括了巡台的钦差大臣。鉴于此，本文将之前被遗漏或误记之福建巡台大员及其活动进行考证、增补于下：

（1）乾隆五十三年，福建巡抚徐嗣曾奉旨渡台，处理善后事宜

关于乾隆五十三年福建巡抚徐嗣曾奉旨巡台，《清高宗实录》、《清耆献类征·徐嗣曾》、《平台纪事本末》等史料均有记载。如《清高宗实录》康熙五十三年十月十二日条记有徐嗣曾因“台湾尚有应办事件，拟俟明年夏间奏请内渡”的奏折，说明徐嗣曾此前已赴台。同一条下还有因李侍尧患病，乾隆要求徐嗣曾内渡接管巡抚印务的上谕，上谕称：“今台湾诸事业经办有条理；即有未经办竣者，想奎林不日即可到彼，该抚自可面为交代，令其接受办理。现在内地应办事件亦属紧要，自当速回本任，不可再稽时日”①。十月二十六日，因徐嗣曾尚未内渡，李侍尧患疾，由福康安暂接总督印，福康安内渡之前，总督印务由将军魁伦暂署。

徐嗣曾渡台之缘由及其活动，《清高宗实录》也有较详细记载。以康熙五十三年为例，三月，徐嗣曾奉旨同福康安、李侍尧审办柴大纪贪劣各款；六月，再与福康安、福州将军魁伦奏“熟番募补屯兵，悉心筹议章程”，然后偕福康安奏“清查台湾积弊，筹酌善后事宜”；七月以后，记有徐嗣曾奏“台湾府及嘉义县拟筑土城，彰化、凤山、淡水等处城围仍用莿竹栽插，加浚深壕，添设石卡”② 折。另，徐嗣曾因巡台有功，还得到朝

① 《清高宗实录选辑》，文丛版，第639页。

② 《清耆献类征选辑》，文丛版，第1052—1054页。

廷嘉许。如五十四年正月乾隆称，徐嗣曾此次前赴台湾整顿地方、惩治奸匪，俱能认真严办、尽心经营，甚属出力可嘉。现在台湾地方宁谧，徐嗣曾已内渡回任；着加恩赏戴花翎。

林爽文起义被平定后，乾隆为嘉平台之功，命为将军福康安、参赞海兰察、领队大臣舒亮、总督李侍尧、巡抚徐嗣曾建生祠于嘉义。又图画平定台湾内外功臣于紫光阁，乾隆亲为制赞词。其中，福建巡抚徐嗣曾之赞词为："宣抚之任，安土安民。一应军务，责成督臣。佐之赞之，竭虑拗勤。渡海筹疆，亦可称勋。"① "渡海筹疆"，即为巡台。福建大员轮值巡台制度确立于乾隆五十三年三月，徐嗣曾的巡台活动均在三月以后，应视为轮值巡台。

（2）乾隆六十年，陈周全纠众滋事，闽浙总督伍拉纳和陆路提督乌兰保，奉命赴台查办

乾隆六十年三月，陈周全（又名陈周，福建同安人）在彰化纠众歃血结盟，陈周全被推为首领，洪栋为军师，封陈光寿等人为将军。三月十三日，陈周全以"大盟主朱"为旗号，率众四百人攻鹿港，破之，入理番厅，北路理番同知兼海防同知朱慧昌、游击曾绍龙被害。同一日，陈周全率部围攻八卦山，陷彰化县城，彰化知县朱澜、参将陈大恩、副将张无咎皆战死。彰化、鹿港相继陷落消息传至府城，总兵哈当阿、道台吴遇昌、知府杨廷理惊惶失措，向内地求援。闽浙总督伍拉纳命陆路提督乌兰保带兵赴台剿办，竟不能平。朝廷遂责成伍拉纳亲自渡台，四月十七日上谕称："台湾奸民陈周全等纠众滋事一案，乌拉纳身为总督，一闻匪徒滋扰之信，自应即日渡台，前赴鹿仔港一带督率办理，乃仅派乌兰保带兵前去，而伍拉纳竟安坐厦门亦不前往"②。三月二十三日，陈周全、陈光辉先后被义民诱捕，彰化收复之后，乾隆认为，此时正是"抚辑居民、缉拿余孽及善后地方"之时，谕令"伍拉纳着即遵旨速赴台湾查办一切。"四月二十八日，伍拉纳在厦门放洋，五月初至郡城，渡台之后，尊奉谕旨，安抚商民，遍行明白晓示，令居民安居、商船通行，以维持善后秩序为己任。时，伍拉纳因闽浙总督任内措置不当，福建将军魁伦劾之，五月初六日的上谕称："伍拉纳现赴台湾办事，着先行摘去翎顶，俟回至内地，即

① 《平台纪事本末》，文丛版，第69—72页。

② 《清高宗实录选辑》，文丛版，第718页。

行革职。”说明，五月六日之前伍拉纳仍在台湾。《清史稿·伍拉纳列传》亦记载：“伍拉纳至台湾，劾鹿仔港巡检朱继功以丧去官”[①]。另，哈当阿为水师提督兼台湾总兵，驻在台湾，参加了平定陈周全之全过程。[②]尽管陈周全滋事案是台湾历史上一次较小的起义事件，前后约半月时间，即被义民拿获，与官军接仗无几，但因陈周全打出“大盟主朱”的旗帜，有明显的政治诉求，引起朝廷的格外重视，闽浙总督伍拉纳、福建陆路提督乌兰保，均系奉命渡台。水师提督哈当阿因兼台湾总兵驻台，参加平定陈周全之全过程。

（3）同治初年，戴潮春滋事，署福建水师提督吴鸿源、陆路提督林文察奉旨抵台进剿

同治初年，戴潮春滋事案是台湾历史上继林爽文之后，又一次较大的起义事件，历时三年。除《清穆宗实录》之外，林豪《东瀛纪事》、吴德功《戴案纪略》、徐宗干和丁曰健的《治台必告录》，以及《台案汇录》（己集）等，均有较详细的记载。

根据《清穆宗实录》和《治台必告录》记载，同治初年戴潮春案的大致情形为：

同治元年（1862年）三月，台湾兵备道孔昭慈得知彰化天地会聚众滋漫，地方官渐不能控制，遂召淡水同知秋曰觐前往查办，三月十七日，秋曰觐率勇首林日晟、林天和及汛勇千名行至东大墩时，林日晟突然倒戈，杀秋曰觐。同一日，戴潮春纠众围攻彰化城，二十日，彰化城陷落，孔昭慈求救无援而自杀。戴潮春入城称“大元帅”。“彰城既破，各官逃至鹿港，人心惶惶或携眷内渡，或寄家属于舟中，或请股首领护卫其身家”[③]。此前已倒戈的林日晟亦称“大元帅”，与戴潮春同称“千岁”。“各地纷纷有人响应，北起淡水，南至台湾、凤山，规模或大或小，人数或多或少，与戴潮春互通信息，或受册封，或领令旗。”[④]至四月二十四日，朝廷才得知“台湾彰化县会匪滋事，台湾道孔昭慈督兵剿捕，勇丁内变，官兵被

① 《清史稿台湾史料选辑》，台湾文献史料丛刊第243种，第704页。

② “福建水师提督兼台湾总兵事务哈当阿等”折，“福建水师提督哈当阿等”折，《台案汇录》（己集），文丛版，第121—128页。

③ 吴德功：《戴案纪略》，台湾文献丛刊第47种（以下简称文丛版），第9页。

④ 刘妮玲：《清代台湾民变研究》，台湾师大硕士论文，1980年，第145页。

害，彰化县失守，该道尚无下落”[①]。五月十三日，戴潮春称东王，率部南下。十一月，斗六门失陷，戴潮春逼近嘉义，台湾郡城岌岌可危之时，福建巡抚徐宗干始奏请内地援兵。

十一月二十七日，福建巡抚徐宗干委吴鸿源暂署水师提督，借壮声威，率各军奋力兜剿。十二月，署水师提督朴勇巴图鲁吴鸿源统兵抵郡。[②]同治二年正月十日，吴鸿源出师进扎盐水港，二月十二日，率吴志高解嘉义之围。因戴潮春滋事日久，吴鸿源所统兵勇不能在嘉义解围之后速图围剿，反而于南静庄等处屯兵数月，致使戴潮春得以喘息；待戴潮春守御既坚，吴鸿源又不分兵相机兼剿，以致师老财匮，形势日益严重。八月三日，护福建水师提督吴鸿源革职拿问。林文察因籍隶台湾，熟悉情形，委署提督之职，拣调得力将士渡台。

八月二十五日，署提督吴鸿源革职拿问，福建水师提督由林文察署理，[③] 渡台剿办。十月，林文察带兵抵台，新任按察使司衔台澎兵备道兼提督学政丁曰健直抵彰化逆巢，连破贼庄，“将贼首刘阿妹正法”。十二月底，克复斗六土城，嘉义肃清，移师彰化。三年正月二十七日，戴潮春被俘。同一日，林文察奏“围攻林、洪各逆老巢，叠获胜仗”，台湾各路渐次肃清。

由此可知，在会剿戴潮春过程中，福建大员之提督吴鸿源、林文察先后渡台。其中，同治元年十一月至二年八月，吴鸿源为水师提督；二年八月至三年正月，林文察为水师（陆路）提督。时任福建巡抚徐宗干的《斯未新斋存稿》、台湾道丁曰健的《平台药言》记载与《清穆宗实录》相同，应该无误。

关于署福建水师提督吴鸿源，于同治元年十二月抵台进剿戴潮春之记载，至少还有两种旁证史料。其一是林豪《东瀛纪事》。《东瀛纪事》之《郡治筹防始末》记曰：（同治元年）十二月，署福建水师提督吴鸿源

---

① 《清穆宗实录选辑》，文丛版，第19页。

② 吴德功：《戴案纪略》，第33页；林　豪：《东瀛纪事》，台湾文献丛刊第8种（以下简称文丛版），第11页。

③ 此时林文察之署职非常混乱。先是林文察已署陆路提督，十月初，林文察至蚶江渡口时，忽命署水师提督。十月十八日，福建巡抚徐宗干奏请，已署陆路提督之林文察，是否兼署水师提督？一则福建水、陆两提督不便同时驻防海外，二则林文察已携带陆路提督之印信东渡。谕曰：林文察既已携带陆路提督印信赴台，即着毋庸兼署水师提督。《清穆宗实录选辑》，文丛版，第51页。

（春波，同安人）统兵抵郡。洪道以客兵道路生疏，需用本地人为向导，添调精兵屯勇千余名随军前往。[①] 其二是吴德功《戴施两案纪略》。吴德功《戴案纪略》（上）记曰：（同治元年）十二月，署水师提督朴勇巴图鲁吴鸿源统兵抵郡，吴帅带兵三千至郡。以林镇军（台湾挂印总兵林向荣）阵亡，择吉致祭诸亡魂。吴帅亲诣祭坛，挥泪泣奠。是日，观者如堵，哀动三军。（同治）二年癸亥正月初十日，署水师提督朴勇巴图鲁吴鸿源出师驻扎盐水港，以降将吴志高为向导，同知张启煃、盐大使秦恩培、守备徐荣生进扎路子草，军声大振。[②]

关于署福建陆路提督林文察（字密卿，台湾彰化人）抵台进剿戴潮春之记载也有两种旁证史料。其一是陈衍《福建通志》。《福建通志·林文察传》有记：同治二年，闽浙总督左宗棠以林文察廉朴勇敢，奏署福建陆路提督。八月，台湾事急，左宗棠疏言："林文察隶籍台湾内山，素称能战，请饬酌带本标得力兵弁数百名渡台，号召旧部并统领各军克期攻剿，以靖海疆"。诏如所请，旋命署理福建水师提督，责令迅速渡台剿匪。后以文察已携陆路提督印信赴台，命毋庸兼署水师提督。十二月抵台，驰赴嘉义，偕护理水师提督曾元福进兵，再移师彰化。三年四月，左宗棠调林文察内渡，八月内渡时，仅带旧勇二百人。[③] 吴德功《戴施两案纪略》亦有相同之记载：（同治二年）冬十二月初三日，提督军门台湾挂印总兵曾玉明克复彰化城，陆路提督林文察，由阿罩雾进驻市仔尾街。同治三年甲子春正月，陆路提督乌那思齐巴图鲁林文察，统其弟副将林文明、游击王世清等军，擒斩伪燕王林日成。[④]

林豪与吴德功均为戴潮春起义时的亲历者，[⑤] 其所记之《郡治筹防始末》与《戴案纪略》与官方记载相吻合，亦不会有错。

（4）道光四年（1878 年），福建巡抚孙尔准巡台，应为循例巡台。《明清史料》收录之道光四年闰七月初六日，福建巡抚孙尔准"为恭报微

① 林　豪：《郡治筹防始末》，《东瀛纪事》，文丛版，第 11 页。

② 吴德功：《戴施两案纪略》，文丛版，第 33 页。

③ 陈　衍：《福建通志列传选》，台湾文献丛刊第 195 种（以下简称文丛版），第 295 页。

④ 吴德功《戴施两案纪略》，文丛版，第 46、49 页。

⑤ 连横：《台湾通史》卷三十四《流寓列传·林豪》："林豪字卓人，福建同安人。清同治元年秋至台湾。时彰化戴潮春起事，淡水林占梅奉檄办团练，见而礼之，延主竹堑潜园，相与讨论文史。及事平，游府治，因就见闻所记，撰《东瀛纪事》，以志此役始末"。吴德功《施戴两案纪略·自序》："戴万生作乱三年，……德功弱冠时，亲见其事"。

臣巡阅台湾、澎湖各官兵事竣，分别拔擢降革”折称：“臣于道光四年正月陈奏，请于四月间过台校阅营伍，就便查办地方事件”。不仅仅“为开浦里、水里二社”[①]。（详见“循例巡台”）

（5）道光六年，福建水师提督许松年巡台，应为循例巡台，非因事。[②]

（6）道光二十七年（1847 年），闽浙总督刘韵珂巡台，亦为因事巡台，而非仅循例。林豪《东瀛纪事》记曰：“道光初，埔水六社生番，内迫生番之戕杀，外苦奸民之侵夺，由理番同知史密献地归城，密详请刘制军韵珂，制军以闻，朝议命制军躬自巡阅，以决可否，制军巡视毕，力主其事。”[③]

（7）同治十一年，巡阅台湾之江长贵应为陆路提督，非水师提督。自同治五年五月，福建水师提督吴全美因病解职，漳州镇总兵官李成谋为福建水师提督、记名总兵官孙开华为福建漳州镇总兵官，至十一年八月，李成谋一直为福建水师提督。同治十一年八月，李成谋为长江水师提督，直隶大名镇总兵官彭楚汉为福建水师提督。江长贵之任职情况为：同治八年四月，福建陆路提督郭松林为湖北提督，湖北提督江长贵为福建陆路提督。同治十二年七月，福建陆路提督江长贵年老解任，福宁镇总兵官罗大春为陆路提督。[④] 就是说自同治八年始江长贵一直为福建陆路提督，未曾为水师提督。

（8）道光六年，孙尔准巡台时为闽浙总督，不是福建巡抚。另，巡台之原因，系嘉义、彰化之械斗，而非仅仅为黄斗乃。

（9）许雪姬称，道光六年署福建水师提督陈化成为张丙事件巡台，似有误。[⑤] 道光六年没有张丙事件；道光六年陈化成也不是福建水师提督，而是金门镇总兵。道光十年，陈化成才由金门镇总兵迁为水师提督。

根据以上之考证、增补，列出福建大员轮值巡台表。

---

① 《明清史料》（戊编），中华书局影印本，1987 年，第 930 页。

② 福建水师提督许松年为“赴台巡阅配舡东渡日期”折，《明清史料》（戊编），中华书局影印本，1987 年，第 946 页。

③ 林 豪：《东瀛纪事·丛谈》，文丛版，第 64 页；《明清史料》（戊编），中华书局影印本，1987 年，第 999 页。

④ 钱实甫：《清代职官年表》，中华书局，1980 年。

⑤ 许雪姬：《清代台湾的绿营》，台湾“中央研究院”近代史研究所专刊（54）1987 年，第 198 页。

福建大员轮值巡台表

巡台大员	时间	巡台原因
福建巡抚徐嗣曾	乾隆五十三年	处理善后事宜
闽浙总督伍拉纳	乾隆六十年	查办陈周全纠众滋事
署陆路提督乌兰保	乾隆六十年	剿办陈周全纠众滋事
水师提督许文谟	嘉庆十一年	蔡牵事件
福州将军赛冲阿	嘉庆十一年	蔡牵事件
水师提督许文谟	嘉庆十四年	中港械斗事件
闽浙总督方维甸	嘉庆十五年	彰泉械斗
水师提督王德禄	嘉庆十八年	循例
福建巡抚王绍兰	嘉庆二十一年	循例
水师提督王德禄	嘉庆二十五年	循例
水师提督罗斯举	道光元年	海盗犯台
水师提督许松年	道光三年	循例
福建巡抚孙尔准	道光四年	循例
闽浙总督孙尔准	道光六年	黄斗乃械斗；嘉义、彰化械斗
水师提督许松年	道光六年	循例
水师提督刘起龙	道光八年	循例
陆路提督马济胜	道光十一年	循例
陆路提督马济胜	道光十二年	张丙事件
闽浙总督程祖洛	道光十三年	张丙事件善后事宜
福州将军瑚松额	道光十三年	张丙事件善后事宜
水师提督陈化成	道光十六年	循例
闽浙总督怡良	道光二十三年	查办姚莹、达洪阿案
闽浙总督刘韵珂	道光二十七年	循例
闽浙总督刘韵珂	道光二十七年	水沙莲献地归诚事

续表

巡台大员	时间	巡台原因
署水师提督吴鸿源	同治元年	戴潮春事件
水师提督林文察	同治二年	戴潮春事件
水师提督李成谋	同治六年	循例
陆路提督江长贵	同治十一年	循例
钦差大臣沈葆桢	同治十三年	琅琊事件
陆路提督罗大春	同治十三年	琅琊事件

乾隆五十三年（1788 年）至同治十三年（1874 年）86 年，共有福州将军 34 人，35 任，巡台者 2 人；闽浙总督（福建总督）48 人，48 任，巡台者 6 人；福建巡抚 31 人，34 任，巡台者 2 人；陆路提督 26 人，26 任，巡台者 5 人；水师提督 27 人，27 任，巡台者 11 人。① 共有 26 人，31 次巡视台湾。其中，有 6 人两次巡台。其朝代分布为，乾隆朝 2 人次；嘉庆朝 7 人次；道光朝 13 人次；咸丰朝 0 人次；同治朝 6 人次。

所有巡台活动无论作为对制度的执行，还是自主性发生，都有其原因、目标和巡视效果；若对其做深入之探讨，至少可以从功能、性质和效果三个角度加以分类。考虑到本文采用传统史学之制度架构，对制度之功能分阶段讨论，为避免不必要的重复或内容之交叉，这里不宜采用功能分类方法。至于巡视效果，似不易确定，因为，每一巡台官员都会将巡视情况以奏折之形式奏报皇上，无论是真知灼见，还是敷衍之词，最终之决策权在朝廷，而不在巡台官员。如嘉义、彰化交界之水沙连六番社输诚献地一事。道光初年，六番社迫于凶番之戕杀和奸民之抢夺，请求献地归诚，先由理番同知史密（字梅叔）请之于闽浙总督刘韵珂，刘韵珂奏之于朝廷。朝议命刘韵珂亲赴巡阅，以决可否。道光二十七年（1847 年），刘韵珂亲赴水沙连巡视后，上“覆勘台湾水沙连六社番地，体察各社番情，据实覆奏”折，然大学士、军机大臣却以“该生番输诚献地，固因不谙耕

① 钱实甫：《清代职官年表》第二册《总督年表》、第三册《驻防大臣年表》、《提督年表》，中华书局，1980 年。

作，谋食维艰，欲求内附以为自全之策”为借口，称“该督所请六社番地归官开垦之处，着毋庸议”。刘韵珂如此灼见，终不能成。林豪在《东瀛纪事·丛谈》中记之曰：制军（即刘韵珂）巡视毕，力主其事，史同知（史密）以为势在必行，遂传集绅商，出资立股，招民垦辟，将成田矣。偶遗一巨绅，适该绅入都谒选，因力陈不便，事竟终止。[①] 足见刘韵珂尚不如一巨绅之影响大。林豪之记载未必真实，但毕竟可以证明巡台官员只可奏折，决策权有限，故以此进行分类，亦不能反映问题之真实。

由于福建大员轮值巡台制度，在执行过程中出现了对规则的超越或非制度化倾向，很多巡台活动并未遵循制度的规定，而是根据需要或因突发事件而临时决定实施，于是，我们根据巡台之性质，将巡台活动分为循例巡台和因事巡台两类。一般的说，循例巡台者，遇有巡台之期，先由福建巡抚或巡台官员提出请求，待朝廷批准，方可前往。而因事巡台，大多是台湾发生重大事件，如民变、械斗、对外交涉和重大决策等，福建大员奉命赴台。

需要指出的是，轮值巡台制度在实际执行中，循例巡台与因事巡台，有时不能截然分开。如嘉庆二十五年（1820 年），水师提督王德禄奏请巡台，虽为循例，但也事出有因。据载，时嘉义地方，有盗伙多人，连劫店铺，危害居民。淡水地方之沪尾、鸡笼及噶玛兰一带洋面也发现匪船游奕。福建督、抚得此奏报，称“王德禄系水师提督，洋面皆伊所辖，责无旁贷。此等匪船若不及早扑灭，听其勾结，必致滋蔓难图。该提督不能辞其咎。”[②] 王德禄遂主动奏请巡台，免遭申饬。又如道光六年（1828 年）二月，福建水师提督许松年轮值之期，正遇漳泉戍兵纠斗伤命案。[③] 许松年巡台既系循例，又有“巡察弹压漳泉戍兵械斗”之责，所以，二者兼而有之。

---

① 林　豪：《东瀛纪事·丛谈》，文丛版，第 64 页。

② 《清宣宗实录选辑》，文丛版，第 5 页。

③ 道光六年五月十二日，福建水师提督许松年在“赴台巡阅配舡东渡日期”折称：兹届道光六年，又值轮值之期，例应大臣前往察办，臣仰蒙天恩，畀任水师提督，毫无报称，时切悚惶，况台湾水师营伍，缘臣统辖，地隔重洋，人分气类，风闻正月间曾有漳泉各营戍兵纠斗伤命之事，尤关紧要。是以臣于二月内出洋督缉，顺抵省城会商督臣孙尔准，将今岁之差奏明，令臣前往巡察弹压，以肃营伍而静地方。又接函嘱臣过台时察访戍兵械斗之案，该镇道审拟是否妥协，如有徇庇纵情事，即行据实奏，兵部“为内阁抄出福建水师提督许松年奏”移会，《明清史料》（戊编），中华书局影印本，1987 年，第 946 页。

二、循例巡台

循例巡台，为福建大员轮值巡台期间的主要巡台形式。乾隆五十三年（1788年）至同治十三年（1874年）68年，福建大员共有11人次循例巡台（不包括光绪二十七年闽浙总督刘韵珂巡台），但史料较为完整的仅有以下五次：

（1）嘉庆二十一年（1816年），福建巡抚王绍兰循例巡台

依例，督、抚巡台，无需事先奏请，只需事后专折奏报。我们根据王绍兰的“专折奏报”，得知其此次巡台之大略，仅仅是巡阅澎湖、台湾两地营伍，并无稽查地方之任，大致包括校阅官兵武艺，分别等第，都司降补和点验军装器械等三项。

第一，校阅营伍，分别等第。包括澎湖、台湾南北两路各营及噶玛兰之水陆各营官兵，除陆路派防紧要汛口和巡视出洋水师各官兵不便调阅外，王绍兰对台湾镇标、水师营、城守营和南北两路各营“逐加校阅，分别等第”。其中，台湾镇标中、左、右三营，南路之下淡水营，北路协之右营及沪尾水师官兵，合操演阵，步伐整齐，连环声势联络，马骑多能合式，鸟枪中靶分数逾额，藤牌跳舞灵便，对械亦属快捷。台湾水师中、左、右三营水操，驶船把舵，折戟转蓬，施放火具，爬桅泅水，均列为一等。台湾城守营，澎湖左、右二营，北路协中、左两营，艋舺、噶玛兰二营，布阵连环，紧凑得法，藤牌跳舞，亦属便捷，鸟枪中靶，均有逾额，马步弓箭合式一半，列为二等。南路营，阵法连环，尚属齐集，杂技亦有可观，唯弓马软弱，鸟枪中靶亦不及分数，列为三等。对于等第较差诸营，王绍兰训饬责成该将备营弁，勤加操演。

第二，考核官兵武艺。在武艺训练中，各营将备、千把总、外委、兵丁人等，有中箭五支及三四支并中靶三枪、技艺出色者，立予拔补奖赏；不合式者，当场重责或降革。其中，护理台湾城守营参将、题补灌口营都司、世袭云骑尉文忠，箭俱未中靶，但其年力强壮，尚堪造就，相应请旨将该都司降为守备。弓马平常之陆路把总郑宝、朱得生降为经制外委。经制外委丁开辉、姚光明、施兆龙、王登山、余连松、池元、李国章、魏朝标，俱降为额外外委。额外外委陈飞鹏、郑捷升、陈安降为马兵。在此次考验中，弓马可观之经制外委叶朝降为额外外委；马兵陈捷标、陈元得、陈云升、江腾蛟、林学潮等予以拔补。对于尚有未补之缺，遇有可补之

人，再行照例轮补。已经降补之各员弁、兵丁及随营学习之世职、候补备弁，以及弓马未能娴熟之水师各弁兵，王绍兰告知台湾镇总兵武隆阿，应按期考验，务期一律精纯，咸成劲旅。①

第三，点验军装器械。点验结果表明，各营队旗帜、军装、器械，俱属鲜明锋利；陆路马步除例准倒毙、水师船只除交厂修造外，余皆足额。

（2）道光四年（1824年），福建巡抚孙尔准循例巡台

孙尔准于道光三年正月调福建巡抚，一年后，即道光四年正月，奏请于四月间过台校阅营伍，就便查办地方事件。根据孙尔准由省城带印起程及到澎湖、台湾各日期之奏报，此次巡台，除校阅官兵武艺，分别等第，拔擢降革官兵外，还负有审办台地要案之责。

孙尔准在"为恭报微臣巡阅台湾、澎湖各官兵事竣分别拔擢降革"折中，对其巡台线路、巡视过程及其内容都有较为清楚的陈述。孙尔准此行先由省城至厦门渡海，初至澎湖，次至郡城，校阅台湾镇标、城守营，及台协水师中、左、右等营陆操和水操。然后，至凤山校阅南路，及下淡水营官兵。由南路返回至郡城，再由郡城起程赴北路校阅北路中、左、右营，暨台湾协左营分驻鹿港官兵。继由嘉义、彰化前进至噶玛兰，将艋舺、沪尾、噶玛兰等营逐加校阅。其主要活动如下：

第一，校阅营伍，分别等第。除陆路派防紧要海口，水师出洋巡缉各官兵不便调阅外，其他诸营均接受孙尔准检阅，并分别等第。其中，台湾镇标中、左、右三营及台湾城守营、台协三营，合操演阵，进退步伐，整齐连环；马步骑射，合式者多；鸟枪中靶，分数逾额；藤牌跳舞，灵便对械，纯熟便捷，列为一等。台协水师中、左、右三营水操，驶船把舵，折戗转蓬，施放火器，爬桅泅水及水中对械等技，俱能纯熟。南路营，布阵连环，紧凑如法；藤牌跳荡，亦尚便捷；鸟枪中靶逾数；骑射多半合式，列为二等。澎湖左、右二营，北路协中、左、右三营，艋甲、沪尾、噶玛兰各营，阵法齐集，杂技亦有可观，唯鸟枪中靶不及分数，弓马稍形软弱，列为三等。

第二，考核官兵武艺。在接受检阅的各营将备、千把总、外委、兵丁

① 嘉庆二十一年八月初十日，福建巡抚王绍兰奏"为巡阅台湾、澎湖营兵分别等第，及马步箭全不中靶之都司，请旨降补，以肃营伍，仰祈圣鉴事"折。兵部"为内阁抄出福建巡抚王绍兰奏"移会，《台案汇录》（丁集），文丛版，第190页。

人等中，有中箭四五支并鸟枪中靶较多、技艺出色、操防勤奋者，立予拔补奖赏。其年力衰弱、弓箭鸟枪不能合式、操防懈弛者，当场责革。其中，护理澎湖水师协标左营游击守备翁及，箭无中靶，因其年力未衰，营伍尚娴，请旨将守备翁及降为千总。署沪尾水师守备苏生贵，该海口时有私盐往来，缉私不力，技艺亦属庸劣；陆路噶玛兰头围千总黄廷相，操防懈弛，声名平常；把总卢森、外委郑宝熊，骑射生疏、丁开辉年衰技庸；谢士粱，为人甚狡猾，俱请斥革。把总杨维进、刘万福，骑射平常，请降为额外外委。林高辉、陈名高、李占梅，步射不能合式，甘日光，弓力太软，步射不能中靶，唯年力尚强，俱请降为马兵。所遗各缺，以此次考校年壮、技优及缉捕得力之水师千总陈景岚等拔补。千总以上员缺，例由内地调补。至于拔补弁兵，现无相当缺分，亦即存记，遇有可补之缺，照例轮补。

第三，点验军装器械。各营配队旗帜、军装、器械，皆属鲜明锋利。军火、药铅、马匹俱能足额足膘肚。水师船只，除交厂修造外，余皆实存无缺。

第四，审办台地要案。为避免台地重犯渡海解押途中逃逸，台地重案，例由福建大员提审。孙尔准渡台之前，安平水师兵丁翁正福等，乘危抢夺米船，五月二十七日，孙尔准将此案审明具奏，按律严办，并将该总兵明保、副将吴得勋奏请交部议处，护理游击方朝辉，署守备杨士高、许盛安，把总赵世杰、许世潘分别降革，以示惩儆。①

经过实地考察，逐一校阅，孙尔准发现台地班兵兵将不识之弊非常严重。台湾营伍与内地不同，内地兵丁皆系土著，千、把、外委多由本营拔擢，兵弁素相习熟；驻台班兵则由内地各营抽拨轮戍，例不准在台招募，由是兵与兵不相亲，兵与将不相识。一般情况下，兵将之间，需以时日方能熟悉，而将弁有随时升调之事，兵丁亦有三年换班之期，不能如内地各营，将习兵心，兵识将意。针对台湾班兵兵将不识之弊，孙尔准认为，唯有勤于操演，且在操演之时，对于技艺出色者呼名至前，予以奖励；不能合式者，将弁亲为指授，不惮精详，如此则将之与兵不仅知其姓名、识其面貌，并可通其性情、习其才用。

---

① 福建巡抚孙尔准奏折（移会抄件），《明清史料》（戊编），中华书局影印本，1987 年，第 930 页。

孙尔准还意识到，台地兵丁多为武夫，不知律令，使气任性尤所难免。偶有犯法者，多为不知法，并非故犯。孙尔准为增强台地班兵之律令意识，减少触法事件发生，命人将现有律例中与兵丁有关之各条款，简明扼要刊于木棒，发给各营悬挂于操演；间歇之间，令营弁详为讲解，使知法令森严，目染耳濡，心知敬畏。①

(3) 道光八年（1828 年），福建水师提督刘起龙循例巡台

提督巡台，依例先由福建督抚奏明巡台缘由。关于水师提督刘起龙巡台缘由及其巡阅的内容，闽浙总督孙尔准、福建巡抚韩克均在“水师提督循例赴台湾考校营伍、稽查地方”折中称，道光六年，前任水师提督许松年赴台查阅，时闽抚孙尔准亦因剿办械斗焚抢一案，同年渡台，至今届两年轮值之年。刘起龙自道光六年九月任福建水师提督，已将海坛、闽安、福宁各营伍洋面亲历巡察。因台湾为海外要区，民情刁悍，向例必须有大员轮往稽查，用资弹压。故水师提督刘起龙亲往台湾巡察，将全台营伍周历考核，查验军资，整饬地方；其大小营员如有办事因循，操防疏懈，或其人才尚可但与台地不甚相宜者，确切查明，分别撤添。另外，道光六年，剿捕案内清庄、缉匪各事宜，地方官办理是否认真，亦属刘起龙此次巡台之内容。②

根据水师提督刘起龙“专折陈奏”，此次巡台之经过大致为，四月初八日奏明“自厦门登舟候风、东渡缘由”之后，于十一日，由大担放洋，十五日驶抵澎湖，遂校阅澎湖水师协标左、右两营，操阵考验官兵技艺，察访民情，至二十日，开驶渡台，因南风顶逆，二十五日至台湾鹿尔门，二十六日，先阅台协水师左、中、右三营官兵技艺，次第考核。五月初一日沿海南至凤山县，校阅南路各水营操阵，然后从后山一带过郡，赴北路嘉义县斗六门，彰化县淡水厅、艋舺，直抵噶玛兰内山，转至沪尾，绕葫芦墩，出黄港沿海一带，先后校阅北路协标左中右三营、艋舺营、沪尾水师营、噶玛兰营、驻防鹿港之台协水师左营暨沿途塘汛。六月五日返台郡，校阅官兵武艺，仍由鹿尔门配渡，于六月十四日登舟开驾放洋，二十四日抵厦门。刘起龙此次巡台之经过如上，其具体内容有三：

① 孙尔准奏“为恭报微臣巡阅台湾、澎湖各官兵事竣分别拔擢降革”折，《明清史料》（戊编），中华书局影印本，1987 年，第 190 页。

② 道光八年三月二十四日，兵部“为内阁抄出闽浙总督孙尔准等奏”移会，《明清史料》（戊编），中华书局影印本，1987 年，第 952 页。

第一，校阅官兵武艺，分别等第。台湾镇标中、左、右营，城守四营，台协水师中、左、右三营，北路协标左营，澎湖水师协标左、右营，操阵俱属整齐；枪箭中靶分数均在七成以上；藤牌对械，跳舞便捷。台湾水师三营，水师驾船、执舵转蓬，施放枪炮，均能纯熟；爬桅泅水及水中对械等技，亦属灵便，列为一等。北路协标左、右两营，艋舺营，沪尾水师，噶玛兰营南路营、下淡水营，布阵连环，均齐整紧凑；排兵布阵，相当纯熟，枪箭中靶分数俱在六成以上，列为二等。

第二，考核员弁，请旨降补。所有各营将备员弁，因上年一经台湾镇总兵刘廷斌于军政及阅兵案先后勃办，所以，此次考校中尚无衰迈庸劣之员。各营官兵内，有马步全射及中靶四五箭、枪兵中靶二三枪者，分别记名奖赏；生疏者，责饬勤操。其中，台湾镇标左营额外李雄彪，马步生疏，但年力精壮，降为马兵，其遗缺以马步全射之该营马兵拔补。

第三，稽查地方。刘起龙一路巡察后称，自道光六年闽督孙尔准剿抚台湾闽、粤籍人分类械斗，一经惩创之后，民知敬畏，甚属安妥。再加上因台湾镇、道，钦遵谕旨，实力查办清庄，设立董事，专司戢暴安良，立法极为周全，台湾暂无民变或械斗事件发生。刘起龙每到一处晤见地方官员，谆嘱勉力奉行，勿得虚应故事。沿途调验屯弁兵丁，甚是强壮，器械亦属适用，照例赏给，以示鼓励。并谕各守番隘毋许生番出山扰害。所过村庄，遍告绅耆，务须约束子弟，守分安业。察看田畴，彰化以南，早稻业已登场；淡水以北，气候少迟，亦渐刈获。询问老农，俱称年谷丰稔，地瓜杂粮亦好。台郡镇、道，亦极和衷，遇事能够通行办理，所以，民情安贴。尽管如此，刘起龙还是告诫台湾地方官员，“台地民情向称浮动，防微杜渐乃当随时随事认真查办”，协、营、厅、县，勤加捕盗，以安闾里。①

(4) 道光十一年 (1831 年)，福建陆路提督马济胜循例巡台

道光十一年，福建陆路提督马济胜巡台，是主动请缨，其在“为前赴台湾校阅营伍、稽查地方情形”折中称，“巡台之举，今年必当举行，轮应奴才前往”。其巡台经过，亦有记载，大致为，马济胜于四月初三日恭折奏报后，带印起程，赴厦门配船候风。十三日，由大担放洋。十四日，

① 兵部“为内阁抄出福建水师提督刘起龙奏”移会，《明清史料》(戊编)，中华书局影印本，1987 年，第 956 页。

因北风正急，不能落蓬，顺流东渡，寄泊鹿尔门之外，十五日至台湾府城，晤见镇、道，询问地方情形，咸称安静，文武办事，亦极和衷。遂将台湾镇标中、左、右、城守四营，台协水师中、左、右三营之水陆操阵、官兵技艺，次第校阅。并檄委台协水师副将黄贵，验看澎湖协标两营营伍。后赴南路凤山县之埤头、山猪毛等处，校阅南路下淡水各营。回台郡，赴北路之嘉义县、彰化县、竹堑、艋舺、噶玛兰营及分驻鹿港之台协水师左营暨沿途塘汛官兵，逐一校阅。五月二十七日由茗港登舟，二十八日放洋内渡，至六月初四日，收泊蚶江登岸。本次巡台主要是校阅营伍和稽查地方。

第一，校阅官兵武艺，分别等第。根据马济胜校阅结果，台湾镇标中、左、右三营，北路协标中、左、右三营，艋舺营、沪尾水师营，合操演阵，步伐整齐，枪炮连环俱佳；藤牌对械，勇技灵便；鸟枪弓箭中靶逾额。台协中、左、右三营水操，驶船执舵、折戟转蓬、施放火具、爬桅泅水及水中对械等技，俱极纯熟，列为一等。台湾城守两营、台协水师三营、噶玛兰营，陆操布阵，连环紧凑；藤牌跳舞，尚属便捷；枪箭中靶亦多，列为二等。南路下淡水两营，合操尚能如法，杂械等技，亦有可观，唯枪口稍高，号令未能划一，虽枪箭中靶均够分数，列为三等。兵丁技优者，当场奖赏；生疏者即行降革。另，根据台协水师副将黄贵呈缴验过图册，澎湖协标两营，操阵合式；核其枪箭中靶，多数亦能足额。

第二，开列拔擢降革各员清单。依例，马济胜在各营将领备弁内选拔才技出色，缉捕认真，以及官声尚好，熟悉海外情形，于台湾实属相宜者，开列密折，咨送闽浙总督，以备题补。其中，台湾镇标中营外委许元辉、南路下淡水营外委吴金龙、下淡水营额外刘建龙、北路中营额外黄朝凤，步射平常，但念其年力正壮，降为额外马步战兵，所遗各弁缺，以现在考验弓马可观额外马步目兵分别递拔。其弓马稍次，人才尚可者，均以勒限练习。

第三，稽查地方。马济胜称，由于台湾总兵刘廷斌、台湾道平庆均能督率属员认真办理，全台地方尚为安静。马济胜路过各厅、县营汛，面嘱该营文武，凡有应办事件，务须妥速商办，其应行禀报者，据实飞报，勿使压延，而轻重之法，尤须实力奉行，并谕绅衿耆老，约束子弟，毋许滋生事端。一路之上，遇有化番男妇及屯弁、屯丁沿途迎接者，均照例赏以银牌，令其各守番险，毋许生番逸出扰民。①

（5）同治十一年（1872年），福建陆路提督江长贵循例巡台

自道光二十七（1847年）年闽浙总督刘韵珂赴台巡阅，后以办理军务，或因裁改营制，前任将军、督、抚无人渡台，仅有同治六年水师提督李成谋前往查阅一次。至同治十一年七月，为巡台之期，署闽浙总督文煜、福建巡抚王凯泰奏“陆路提督循例渡台、校阅营伍、稽查地方”折，奏明巡台缘由和具体任务。文煜等称：“伏思台湾系海外要区，民情刁悍，时虞生事。且台湾水陆各营自裁兵加饷以后，虽迭次讲求训练，而重洋远隔，稽查难周，尚恐旧习未除”。决定由陆路提督江长贵轮巡赴台，稽查校阅，将地方营汛操防等事察看整饬，如各营员弁有庸劣不职及与地方不宜者，查明移会撤参。②

虽然江长贵本人之起程日期及巡阅经过之奏报尚未发现，但根据他的两道奏折，我们依然能够看出与此前巡台官员颇为不同的信息。如同治十一年八月初十日，江长贵在“校阅台、澎营伍，请将庸劣各弁分别惩处”折中称，福建署艋舺营陆路守备、留闽补用守备陈世恩，居心贪诈，声名平常，即行革职。台湾城守右军裁缺外委刘光升，弓马生疏，北路中营额外陈登辉、北路右营额外黄遇云，弓马平庸，均予斥革。台湾水师协标中营把总林胜标，步射无准，开缺候补。噶玛兰营外委吴得，弓马骑射不稳，着降为额外。③ 江长贵在“校阅台、澎营伍情形”折中又称：台湾“各营将备交代，历任不清；北路塘汛并不照章派实缺人员驻防，而是以军功虚衔捐职之弁派委，营伍未谙，恐误地方”。台湾武备之废弛，渐渐暴露，朝廷看到江长贵的奏报，甚为不安。遂传谕军机大臣称：台湾孤悬海外，民情浮动，弹压巡防，在在均关紧要。若如江长贵所奏，“各营塘汛率派不谙营伍之员代防，断难得力”。责成文煜、李鹤年命署台湾镇总兵林宜华，对台湾各营塘汛务须按照定章派令实缺人员前往驻防，随时认真巡缉，以静地方。其将备历任交代，亦应迅速查清，毋任延宕。④

另有嘉庆十八年、二十五年（1813、1820年），水师提督王德禄循例

---

① 道光十一年七月十五日，户部“为内阁抄出福建陆路提督马济胜奏”移会，《台案汇录》（丁集），文丛版，第208—211页

② 《清季申报台湾纪事辑录》（二），台湾文献丛刊第247种（以下简称文丛版），第14页。

③ 《清穆宗实录选辑》，文丛版，第141页。

④ 《清穆宗实录选辑》，文丛版，第141—142页。

巡台；[①] 道光三年、六年（1823、1826年），水师提督许松年两度循例巡台；[②] 道光十六年（1836年），水师提督陈化成循例巡台；[③] 同治六年（1867年），水师提督李成谋循例巡台。[④] 以上4人的巡台活动，因无更详细信息，暂不专题讨论。

从以上福建巡台大员巡台奏报提供的信息表明，巡阅营伍，是其间巡台大员的主要内容，而且，除嘉庆二十一年福建巡抚王绍兰指出台湾班兵兵将不识之弊、同治十一年陆路提督江长贵发现各塘汛守兵有冒名顶替现象之外，其他均为"校阅营伍，分别等第"，或"考核官兵武艺"、"点验军装、器械"等例行性活动，并没有实质内容；所谓"巡阅营伍"大都浮在表面，听取台湾镇、道之巡台汇报，巡察效果很是有限。正因为如此，嘉庆朝以后，循例巡台渐为因事巡台所取代。

第三节　因事巡台

从循例巡台到因事巡台，是清代渡海巡台制度演变趋势之一。御史巡台后期"因时酌派"，事实上就是因事巡台，至福建大员轮值巡台，循例与因事巡台同时进行。与循例巡台不同的是，因事巡台具有很强的针对性，或因民变，或因分类械斗等重要事件，其直接目的是平定民变或弹压械斗，但大创之后，必有善后，包括巡察事故缘由、提出因应措施、制定善后之策等。如道光十二年，瑚松阿等制定的"台湾善后事宜二十条"，嘉庆十四年，方维甸拟定的《约束械斗章程》，以及"三口通行"制度，

① 闽浙总督兼署福建巡抚赵慎畛"为水师提督循例赴台考拔营伍稽查地方"折称："自嘉庆二十五年，前任水师提督王德禄赴台查阅后，计至道光三年应值陆路提督前往"，见《明清史料》（戊编），第926页。嘉庆二十五年十一月，王德禄奏"巡察台湾并督缉盗匪情形"折称："淡水之沪尾、鸡隆及噶玛兰一带洋面，有匪船游奕。当即降旨王德禄查明游奕船只共有几只，责令悉数扫除。王德禄复奏：该提督前因赴台校阅，闻淡水之沪尾、鸡隆及噶玛兰一带偏僻洋面有土盗船只游奕伺劫随饬游击李天华出洋追捕。旋据李天华禀称在噶玛兰洋面过船受伤，生擒盗犯庐天赐等九名、盗船一只，该船盗首跳船上岸逃往内山潜匿。又盗首陈浅、陈齐匪船二只，续经内地将首伙击获"。《清仁宗实录选辑》，文丛版，第1页。

② 兵部"为内阁抄出闽浙总督兼福建巡抚赵慎畛奏"移会；兵部"为内阁抄出福建水师提督许松年奏"移会，《明清史料》（戊编），中华书局影印本，1987年，第927、946页。

③ 《福建通志·陈化龙列传》，第277页；《清史列传·陈化龙传》，第233页。

④ 同治六年十一月二十五日，兼署闽浙总督英桂奏提臣李成谋巡阅台湾，回省尚需时日，本年军政未能依限办理。《清穆宗实录选辑》，文丛版，第111页。

都成为清廷治台的具体政策，长期实行。换句话说，其间清廷治理台湾的具体政策，均随着大员巡台而制定或调整。因此，因事巡台之价值和效果更明显和突出一些。

乾隆五十三年至同知十三年，福建大员奉旨巡台多达21次，我们将其原因初步归纳为追剿海盗、平定民变、弹压械斗和招垦番地四类。对于巡台时间较短，或事件较小，影响不大，巡台大员因此无甚建树者；或因事件不完整，且没有留下完整的资料者，我们仅列表介绍，不予专题讨论。

一、追剿海盗

明清时期，在东南沿海，能够“拥众数万，有船数百，横行数省”的海盗，只有两人，一是明末的郑芝龙，另一个便是清嘉庆年间的蔡牵。①清乾隆末至嘉庆中叶（1793—1810年），是东南沿海海盗活动较为频繁的时期，海盗蔡牵即为当时较大的一帮。② 清廷对东南沿海海盗之剿捕，始于阮元任浙江巡抚之时。阮元奉命以全权处理剿盗事宜，将浙江水师之指挥权统一归提督李长庚，并于嘉庆六年（1801年）造出30只新式大型战船，名为“霆船”，再配以418门新铸重炮，全力追剿海盗蔡牵。经此打击，蔡牵被迫将据点移至福建洋面。嘉庆九年，清廷任命水师提督李长庚统一节制，调遣闽、浙两省兵船，汇剿蔡牵海盗集团。由于蔡牵之“夷

---

① 苏同炳：《海盗蔡牵始末》（上），《台湾文献》第25卷4期（1974年）。

② 关于清代海盗蔡牵的早期研究，有萧一山《清代通史》卷中六章之“东南海寇之役”；迪昂·默里《中国南方沿海的海盗（1790—1810）》，斯坦福大学出版社，1987年；格雷斯·福克斯《英国海军舰队与中国海盗的攻防（1832—1869）》。日本学者松浦章《中国的海盗》，东方书店1995年12月，台湾“中央研究院”中山人文社会科学研究所丛刊《中国海洋发展史论文集》、福建泉州海交馆出版的《海交史研究》发表的相关文章，代表了近期学者的研究成果。由于海盗多出身于下层社会之贫苦家庭，幼年没有机会接受教育，多系目不识丁，很少留下私人日记或航海日志之类的原始资料；研究者主要依靠当朝的实录、奏折、内阁档案、地方志、参加剿盗者的私人文集，以及投降或被俘海盗的口供——很多是屈打成招或出自师爷之笔，因此，以及海盗的第一手资料少之又少。据《厦门志》之记载，蔡牵，福建同安人，早年以弹棉花为业，23岁时迫于生计入海为盗，初为劫掠勒索的“土盗”而已，嘉庆五年合并多股土盗，成为“洋盗”（清代嘉庆年间闽浙地方当局，习惯将沿海海盗区分为“土盗”和“洋盗”。所谓土盗，指沿海一带自然发生的零星海盗，其船只多属小型的商、渔船，活动范围只限沿海，危害亦轻。所谓洋盗，指与安南夷艇合帮之大帮海盗，其船只较大，活动遍及闽浙粤沿海数千里，危害亦较大。嘉庆九年以后，蔡牵因获得新式横洋大海船，遂跨越台湾海峡，东向台湾，成为外洋大盗。苏同炳《台湾史研究集·海盗蔡牵始末》212页，参考蓝鼎元《论南洋事宜书》）部下呼之为“大出海”，出没于福建、浙江二省洋面（附松浦章根据阮亨《瀛舟笔谈》卷2列出蔡牵海盗集团从嘉庆五年到十年的活动海域表）。

船”无法抵挡“霆船”之威力，更无力应对李长庚之追剿，遂将台湾作为其安身立命之最后空间。嘉庆十年四月，蔡牵联络台湾北路“山贼”洪四老及当地“土匪”，劫掠南北两路，十一月称“镇海威武王”，至鹿耳门，拟攻府城。形势万分危急之时，朝廷调福建水师提督李长庚为浙江提督、广东水师提督许文谟为福建水师提督，分头围堵。

嘉庆十一年（1806年）正月，朝廷收到闽浙总督玉德有关“蔡逆竖旗滋事，贼船驶入鹿耳门，自称镇海王”之警报，随即谕令广州将军赛冲阿为钦差大臣赴台督剿。① 先期赴台的李长庚、许文谟及其在台所有将弁均受赛冲阿节制调拨。② 二月二十一日，3500名四川兵丁奉命赴台参与剿捕。两天后，再派德楞泰为钦差大臣，同护军统领扎克塔尔温春、提督薛大烈，带领巴图鲁、侍卫、章京50员前往剿办。二月十六、十七日，官军在盐水港大败蔡牵，其余部约500人窜逃，至是郡城至嘉义一带之道路业经疏通。嘉庆得此消息，一面谕知赛冲阿全力剿捕余匪，一面决定停止调派赴台的东三省劲旅、四川屯练兵，及行进中的巴图鲁、侍卫、章京等。三月十四日，为便于统一调度在台军队，赛冲阿调补福州将军，仍主持剿捕事宜。三月底，蔡牵被迫北上，李长庚率部尾随其后。至七月，蔡牵海盗屡遭重创，据载，在南、北汕作战时，受官军围击的“贼匪”战至最后，有以火药自焚者、有投海淹毙者，还有“自将枪炮、火药投掷海中，投海身亡”者。③ 蔡牵主力基本被剿灭。七月二十八日，赛冲阿奉命将参与剿捕的内地军队大部陆续内渡，尚留一半缓渡留台，由许文谟督率，“以资弹压而壮声势”。八月，调许文谟为陆路提督。嘉庆十二年五月，赛冲阿以“台湾水陆宁谧，留防兵丁拟分起撤回”。上谕不准，令其“暂缓内渡”，留台督饬戍兵，待探明蔡逆就擒、朱濆业经远窜，洋面实在宁谧、台湾可以放心时，于秋、冬间再行酌量内渡。十三年正月，闽浙总督阿林保奏：蔡、朱二逆均已势极穷蹙，逃窜粤洋，去闽已远，无力折回福建洋面，赛冲阿才奉命内渡。

赛冲阿以福州将军奉命巡台，前后两年，除督剿海盗蔡牵、朱濆外，

---

① 赛冲阿，满州人，嘉庆十一至十四年为福州将军，前由广州将军改，后调为西安将军。赛冲阿任福州将军期间基本上都在台湾，因其奉命入闽即为督剿台湾之蔡牵。

② 《清仁宗实录选辑》，文丛版，第64页。

③ 兵部“为内阁抄出福州将军赛冲阿奏”移会，《明清史料》（戊编），中华书局影印本，1987年，第514页。

还奉旨“随时整饬台湾营汛操防事宜”。尽管赛冲阿巡台仅仅是大军所至，沿途巡阅，对地方之关注多为走马观花，如“沿途早稻登场，市粮充裕，民情极为恬熙，台湾南北洋面，现亦宁谧”等，未提出经营善后之策。但两年其间，赛冲阿也曾在北路先后操阅营伍，察看海口，亦尽了巡台之责。

第一，操阅北路协三营和淡水营官兵，分别等第。北路协中营驻防彰化，其左、右两营分驻嘉义、竹堑一带；淡水一营远驻台北艋舺。大军进剿间隙，赛冲阿对以上三营进行校阅，并分别等第。其中，北路中营，每枪兵十名，打靶准头均在二十枪以上，箭兵中靶二支者较多，亦有中靶三四支者；连环枪炮，尚属联络；合操演阵，亦属整齐可观。北路右营及淡水营，枪箭准头稍次。左营官兵枪箭阵式又次之。所有阅过官兵，技艺优娴者，当场奖赏，以示鼓励。对于弓马生疏者，或系新募兵丁，或从前缉匪曾著劳绩者，均当场责惩，应勒限一月学习，如无长进，再行斥革。唯北路右营千总萧元侯、把总周安邦，弓马技艺俱属生疏，即行斥革，以示惩儆。

赛冲阿点验军装、器械时发现，因追捕蔡牵，兵丁器械多有遗失；沿途塘房被焚毁者不少，且无修复，一片狼藉，足见此役对台湾营伍冲击之大。

第二，查阅海口。赛冲阿所查海口，亦以北路为主。如鹿仔港地方为北路通商总口，往来船只最多。现设游击一员，管带弁兵300余名驻港巡防；北路协近在彰化，足资控制。其余如笨港、新店、三林、中港、后垅等海口，均系沿海小港，现设防守弁兵，亦俱周密。唯沪尾海口在台湾极北，港道阔深，盗船易于窜泊，现设兵弁分驻防守，尚属不敷。赛冲阿至此，当即派委参将一员，增添兵弁500名，加强协防。①

二、平定民变

清代台湾社会有“三年一小反，五年一大反”之说。根据陈孔立教授之研究，所谓三年或五年，并非准确表达，而是较为笼统的说法。② 而且

① 兵部“为内阁抄出福州将军赛冲阿奏”移会，《台湾汇案》（丁集），文丛版，第188—189页。

② 陈孔立：《清代台湾移民社会研究》，九州出版社，2003年，第225页。

“反”泛指发生的“乱”，包括游民暴动、骚乱，豪强骚乱，结会、竖旗等抗官事件，以及械斗事件。广义的民变应包括起义、海盗、“番乱”和各类械斗事件。本文拟将械斗和海盗以外之各类抗官事件统称为民变。①

道光十二年（1832 年）十月，嘉义闽、粤籍庄民“因小忿牵耕牛”起衅，② 张丙、陈办愤因“地方官办事不公”乘机起事，③ 围攻嘉义县城。张丙自称“开国大元帅”，年号“天运”，分封詹通等 5 人为元帅，刘仲等 18 人为先锋，柯亭为军师，所部由大小 25 股组成，每股数百人不等，首领为“大哥”。十月九日，警讯传至厦门，兴泉永道周凯，闻警驰报巡抚魏元烺。魏元烺飞檄陆路提督马济胜率兵 2000 名渡厦门，金门镇总兵官窦振彪率兵 1300 名渡蚶江，副将谢朝恩率兵 1200 名渡五虎门，三路并进渡台进剿。十一月二十八日，闽浙总督程祖洛自浙江驰抵厦门督办，旋东渡。十三年正月，钦差将军瑚松阿，由厦门渡台。④

闽浙总督程祖洛（在台十三年正月至七月）、钦差将军瑚松阿（在台十三年二月至六月），渡台时大局已定，张丙等俱全就获，所以，程祖洛、瑚松阿的主要任务是，奉命处理善后事宜，为台湾久安长治之策。

---

① 关于清代台湾民变之统计，差异较大。《台湾省通志》卷二“人民志·人口篇”为 42 次；张菼《台湾反清事件的不同性质及其分类问题》（《台湾文献》第 26 卷第 2 期）为 116 次；刘妮玲《清代台湾民变研究》为 73 次；陈孔立《清代移民社会研究》将其分为起义、游民骚乱、豪强竖旗、抗官事件、民间械斗、土汉冲突 6 类，总计 365 次。

② 汤彝《柚村文选录·壬辰征台记》，见《台湾关系文献集零》，台湾文献丛刊第 309 种（以下简称文丛版），第 62 页。

③ 关于张丙起事之原因有三说：一曰“抢米起衅”，二曰“抢牵牛只起衅”，三曰官府办事不公。黄窈娴将其总结为，“由于米粮问题、方言群之间的摩擦，以及官方处理态度不公，导致张丙心感不平，进而起事”，见黄窈娴《从张丙事件看清代台湾地方社会的建构》（台湾清华大学历史所硕士论文，1993）。其性质亦有诸多说法，有人认为是一次大规模的闽粤械斗，或是由官方介入闽粤械斗而扩大成的民变；有人则认为它是反对清朝封建统治的起义，而不是反对地主阶级的农民起义。参考陈孔立《清代台湾移民社会研究》326 页；刘妮玲把它归入“地方行政措施不当引起的抗议事件”，参考刘妮玲《清代台湾民变研究》。关于张丙起事之资料主要有：《清宣宗实录》、台湾文献丛刊之《台案汇录》（甲、己集）、周凯《内自讼斋文集》卷九《记台湾张丙之乱》（台湾文献丛刊第 82 种）、沈汝翰《除氛录》之《张丙倡乱始末》（收入中国社会科学院历史研究所明史研究室编《清代台湾农民起义史料选编》，福建人民出版社，1983 年，咸丰年间刻本）。关于张丙起事之研究，可参考丁光玲《清代台湾义民研究》，台北文史哲出版社，1994 年；张菼《清代台湾民变史研究》（台湾研究丛刊 104 种，1970）；刘妮玲《清代台湾民变研究》；黄窈娴《从张丙事件看清代台湾地方社会的建构》（台湾清华大学历史所硕士论文，1993）；陈孔立《清代台湾移民社会研究》。

④ 周　凯：《内自讼斋文选》之《记台湾张丙之乱》，台湾文献丛刊第 82 种（以下简称文丛版），第 32 页。

第一，彻查起义原因。因事后提审被捕人等时，有“贪官污吏妄杀无辜”之供词，朝廷怀疑是否因台地贪官苛索小民，激良为变，命程祖洛等详查。经程祖洛、瑚松阿审讯后认为，张丙所供总兵刘廷斌妄杀良民，“系随口混供，不足为据”。而且，“此案各股逆首，非叠劫未获盗犯，即游手无赖棍徒，素为戚党所不齿，居民所共恶。”地方文武并无酿乱激变之情。① 但程祖洛等认为，张丙起义，蔓及南北两路，持续两年才得扑灭，系因台湾营伍废弛所至。如台湾差役可恃者少，办案之时，一票到手，不问正犯之潜踪何处，先图择肥而噬。营兵骄悍者多，一遇调拨，不问是否本身应办之事与道里远近，先索口粮人夫。至兵役等所欲既满，而所拿之犯早已闻风远遁。是以台湾历来查拿要犯，皆不恃兵役而密购线勇。但线勇又有挟而求，每犯一名，非千斤一赏不可得。以故地方官畏难苟安，匪徒无所忌惮，日益增多。程祖洛认为，台湾营务，大弊在于不勤训练、不守汛地。其中，游击周进龙等督兵捕匪时，中途遇贼，官兵开炮不能出声，一致为贼所乘，如果平时训练精纯，临阵何至于此？

由于程祖洛等人认为张丙等原本是无赖之徒，台湾地方文武官员并无激变之实情，与以往完全不同的是，起义事件平定之后，台湾地方官员大都得到不同程度的奖恤或擢拔。根据程祖洛的调查，“以死勤事”的台湾知府吕志恒、台湾知县邵用之，“平日虽官声平常，但实未有贪污凌虐激变事情”，情甚轸惜，“均着加恩依部议照伤亡例，赏给云骑尉世职，所有应得恤赏照例办理”。六斗门之战殉难的嘉义县丞方振声、守备马步衢、千总陈玉威等文武员弁及家属幕友，均得从优奖恤。事后，工部、兵部分别对在平定张丙起义时殉职的护副将游击周承恩、守备张荣森等以下兵丁照例赏银300至20两不等。

第二，整饬吏治。尽管程祖洛等否认有“贪婪枉法、妄戮无辜”之事，但对整个事件中的责任者还是予以追究。首先，台湾镇、道因失察而交部议处。台湾镇刘廷斌，人虽勇敢，未免粗鲁，平日操防疎懈，临时措施，亦多失当，且台湾营务废弛，该员不知振作，在任多年，竟未知守城营右军守备应驻下加冬。其各营兵房又多倒塌，兵丁赁居民房，竟有离汛

① 福州将军瑚松阿、闽浙总督程祖洛奏“复奏台匪起衅根由”折，《台案汇录》（甲集），文丛版，第75页。

贸易、请代当差值宿种种不法情弊，[1] 实属辜恩溺职。台湾道平庆，谨饬和平，民情爱戴，其官声在台地为最好，但性软多疑，不能严厉率属，对吕志恒过于用事、邵用之不协舆情有失察之咎，均交部议处。其次，对"庇纵庸懦之劣弁"，请旨分别革职治罪。如台湾北路中营千总护理淡水营都司陈起凤，目击李受焚烧闽庄，行凶无忌，既不立时拿治，又不晓以利害，使之解散，因向李讲和不成，遂守株营盘，致令勾引生番攻庄焚抢，惨杀多命，该弁庇恶纵凶，奏请革职，发边充军。台湾镇标中营把总署南路营石井汛把总陈高山，调驻俾头时，既不能小心护守县治，又毫不斩获，且有被控盘剥利债准折货物之案。其子南路营外委陈光隆在赴郡考验时，擅受私押，被人告发。瑚松阿认为，此等不肖劣弁，均难稍事故容，陈高山、陈光隆，着一并革职，重责四十棍。[2]

第三，巡阅营伍，稽查地方。闽浙总督程祖洛称，此次周历全台，原拟顺道巡阅台湾营伍，并应补行军政，借以申明纪律。但台湾弁兵，久未操练，且多新配、新补之兵，兵与兵既未相融，兵与械又不相调。水陆各将领中，唯副将、参将、游击各一员、都司二员在任稍久，其余非阵亡事故，即参革治罪，或刚刚调任，兵与将更不相习，实属无从校阅。所谓的巡阅营伍，仅仅是随处察看而已，如将弁兵中之庸劣、老弱者予以汰革；勇敢勤能、才技可观者，堪以留任、留伍者，分别奏请升擢。同时，程祖洛于巡历各员时，就近调剂各营员弁考验弓马，半属中平，绝少出色之技，即命总兵张琴勒限练习，届期再由该镇照例逐一考校，分别举劾，汇册详办，待福建大员巡台之时，再详奏报。

程祖洛行抵淡水，还沿途察看民情，称该处晚稻播种齐全，青葱畅发。傍海之所，虽于六月底、七月初连遇风潮，然田禾、民舍，均无妨碍。地方绅耆、番丁，无不扶老携幼，迎候于道。程祖洛所到之处，随时随地宣布皇仁，对于心地明白、以礼法自持者，奖以花红银牌，令其教戒子弟，破除门户，驱拿匪类；对于好讼多事、顽梗不率者，严加训饬。[3]

第四，台湾善后二十条。张丙事件，是清代台湾历史上较大的一次民变，对台湾社会造成极大冲击。程祖洛等奉命巡台，处理台湾善后，仿福

---

① 《清宣宗实录选辑》，文丛版，第146页。
② 《清宣宗实录选辑》，文丛版，第155页。
③ "闽浙总督程祖洛回闽奏"片，《台案汇录》（甲集），文丛版，第103—104页。

康安制定台湾善后二十条，检讨清廷治台政策，其大致内容如下：

禁偷渡，以绝盗源。渡台民人，照例由地方官给票验放，台、内管口厅员验收，私给照票者，照知情卖放例革职。

行清庄，以除盗薮。每年秋收后，由台湾镇、道委员清庄一次。

严连坐，以杜包庇。清庄后，如有来历不明、为匪犯法之人，若总董、庄耆、保甲、邻里并不随时捆解，发觉到官，一并连坐。

禁迁徙，以免窥伺。如有凭空造谣，致使闻者纷纷迁徙者，先将该总董等枷号示众，再严拿造谣之人，照例治罪。

实力化导，以挽颓风。台湾镇、道、府、厅、县及驻防乡镇之县丞、巡检等官，每逢朔望，传集衿耆，敬谨宣讲《圣谕广训》；各学教官，于农隙时间周历稽查训蒙之人，是否皆堪为后生衿式，明示奖惩。

修建城墙、竹围、炮台，增设月城、兵房，以示捍卫。

划匀台湾、嘉义二县疆界，以资维制。将嘉义县新港溪以北至湾里溪二十余里，划归台湾县管辖。

酌议裁改汛防，以资巡察弹压。

修筑土堡、衙署、兵房，以资戍守。在隘要汛地添筑土堡，将衙署、兵房围绕在内。

练习技艺，以臻熟谙。各营千总等弁就所管兵丁按所习技艺，分日轮操，由专管将领每半月亲考一次，并送该镇抽调考验。

按期会哨，以资巡缉。各汛弁，在两汛交界处，每五日会哨一次。

更变内地调补章程。若调台各弁，实在训练有方，缉捕勤能者，于三年期满时，准镇道禀请留台；千总、把总期满，论俸请升，如无期满留台人员，再由内地调补。

减少台募兵数，以资约束。在台募兵，或招募土著入伍，不得过二十分之一；其缉捕得力，予以甄拔者，亦不得过二十分之一。

校考班兵，以杜顶冒。班兵到口，按名阅看技艺，查处顶冒情弊。一旦有顶替之情，若系该营派拨者，将原派员弁斥革；若系中途更换，则将带领员弁究革。

选制军器，以收实用。水师提督在将备中选出熟谙可靠者，委令监造器械，无需内地调配。

清厘屯务，以示体恤而资调遣。每年春秋二季，由理番同知会同地方官周历各屯，按名散放屯饷，将放过银数造册报督。

整复隘口，以杜勾番滋事。凡偷越番界，散发改装，谋娶番妇者，除实犯死罪外，杖一百，徒三年。

严硝磺之禁，以杜私益。凡私煎硝磺者，无论是否兴贩，以情节分别杖、徒、充军。三百斤以上及合成火药十斤以上者处斩；与生番交易及偷漏出海者，以通贼论，知情不报者连坐。

严申铁禁，以防偷漏。原有铁店，均移府、厅、县城中，乡市及沿山、沿海地方不准私开铁铺。①

因程祖洛的"台湾善后事宜"一折涉及面宽，关系清政府在台之大政方针，不可不慎重，光绪皇帝将此奏折批交军机大臣会同议奏。经大学士曹振镛等会同各部悉心核议，有十五条为"应如所奏办理"；有四条作了肯定性之补充或制订了实施细则，只有"酌更应变调补内地章程"中"请将台湾水师陆路千总一律插升内地守备"之建议为"应毋庸议"。② 朝廷基本上同意了程祖洛的"二十条"建议，成为此后清廷治台政策的核心内容。根据程祖洛"台湾善后"二十条，基本上恢复了康熙朝的严禁政策。

大员轮值巡台期间，台湾共发生大小民变数十起，而大员因此奉旨巡台的只有乾隆六十年的陈周全纠众起义事件、道光十二年的张丙起义事件和同治初年的戴潮春事件。一般之民变，如"官逼民反"、"豪强逞凶"，或"为饥寒所迫"，均不致朝廷大动干戈。在以上三案中，除陈周全案外，都是台湾历史上规模较大的起义事件，③ 而且，三案之性质，都有强烈的政治意识，是以推翻大清王朝为目的的抗官活动。如戴潮春称"东王"，张丙称"开国大元帅"，陈周全以"大盟主朱"相号召，此乃朝廷钦差大员渡台追剿或平定的真正原因。朝廷派大员渡台平定陈周全等，本身就表

① 闽浙总督程祖洛奏"酌筹台湾善后事宜"折，《台案汇录》（甲集），文丛版，第106—122页。

② 大学士曹镛等奏"议奏前案"折，《台案汇录》（甲集），文丛版，第123—138页。

③ 一般把朱一贵、林爽文、戴潮春起义称为清代台湾三大民变，或称朱一贵、林爽文、蔡牵、张丙、戴潮春起义为五大民变。见谢国兴《官逼民反——清代台湾三大民变》，台湾自立晚报社，1993年；吴青霞《台湾三大民变书写研究》，台湾成功大学硕士论文，2006年。

明，清廷在台湾最关注的是有效维护自己的统治和现有秩序，凡试图改变现有秩序之企图和行为，均严惩不贷。

三、弹压械斗

分类械斗，几乎是清代台湾移民社会的基本特征之一，所谓“分类”，即不同祖籍间居民之械斗，如漳、泉斗，闽、粤斗等。或不同姓氏之械斗，如乾隆五十四年嘉义之陈、李互斗，五十六年之徐、沈互斗等。或同一姓氏不同房派之械斗。分类械斗之原因，表面上看往往表现为争地、争水、争生意，实际则是因为长期不和，借平淡小事滋事纠斗。当然，最深刻的社会历史原因乃是台湾的移民社会以及清王朝的统治薄弱、社会秩序紊乱。这一点，统治者也承认，“向来福建械斗之案不一而足，该督、抚等并不认真办理，先存化大为小之见，颟顸完结，致奸民无所敬畏，肆行不逞，酿成巨案”。所以，朝廷严令，遇有械斗之事，“其地方官如有讳饰掩匿者，即严参治罪。倘有械斗之案，并不实力严办，仍前化大为小，别经发觉，唯该督是问”①。台湾械斗事件，涉及族群之争，处理不当往往上升为民变；台湾地方官对械斗之事心存畏惧。如道光十五年十月，嘉义知县遣家丁到店仔口解犯，回至八桨溪蔗园时，竟有匪徒600余众攒殴夺犯，该家丁身受重伤，“贼匪声言若知县到此，定要杀害”。以至于斗六门、盐水港、水沙连等处未获余匪，纷纷劫杀，毫无顾忌，地方官不敢过问。②

嘉庆十四年（1809年），四月十六日淡水地方彰、泉民人因奸起衅，互相纠众械斗，很快延及新庄、艋舺、彰化。经总兵武隆阿到此弹压，止息之后，淡水所属地方恢复平静，而彰、嘉两处止而复起，成为械斗重区。因台地班兵半系漳、泉调派，漳籍之兵护漳籍之民；泉籍之兵袒泉籍之民。台地之兵无力制止，武隆阿只得禀请督抚，调内地之兵过台会办。③八月十九日，福建巡抚张师诚奏“台湾地方彰、泉民人械斗已息复起，请调内地官兵前往弹压”折。嘉庆闻之，传谕军机大臣，命福建水师提督许文谟暂缓来京陛见，即同宁福道冯犟等先赴台湾，弹压彰化、嘉义两处械斗，并特准在省标及长福、兴化各营抽拨1000名兵丁，随许文谟分起配

① 《清高宗实录选辑》，文丛版，第598页。

② 《清宣宗实录选辑》，文丛版，第198页。

③ 《清仁宗实录选辑》，文丛版，第151页。

渡。此时，已行至浙江的新任闽浙总督方维甸，也收到即速兼程赶赴厦门的谕旨，谕曰如许文谟足资办理，自可暂驻厦门；若纠集愈众，急需剿办，方维甸应即亲自渡台。福建巡抚张师诚奉旨在内地镇静弹压，妥为接应。九月十九日，朝廷因收不到台湾镇、道之奏报，械斗起衅之真实情况，不得而知，即令方维甸亲自东渡，督率剿办。十月初，许文谟带兵渡台，械斗随即解散，只是械斗之要犯在逃。

十二月十六日嘉庆传谕军机大臣，称此次自四月初旬起衅，迟至十月方能办竣，现在械斗虽已止息，而善后事宜，最为紧要。许文谟本系陆路提督，诸务办理完竣，应即内渡回任。所有台湾善后事宜，由方维甸（七月十四日，以陕西巡抚为闽浙总督）体察情形，如此后"遇有彰、泉、粤庄等处民人因事争竞，如何妥立章程，即或有须兵力，不烦内地调遣之处，悉心筹议具奏"①。由此可知，方维甸奉命巡台，除查实滋事之原因外，主要是调整漳泉班兵驻防和制定约束械斗章程。

第一，改革班兵制度。台地班兵三年期满，即应停饷候代；而内地班兵，又不能按限到台，遂致旧班旷误差操、新班未能充额。对此问题朝廷认为，此项换防班兵，当新旧更替之际，旧班业经停饷而新班未到，若遇有征调，难期得力。由是决定，以后班满候代兵丁仍令其支领饷银一半，新班换防各兵亦先予一半；新班到台后再将旧班饷银停止，则兵丁无所借口而差操可期无误。驻台班兵向以漳、泉之兵最多，但每遇械斗之案，漳人护漳、泉人护泉，积习相沿，各分气类。朝廷欲从其他各营内拣派东渡，以备操防，如有地方紧要事件，再于漳、泉兵丁量行微调。如此变通，是否可行，成为方维甸巡台的主要任务之一。经过调查，对于台地班兵制度，方维甸提出如下建议：

关于班兵应支粮饷，向例按四月、十月划一，是以班满候代兵丁，应于班满之日即行停饷。方维甸提出新旧更代之法，即班满候代兵丁仍令其支领饷银一半，内地新班换防各兵亦先予以一半，至新班到台后再将旧班兵饷银停止，则该兵丁无所借口而差操可期无误。如此，新旧班兵皆有半饷，口粮更为充裕。

关于台湾漳、泉械斗时，漳、泉之班兵相互袒护问题。方维甸认为，换防兵额，系按内地各营兵数派定；若将漳、泉之兵停派，在他府各营内

① 《清仁宗实录选辑》，文丛版，第151、157页。

派往，内地未免空虚。且水陆各营不敷派拨，因此，似可仍循旧例，责成台湾镇约束稽查，随时驾驭以期渐除旧习。只是北路协左营班兵内有水师提标250人，均系泉人；该营驻扎彰化所辖地方，多系漳庄，恐不能相安。建议将北路协左营泉籍水师兵250名派往台湾协，即以台湾协之闽安、海坛、烽火营水师250名调往北路左营。如此，此地班兵皆为福州、福宁等府之人，人地较为安妥。①

第二，奏请裁并台湾营汛。巡台期间，方维甸发现，台湾南北两路陆路额设戍兵12389名，除存营、存城外，各营分派汛兵4358名，为数原已不少。但真正紧要地方反而单弱，且分汛兵丁零星难设，散处各方难以调集操演。根据方维甸之调查，近山险要及数县交界之处，路径丛杂，奸宄易于潜藏；近海支港可通小船之处，多有奸民私渡，贩运禁物。然而，此等紧要地方，或本未设汛，或原设塘汛兵丁太少，不足以防御。方维甸偕许文谟奏“台湾各营汛地酌议归并”折，请将偏僻零星各汛内弁兵裁撤，增添移并；将通往哈子兰要路及查缉私矿要口，裁拨增设；其昔偏今冲、安塘不均之处，亦应酌改。方维甸最后提出裁并之处共计有：城守营左军移驻外委二员，裁移十汛，兵丁并入三汛，移改一汛；右军移驻外委二员，裁移十一汛，兵丁并入五汛。南路营移驻千总一员，裁移三汛，兵丁添入三汛，移改一汛；下淡水营移驻外委二员，裁撤三汛，兵丁并入一汛；北路营、中军营共有把总一员、外委二员，裁设九汛，兵丁归入四汛，添设二汛、二塘；左营移驻把总一员、外委三员，裁设十八汛，兵丁并入六汛；右营撤额外外委二员，移驻把总一员、外委二员；艋舺营拨外委二员，裁移二汛并拨本营，兵丁并入一汛，添设二汛；沪尾水师营酌拨把总一员并本营兵丁添防，移改一汛。

方维甸之奏请得到朝廷批准。五月十九日上谕称，台湾地方负山临海，道里袤延，向于南北水陆各路额设戍兵12000名，用备巡防，而地方今昔异宜，自应随时酌定。“兹据该督等查明该处等紧要地方，或本未设汛，或原设塘汛兵数太少，请于偏僻零星各汛内裁减弁兵、增设移并各情形，自系为因地制宜起见。所有该督等奏请裁移归并之处均着照所请行”②。

① 《清仁宗实录选辑》，文丛版，第160—161页。
② 《清耆献类征选编》，文丛版，第1467—1468页。

第三，拟定约束械斗章程。方维甸认为，台湾远在重洋，不但彰、泉、粤三处民人互相仇怨，即同籍之人亦以各县相互仇怨，习染固弊猝难化导，唯有酌定章程，申明约束，遇事严惩于起初、平时防患于未萌，法在必行，或可渐移恶习。遂于五月二十七日奏“遵旨酌筹约束械斗章程”，其大致内容如下：

严缉械斗重犯。台湾文、武官员对械斗事件随时随地严缉查拿；遇有重犯，解送镇、道讯办；即应问留遣之犯，亦由该镇、道定拟汇案具奏。若办理迅速，人知敬畏。

统一调配各保隶役。镇市、村庄，各有本保隶役，嘉义一县隶役又全是彰人，缉捕人犯，互相党护。饬行各厅、县隶役听官佥差，不许擅自分保，不许同籍盘踞。总董等无论职员、生监，悉听厅、县调遣，若有怠玩，禀请革究。并令每庄各设约长、大姓设族长，管束本庄、本族，如有私弊，照董事例一体惩治。

预立禁约。各籍民人，同庄杂处，每多猜忌，偶闻一异籍村庄众寡不敌，易致欺凌。令地方官查明此等村庄，责成董总、约长、族长等约束村民，毋许滋事，并出保护甘结。一有衅端，将董总一并惩治。遇有争论难平之事，禀知地方官，秉公伸理曲直，以平其心。倘有藉端纠斗，即使纠众人少，旋即解散，尚未杀伤，将该首人立拿究办。

先礼后兵。起衅之初，速令该镇整兵前往，不听晓谕，即系乱民，当相机剿捕，大加惩创，一处震慑，他处皆可息争。

明确责任。地方官失察械斗，若非全获，应降职；地方官如能严缉查拿，即案犯未能全获，免其失察处分，如不禀办，照讳盗例革职。

方维甸奏请拟定械斗章程，严禁总董及本保隶役党护把持，设约长、族长，责令管束本族、本庄等事。朝廷一一诏准，以后倘有纠斗之案，即并未杀伤，亦将为首究办；如不听晓谕，即行派兵严拿，以示惩儆。嘉庆传谕台湾地方，地方官果能随时察访，据实禀报，使奸宄得以根除，虽不能全免处分，尚可酌量加恩，免其实降实革。①

① 《清仁宗实录选辑》，文丛版，第160—161页。

第四，筹议三口通行。台湾商船向来对口贸易，以鹿尔门港口对渡厦门、鹿仔港口对渡泉州蚶江、八里坌港口对渡福州五虎门，各有指定口岸。然风汛靡常，船民不遵例对渡，往往因牌照不符或串通丁役，捏报遭风，既可私贩货物，又可免配官谷。八里坌一口，因无应运兵谷，规避船只尤多，以致台湾现在未运官谷积压至15万余石之多，皆由商船规避所致。方维甸奏“商船贸易口岸牌照不符，官谷难运，酌议三口通行”折，建议三口通行，据实填写船照，务令相符；八里坌商船，亦令配运官谷，则船户无所规避，一切捏报遭风、兵役需索弊端，可以不禁自绝。[①] 二十八日上谕称，商船往返易，驶赴海口，自应听其乘风信之便，径往收泊，若必指定口岸令其对渡，不但守风、折戟，往来稽迟，且弊窦丛生，转难究诘。现在台湾未运官谷积压至15万余石之多，皆由商船规避不运所致。照方维甸所请，此后准令厦门、蚶江、五虎门船只通行台湾三口，将官谷按船配运。

由于长期执行闽台定点对渡，台湾每年额运官谷85000余石，因积年停缓积压，共有未运谷16万余石。方维甸建议酌定章程，分年配运。除将十一年欠运及本年应运谷共11000石外，所有嘉庆十年至十四年止，未运谷157000余石，自本年七月初一为始，分作五年扣限运完，每年带运谷31000余石，其每年额运之谷亦不得再有迟误。

实践证明，从“指定口岸，令其对渡”，变通为厦门、蚶江、五虎门船只通行台湾三口，“商船往来贸易，驶赴海口，自应听其乘风信之便，径往收泊”，为清代闽台贸易政策一次具有重大意义的调整与改革。

第五，奏请哈子兰设治。哈子兰田土膏腴，米价较贱。自乾隆末年民番流寓日多，若不官为经理，必至滋生事端。方维甸在“查明蛤仔阑地方情形”折中称，现哈子兰地方，有彰人42500余丁、泉人250余丁，粤人140余丁，又有生、熟各番杂处其中。居民之大半为彰人，以强凌弱，似所不免，只有设治官吏，方可相安无事。对未垦荒埔，查明地界，某处令某籍开垦、某处令某社开垦，分割公平，可杜争端。奏请噶玛兰收入版图，次年设噶玛兰厅。

嘉庆皇帝对方维甸此次巡台给予较高评价和莫大之期望，五月二十九日的上谕中说：台湾远处海外，诸务废弛，今方维甸到彼，于地方营伍力

---

① 《清耆献类征选编》，文丛版，第1470页。

加整顿，酌改章程，若地方官谨守奉行，自可渐有起色。① 方维甸巡台之诸多建议，日后均在台湾遵行实施。

四、招垦番地

自乾隆九年巡台御史熊学鹏奏请开垦水沙连番地，巡台大员屡有招垦番地奏请，如道光四年（1824 年），福建巡抚孙尔准巡视台湾，议开水沙连、埔里两社；嘉庆十五年（1810 年），总督方维甸奉旨查办哈仔兰，哈仔兰头目带“番社”请入版图；光绪六年（1826 年），因彰化闽、粤籍民分类械斗，福建总督孙尔准渡台，是年冬，孙尔准为招垦水沙连之事再次巡台。② 但所有招垦番地之奏请，均因朝廷坚信开垦将带来番乱，终无结果。

道光二十七年（1847 年），为考察水沙连开发事宜，闽浙总督刘韵珂奉旨巡台。水沙连，位于彰化县东南，距城 200 余里，生番分社而居，有田头、水里、猫蓝、审鹿、埔里、眉里等六番社，南北袤延 100 余里，陂原沃野，地尽膏腴。水里社山泽之芳丽，埔里社壤地之宽平，甲于各社之上。道光四年，福建巡抚孙尔准巡台经过水里、埔里二番社，曾奏请议开二社；道光二十一年，给事中朱成烈，再奏请开垦，均不准。道光二十六年，六番社迫于凶番之戕杀和奸民之抢夺，请求献地归诚，由理番同知史密（字梅叔）请之于闽浙总督刘韵珂，刘韵珂于二十六年十一月奏“开番地疏”折称，开垦水沙连，“去弊有五，兴利亦有五”，“若重拂番情，未免坐失事机”。十二月十五日，刘韵珂收到朝廷廷寄称“番性类犬羊，居于崖谷，忽因衰弱穷困，献地投诚，恳请官为经理，恐有汉奸怀诈挟私潜为勾引，一经收纳，利之所在，百弊丛生”。此事关系重大，命刘韵珂渡台巡察后，将该处一切情形，亲加履堪，悉心体察，据实奏明。

道光二十七年三月二十四日，刘韵珂奉旨赴台，先将台、凤、嘉三县各营官兵，按次简校，并将应审案件、应理公事，逐一办竣后，遂督同署鹿港同知史密、署淡水同知曹士桂、北路协副将叶长春、嘉义营参将吕大升及随带之文武员弁，于五月十三日抵水沙连，进行为期八天的实地考

① 《清仁宗实录选辑》，文丛版，第 166 页；《清耆献类征选编》，文丛版，第 1470 页。

② 《福建通志・大事记》，第 74—78 页。

察。刘韵珂称水沙连一带，平原饶沃，且有日月潭、珠仔山等名胜，风景绝似西湖。遂力主其事，是年十月上“复勘台湾水沙连六社番地，体察各社番情，据实覆奏”折称，若不俯顺番情，则生番日益穷困、熟番日益肆横。若一经开垦，则分疆划界，计亩授耕，生番收其租息，熟番得以力田。

遗憾的是皇上听从内阁大学士穆彰阿之建议，以为生番输诚献地，因不谙耕种，欲求内附，以为自全之策。利之所在，日久弊生。国家开辟边境，计划必周，与其轻易更张遗患于后，不若遵例封禁遏利于先。谕曰：“该督所请六社番地归官开垦之处，毋庸议”①。

刘韵珂此次奉命巡台，除考察水沙连外，还奉命巡阅营伍，他在“台湾各营汛酌量移拨弁兵”折中称：本年三月奉命渡台巡阅营伍，于各营原设汛防中详加稽查，有应添兵丁者，有应酌量移驻者，有原隶他营、地形隔阂，必须改归本营管辖者。其中，南路凤山县之阿公店汛、水底寮汛，北路营嘉义县之店仔口汛，台湾守城营之下加冬汛，宜酌量变通。兵部遵旨核议，准其所请。②

乾隆五十三年（1788 年）至同治十三年（1874 年）86 年，福建大员因事巡台，主要是因民变和械斗而巡台，但并非所有民变或械斗均须大员渡台。其中，此一时期，台湾共发生民变或械斗 42 次：乾隆朝 5 次，大员巡阅 1 次，即乾隆六十年之陈周全纠众滋事案；嘉庆朝 10 次，大员巡阅 2 次，即嘉庆十一年的蔡牵案和十四年的中港、后拢械斗案；道光朝 19 次，大员巡阅 1 次，即道光十二年张丙事件；咸丰朝 7 次，大员巡阅无。同治朝 1 次，大员巡阅 1 次，即同治元年的戴潮春案。尽管巡台大员也曾因招垦番地而巡台，但从朝廷或朝中部臣与巡台大员之间在开垦番地中持有的不同态度，似乎可以预见到清廷决策层对台湾的认识有明显的差异，这一差异一定时间内制约着清廷治台政策的基本趋势和走向。

---

① 刘韵珂奏“奏开番地”疏、“奏勘番地”疏，《治台必告录》，文丛版，第 213—215 页

② 刘韵珂奏“台湾各营汛酌量移拨弁兵”折，兵部“为核议闽浙总督刘等奏”移会，《明清史料》（戊编），中华书局影印本，1987 年，第 999 页。

第四节 轮值巡台制度中断的原因分析

福建大员轮值巡台制度的百年运作中，在嘉庆元年至十一年（1796—1806年）和道光二十八年至同治十三年（1848—1874年）两度中断，其效果和影响大大降低。本文拟在前人研究的基础上，[①] 从轮值巡台制度运行的宏观背景出发，依据制度实施的主观和客观动因两个方面，对福建内地和台湾两地的时段特性进行考察的结果表明：台湾海峡自然阻隔、福建内地形势严峻和台湾信息渠道的多元化，均为轮值巡台中断的重要原因。

一、福建内地形势严峻

嘉庆元年至十一年（1796—1806年），福建大员轮值巡台第一次中断，正值福建沿海进入一个前所未有的海盗高潮期，乾隆五十三年至嘉庆十一年（1788—1806年）18年间，有详细记载的海盗劫案，就有36起，平均每年两起，嘉庆九年至十一年（1804—1806年）的海盗蔡牵犯台案达到高潮（见附表三）。

东南沿海盗案不断，确是事实，但出现如此集中、持续时间如此之长的盗案，却不多见。其原因之一是，林爽文起义期间，福建大员之水师提督黄仕简、陆提督任承恩、按察使李永祺、闽浙总督常青、福州将军恒瑞，另有钦差大臣福康安等全部渡台，福建内地弹压不够，海盗闻风而动。其间，朝廷因福建沿海海洋盗风甚炽，曾特谕福建督、抚把拿获盗犯作为一项重要任务，而且还为此修改了长期执行的缉拿海盗条例，实行严法峻刑，不分首从概行按律正法，从重示惩。如朝廷为鼓励水师兵弁实力巡哨，规定若于巡期内将本境应行缉拿之犯拿获一半，可免其议处；一案盗犯全行拿获者，准加一级，记录两次；拿获邻境劫掠盗犯一案、本任并无承缉逃盗者，准其送部引见。[②] 自嘉庆初年，福建洋面出现闽省洋盗勾结安南夷人之情形；而粤省匪船遂有假装服饰称安南夷人，乘风入闽。[③]

---

① 许雪姬：《清代台湾的绿营》，台湾“中央研究院”近代史研究所专刊（54）1987年，第196页。

② 《钦定大清会典》卷六三一，转引自许毓良：《清代台湾的海防》，社会科学文献出版社，2003年，第161页。

③ 《清仁宗实录选辑》，文丛版，第3页。

福建吏治废弛，失业贫民出为海盗，是这一时期盗案频发的另一原因。如乾隆六十年四月，福州将军魁伦奏称，闽省近年来，吏治废弛，各海口盗匪复肆行出没，甚至五虎门近在省会，而盗船即在彼停泊累劫，毫无忌惮，以致商贩闻风裹足。五月初七日上谕也称，闽省吏治废弛已极，现在清理查办一切正关紧要，非福康安前往不足以资整顿，福康安因此调补闽浙总督。① 嘉庆元年二月，福州将军、署闽浙总督魁伦奏称，闽省近来洋盗充斥，及漳、泉被水后，失业贫民不无出洋为匪。② 至嘉庆十二年六月，由于福建吏治腐败，诉状连天，以至惊动京师，新任福建巡抚张师诚（十一年十一月由江西巡抚调福建巡抚）奉命稽查“未结词讼”。据载，此次共查得闽省巡抚衙门未结词讼2977案之多。而且，历任福建巡抚，除姚棻、田凤仪二人已经身故外，费淳、汪志伊、李殿图、温承惠4人，在任各年未结之案数目惊人。其中，汪志伊在任4年，未结案800余件，莅任久而积案最多；温承惠在任7年有余，未结案300余件，莅任未久而积案亦多；李殿图在任4年有余，未结案300余件。③ 闽省吏治废弛，人民有冤无处申，有理无处诉，由此一项，出而为盗，可谓“逼上梁山”。

道光二十八年至同治十二年（1848—1873年），福建大员轮值巡台第二次中断，为闽南小刀会起义和太平军四次入闽时期。

福建原本就是秘密会党反清复明的基地，各种民间结社活动尤为频繁，虽经清廷大军征剿，但剿而不止；至太平军转战南方数省之时，福建地区的会党起而响应，渐成蔓延之势。咸丰三年（1853年），据闽浙总督王懿德奏报称，“闽省上下游皆会匪，有红线会、闹公会、小刀会、江湖会、红会、花会、烧纸坐台、草鞋会、过江龙各色名目。”④ 其中，闽南小刀会于咸丰三年五至八月，一度攻占厦门，在水师提督衙门内建立政权，发布“汉大明统兵大元帅”告示，与清王朝武力对抗。与此同时，闽中也爆发了林俊领导的会党起义，先后攻占仙游、兴化等地。当清廷试图大军剿灭闽南小刀会时，广西爆发了金田起义，并于1853年会攻南京，福建当地军队因奉命驰援南京，小刀会活动空间由此扩大，以至咸丰七年才最终

① 《清高宗实录选辑》，文丛版，第695、710、719页。

② 《清仁宗实录选辑》，文丛版，第3页。

③ 《清仁宗实录选辑》，文丛版，第109、112页。

④ 《王靖毅公年谱》，转引自徐晓望：《福建通史》卷五，福建人民出版社，2006年，第77页。

被剿灭。闽南小刀会和闽中林俊起义失败后，随之而来的是太平军四次入闽。

1856年天京事变发生时，尚在江西的杨秀清族弟杨辅清部，归入翼王石达开麾下，与石镇吉部同时从江西进入福建，为太平军首次大规模入闽。入闽后的杨、石两部互相配合，在将近4个月的时间里，先后攻占光泽、崇安、建阳、泰宁、建宁、宁化等6县，及邵武、汀州两府，闽西北大部地区，被太平军占领。1858年4月，太平军第二次入闽，此次入闽之太平军，除杨辅清部在建宁府一带短期活动外，主要是翼王石达开的部队。自1858年7月，石达开部从浙江入浦城，至次年2月退出永定，不到一年时间，闽西北大部分地区，如浦城、松溪、政和、建阳、光泽、建宁、泰宁、宁化、连城、顺昌诸县，及邵武、汀州两府，再次被太平军占领。1860年底，石达开部二次攻入福建，为太平军第三次入闽。为剿灭石达开部，清廷不得不调总兵曾玉明、参将林文察率台勇内渡。1864年，天京陷落后，太平军余部之沛王谭兴、康王汪海洋、侍王李世贤、刘王林彩新、显王袁得厚、堵王黄文金及幼天王，分别从江、浙、赣等省进入福建。所以，左宗棠奉命入闽时发现“自永定、上杭，龙岩以至漳州，纵横数百里，一片贼氛”①。进入福建之六部太平军“主力”中，沛王谭兴和刘王林彩新部因损失惨重，余部均归侍王，其余四部的主要活动地区为：

侍王驻漳州府城，分驻龙岩的来王（陆顺德）、奏王，以及据守永安、南靖、云霄各部均归侍王统领，兵约10万。

康王汪海洋驻汀、连、杭三县交界之南阳、新泉一带，兵亦有10万。

丁太洋驻南靖县北之水潮、和溪一带。

林正扬活动于武平一带。②

同一时期，福建地方水灾频发，其中1844年和1853年两次大的水灾对福建危害尤为惨烈。据载，1844年的闽江大洪水，仅闽县淹没田园44430余亩，房屋倒塌无数，2400多人无家可归；侯官县被淹田园49000多亩，倒塌房屋799间，6640人流离他乡。1853年的洪水，福建受灾面积和程度更为严重。据载，北起福建沿海福宁府，南经福州至莆田、泉州各

① 左宗棠奏“攻守龙岩、漳平叠胜及由连城进剿先胜后挫情形”折，《左文襄公全集·奏稿》卷十一。

② 左宗棠奏“连城、漳州剿贼获胜”折、“汀、连、龙、漳分军进剿大捷情形”折，转引自朱维干：《福建史稿》（下），福建教育出版社，1986年，第617页。

府县，以及西北的建宁府、西部之延平府、西南之汀州府各属县均为灾区。其中，寿宁县倒塌民房100余间，伤亡民人300多名；永定县倒塌民房1000余间。全省早稻收成不及三分之一。①“天灾兵祸”引发福建社会矛盾激化，地方官员严阵以待，不敢稍有疏忽。

无论福建沿海海盗猖獗，还是太平军大规模入闽，面对福建严峻形势，朝廷当然希望首先安定福建地方，然后才是巡视台湾。如乾隆五十一年十二月二十七日，台湾林爽文起义，福建水师提督黄仕简渡台后，闽浙总督常青亦疾驰厦门督战，朝廷反而责之曰：“常青、徐嗣曾（福建巡抚）总须不动声色，妥协办理；若因外洋遇有此等案件，该督、抚纷纷调遣，迹涉张皇，转至内地民人心生疑骇，殊有关系。该督、抚不可不虚以镇定也。”次日，朝廷专此下旨，再次强调：“总以镇静内地为要；看尔等俱属张皇失措，为此朕却牵念。台湾常有此等事，此次何至汝等如是张皇畏惧”。乾隆五十二年正月，当朝廷得知陆路提督任承恩与水师提督黄仕简均渡台督战时，乾隆称“岂有水、陆两提督俱远涉重洋办一匪类，置内地于不顾之理！”对于福建督、抚奏请简派钦差大臣渡台督剿之建议，乾隆的回答更是坚决，称“督、抚、提、镇，俱有绥靖地方之责，设一遇匪徒滋事辄请派钦差大臣督办，又安用伊等何耶！”② 又如，道光六年，彰化、嘉义有匪徒纠众械斗，闽浙总督孙尔准驰抵厦门，探知台湾北路械斗尚未止息，拟带官兵渡台督办，道光皇帝则以为，“该督以厦门与台湾重洋阻隔，文报往复需时，请即日渡台相机督办，固属甚善，但内地不可无大员弹压。”道光认为，水师提督许松年已在此督同镇将带兵堵辑，孙尔准驻扎厦门调度策应即可，不必亲往台湾。③ 至于鸦片战争以后近30年的闽台地区，特别是福建内地，几乎一直处于战时状态。先是，英军三次进攻厦门，五次窜入台湾，厦门最终陷落；《南京条约》开放的五口之中，福建占有两地。此后，福建人民的反入城斗争此起彼伏，福建大员东奔西突，应接不暇。台湾练勇尚且奉命内渡，福建大员岂又有时间顾及巡台。

因此，渡海巡台制度在执行中，因内地有事，大员巡台随时推迟或取消。如乾隆五十四年，闽浙总督据伍拉那奏称，台湾海外要区，将军与

① 林敦奎：《晚清福建水灾概述》，转引自徐晓望：《福建通史》卷五，福建人民出版社，2006年，第75页。

② 《清高宗实录选辑》，文丛版，第312、313—314页。

③ 《清宣宗实录选辑》，文丛版，第41页。

督、抚、提督例应分年轮往察查，本年先令水师提督哈当阿前往巡查，但朝廷却不予批准，原因是“台湾大功甫行告竣，经此大加惩创之后，该处兵民自必加倍震惊，咸知安分守己；且有奎林在此，足资弹压。现在福建内洋盗劫案频闻，沿海一带地方较之台湾更关紧要；哈当阿系水师提督董率兵弁缉捕奸宄，是其专责，难以遽离。此时哈当阿不必前往；俟明年察看内地情形，或伍拉那，或哈当阿，二人届时再自行商酌一人奏闻，前往巡查”①，哈当阿巡台计划因此被取消。

二、台湾信息渠道多元化

朝廷希望通过福建大员轮值巡台，取代巡台御史，成为获得台湾信息的主要渠道；但乾隆五十二年柴大纪案中，台湾镇总兵柴大纪贪渎敛怨，种种不法，近在同城的台湾道永福居然未曾揭报，朝廷意识到台湾镇、道会衔奏事制度，不仅不利于镇、道之间相互监督，反而因会衔奏事而导致“不得不”共同欺蒙朝廷。事后，乾隆一怒之下赐台湾道永福自尽，但乾隆亦知，以当时成例台湾道并不能专折独奏，自是无从告发。所以，柴大纪案后，台湾镇、道请旨简放、专折独奏，以及加衔之规定，不仅加强了台湾镇、道之间互相监督之机制，而且在轮值巡台的福建大员之外，朝廷又增加了获得台湾信息之渠道。

台湾道加按察使衔，专折独奏；道、府官员，请旨简放

自台湾并入版图，台地官员即不经吏部铨选，而由福建督、抚调补。如雍正七年（1729年）之规定：凡调往台湾各官，道员到任三年，知府、同知、通判、知县到任二年，该督、抚于本省内地属官内遴选贤能之人，乘冬月北风之时到台，……其调任官员内除庸劣不堪者，该督、抚随时题参外，其余官员均于期满之日调回内地，该督、抚查覆，分别具题。其中，如果实心办事，地方宁谧，台湾道、府可经由福建督、抚给咨送部引见，候旨升用；同知、通判、知县均留于本省，遇有应升之缺，该督、抚即行具题升补。② 然而，这一铨选制度因林爽文起义而废止，乾隆五十二年十二月十七日上谕称：“台湾道、府向有缺出，俱有该督奏请调补，易启夤缘瞻循之弊，嗣后该处道、府有缺出，俱着请旨简放。”次年再谕，

① 《清高宗实录选辑》，文丛版，第661页。
② 《清会典台湾事例》，文丛版，第13页。

台湾远在海外，如遇有紧要案件，该处道员虽原准与总兵会衔具奏；但镇、道本不相统辖，如必得会衔，易启扶同瞻循之弊。且海洋风信靡常，往来商办，动稽时日，亦多不便。故而，万钟杰补放台湾道时，特加按察使衔；令该员遇有应奏事宜，自行陈奏。此后，“凡遇有被放台湾道员者，具着加按察使衔，俾得自行奏事。”① 万钟杰以后7任台湾道员，除张鸿年在平定林爽文时坠马身亡、季学锦在任不及三月卒于任之外，其他5任均加按察使衔。台湾道加按察使衔后，自然取得专折奏事权。

台湾总兵加提督衔，职权进一步扩大

清代台湾官僚体系，虽文、武分属，不相统辖，但以武抑文是其基本特征；台湾文武不和之弊亦因此而成。雍正十一年，因台湾道倪象恺颟顸强势，巡台御史奚德慎奏请加重总兵权力，自是台湾总兵“依山、陕例，改为挂印总兵。”② 依例，挂印总兵调遣军队时，可便宜行事，不必事事禀报督抚；主稿封章奏事时，有迳奏权，亦不必经由督抚转奏；挂印总兵有刑事审判权，处决刑犯时，挂印总兵的王命旗牌与总督同为十面，比一般总兵多出五面。台湾总兵不仅凌驾台湾道之上，而且比一般总兵有更大权力（可以理民）。乾隆五十三年以后，台湾总兵职权通过加衔，③ 或提督兼任，愈加扩大。台湾总兵还可以通过陛见，直接面陈皇上，台湾很多信息直接由总兵传递至朝廷，无需经福建大员。④

下面通过对乾隆五十三年至嘉庆十一年（1788—1806年）18年，3任台湾总兵之任职考察，便可发现其特征及其变化。

奎林（乾隆五十三年至五十六年任），满洲镶黄旗人。乾隆五十二年，

① 《清高宗实录选辑》，文丛版，第613页。

② 1684年，设台湾总兵，下辖兵丁一万人，防卫台澎。1721年，撤台湾道标500人归镇1722年，台湾总兵移澎湖，称澎台总兵，后因巡台御史反对，回驻台南。1733年，因台湾南北两路起义，台湾总兵“挂印”，可以理民。1786年，林爽文事件后，台湾镇总兵由满洲人担任，不但任期长、加提督衔，并加重其刑事处分权。1866—1869年，台湾镇总兵裁员至7700人。1875年，福建巡抚冬春驻台，总兵撤去挂印，但巡抚回闽时恢复挂印。1886年，设澎湖总兵，台湾总兵辖区变小，裁员至4500人。但可以统领全台勇营。

③ 台湾镇总兵加提督衔，并非与总兵任命同时，而是总兵任上实心做事，著有成效，才“酌量加恩，赏给提督衔”。如嘉庆四年爱新泰初任台湾总兵，奏请请弹劾、弹压属员之权，嘉庆皇帝一眼便知欲求加提督职衔，被斥为“大属非是”，予以拒绝。第二年，因剿匪有功，终加提督衔。

④ 姚莹：《东溟奏稿·自序》：“当日台湾有事，巡台御史径奏，不由督抚。盖自有台湾，即为定制。乾隆中，罢巡台御史，乃令镇道径奏”，台湾文献丛刊第49种（以下简称文丛版），第1页。

伊犁将军任内因“任性乖张、毁弃佛像、辱詈职官”，且“听情得受遣返银两，纵令回籍”等，被劾革职。五十三年六月，林爽文起义平定之后，乾隆考虑到台湾甫经平定，一切抚绥善后事宜，正资整饬。且奎林前在伊犁所处之人犯，均为有罪之人，其获咎，尚非贪赃枉法、难以原宥。“台湾正当需人镇抚整饬之际，不妨弃瑕录用。台湾镇总兵员缺，着加恩将奎林补授”①。奎林于次年就任台湾总兵，即偕台湾道万钟杰奏“审明搜拿贼匪乘机抢夺之兵丁柯鸣凤等，问拟斩决”折，在奏报之前，即将所谓的“匪贼”一律问斩，乾隆不仅没有怪罪，反而十分赞赏，称台湾甫经惩创，该兵丁等辄敢乘机肆抢，实属目无法纪，奎林等审明定拟，即应将柯鸣凤等立置刑诛，再行具奏。若拘泥成例，候旨遵行，台湾远隔重洋，往返稽迟时日，倘该犯在监病毙，或幸逃法网，别滋事端，更不成事体。谕令奎林等，“嗣后如遇此等重案，审明后即将该犯一面正法，一面具奏。三年之后，该处刁悍之习日渐敛辑，命、盗等案再照旧例办理”。换句话说，乾隆授予奎林3年“先斩后奏”之特殊权力。此后，奎林在台湾严法峻刑、每用重典，劾官吏、斩奸民，有犯必惩。至乾隆五十五年，兵部议叙，奎林加一级、赏给提督职衔。由于奎林自任台湾总兵以来，于地方营伍、诘奸缉匪诸事，能实心整顿，朝廷认为，“台湾地方玩法行凶积习正可渐次挽回”。五十六年，升任福建水师提督，仍兼管台湾总兵事务，每年或赴厦门一二次查阅内地营伍，并准奎林自行酌量往来两处，驻扎台湾时所有水师提督事务，由福州将军兼署；驻扎厦门时，台湾总兵印务，即由闽浙总督与奎林在水师总兵内择其熟谙海洋、精明强干者，酌委一员，奏请暂署。② 开水师提督兼台湾总兵之先例。

哈当阿（乾隆五十六年至嘉庆四年任），蒙古正黄旗人，乾隆五十六年九月，由福建陆路提督调任福建水师提督，兼管台湾总兵事务。上任之时，乾隆特谕，近年来奎林在台，力加整顿，积习未能尽改，可见该处民风非一时所能教化，“哈当阿到彼务须督率所属仿照奎林章程，认真严办，以期绥靖海疆”。哈当阿果不负重托，五十七年六月，即因搜捕林爽文余党有功，叙加一级。次年，审办偷渡案犯，交部议叙；劾凤山县令失职，罢之。复奏拿获天地会案犯2名，乾隆嘉之“所办俱好，仍交部议叙”。

① 《清耆献类征选辑》，文丛版，第1146页。

② 《清高宗实录选辑》，文丛版，第683页。

六十年，凤山县陈光爱、陈周全纠众结盟，哈当阿斩其首从64人。乾隆再谕称，“台湾林爽文事大加惩创之后，为时未久，匪徒等复敢纠众结会，不得不从严办理。哈当阿所办甚是”①。陈周全案，哈当阿虽遭革职留任，但直到嘉庆四年才回福建水师提督本任，其间得嘉庆嘉奖多次。

爱新泰（嘉庆四年至十年任），满洲正白旗人，于乾隆三十八年(1773年）由键锐营前锋随征金川有功，赏戴蓝翎，授前锋校，六十年，授福建延平协副将。嘉庆四年，由江苏苏松总兵调任台湾总兵。此前台湾两任总兵奎林，或为钦派来台整饬地方，或为水师提督兼总兵，皆有经营地方之责。由于爱新泰至台并无加衔，经营地方多有不便，遂奏称“若仍照旧章程遇事参办，似越分擅专；若遇事视为本非所属，不即陈奏，由此酿成事端，即治臣应得之罪，已于公事无益”，请求加提督衔。次年因缉拿嘉义匪徒有功，得加提督衔，并赏给恩骑尉世职，加军功二级。此后，嘉庆十年至十五年，爱新泰因蔡牵案“办理认真”，多次特旨交部议叙，嘉庆十九年（1814年），升江苏巡抚。

以上3任台湾总兵之任职特征，可概括为：第一，任职时间长，18年3任，平均每任6年。其中，哈当阿任职8年，爱新泰7年，奎林任职最短也有4年。依例，台湾总兵三年一任，3任总兵大大超过正常任职时间，足以说明朝廷之信任。第二，3任总兵在审理案件或弹劾吏员时，享有“先斩后奏”之特权，而且大都奉行“严法重刑，有犯必惩”高压政策，台湾社会秩序相对平静，无甚大乱，② 成为福建大员无需巡台之借口。第三，3任总兵，皆为旗人，而且世代有功，可谓朝廷近臣，他们通过陛见或专折奏事，将台湾信息迅速传递至朝廷，成为朝廷获得台湾信息的主要渠道，事实上替代了福建大员巡台的部分职能。

三、海险之影响与制约

福建形势严峻，大员无暇顾及巡台；台湾信息渠道的多元化，以及台湾总兵高压政策下出现的短期平静，可谓福建大员由此放松对台湾巡察的时段性原因。渡海之险以及台地官员赴任时屡遭海难，致使朝廷和福建大

① 《清耆献类征选辑》，文丛版，第1187页。

② 据刘妮玲和陈孔立之统计，清代台湾大量动乱发生在1860年以前。参考陈孔立《清代台湾移民社会研究》、刘妮玲《清代台湾民变研究》。

员都不主张轻易涉险，乃轮值巡台两度中断的基本原因。

根据第一章对台湾海峡险处及海难之描述与分析，海峡阻隔的确给渡者造成极大的心理压力和恐慌。福建大员轮值巡台制度本身，把海峡之险视为不可抗因素，如议定福建大员轮值巡台制度之初，乾隆就强调，“海洋风信靡常，该督、抚前往巡视不必拘定时日，只需何月分风信平稳之时，配船前渡，亦不至于涉险也。”① 乾隆五十二年，福康安渡海平定林爽文时，为保证重臣安全渡海，乾隆特赏给福康安右旋白螺，祈求海神保佑。至乾隆五十三年，定轮值巡台之例时，乾隆再次强调，“远渡重洋，究系涉险，如该将军、督、抚、提督内有年逾七十者，着免其前往，以示体恤。”② 不仅如此，乾隆五十三年五月，福康安奏请大军凯旋时，乾隆特谕称：“大兵凯旋非将（疑误）前此进剿时关系紧急，迫不及待，不得不冒险遄行者可比。将来凯旋渡洋，不但福康安、海兰察及领兵大员不可冒险轻渡，即微末兵弁，亦不可轻易涉险，总须俟风色顺利，再行开驾。”③ 朝廷对一般兵士尚且如此，大员渡台更加谨慎。故是年十一月，为福建大员渡台事，乾隆再次颁谕称：“上年福康安前赴台湾，特赏给右旋白螺带往，是以渡洋迅速，风静波恬，咸臻稳顺”。“今思闽省总督、将军、巡抚、提督等每年应轮往台湾巡察一次，来往重洋，均资灵佑，特将班禅额尔德尼所进右旋白螺发交福康安于督署洁净处敬谨供奉，每年督抚、将军、提督等不拘何员赴台湾时，即令带往渡海，俾资护佑。俟差竣内渡，仍缴回督署供奉。”同时，乾隆还提醒轮值巡台大员，“亦不必因有白螺，冒险轻涉。总视风色顺利时，再行放洋，以期平稳。”④ 除非得已，朝廷并不主张督、抚大员涉险；每遇大员巡台，皇上总是悬念不安，往往以天子之尊，祈求海神保佑。如嘉庆十一年，钦差大臣赛冲阿渡海赴台剿灭蔡牵时，嘉庆特谕军机大臣称：“台湾远隔重洋，风涛靡定，特发去大藏香五枝，着赛冲阿敬诣天后宫代朕虔祷，以期仰叨神佑。”同时，还仿效乾隆祈求右旋白螺护佑福康安渡海之例，携带大利益吉祥右旋螺，发交赛冲阿

① 《清高宗实录选辑》，文丛版，第510页。

② 《清高宗实录选辑》，文丛版，第570页。

③ 兵部“为内阁抄出福康安等奏”移会，《明清史料》（戊编），中华书局影印本，1987年，第297页。

④ 《清高宗实录选辑》，文丛版，第645—646页。

祇领，带往渡洋，以资护佑；俟凯旋日，派大员斋送回京供奉。①

据《明清史料》和《清实录》之统计，乾隆末年至嘉庆初年，正为海难频发、渡台官员洋中遇难较为集中时期。其间，仅官船遇难就有21起，因此溺水丧命官兵300多人，如乾隆四十八年八月，据闽浙总督富勒浑奏，台湾镇总兵孙猛迎接伊母过台，在厦门放洋，陡遇飓台，不知漂泊何处，因母子情切，孙猛请求解任，往寻老母。乾隆称："殊堪怜悯"，准孙猛解任，往寻伊母。是年十一月初三日，福州将军雅德再奏，台湾镇总兵孙猛，因迎养伊母船只漂失，解任寻访，以致忧思成疾，旋即病故。② 所以，当乾隆接到福建巡抚徐嗣曾称，台湾总兵奎林于八月十八日自蚶江登舟赴台，至九月十四日尚无到台消息之奏报时，甚是惊恐，随即谕军机大臣等称："该抚此折系于十月十二日奏到，迄今又将月余，未据将奎林曾否抵任续奏，朕甚为悬念"。并称："海洋风汛靡常，即使奎林坐船被风漂至广东，图萨布自应具奏；乃亦未据奏闻。究竟此时奎林有无下落？是否已抵台湾？传谕徐嗣曾即行查明具奏"。乾隆皇帝对渡台大员的担心，情之真切，溢于言表。十一月中旬，徐嗣曾奏称，询之鹿港进口船只，奎林渡洋后因遇风收回，九月内在崇武澳守候开驾，③ 原来奎林尚未渡台。乾隆因没有收到奎林的奏报，对徐嗣曾提供的信息将信将疑。因为上年福康安在崇武澳守风时朝廷曾收到奏报，因此对奎林之准确消息仍"甚为悬切"。同一时期，台湾换班兵丁渡海遇难之事，更是屡见不鲜（见附录二）。如乾隆五十七年，商哨船只配载台湾换班回厦兵丁，八月十五日在洋遇风，击破船只，淹毙兵丁7名，下落不明者142名。④ 嘉庆十七年（1820年）四月，台湾换回弁兵在洋遇风淹毙，其中，此次台湾换回之督标、抚标5营弁兵伍德喜等配坐商船，于二月初七夜在澎湖洋面陡遇暴风，漂至外洋小金屿地方，冲礁击碎，淹毙弁兵及水手等一百余人。⑤

除风涛之险外，海盗肆虐，海面不静，渡海遇盗亦为常有。如乾隆五十二年四月，从广东调出援台之兵丁，行至屿仔尾地方时遭盗匪劫掠，兵丁受伤数人，器械丢失无数。是年八月，就有三处运官米之船被劫。一是

---

① 《清仁宗实录选辑》，文丛版，第64页。

② 《清高宗实录选辑》，文丛版，第284—286页。

③ 《清高宗实录选辑》，文丛版，第643—644页。

④ 《清高宗实录选辑》，文丛版，第703页。

⑤ 《清仁宗实录选辑》，文丛版，第174页。

松山汛千总郑魁报称，浙江石门县运闽官米船户刘新春，于本月初八日行至洋中，官米被贼船劫数石，押运兵役所带之鸟枪、腰刀一并被劫去。二是崇武汛把总赵珠成报称，浙江新城县运闽官米船户林长茂，于本月十六日驰至莆田、惠安交界洋面，贼匪突袭，押运兵役所带鸟枪、腰刀被劫，所幸米石无损。三是船户甘发兴报称，其承运兴化府米350袋，于本月十七日在崇武澳十里外，被两只盗船劫去船户自带番钱、衣食等物，押运兵役之枪械亦被劫。① 嘉庆元年（1801年）六月，水师提督哈当阿奏，有47名换班兵丁在洋面被害。而且“盗匪言语，系粤省口音，所穿衣服，亦有外夷式样”。嘉庆惊异“洋盗何以如此肆劫，戕害官兵至四十七人之多?”嘉庆三年，又据哈当阿奏“在洋遗失奏折公文”折称，差弁李喜在厦门洋面被多只盗船所劫，李喜跳海不知下落，所带奏折遗失。嘉庆申饬闽浙总督魁伦，自闽浙总督任后，志得意满，并不实心缉拿；金门系属内洋，今有盗船多只围劫折差之事，可见闽省洋面盗风尚炽。②

巡台大员，可在右旋螺或大藏香护佑之下，于风色顺利之时渡海，但海盗并不依季节行事，亦不接受皇上的祈求；面对频发之海难和猖獗之海盗，无论是朝廷，还是巡台大员，都会心存畏惧，巡台活动由是减少，乃至中断。

① 《钦定平定台湾纪略》，文丛版，第438、474页。
② 《清仁宗实录选辑》，文丛版，第9、16页。

第四章　闽抚驻台制度

闽抚驻台制度，即福建巡抚冬、春两季驻台；夏、秋两季驻省，台、省兼顾，是清代渡海巡台制度之第三阶段。自光绪元年（1875 年）五月福建巡抚王凯泰渡台，至光绪十一年（1885 年）台湾建省，10 年间共有 7 位福建巡抚驻台。由于国际因素逐渐深度介入台湾，清政府变革图强之内在要求，特别是经驻台闽抚亲历巡察及其相继提出的积极治台主张，清廷最终放弃了持续百年的“为防台而治台”的消极治台政策。自沈葆桢之后，历任福建巡抚的巡台活动都是围绕台湾海防与洋务、开山与抚番等事务逐次展开，台湾内地化成为清政府治台政策的本质。所以，驻台闽抚的治台主张及其在朝廷的反应，为本章首先关注的问题。同时，闽抚驻台制度所追求的“闽台呼应”和“事权归一”之理想效果与台湾建省之初衷，在本质上是一致的。在此意义上，台湾建省，可谓闽抚驻台乃至渡海巡台制度演变的必然趋势，故而，成为本章探讨的另一个重点。

第一节　闽抚驻台制度之沿革

台湾并入大清帝国版图以来，随着人们对台湾认识的逐步加深，中央政府对台湾的管辖制度也逐步加强并日渐完善；但因福建大员轮值巡台制度两度中断及其后期效果之不彰，致使此后对台湾的管辖形式几经变易，颇费斟酌，甚至是困惑：设省，闽台睽域，呼应不灵，且恐诸多窒碍；不设省，则事权不能归一，诸事拖延，如此成为两难选择。光绪元年至十年，相继确立的闽抚移驻台湾、闽抚冬春驻台、督抚轮赴分驻，以及简派重臣渡台、总督驻台和提督驻台之呼声，反映了清政府在化解两难选择时所做的努力与尝试。台湾建省之实现，最终结束了这一艰难选择。

一、沈葆桢巡台与晚清治台政策之转变

台湾位于我国大陆东南，是欧亚大陆东部、北太平洋弧形岛弧之关键

纽结。不仅是我东南五省之“门户”，与大陆有特殊的地缘关系，而且具有世界性地缘政治价值。同样位于太平洋岛弧上的岛国日本，其民族文化深处原本就蕴藏着强烈的海洋生存意识；较早接受近代西方海权观念，甚至比清王朝更早认识到台湾的战略地位和经济价值。因此，在日本的“南进政策”中，台湾居于重要地位。根据明治之前吉田寅次郎《幽囚录》之狂想，此时的日本已具备了“北割满洲之地，南收台湾吕宋诸岛”的能力。[①] 明治维新后，日本走上帝国之路，几乎整个东亚地区被纳入其“生存空间”，特别是1870年代以后，随着西方势力在亚洲的扩张，台湾和琉球的战略地位日益凸显，日本对台湾的觊觎进入实施阶段，1871年琉球漂民被台湾土著杀害一事，[②] 成为日本出兵入侵台湾的借口。

同治十三年（1874年）三月三日，总理衙门从英国驻华公使威妥玛信中得知“日本运兵船赴台湾沿海以东地方，有事生番”。三月二十九日，总理各国事务恭亲王等奏称，应如何按约据理相机办阻，及如何事先筹备，福建督、抚固然责无旁贷。但因闽浙总督李鹤年兼署福建巡抚，公务繁忙，且不能遽离省城，致旷职守。故请钦派闻望素著、熟悉洋务之大员，带领轮船前往生番一带察看，妥筹办理。[③] 同一日的上谕称：“生番地方本系中国辖境，岂容日本人窥伺?”因事关中外交涉，亟应事先防范，以杜衅端，该处情形如何，必须详细察看，妥为布置，以期有备无患。李鹤年因公务繁忙，不能遽离省城。“着福建船政大臣沈葆桢带领轮船、兵弁，以巡阅为名，前往台湾生番一带察看，不动声色，相机筹办。”[④] 至于如何办理，上谕中亦有明确指示，若调拨兵弁之事，商与福州将军文煜、闽浙总督兼署福建巡抚李鹤年及提督罗大春；若生番如何开禁之事，应设法抚绥驾驭，以免外国侵越；日兵到闽之后，作何动作，文煜、李鹤年、

① 伊能嘉矩：《台湾文化志》（卷下）“日本台湾经略动机”，日本东京：刀江书院，昭和三年，第149页。

② 台湾洋面漂船事件时有发生。据统计，仅康熙五十九年至光绪二十年，琉球船只遭风漂台者就有64艘。关于琉球漂民与日军入侵台湾事件（1871—1874年），《清代中琉关系档案选编》（中华书局1993年版）、王芸生《六十年来中国与日本》（大公报社1932年版）、《同治朝筹办夷务始末》以及《中日外交文书》等文献均有详细记载。近期代表性研究成果，可参考米庆余《琉球漂民事件与日军入侵台湾（1871—1874）》一文，载《历史研究》1999年第1期。

③ 三月二十九日“总理各国事务恭亲王等奏”，佚名：《同治甲戌日兵侵台始末》，沈云龙主编：《近代中国史料丛刊续编》（第100辑），台湾文海出版社印行，第3页。

④ 三月二十九日“谕军机大臣等”，《同治甲戌日兵侵台始末》，第4页。

沈葆桢据实具奏。当日上谕基本上接受了总理衙门的建议。沈葆桢，福建人，熟悉沿海情况；自同治六年（1867 年）接管福建船政，又深谙洋务，可谓“籍隶八闽，闻望素著”。沈葆桢出巡在即，得知日军已于三月二十二日在琅瑀登陆，所谓的“察看”已毫无意义。四月十四日，同治皇帝再次颁谕，授沈葆桢为钦差办理台湾等处海防兼理各国事务大臣，“以重事权”。所有福建镇、道等官，均归其节制；江苏、广东沿海各口轮船，准其调遣。[①] 沈葆桢巡台之目的，已发生了变化，除巡阅察看之外，还肩负有对日交涉之重任。朝廷为保证沈葆桢对日交涉顺利进行，上谕还特别强调，沈葆桢所需银饷，由文煜、李鹤年筹款，源源接济毋任缺乏；应调官兵，由李鹤年迅速派拨，毋误事机。一切齐备之后，五月一日，沈葆桢由马尾乘安澜轮“沿各口而行”，五月四日抵达台湾安平，开始了具有特殊意义的巡台活动。

沈葆桢起程之日即与福州将军文煜、闽浙总督兼署福建巡抚李鹤年联衔会奏“预备办法”四项：一曰联外交，请西人公平曲直；二曰储利器，积极采购铁甲船、水雷、洋枪、洋火药、合膛之开花弹，以及火龙、火箭等西方“利器”；三曰储人才，招揽樽俎之才，集思广益；四曰通消息，铺设台湾至厦门、厦门至福州之电线。[②] 其中，“联外交”是朝廷钦定的交涉原则，“储人才”为长远之谋；“储利器”和“通消息”则是以近代科学技术改变台湾海峡自然阻隔的最初尝试，是此前巡台官员所不敢奢望的。沈葆桢抵台后，根据当时之情形，认为“辰下所宜行者三：一曰理喻，一曰开禁，一曰设防”。然“开禁非旦夕所能促办，必外侮稍定，乃可节节图之”；正在进行之交涉，因日本人一味推诿，“理喻”亦无结果，且日本人亦不愿讲“理”。所以，沈葆桢把重点放在“设防”上。因台地班兵不足用，沈葆桢一面请旨在台地招募兵勇；一面会商内地，由提督唐定奎率徐州之武毅铭字一军来台，再调南澳总兵吴光亮、浙江候补道刘璈渡台统兵。自五月二十二日始，沈葆桢对台湾北路之淡水、噶玛兰、鸡笼、苏澳，南路之府城、凤山、旗后、琅瑀等调派重兵防守。水师则调“安澜”、“飞云”、“伏波”来台。日人见沈葆桢严阵以待，准备充分，亦

① 四月十四日“谕军机大臣等”，《同治甲戌日兵侵台始末》，第 8 页。

② 五月一日“福州将军文煜、闽浙总督兼署福建巡抚李鹤年、总理船政前江西巡抚沈葆桢”奏，《同治甲戌日兵侵台始末》，第 17—18 页。

加日军疾疫流行，死亡枕藉，中日双方经谈判最终达成《台事专约三条》，十月二十五日日兵全部撤退，中日交涉遂告一段。

中日交涉一结束，沈葆桢就指出，“台湾向称饶沃，久为他族所垂涎，今虽外患暂平，旁人仍眈眈相视；彼退而吾备益修，则贴耳而去；彼退而吾备逐废，则又抵隙而来。”故“未雨绸缪之计，正在斯时”①，台湾之善后不容稍缓。为此，沈葆桢自同治十三年十一月十五日至光绪元年六月，连续上奏，提出一系列治台主张。若闽抚移驻台湾、弛禁禁令、开山抚番、增设郡县、整顿军政、振兴民气，等等。② 我们仅以开山抚番及其在朝廷的反应为例，透视沈葆桢巡台对晚清治台政策的影响。

第一，开山抚番，首开内地民人渡台之禁、台民私入番界之禁。沈葆桢在“台地后山请开旧禁”折中称：“欲开山不先招垦，则路虽通而仍塞；欲招垦不先开禁，则民裹足而不前。”故奏请将“台湾不准内地人民偷渡，拿获偷渡船只，将船户等分别治罪，文武官议处、兵役治罪”等六项严禁内地民人渡台之旧例，以及“凡民人私入番界者杖一百，在近番处所抽藤、钓鹿、伐木者杖一百，徒三年”等三项严禁台民私入番界之旧例，“尽与开豁，以广招徕，俾无瞻顾。”③ 根据沈葆桢所奏“台湾后山亟须耕垦，请开旧禁”一折，光绪元年（1875 年）正月初十日的上谕称，福建台湾全岛自隶版图以来，因后山各番社习俗异宜，曾禁内地民人渡台及私入番境，以杜滋生事端。“现经沈葆桢等将后山地面设法开辟，旷土亟须招垦；一切规制，自宜因时变通。所有从前不准内地民人入渡台湾各例禁，着悉与开除。其贩卖铁、竹两项，并着一律弛禁，以广招徕”④。自康熙年间制定的渡台旧禁和迁民划界之策，几经弛禁，终得以废除，乃沈葆桢巡台之功。渡台旧禁及迁民划界之废除，为台湾的开发与经营提供了政策保障，成为晚清积极治台政策的标志之一。

第二，开山与抚番同时并举。沈葆桢认为，开山而不先抚番，则开山

---

① 沈葆桢奏“请移驻巡抚”折，《福建台湾奏折》，台湾文献丛刊第 298 种（以下简称文丛版），第 1 页。

② 相关研究，可参考郭廷以：《甲午战前的台湾经营——沈葆桢丁日昌与刘铭传》、曹永和：《清季在台湾之自强运动》、贺嗣章：《沈葆桢治台政绩》、张世贤：《沈葆桢治台政策》等，均见《中国近现代史论文集》（第 29 编），台北：商务印书馆，1985 年。

③ 沈葆桢奏“台地后山请开旧禁”折，《福建台湾奏折》，文丛版，第 11 页。

④ 《清德宗实录选辑》，台湾文献丛刊第 193 种（以下简称文丛版），第 3 页。

无从下手；抚番而不先开山，则抚番仍属空谈。开山者，屯兵卫、刊林木、焚草莱、通水道、定壤则、招垦户、给牛种、立村堡、设碍碉、治工商、设官吏、建城郭、设邮驿、置廨署是也；抚番者，选土目、查番户、定番业、通语言、禁仇杀、教耕稼、修道途、给茶盐、易冠服、设番学、变风俗是也。[①] 然而沈葆桢的开山，非仅除草木、开道路，"而是有计划地移垦汉民，开发山区，扩大汉民所居地域，促进全岛的开发。"抚番即归化番民，生番熟番化，熟番汉民化，汉番一致化，最终都成为中华文化的一分子。[②] 所以，开山抚番之本质是台湾的"内地化"，使其真正成为中华文化的一部分。

第三，增设郡县，巩固开山抚番之成果。根据沈葆桢的巡察，"台地延袤千有余里，官吏所治只滨海平原三分之一"[③]；外防内治，政令难周，增设郡县，设官治之，亦是开山抚番之当务之急。所以，沈葆桢先后奏"台北拟建府、厅、县治"，"请移扎南、北路同知"，"请改台地营制"等折片，称台湾前、后山幅员辽阔，可建郡者有三，可建县者有数十，非一府所能管辖，请求增设郡县。沈葆桢"增设郡县"折，也很快得到朝廷的批准。十二月二十日，军机大臣会同吏部奏称，"沈葆桢所奏各节，系为因时制宜起见，自应准如所请"。在台北艋舺地方，添设知府一缺，名为"台北府"，仍隶于台湾兵备道。附府添设知县一缺，名为"淡水县"。其竹堑地方，原设淡水厅同知即行裁汰，改设新竹县知县一缺。并于噶玛兰厅旧治，添设宜兰县知县一缺；改噶玛兰厅通判为台北府分防通判，移扎鸡笼。南路同知移驻卑南，北路同知改为中路同知，移驻水沙连。琅𤩝一带，地处险要，常有漂民与生番纠纷，且近年屡有洋人前往窥探，"极应乘时布置，以杜觊觎"，定名"恒春"县，"设知县一员审理诉讼，俾民番有所凭依。"[④] 自是所设郡县之管辖范围始遍及台湾全境。若非沈葆桢遍历南北各地，批沥条陈，台湾两府八县一厅之制，不知延至何时！

随着沈葆桢治台主张的逐步实施，清廷治台政策发生了根本变化，由消极治台转变为积极治台。

---

① 沈葆桢奏"请移驻巡抚"折，《福建台湾奏折》，文丛版，第2页。

② 李国祁：《清季台湾的政治近代化》，《中国近代现代史论集》（第29编）"近代历史上的台湾"，台北：商务印书馆，1985年，第33页。

③ 沈葆桢奏"请移驻巡抚"折，《福建台湾奏折》，文丛版，第1页。

④ 沈葆桢奏"台北拟兼一府三县"折，《福建台湾奏折》，文丛版，第55—59页。

二、闽抚移驻台湾之议

沈葆桢认为，以上诸多“善后之举”，应有缓急之分和源流之别。若先以缓急论之，则“山前、山后其当变革者、其当创建者，非数十年不能成功；而化番为民，尤非渐积优柔，不能浑然无间”。“与其苟且仓皇、徒滋流弊，不如先得一主持大局者，事事得以纲举目张，为我国亿万年之计。”次以源流析之，则台湾海外孤悬，七省以为门户，其关系非轻，且洋务日密，亦偏重在于东南，台湾更是关键，“欲固险地，在得民心；欲得民心，先修吏治、营政；而整顿吏治、营政之权，操于督、抚。”所以，无论是缓急之分，还是源流之别，治台之关键在于台湾之行政体制，及台湾最高长官之职责权能。现行之福建大员轮值巡台制度，尽管福建大员均有巡台之任，但毕竟是“持节使臣”。“使臣持节可暂而不可常：欲责效于崇朝，兵民有五日京兆之见；倘逾时而久驻，文武有两姑为妇之难”。但“欲别建一省，又苦器局未成”。因为福建一向需台米接济，而台饷又依赖省城转输，“彼此相依，不可离而为二”①。所以，沈葆桢提出“宜仿江苏巡抚分驻苏州之例，移福建巡抚驻台湾”②，即福建督、抚不再同城。③ 唯如此，台湾事宜方能事权归一，善后之举，便可全面展开。

沈葆桢在“请移驻巡抚”折中，列举移福建巡抚驻台湾有十二便，其大意略为：

> 台湾镇、道虽有专责，事必禀承福建督、抚而行；重洋远隔，文报稽延，率意径行，又嫌专擅。驻巡抚，则有事可以立断。
>
> 镇治兵、道治民，本两相辅，职分不相统摄，意见不免参差，上

① 沈葆桢奏“请移驻巡抚”折，《福建台湾奏折》，文丛版，第3页。

② 内阁大学士洪承畴总督军务，招抚江南各省时，改明应天府为江宁。顺治四年置江南包括江苏和安徽、江西、河南三省总督，驻江宁。六年，河南归直隶，改称江南江西总督，后多有分合与更改，至康熙二十一年，定名为两江总督，驻江宁。顺治元年，置江南巡抚，驻苏州，辖江宁、苏州、松江、常州、镇江五府；十八年江南分省，改称江苏巡抚，仍驻苏州，安徽另设巡抚。

③ 顺治元年，设福建巡抚，驻福州。顺治二年，置福建总督，兼辖浙江，驻福州，顺治五年，改名浙闽总督，迁驻衢州，兼辖福建，此后，闽浙总督之称谓与驻地屡有更改，至乾隆三年始为定制，闽浙总督，驻福州。有清一代，督、抚同城者有四：闽浙总督与福建巡抚均驻福州、湖广总督与湖北巡抚同驻武昌、两广总督与广东巡抚同驻广州、云贵总督与云南巡抚同驻云南府，即昆明。

各有所疑，下各有所恃，不贤者以为推卸地步，其贤者亦时时存行迹于其间。巡抚驻台，则统属文武，权归一尊，镇、道不敢不各修所职。

镇、道有节制文武之责，而无遴选文武之权。文官之贪廉、武弁之勇怯，督、抚所闻，与镇、道所见，时或互异。驻台则不待采访，而耳目能周，黜陟可以立定。

巡抚驻台，城社之巨奸、民间之怨抑，睹闻亲切，法令易行，公道速伸，人心帖服。

台民烟瘾本多，台兵为甚；海疆营制久坏，台兵为尤。台地弁兵因由督、抚、提、标抽取而来，各恃其本帅之见；镇将设法羁縻，只求其不生意外之事，是以比户窝赌，如买之于市、农之于田。有巡抚，则考察无所瞻徇，训练乃有实效。

福建地瘠民贫，州、县多有亏累，故常视台地为调剂之区；不肖者执法取盈，往往不免。有巡抚以临之，贪渎之风得以渐戢。

向来台员不得志于镇、道，及其内渡，每造蜚语中伤之；镇、道或时为所挟。有巡抚，则此技悉穷。

台民非游惰好闲，而实憨直可怜。所以常闻蠢动者，始由官以吏役为爪牙、吏役以民为鱼肉，继则民以官为仇雠。词讼不清，而械斗、扎厝之端起；奸宄得志，而竖旗聚众之势成。有巡抚，则能预拔乱本而塞祸源。

开地伊始，地殊势异，成法难拘。有巡抚，可以因心裁酌。

设官分职，有宜经久者，有属权且者。有巡抚，随时增革，不至縻食之虚靡。

开媒、炼铁有地资民力者，有宜参用洋机者，非台湾镇、道所能决断。有巡抚就近察勘，可以择地而兴利。①

沈葆桢所谓的“十二便”，核心是“事权归一”。因为台湾文武长官，职分不相统属，台湾镇有“挂印”，兼有审判与主稿权，文官事权所不及；而台湾道拥有“兵备衔”，后加“按察使衔”，可监督军政，两者互不相属，互相掣肘。巡抚驻台，则镇、道不敢不各司其职。如沈葆桢致李鸿章

① 沈葆桢奏“请移驻巡抚”折，《福建台湾奏折》，文丛版，第3—4页。

函中曾提到，台湾“重洋远隔，捕风捉影，疑谤易生，而镇道两不相统，下各有所恃，上各有所诿。若照从前积习，推行于内山，殊恐利未集而害已随之。欲兴利而杜弊，窃计非闽抚移驻台湾不可”①。其次，闽抚驻台可提高台湾最高长官的遇事决断之权。其三，巡抚驻台可避免消息来源互异导致决策或行政失误。

所以，沈葆桢在“请改台地营制”折中称，立法唯在得人，事权尤宜归一。为达“事权归一”之旨，福建巡抚移驻台湾后，巡抚职司、台地营制随之调整。

其一，台湾营伍归巡抚统辖。千总以下，由巡抚考拔；守备以上，仍会同总督、提督拣选题补。台湾镇总兵撤去“挂印”字样，并归巡抚节制；颁换台湾总兵关防，以昭信守。②

其二，台湾岁、科两试，关系国家抡才大典，原由巡台汉御史兼理；乾隆十七年，御史裁撤，岁、科两试复归台湾道。巡抚驻台，“所有台属考试，应统归巡抚主政；咨达事件，亦经由巡抚办理，以一事权。”③

其三，酌改台湾营制。府城由巡抚董率，且有道员随同办事，总兵驻扎安平，将安平协副将裁撤，镇标中营游击随总兵驻安平；台协水师中、右两营都司改为镇标；陆路左、右两营都司及原设镇标左营游击，改为抚标左营游击，随巡抚移驻台湾；其抚标原设两营仍行驻省。④

业经如此调整，福建巡抚来台主持大局，便可事权归一；整顿营伍、吏治，亦能纲举目张，速见成效矣。

三、闽抚冬春驻台之定制

闽抚移驻台湾，地属封疆，事关更制，非部民属吏所应越陈，但沈葆桢“为台民计、为闽省计、为沿海筹防计”，才力主闽抚移驻台湾。闽抚移驻台湾，对于台湾之吏治整治、开山抚番、海疆之巩固，均大有裨益；但是，巡抚有整饬全省地方之责，闽抚移驻台湾以后，对福建全省应如何兼顾并未及深思，因而引起福建地方大员和社会舆论的议论和质疑。

---

① 沈葆桢“致李少翁中堂”，《沈文肃公牍·巡台三》，同治十三年十月。

② 沈葆桢奏“请改台地营制”折，《福建台湾奏折》，文丛版，第63页。

③ 台湾岁科两试统归巡抚，系由台湾道夏献纶主动提出的，而且光绪元年五月台湾科试，亦有夏献纶主持。见沈葆桢奏“岁科两试请归巡抚”片，《福建台湾奏折》，文丛版，第64页。

④ 沈葆桢奏“请改台地营制”折，《福建台湾奏折》，文丛版，第64页。

如上所述，沈葆桢的“请移驻巡抚”折得到朝廷的积极回应，吏部也很快议准了闽抚移驻台湾的方案，但方案的具体实施需有福建督、抚认可并由福建巡抚执行，当朝廷下旨将沈葆桢的方案交福建巡抚议奏具体实施细则时，特别强调“所有该省原设抚标各营及台地各营将备员弁如何布置，是否仍由总督节制，抑径归巡抚节制，令该督、抚妥议具奏”。正月初六日，李鸿章复沈葆桢书也提到，巡抚移驻台湾，洵属经久大计。年前赴京，叩谒梓宫，曾力陈于当路，闻吏部主稿覆准。并抱怨“小小节目，尚须闽中裁定”①。看来，闽抚是否移驻台湾，福建巡抚的意见和态度至关重要。所以，对时任福建巡抚王凯泰的态度作一考察是完全必要的。②

以下我们根据李鸿章、沈葆桢、王凯泰三人当时的函电往来，探析王凯泰对闽抚移驻台湾的态度及其中之缘由。闽抚移驻台湾经部议准之后，沈葆桢曾致电王凯泰称，“移驻部文尚未到闽，极盼旌节东来，指授一切，可以相与有成。而又虑旌节来后饷源无吃紧筹措者，益束手无策，事到难时真不知如何方好也。”③ 我们尚未看到王凯泰复沈葆桢书之原件，但从四月十五日李鸿章复沈葆桢书中证实了王凯泰的态度。李鸿章言道：“巡抚驻台之说，何时定案？补帆谓须仿照直隶驻津之例，往来兼顾，仍欲攀留大旆，主持善后事宜”④。闽抚移驻台湾，涉及督、抚职责划分；清制“总督职归巡阅”，而且台湾事务主要归总督管理，王凯泰的意思是，应由总督巡阅台湾，故将沈葆桢“仿照江苏巡抚分驻苏州之例”改为“直隶驻津之例”。其间，闽中又有“请督抚轮驻”之说。⑤ 王凯泰虽不赞成沈葆桢闽抚驻台之方案，但既已获吏部议准，只得于四月二十二日奏“巡抚移扎台湾，奉准部议；拟请先赴台湾履勘情形，会同妥议”⑥ 折，先期赴台。王凯泰先期赴台，一为亲历考察台湾，更重要的是便于与在台的沈葆桢商议“闽抚移驻台湾”方案（王凯泰认为与在台湾的沈葆桢电函往返颇费时

① 正月初六日，李鸿章奏“复沈幼丹节帅”，《李文忠公选辑》，台湾文献丛刊第131种（以下简称文丛版）第119页。

② 由于尚未发现王凯泰抚闽时的专辑文献，我们只有从实录以及与当事人的往来函电中发现王凯泰对沈葆桢所提方案的态度和自己的真实想法。

③ 《沈文肃公牍·巡台五》，转引自陈在正：《台湾海疆史研究》，厦门大学出版社，2372001年，第162页。

④ 四月十五日，李鸿章“复沈幼丹节帅”，《李文忠公选辑》，文丛版，第127页。

⑤ 四月二十九日，李鸿章“复沈幼丹制军”，《李文忠公选辑》，文丛版，第128页。

⑥ 《清德宗实录选辑》，台湾文献丛刊第193种（以下简称文丛版），第9页。

日）。此前，沈葆桢从李鸿章信中得知王凯泰有“仿直隶驻津之例”的想法后，即致王凯泰信表示，“移驻仿天津现行事宜，极佩卓见；省台不能分家，亦天地自然凑泊者也。”况且，移驻章程，非仓促所能定，应俟旌节渡台后随时斟酌行之。欢迎王凯泰赴台共商驻台大计，① 所以，五月十七日，王凯泰抵台后，当沈葆桢获悉“补帆欲往来兼顾，亦时势所不得不然”之苦衷时，不再坚持闽抚驻台之主张。其间，王凯泰认为，台湾夏秋瘴疠正盛，且台风时发，建议闽抚冬春驻台，夏秋驻省，由是省、台兼顾，遂有闽抚冬春驻台之议。接着王凯泰即与福州将军文煜、闽浙总督李鹤年、钦差大臣沈葆桢联衔上“会筹全台大局”疏称：

> 巡抚有全省应办事宜，重洋远隔，将来必有一分省以专责成者。以形胜论之，荆襄江北也，而必隶于鄂；徽池江南也，而必隶于皖；跨越控制，形胜乃有全神，划而分之，脉断则全神俱失。划江而弃淮，淮弃而江不可守矣；以事势论之，台湾之饷源、人才，皆取资于省会，而省会之煤斤米石，亦借润于台湾。畛域分而呼应不灵，不特巡抚束手，一省而断其左臂，倘海上起事，总督亦必有掣肘之时。况自去年五月以来，凡台湾所需，取办于船政者，十概八九。葆桢去台后，必接办船政之员，所以代台湾周旋者，一如葆桢在台时，于台事方无窒碍，若另设一省，恐船政不能联为一气，将事事皆室矣。②

正当闽抚驻台议论纷纷之时，六月二十七日，《申报》刊登了《闽抚移镇台湾论》一文，指出闽抚移驻台湾与体制不合，呼应王凯泰等人之主张，进而提出移提督驻扎台湾方案。因有一定之代表性，又非来自大员之声音，故作一分析。

首先，文章指出“闽抚移驻台湾”对福建地方不利。所谓对福建地方不利，依清制，抚、藩、臬，同城办事。直隶、四川等省无巡抚，总督即兼巡抚事。总督主兵，号为“制军”；巡抚则有统辖属员、绥辑黎民之责。福建全省领有十府、两州、五十七县，升降迁调无虚日。虽有藩、臬会详而题奏，必有督、抚主稿。尽管藩司主钱粮、臬司主刑名，然按月会题仍

① 《沈文肃公牍·巡台五》，转引自陈在正：《台湾海疆史研究》（同上）。

② 《道咸同光四朝奏议选辑》，台湾文献丛刊第288种（以下简称文丛版），第73—76页。

由督、抚。台湾一府，孤悬海外，如若巡抚、藩、臬均移驻台湾，则全省袤延二千余里，一旦有事，无人足以弹压，虽有闽浙总督，恐难驾驭周全。若闽抚驻台，藩、臬仍留省会，则日行公事，渡海会详，必有所不便。如直接请于总督衙门，事由总督出奏，不经巡抚，则巡抚有失督责之权，恐檄调之时，僚属未免漠视。故不可为台湾一府，致福建全省“受害”。

接着，文章从巡抚职责所司，论述了闽抚移驻台湾之种种弊端。闽抚移驻台湾之后，刑名、钱谷、升迁降级诸事，仍为巡抚职责所系，不可不司。然巡抚远驻海外，耳目难周，或有故为稽迟，使之往返驳斥，希图漏网，提案审办，视为具文，乃刑名之弊。至于大计、甄别、阅兵诸政，既苦鞭长莫及，又恐虚应故事，此选政之弊。生番不服王化，非十数年之功，无以荡平；事平之后，采煤铁、建城郭、施教化，又非十余年所能成就，省会久虚，与体制不协。

最后，文章提出“移提督驻扎台湾”之主张。文章认为，福建自设置以来，福建陆路提督驻泉州府，水师提督则驻厦门。而时下海禁既开，中外辑睦，提督似毋庸永驻厦门；况提督统辖全省兵马，巡抚欲檄调某镇、某营，亦或咨移提督，提督亲列戎行，较之文臣视师，更为得力。若移提督驻台湾，“既可收行武同胞同泽之效，并可复省会相维相系之规”①。

当然，《申报》舆论不能对朝政产生太大影响，但从中可窥知社会舆论对台湾之认识仅仅为福建一府而已，至于其战略地位和经济价值尚未进入视野。朝廷收到沈葆桢等“会筹全台大局，并巡抚兼顾省台情形”疏后，于七月二十八日下旨，称“所奏甚合机宜”：现在台地南北两路渐通，所有应办各事宜必须妥为区划。并责令已先期赴台的王凯泰，“务当亲历南北各路，将全台情形悉心察看”；然后与沈葆桢等随时会商、次第布置，为一劳永逸之计。对于王凯泰“巡抚宜兼顾省、台；若另设一省，呼应不灵，且恐诸多窒碍”之看法，亦以为“所陈亦系实在情形”。至于“应如何往来兼顾，俾省、台各事不致掣肘”②，请与沈葆桢通盘筹划。时，沈葆

① 同治元年六月二十四日《闽抚移镇台湾论》，《清季申报台湾纪事辑录》（四），文丛版，第544页。

② 《清德宗实录选辑》，文丛版，第13页。

桢已任命为两江总督，而且朝廷已明确表示，“俟善后诸务与王凯泰筹商交代后，即迅赴新任，以重职守。”所有台湾开山抚番事宜，由王凯泰督率台湾道夏献纶等实心办理。至八月初，淮军各营撤回内地，台湾之营伍及善后事宜，均归王凯泰接办。① 即将离任的沈葆桢，也认为王凯泰提出的闽抚冬春驻台，“甚属周妥”，从而否定了自己“闽抚移驻台湾”的主张。②

根据沈葆桢奏“巡抚兼顾省、台情形及台湾各路续办事宜”和王凯泰“整饬台地营伍、吏治、士习、民风”等折片，最终确定闽抚冬春驻台之制。光绪元年十月三十日的上谕称：“巡抚有全省地方之责，自难常川驻台；王凯泰拟于冬春驻台、夏秋驻省，庶两地均可兼顾，即着照所请办理。”并谕令时已返省垣养病的王凯泰，待假满后，即将省署应办事宜赶紧料理，即行渡台，以资震慑。闽抚驻省期间，台郡一切事宜，由台湾道夏献纶等妥为料理。③ 不幸的是，王凯泰于十月十一日扶病内渡，二十三日即病逝。

闽抚冬春驻台确定之后，朝廷根据沈葆桢、王凯泰之建议，制定了实施细则：

（1）闽抚驻省期间，台郡一切事宜，由台湾道暂署。

（2）闽抚驻台期时，所有省城一切应办事宜，由闽浙总督随时会商。

（3）闽抚驻台，兼理台湾学政，主持台湾府、台北府文武试，南北两路考试；巡察南北两路。

（4）闽抚驻台，台湾营伍千总以下由巡抚考拔，守备以上仍会同总督拣选题补。台湾总兵撤去“挂印”字样（闽抚半年回省时，总兵再恢复挂印），归巡抚节制；安平协副将裁撤。台湾南路同知移扎卑南，北路同知改为中路，移扎水沙连，各加“抚民”字样。台湾参政事宜，并归巡抚兼理。巡抚驻府城台湾镇署，台湾镇总兵官移驻安平，借驻台湾海防同知署；海防同知改为卑南同知，移驻卑南（后台湾巡抚驻台北，镇仍回原署）。

（5）闽抚渡台费用津贴。闽抚驻台原本无专门经费，光绪三年（1877

① 《清德宗实录选辑》，文丛版，第10页。

② 关于沈葆桢放弃“闽抚移驻台湾”，转而支持“冬春驻台，省台兼顾”的原因，可参考陈正在先生的研究成果，《台湾海疆史研究》，厦门大学出版社，2001年版，第160—162页。

③ 《清德宗实录选辑》，文丛版，第17—18页。

年）六月闽浙总督何璟奏请“津贴闽抚办公渡台经费”折，请准于省城厘金项下每月开支经费银千余两，为巡抚办公渡台经费。朝廷同意了何璟之奏，“嗣后该抚渡台时，准其每月开支经费银一千五百两”①。闽抚驻台自是才有专拨经费。

至此，沈葆桢关于闽抚移驻台湾的主张，变成冬春半年驻台，但沈葆桢追求之“事权归一”的治台原则，还是得到了体现。毕竟闽抚驻台期间，福建巡抚主持台地政事，决策台地事务，台地镇、道不相统属之弊得以遏制。但从闽抚移驻台湾到冬春驻台之转变，似乎可以看出，由于福建督、抚均不愿驻台，沈葆桢不得不作出较大让步，以化解福建督、抚之间的矛盾。

四、督、抚轮赴分驻

丁日昌于光绪元年（1875年）八月，即沈葆桢回闽之前接任福建船政大臣，同年十一月，因王凯泰病故，再接任福建巡抚。时值闽抚冬春驻台之期，且丁日昌授任之日，即有谕令称：“台湾抚番、开山各事宜，关系紧要，巡抚宜于冬春驻台。丁日昌当妥筹兼顾，前往该郡悉心经理，以副委任。”② 但此时丁日昌初为闽抚，福建政务未及理顺，吏治整顿亦无头绪，实在无暇渡海驻台，所谓兼顾省、台并非易事。因抚闽、驻台，难以兼顾，丁日昌于光绪二年二月提出，请另派员专办台事。三月初七日，朝廷否定了丁日昌的建议，称：“巡抚有全省地方之责，台湾亦为所辖；若另派大员专办台务，恐事权不一，转至纷更”。并令丁日昌仍遵前旨，冬春驻台、夏秋驻省，以期两地兼顾。③ 由于丁日昌迟迟不肯渡台，江南道监察御史林拱枢上“请敕抚臣渡台藉全大局”疏，提出“巡抚责重地方，

① 光绪三年六月，闽浙总督何璟奏：“请津贴闽抚办公渡台经费”折称：“福建巡抚一缺，在各省中最为清苦；历任巡抚虽淡泊自奉，犹不免捕负多金。近以东渡台湾，费用浩繁，凡行程所需以至犒赏等项，势难尽取之于官。而内地各项人等视涉海为畏途，非优给廪气、薪工，无由得其心力，以故费用益增，赔累益重。臣去冬出都晤直隶总督李鸿章、两江总督沈葆桢，议及闽抚过台若不另筹经费，日远月长，恐难为继，李鸿章等深以为然。及抵闽后，与抚臣丁日昌函商公事，从不及他。此次抚臣回省，访知办公经费均由赔垫，亏累甚重。抚臣受恩深重，何敢计及其私；而臣目见耳闻，亦何敢壅于上达！查闽省瘠苦异常，自司、道以至各府、县皆有津贴一款，台湾道、府更有加增；而抚臣办公独未筹及经费，诚恐将来公事棘手。请准于省城厘金项下每月开支经费银千余两，为巡抚办公渡台经费。”《清季申报台湾纪事辑录》，文丛版，第710页。

② 《清德宗实录选辑》，文丛版，第18页。

③ 《清德宗实录选辑》文丛版，第23页。

终难兼顾；总督职归巡阅，乃统边防，可否变通章程，以总督移驻”①。朝廷虽未议准林拱枢的建议，但不再坚持“闽抚冬春驻台、夏秋驻省”，同意丁日昌“随时酌量，可暂缓赴台，但需饬令台湾镇、道，妥为经理；遇有紧要事宜，再行驰往调度，期无贻误”②。

丁日昌渡台前夕连续上“请速筹台事全局”疏和“台省远隔重洋难以兼顾”片，表达他对“闽抚冬春驻台、台省兼顾”运行效果的担心与怀疑，并在“省台远隔重洋难以兼顾”片中，从办事效率、闽台呼应、自然条件和台湾开发之现状等方面，强调“省台远隔重洋难以兼顾”的理由：

第一，巡抚为刑、钱总汇之区，闽抚驻台积压旧卷不能如数携之台湾，每办一事必赴省调查一卷，往复需时，胥吏因之舞弊，贻害无穷。

第二，同治十三年王凯泰驻台时将应奏、应题、应咨有关考核事件，奏请回省补办。结果导致福建政务混乱：候勘转者牵连之人证愈积愈多；待批示者远道之冤民，有诉而无答；吏治坠坏于冥冥之中者不一而足。台事原本督臣主政，沈葆桢与前督臣（李鹤年）不和，又恐请设督办大员于地方为呼应不灵，改归巡抚兼办。然王凯泰渡台之后，欲咨调将弁数员赴台差遣，终未能成，其呼应不灵，略见一斑。

第三，渡海之轮船，若遇顺风不过数日可到，倘遇逆风或逢发雾，累月经旬而不可至。如新任台湾知府向寿，十月初乘坐轮船赴台，至数旬尚在海坛洋面守风，其阻隔情形概可想见，非人力所能济也。

第四，台湾事事俱属创始，断非半年即能办有头绪，况且，巡抚冬春驻台，夏秋驻省，如何能保证夏秋之间生番不生事、外人不侵凌？

第五，台湾兵制，内地分班调换，今台事全属抚臣，内外反成两橛，血脉岂能流通？如此等等，决非一时之功。

① 林拱枢的具体观点略谓：国家旧设镇道，只能镇抚番民，是以琅峤之役，命沈葆桢暂任其事，议巡抚驻扎，使善其成；以现在情形论，区处台湾，非善后之谋，实创始之事也。丁日昌洞悉夷情，久谙疆事，履闽未久，未议渡台，度其为全台计者，必已指授机宜、责成镇道。夫自古舆地之学，耳闻不如目睹，而地方建置之事心划不若躬临。抚慰番社，区划兵农，相度川原，筹分战守，尤非镇道所能胜任。上年师头社开山，因沈葆桢暂回船局，即有遊击王开俊战殁之事，足见该处非有重臣调度，难协机宜。巡抚任务本繁，尚未便久驻台湾，或俟新设一府四县，规模略定，可否变通章程，敕议以总督移驻。概久远之计，巡抚责重地方，终难兼顾，总督职归巡阅，乃统边防也。林拱枢“请敕抚臣渡台藉全大局”疏，《道咸同光四朝奏议选辑》，文丛版，第79—80页。

② 《清德宗实录选辑》，文丛版，第26页。

丁日昌最后强调，“臣病入膏肓，才复拘滞，恐难久膺重寄；将来台事尚求圣明独断，专派重臣督办数年，略假便宜，于兵饷二事不稍掣肘，卑专心致志，竭力经营，庶几有济。一俟办有成效方能徐议督抚分驻之局。”[①] 基本上否定了闽抚冬春驻台制度。至丁日昌巡台期间，仍然坚持简派重臣驻台。其中，在“请派大员督办台务”疏中称，台北开煤为沈葆桢奏请，经总理衙门派洋匠到台采堪、立约、购办机器。现机器已到，洋匠已来，万事草创，必有人自始至终，认真经理，方能日起有功。地方官各有守土之责，势难兼顾，非派员专办不可。[②]

丁日昌在光绪二至三年任福建巡抚期间，先后三次奏请简派重臣驻台。如果说，渡台之前坚持“省台远隔重洋，难以兼顾”，是出于对闽抚驻台运作效果的担心，甚至是私心的话；那么，渡台之后，亲巡南北两路，“全台情形约知十之七八”，仍主张“简派重臣驻台督办”，则是对闽台情形实地考察、深思熟虑的结果。

但朝廷和朝中大臣却不以为然，[③] 光绪三年（1877 年）正月二十二日，丁日昌奏察看台湾北路回抵郡城布置大略情形各折片，及请另简熟悉工程大员等主张，一并交总理各国事务衙门议奏。在此后朝中大臣回奏中，沈葆桢认为，丁日昌关于购船、练兵、炮台、电线、开矿、招垦诸事，实为台地所宜行，所需应当解台接济。只是“专派重臣”一项，“不如责成督抚。概矿务、垦务，他人可以为力，而吏治、营政非督抚断难为功。台湾之吏治、营政，若不认真整顿，目前之利薮皆日后之乱阶。”李鸿章在回奏中也表示了相同的看法，认为“所请专派重臣督办一节，似不如责成该抚一手经理，俟办有成效再议督抚轮驻”[④]。

丁日昌始终认为，闽抚冬春驻台，所谓“兼顾省台”、“呼应灵便”，实万难做到。由于朝廷否定了他“简派重臣驻台”之建议，郁郁之中，请求离任；离任之前再次抛出“拟遵旧章轮赴台湾巡查”片，主张恢复乾隆五十三年的福建大员轮值巡台制度。

---

① 丁日昌奏“省台远隔重洋难以兼顾”片，《丁中丞（日昌）政书》卷七，《抚闽奏稿》（三），沈云龙主编：《近代中国史料丛刊续编》（第 77 辑，下同），第 503—505 页

② 丁日昌奏“请派大员督办台务”疏，《抚闽奏稿》（四），第 543—544 页。

③ 陈在正《台湾海疆史研究》一书，详细整理了丁日昌几番提出“简派重臣驻台督办”之主张以及遭朝廷大臣几番否定的史事经过，并未及思考史事背后的原因。

④ 中国史学会：《洋务运动》（二），上海人民出版社，2000 年版，第 354—355 页。

丁日昌主张恢复旧章的依据主要有四：

第一，乾隆五十三年确定的福建大员轮值巡台制度，自有其合理之处，不宜随便更张。

第二，同治十三年沈葆桢请将闽抚分驻台湾，是因为当时台事败坏已极，以巡抚驻台，借资督率，对吏治大加整顿。既非偏袒巡抚，使夺总督节制台湾之权；亦非掣肘总督，使失省中应办各事之职。

第三，闽抚驻台，效果有限。根据丁日昌的计算，闽抚驻台只有半年时间，除去白犬、澎湖、安平等口岸守风时间约月余；南北两路巡察往返路途约月余；台湾府文武试、台北府文武试需时两月有余；自台南赴台北考试往返又需二十余日；若遇大甲溪水涨，则又难以日计。所以，巡抚舍通省应办之事而不办，仅来台湾代巡道办一试事而已，因小失大，殊不合算。

第四，现今台湾已无可办之事。丁日昌据总兵吴光亮、孙开华等报，称后山番务亦有头绪；又接台湾道夏献纶禀称，台湾每月额定月饷银八万四千两，然自九月起至十二月仅解饷银五万两，合计不及八分之一。台兵无饷，坐困营中，万难调度。台中既已无事可办，与其株守台中无益于台，不如仍住在省，整顿吏治。既于省事有益，兼筹饷需、遥制番情及矿、垦各务，亦于台事有裨。

丁日昌的结论是，不如遵照旧章，福建大员隔年轮赴台湾巡查，省中巡抚应办之事不致全兴废弛；台中督、抚合办之事亦不致督以省事为重、抚以台事为重，各执意见互相推诿。

丁日昌所述闽抚驻台效果有限，确属实情，但闽抚驻台，“事权归一”之目的还是得以实现。至于“台中无事可办”，并非实在情形。真实情况是，丁日昌在台湾之所有举措均须得到福建之协助，但闽浙总督何璟事事掣肘，不予支持，身居台湾的丁日昌，一切呼应不灵，有事不能办，办不了，于是才有奏折中的“台中无事可办”之说。丁日昌此折明明是为了寻求皇权的支持，可耐人寻味的是总理衙门居然议准，照丁日昌“所请办理”。光绪四年六月十日，总理各国事务衙门奏“请照旧章轮赴台湾巡查”折，称丁日昌所奏“自系实在情形”：现在台地应办各事已次第举办，该抚所称遵照旧章轮赴台湾巡查一节，应如所请办理。但督、抚有统辖全省之权、整顿吏治之责，于一切筹防、筹饷诸务呼应较灵，责成督、抚轮赴分驻以一事权而资得力。“如台湾遇紧要事件，自应立时驰往；即遇无事之际，亦不必拘定隔年一次，并毋庸限于每年冬春驻台、夏秋驻省之期。应随时斟酌情形，轮流前往；不得临时互相推诿，亦不得日久视为具文。”至于丁日昌所称“将军、提督轮赴台湾之处，应请勿庸置议”①。丁日昌提出“恢复旧章”之初，朝廷曾咨询李鸿章的看法，李鸿章在“筹议台湾事宜”折中认为“不如责成该抚一年经理，俟办有成效，再议督、抚轮驻。”② 李鸿章有心帮助丁日昌，亦非事事如愿。

根据总理衙门之议准，恢复督、抚轮值巡察台湾后，台湾各海口防务及中外交涉事件，仍由将军、督、抚会办。整顿台、省吏治，总督、巡抚均应仍照旧例办理。所有台湾文场考试，自应改照旧章仍归台湾道办理；其达部事件，照旧呈由福建学政转咨。似乎恢复了总督在台湾事务上的决断权。

丁日昌所谓恢复“旧章”，指的是乾隆五十三年福建大员轮值巡台制度，但总理衙门的最后议准并非如此。首先，朝廷仅仅“责成督、抚分驻”，福州将军和福建提督无需驻台，并非福建大员均须驻台，可谓驻台大员之不同。其次，督、抚轮赴分驻，遇有要紧事件，立即驰往；平常无事，既不必拘定隔年一次，也无需限以冬春之期，仅仅是因事而驻台而已，此系驻台时间之不同。第三，督、抚轮赴驻台目的在于“事权归一”，并非巡察地方，其职能之不同也。所谓“恢复旧章”，实际是“另立新章”，即“督抚轮赴分驻”。

光绪四年（1878 年）六月初五日，总理衙门呈奏了丁日昌的“恢复旧章”建议，六月十日，朝廷批准“督、抚轮赴分驻”，实行了三年的闽抚冬春驻台制度被“督、抚轮赴分驻”所取代，但从实践之结果看，闽抚驻台制度仍在继续执行，此后依旧是闽抚驻台，闽浙总督并无一人驻台，③

---

① 《光绪朝中日交涉史料选辑》，台湾文献丛刊第 210 种（以下简称文丛版），第 13 页。

② 《清光绪朝中日交涉史料选辑》，文丛版，第 2 页。

③ 光绪八年十一月六日，《申报》“台湾近信”称：闽省之台湾府孤悬海外，实为东南半壁之咽喉。曩岁定例：闽抚半年驻台，随时归化机宜；又奏定：督、抚轮巡一次，以均劳逸而察民情。故每逢新抚莅任后，必议渡台。今秋张又山中丞（即张兆栋）抵闽不久，即校阅营伍，故渡台之期，拟定冬月。现闻何小宋制军（即何璟）以督闽六载未阅台防，于心似有未安，业与张中丞熟商，让其先行渡台察看各属情形。《清季申报台湾纪事辑录》，第 1075 页；光绪八年十一月十八日《申报》“福州近事”：福建台湾府孤悬海外，向例奏定督抚每年渡台一次巡阅。今秋督宪兼权抚篆，故未出巡；张中丞到任后，又以武场在即，亦未即去。现闻督宪定期十一月二十日东渡，而抚宪又欲封篆前赶去，督宪以抚宪如此急行，因不作东渡之想矣。《清季申报台湾纪事辑录》，文丛版，第 1076—1077 页。

而且，朝野上下亦视“督、抚轮赴驻台”为闽抚驻台。①

第二节　驻台闽抚及其治台主张

闽抚驻台制度尚未确定之前，时福建巡抚王凯泰于光绪元年五月十七日抵台，一则履堪台湾情形，同时与沈葆桢会商驻台章程；半年后，因感染瘴疠，于十月十一日扶病内渡，二十三日，即病故，算是提前践行了他提出的“闽抚冬春驻台”主张。此后至光绪十一年台湾建省，共有9任福建巡抚，除裕宽、李明墀，或未赴任即改调，或任职时间过短，不曾驻台，其他7任巡抚均因台湾防务而驻台，并就台湾海防建设、开山抚番等提出各自的治台主张。本节通过考察驻台闽抚的治台主张及其朝廷的反应，从中得出在确立积极治台政策后，国力虚弱成为晚清政府经营台湾最大困难之基本结论。为便于论述，先将驻台闽抚的渡台时间及巡台活动进行考察列表，然后分析其治台主张。

巡台大员	任职时间	驻台时间
福建巡抚王凯泰	同治九年七月任，至光绪元年十月	光绪元年五月十七日渡台，是年十月十一日扶病内渡（二十三日去世）
福建巡抚丁日昌	光绪元年十一月至四年四月	光绪二年十一月十八日渡台，三年三月病假回省调理（四年四月休）
船政大臣吴赞诚	光绪三年三月至四年四月	光绪三年四月二十五日渡台，是年七月二十四日内渡
署福建巡抚吴赞诚（本职船政大臣）	光绪四年四月至同年十月	光绪四年九月一日再次渡台，同年十一月十日内渡（因病留任船政大臣）
福建巡抚勒方锜	光绪五年四月至七年四月	光绪六年十月二十一日渡台，同年十二月内渡

① 光绪七年十一月十九日《申报》“闽抚渡台”称：闽抚勒方锜渡台即遵前例而行。闽抚勒少仲中丞（即勒方锜）已于十月二十一日乘轮渡台，系照前奏巡、抚冬春驻台成案。《清季申报台湾纪事辑录》，文丛版，第970页。

续表

巡台大员	任职时间	驻台时间
福建巡抚岑毓英	光绪七年四月至八年五月	光绪七年闰七月十三日渡台，同年九月初三日回省；七年十一月初八日再次渡台；八年三月十一日内渡
福建巡抚张兆栋	光绪八年五月至十年九月	渡台时间不清
巡抚衔刘铭传	光绪十年闰五月至同年九月	光绪十年闰五月二十四日渡台，驻台督办台湾事务
福建巡抚刘铭传	光绪十年九月至十一年九月	自光绪十一年九月初五日，常川驻扎

一、驻台闽抚之巡台活动

丁日昌循例巡台。如上所述，丁日昌坚信闽抚冬春驻台，台、省难以兼顾，故迟迟不愿渡台。至光绪二年（1876年）冬，又值驻台之期，且台湾北路有“生番滋事”，台湾镇、道均重病在身，台事无人主持。[①] 当此非常时期，“多一日之耽搁，即误一日之事机”，丁日昌于光绪二年十一月奏“台湾生番未靖，力疾渡台办理”折，带印东渡，亲至台湾察看，但他认为“省中应办事机，远隔重洋，欲图兼营并顾必至贻误事机。”故决定“将本署应题、应奏、应咨一切事宜，商由督臣代办；其日行一切公事，由藩司代印、代行”，以免重蹈光绪元年王凯泰驻台时积压稽延之误。丁日昌驻台期间巡阅南北两路，主持台湾府试。

第一，亲勘北路后山。丁日昌于光绪二年十一月十五日由福建乘坐轮船渡台，于十八日到达台湾北路之鸡笼。当即亲往察看煤矿，派督办煤务之道员叶文兰分勘硫黄矿，并勘查各山有无铁苗。因闻后山苏澳各营疫气正盛，遂亲往抚慰将士。后与随员张梦员、庄士敏、庄繁等，由鸡笼赴三

① 先是光绪二年初，丁日昌上任之时即察知台湾北路生番滋事，遂于将军文煜、闽浙总督李鹤年会商，奏派水师提督彭楚汉、福宁镇总兵吴光亮前往整顿。四月，彭楚汉受瘴病重回内地；七月，吴光亮因烟瘴至疾，几度息止，回中路养病。又据台湾镇总兵张其光报称患病甚重，台湾道夏献纶亦因病请假一月，台事无人主持。见丁日昌：“台湾生番未靖，力疾渡台办理”疏，《抚闽奏稿》卷二，第457页。

貂领[1]，行三日，抵苏澳。总兵张生阶带领各弁勇来见之时，皆病容满面，据称该镇新带两营来此驻扎，不及月余，病者已二百余人，死者十余人。其中，该处统领，自总兵宋桂芳疫病故后，提督彭楚汉、罗大春，总兵吴光亮皆先后染疾；其将弁兵勇之丧亡者，不下二三千人。环境如此恶劣，驻扎此地的将弁闻而生惧，防务自是松弛。继由鸡笼、苏澳折返艋舺，再行南下，历竹堑、彰化、嘉义，至台湾府城。因总兵吴光亮、台湾道夏献纶均在鸡笼等候商办防务，是以由苏澳再折回鸡笼，与吴光亮等晤。至十一月二十九日，自鸡笼行抵艋舺，阅看该处拟建府城形势，然后由淡水、历彰化、嘉义抵郡。自苏澳、噶玛兰，至竹堑、彰化交界之大甲溪约十一站，开辟以来向为大吏之所未到，故丁日昌所过之处，男女老幼夹道聚观。熟番头目亦远道迎接。丁日昌每到一处即告以"方今皇太后、皇上爱民如子，虽海外遐荒，亦关宸廑"，特遣疆臣前来抚绥百姓，无不欢呼载道，感激天恩。

第二，勘查南路。光绪三年正月初二日，丁日昌带同随员台湾府候补道周懋琦、中军参将庄镇藩、候选通判许希逸等前往巡察南路。由凤山周历枋寮、刺桐脚、狮头领。再由风港折而南，历柴城、恒春，直抵琅琊。在恒春停留一日，察看该县所辖十八番社之番情，丁日昌认为，较之凤山县所辖之十八社稍为驯顺。生番头目一色鲁、面马烟等率其徒众前来谒见。谒见之时，丁日昌谕以薙发归诚，不得再行杀人；如被百姓欺凌，可前来控诉，并赏以银牌、布匹等物。随即由琅琊取道海滨，察看旗后炮台。丁日昌发现，该处前后炮台地势均属险要；但前炮台并无一炮，后炮台虽有旧炮四尊，亦无炮架。当即分别咨请督臣何璟、督办船政吴赞诚，筹款购买前后膛火炮七八尊并筹制炮架，以免有台无炮，取笑敌人。时，候补道方勋所带粤勇五营航海来台，由旗后入口，驻扎凤山旧城。丁日昌等顺道查阅，均属精壮。

第三，主持台湾府试。丁日昌钦遵光绪元年谕旨，兼理台湾学政，于光绪二年十二月十三日檄行台湾府举办岁试。据台湾知府张梦元及各学录送文武生童名册，遂于二月十三日移进考棚、严密关防，按次举行岁试。因台湾向多枪替顶冒之弊，所以，丁日昌格外警觉，于考试之时终日危坐

[1] 士人谓之摩天领，悬崖峭壁，禽鸟声绝，舆马所不能通，皆攀滕援葛而上。概此领为台湾极北、极险之处，逾领而南，是为后山。

堂皇，亲自巡察座号，并遴选妥慎之员，梭巡文场内外，使弊窦无从而生。诸生童则恪遵功令，无敢偭越。虽枪替顶冒各弊，实已屏除净尽，但当堂发落之时，丁日昌仍勉励诸生以敦品励学，化导乡里。经此查核，台湾之文风，以台、淡两学为优，彰化、嘉义次之，凤山最下。①

丁日昌由琅琊折回途中感冒烟瘴，旧病复重，由旗后回郡城延医调养，不久请假一月，回省城调治。②

日本“阻贡”与吴赞诚巡台。闽抚丁日昌渡台后，抚闽、巡台、治船三事集于一身，万难分顾，遂于光绪二年十二月奏称，“地方与船政，事难兼顾”，力辞船政大臣之职。朝廷当即谕令丁日昌会同沈葆桢（两江总督、南洋大臣）“酌保一、二员奏请简派，经理船政”。不久，沈葆桢、丁日昌复奏“顺天府尹吴赞诚深谙算学、直隶津海关道黎兆棠熟悉洋务，请于二员中简派一员来闽接办。”光绪二年二月初十日，即有谕军机大臣等，“吴赞诚、黎兆棠品学才识，李鸿章谅所深知，于经理船政事宜能否胜任，该员中何人为尤得力？着李鸿章详细据实奏闻，再降谕旨”。福建船政大臣，为洋务派之关键之职，只有核心人物方能充任，除具非凡才识之外（主要是办理洋务之才），还需洋务首领接受才行。沈葆桢、丁日昌均为前任船政大臣，对船政大臣之人选，当然有一定的发言权，但若不能得到李鸿章的首肯，亦难充任。故而朝廷把船政大臣的任命权交给了李鸿章。李鸿章因同乡之谊于同治初年即与吴赞诚相识，并对其有较高的评价，称其“才大心细，吏治尤精，在粤最久，屡更事变，军务、洋务，亦有阅历。”③三月初七日，朝廷得到李鸿章复议之后，最终决定吴赞诚以三品京堂候补，督办船政事宜，接办台湾防务。④

至光绪三年三月二十五日，因丁日昌病体未痊，回省调理，所有台湾防务，即由吴赞诚暂行接办。时发生日本阻梗琉球贡物案。先是，日本内务卿大久保利通在北京订约归国后，即向日本政府提出逐渐吞并琉球之建议。同年，日本政府根据大久保利通之建议招琉球三司官城池安规到东

① 丁日昌奏“台湾岁试事竣”疏，《抚闽奏稿》（三），第480—481页。

② 丁日昌奏“巡察台湾南路，察看旗后炮台情形”折，《清光绪朝中日交涉史料选辑》，文丛版，第3—5页。

③ 同治十二年五月十四日，李鸿章“复李雨亭制军”，《李鸿章全集·朋僚函稿》卷十五，海南出版社，1999年，第6页。

④ 《清德宗实录选辑》，文丛版，第23页。

京，命其与中国断绝关系，并要求琉球王“对中国朝贡而派遣使节及庆贺清帝继位等惯例，一概废除。”[①] 光绪二年底，当日本阻止琉球朝贡中国时，琉球王密遣紫巾官向德宏赴闽，请求按例给予保护。光绪三年五月十四日，闽浙总督何璟奏“据情陈奏琉球职贡日本梗阻”折，朝廷因不知日本是借端生事，还是另有别情。一面传谕出使日本大臣何如璋相机妥筹办理，一面饬下闽抚丁日昌驰赴台湾，加强台湾防务。但此时丁日昌尚在假中，遂由船政大臣吴赞诚将船政公事暂交提调吴仲翔代折、代行，带“船政关防”渡台，对台湾防务代为布置。当然，吴赞诚深知丁日昌“回省调理”之隐情，亦知自己资望尚浅，在“遵旨赴台并布置船政事宜”折中，特别指出“抚臣丁日昌素抱忠公，力维大局；台事正有起色，若病势稍减，必仍一手经理，以收未竟之功”[②]，表明自己仅仅是暂代而已。四月二十五日，吴赞诚乘坐“海镜”号轮船渡台，二十七日抵澎湖，次日在旗后登岸。当即勘阅该处南北两岸炮台，称该处有两哨勇兵驻守，虽炮未配齐，但已具规模。二十九日，经过凤山旧城，察阅道员方勋所部两营驻军，颇为严整，兵民相安。五月一日，抵台湾府城，接见镇、道以下官员，得知闽抚丁日昌内渡以后，驻台勇兵在台湾镇、道等督率下，照常操练，分别赏罚，并无废弛。各处之番情均为帖服，唯彰化之番常生事端，吴赞诚即饬道员方勋拨勇三哨前往，协同代理知县钟鸿逵严加防范。此外，吴赞诚在奏折中还称，“凤山至台湾，一路之上，早禾一律刈获，收成丰稔；沿途绅耆欢迎于道，平静而祥和”。初三日，至安平勘阅炮台。令炮勇演放安蒙土郎大炮；调驻守安平之福锐新中营、镇海左营等在校场操练，步法整齐、枪法已渐娴熟。[③] 五月二十九日，行至牡丹湾地方，查得有驿夫潘阿顺被生番戕杀；三十日，“振”字中营告假哨官都司欧阳起泗及勇丁四名，行至阿郎溪时，再遭生番抢劫，欧阳起泗被害。因该处为“振”字中营游击朱荷恩所辖，所辖地方连发劫杀重案，实属巡缉不力。吴赞诚当经请旨将朱荷恩即行革职。[④] 吴赞诚在回恒春的路上，正当盛暑，

① 王芸生：《六十年来中国与日本》第一卷，北京：三联出版社，1979年版，第149页。

② 吴赞诚：《吴光禄使闽奏稿选录》，台湾文献丛刊第231种（以下简称文丛版），第1—2页。

③ 吴赞诚奏“初到台湾勘阅炮台防勇情形”折，《吴光禄使闽奏稿选录》，文丛版，第5—4页。

④ 吴赞诚奏“参后山驻防营游击”片，《吴光禄使闽奏稿选录》，文丛版，第13页。

烈日当空，沙热如火，自觉受瘴甚重；且随从员弁、勇丁，皆病不能起；行至枋寮，即头晕胸胀，寒热交作，六月十三日，勉强抵郡。七月二十四日乘船内渡。

吴赞诚初次驻台，前后约三月，由恒春入卑南，历牡丹社、红土坎、大猫狸诸险；深入“舆骑不达之地”，受烟瘴而归，艰辛非常。但除在卑南教化熟番、请旨革游击朱荷恩之职外，对台湾之防务、抚番开山等悉遵丁日昌旧制，无甚建树。

由于吴赞诚职分太低，迟迟未委巡抚之职，但闽抚难觅，台事刻不容缓。李鸿章非常看好吴赞诚的从政经历，在粤二十年，常与土匪接仗，军务、洋务俱得历练，且起于州县，对地方吏治亦相当精湛，正是闽抚之不二人选，[①] 所以，四年四月，吴赞诚因李鸿章实力举荐才勉强以候补三品京堂之资格署福建巡抚。是年九月，台湾后山巾老耶、加礼宛两社生番生事，吴赞诚再度渡台。至十月初，因得吴光亮咨函称，逃跑之凶番均被查办，番情大定，才与孙开华同出鸡笼，于十月二十六日取道竹堑、彰化、嘉义等，十一月初六日抵府城。十五日即内渡，十一月二十日回省城。吴赞诚再次驻台，亦约三月，除进剿巾老耶、加礼宛两社，择地安置番民以外，对台湾之抚垦与治理多有心得。如台湾后山南起恒春八瑶湾，北至苏澳六百里，平原沃土，膏腴之地，耕者不过十之一二；其番民虽不如卑南之驯良，但已稍通情理，并非无从教化，力主将此地并入版图。又如因番地垦民日众、耕地日辟，番民交涉事务渐繁，奏请设立招抚局，处理番垦事务。此外，吴赞诚在处理土棍陈辉煌屡次索诈案时发现，台地诸多案件通事皆有所闻，而该处营官不曾觉察，可见武员之粗率，奏请增设文员经理，如此等等，均获朝廷谕准在台实施。

吴赞诚初次渡台系以船政大臣布置台湾防务；再次渡台仍以船政大臣署福建巡抚剿办巾老耶、加礼宛两社生番，一则职分较低，二则驻台时间较短，对台湾事务之考察亦未能深入，因此未提出具有全局意义的治台主张，在朝野上下也无甚影响。

琉球案与岑毓英巡台。吴赞诚内渡，因瘴疫愈重恳辞闽抚，上准奏，仍留督办福建船政事宜，河南布政使裕宽接福建巡抚，未就任即调广东巡

---

① 张世贤：《吴赞诚治台政绩》，《中国近代现代史论集》（第29集）“近代历史上的台湾”，台北：商务印书馆，1985年，第238页。

抚，福建布政使李明墀暂署福建巡抚。四月李明墀调湖南巡抚，江苏布政使勒方锜为福建巡抚。阻贡一案尚未了结，《中俄伊犁边界条约》再生枝节，“俄警”突起，日俄乘机联络之说沸沸扬扬，台湾不可不防。朝廷令勒方锜急速渡台，勘查台湾各海口营务，布置台地营伍。[①] 六月二十四日再谕，“俄国近与日本乘机联络，现在琉球事尚未定议，台湾一带，着何璟、勒方锜先为预防”。十月二十日，勒方锜奏“为勘查台湾各海口及营务、民番大略情形”折，于二十一日东渡，二十三日抵鸡笼港，十一月十三日至台湾府城。先后查阅安平海口、旗后炮台。[②] 勒方锜此次驻台仅有两月，又不谙洋务，例行察看而已。琉球一案，日本阴谋未逞，悻悻而归，朝廷担心日人将“有事”台湾，光绪七年四月初八日上谕称，台湾为南洋门户，防务紧要，日本前议琉球一案，未准所请，难保不借端生事，自应思患预防，严行戒备。贵州巡抚岑毓英“久历戎行，谙熟兵事”，调为福建巡抚。随即责成岑毓英将台湾防务悉心归化，与何璟会商布置，务期有备无患。[③] 岑毓英此行仍为台湾防务，奉命巡台。

岑毓英于光绪六年（1880 年）七月五日抵闽接任福建巡抚，二十四日即奏“会商台湾防务大概情形”折，请“先将全省案牍清厘以后，或两月渡台一次，或三月渡台一次，随时往返布置，庶政务、台防均可兼顾”[④]。福建全省之吏治、刑名、钱谷皆是巡抚专责，事务殷繁。历任巡抚渡台，抚署题奏、咨案，均交闽浙总督代办，日常事件委诸藩司代行、代拆。因闽浙总督何璟本年奉旨出省查阅营伍，岑毓英不得不将抚署日行公事委诸藩司代行、代印。所以，此次渡台，抚署寻常事件，拟照例亦委诸藩司代行、代印；如事关紧要仍送巡抚行营亲办。

光绪七年闰七月十三日，岑毓英奏“渡台日期”后，即出省至马尾，与船政大臣黎兆棠筹商一切，十七日开船东渡，次日黎明抵鸡笼，勘验鸡笼炮台，留员经理，添扎营碉。继由台北府陆行，经淡水、新竹、彰化、嘉义各县。每到一县，或一二日，或二三日察看民情，并接见绅耆，询问民间疾苦。凡有胥吏舞弊、土棍横行者，皆就地惩办。勘明沿海之沪尾、

---

① 《清光绪朝中日交涉史料选辑》，文丛版，第 64 页。

② 《清光绪朝中日交涉史料选辑》，文丛版，第 61—62 页。

③ 《清德宗实录选辑》，文丛版，第 77 页。

④ 岑毓英奏“会商台湾防务大概情形”折，《岑襄勋公遗集》卷十七，沈云龙主编：《近代中国史料丛刊续编》（第 38 辑，下同），第 1825—1826 页。

鹿港各口后，于八月初七日行抵台湾府城。当日即往勘查安平旗后各口。巡至安平时接总督何璟咨会，称已出省巡阅营伍，应即回省照料。岑毓英遂于十六日回台北，一路严加勘查，八月二十七日行抵鸡笼，即日乘船回省。[①] 岑毓英此次巡台，虽前后山番社未及亲至，而全台情形已“略得大要”。岑毓英于九月初三日由台湾回省署办理内地公事，两个月之后，奏“再行渡台”片，计划十一月初八日复行渡台，筹办防务、抚番事宜，并督修城池、炮台、河堤各工程。[②] 十一月初八日，岑毓英由省渡台，十四日抵鸡笼，布置防务。二十二日，行抵新竹、彰化交界之大甲溪，绅民所捐修堤夫役业已齐备，当即暂行驻扎，督饬开办。台湾道刘璈、台湾镇总兵吴光亮、署台湾知府袁闻析前往行营，会商开山抚番事宜，督修大甲溪河堤。八年二月初，岑毓英亲至嘉义督剿土匪。待全台地方均属安静，大甲溪河堤业经修筑完竣，前奏委记名提督何秀林、邹复胜分开北中两路以通后山，均次第展开。岑毓英于三月十一日才由鸡笼内渡旋省办理秋审案件。并建议以后防抚事宜，即由台湾道刘璈及台湾镇总兵吴光亮就近调度，遇有重要事件仍随时渡台督办。[③]

与福建大员轮值巡台制度相比，其间所有闽抚均有驻台经历，未曾有中断或废弛现象。原因之一是台湾海峡的交通条件发生了根本变化，定期轮渡的开通，[④] 渡海安全基本上有了保障，巡台大员对海洋险处及台湾海峡恶劣环境的恐惧大为降低。更为关键的原因是，在洋务新政的推动下，朝野上下对台湾的重视程度大大提高，并且达成共识。当然，日本此时在东亚地区的扩张活动以及对中国海洋利益的威胁，也是闽抚巡台，加强台湾防务的重要原因之一。

二、巩固海防，杜绝觊觎

1874 年日军入侵台湾后，日本因素如同梦魇一般附在台湾，先是阻止

① 岑毓英奏“行抵基隆日间内渡”片，《岑襄勋公遗集》卷十七，第 1825—1826 页。

② 岑毓英奏“再行渡台”片，《岑襄勋公遗集》卷十七，第 1863 页。

③ 岑毓英奏“攻克嘉义土匪购拿匪首”片，《岑襄勋公遗集》卷十七，第 1889—1891 页。

④ 台湾的定期轮渡始于同治十年。当时英国轮船开设安平、淡水、厦门、汕头、香港航线，每两周一班。后来得忌利士公司，以“爹力士”航行于香港、汕头、厦门、安平；以“科魔沙”、“海龙”航行于汕头、厦门、淡水。光绪五年，台湾道夏献纶建议调拨轮船每月赴汕头定期航行。光绪七年，福建巡抚岑毓英又擘“琛航”、“永保”往来闽台，并准商人配货。参考许毓良：《清代台湾的海防》，第 30 页。

琉球与中国之联系，梗阻琉球贡物，后强行吞并琉球。琉球人遭亡国之痛，遣使中国乞援，为此中日之间长期交涉；丁日昌以后福建巡抚如吴赞诚、勒方锜、岑毓英均因此先后巡台，布置台湾防务，应对日本挑衅。巩固海防，杜绝觊觎，成为驻台闽抚经营台湾的主要内容之一。

丁日昌的台湾海防计划。丁日昌对台湾战略地位的认识，在洋务派官僚中也是较早的。早在同治七年（1868 年），为曾国藩幕僚时，即在《海洋水师章程》中拟将台湾作为南洋海防中心。同治十三年，海防议时，丁日昌再次建议把台湾作为东南海防枢纽，以铁甲舰，控制台湾海峡之制海权；并建议待将来台地生聚日盛时，建为行省。至丁日昌为闽抚，经营台湾，则从国家整体安全形势出发，认为台湾有备，沿海可以无忧；台湾不安，则全局殆为震动。“台湾生番蠢动，尚是癣疥之疾，日本处心积虑，极意窥伺，可恨亦复可忧”，防日，乃台湾海防的主要目标。他还提醒国人，若台湾不能认真整顿，速筹备御之方，不出数年，日本必出全力以图规取，其时恐不能再以谈判退敌了。尽管 1874 年台湾事件和平了结后，沿海各省举办海防，用费殆将千万，但因“变起仓促，所购器械，必不能精；事非素习，所建炮台，必不适用”，与其临时敷衍，不若及早图维。[①]丁日昌认为要确保台湾及沿海安全，须购中、小铁甲一二号，以为游击之用；练水雷数军，以为防阻之用；造炮台数座，以为攻敌之用；练枪、炮队各十营，以为陆战之用；购机械、开铁路、建电线，以为通信、货运、调兵之用。购机器、集公司，以为开矿开垦之用。[②] 从而形成其台湾海防之综合计划。

首先，以铁甲船控制台湾海峡。铁甲船为目前第一破敌利器，西方列强，以铁甲船之多少为强弱；东邻日本，蕞尔小国，亦罄其全力购铁甲船数号，以壮国势。同治十三年，总理衙门之“海防六条”本有购船、制器之议，终因经费无着，迟迟不得定购。沈葆桢巡台时亦建议以铁甲船取代台湾海峡的蒸气火轮船。[③] 丁日昌巡台之初，疾呼“为台湾目前计，必须购中小铁甲一二号，”[④] 不仅可以控制台湾海峡，还可兼顾沿海七省，无事则在澎湖操练，有事则驰往南北洋听调，如“常山蛇击首尾应”。丁日昌

---

① 《清季台湾洋务史料》，台湾文献丛刊第 278 种（以下简称文丛版），第 15 页。

② 丁日昌奏“请速筹台湾全局”疏，《道咸同光四朝奏议选辑》，文丛版，第 81—82 页。

③ 《清穆宗实录选辑》，文丛版，第 150 页。

④ 《道咸同光四朝奏议选辑》，文丛版，第 81 页。

进一步指出，“目前俄土交讧于西，日本内乱于东，实为数十年来不易得之机会，”一旦日本内乱平息，俄土胜负既分，“其时即使有购器之费，实恐无购器之时”①。丁日昌侦得铁甲船之定购程序，往往需三四年才能造成驰往中国，而此时日本又从英国购得两艘铁甲船，已制成下水。在时不我待之际，丁日昌建议将拨给台湾办理铁路之南洋经费先行购办中等铁甲船三号。总理衙门称丁日昌之建议，“系为款巨费难，先其所急起见”，同意移款购办，但具体办法尚需咨商南北洋大臣，“如果意见佥同，即有该抚臣会同南北洋大臣拣派委员，设法分别定购。”② 由于购买铁甲船最终失败，丁日昌控制台湾海峡制海权计划随之落空。中法战争爆发时台湾海峡仍为蒸气火轮，无法与西方之铁甲船相抗。法国舰艇迅速封锁鸡笼和澎湖，阻断了大陆与台湾的联系，清军失去制海权，海战失利。

其次，台湾之防务，不在兵力不敷，而在饷需之不足；不患番洋之不靖，而患声气之不通。③ 所以丁日昌提出：饷需不足，兴矿务；声气不通，修铁路；信息不便，设立电线。

饷需之不足，兴矿务。台山为洪荒以来初辟之新岛，精华未泄，蕴蓄宏深，除煤炭之外，尚有硫黄、磺油、樟脑等相当丰富，均可以资饷需。丁日昌认为，兵事与矿事相为表里，“矿不兴则无财，无财则饷何由而足；矿不兴则无煤、铁，无煤、铁则器何自而精”？且欲固台防，必练兵；欲练兵，必先裕饷。筹饷款于内地，利有时竭；不如开饷源于台湾，利可无穷。丁日昌巡台之前，即令台湾道夏献纶将台地所产硫黄、磺油、樟脑、茶叶等项应如何扩充开办详细规划。根据献纶之调查，丁日昌奏请开禁硫黄，或由官设厂，或向民买购。丁日昌坚信，数年之后，不仅可增加福建之军需，还可兼济邻省之不足。④ 丁日昌认为，兴矿务，不但可裕军饷，还可绝外人觊觎。“外人所以垂涎台湾者，以有矿利也。”“矿务若自我全行举办，无主之物变为有主；垂涎之根既绝，窥伺之念自消。”

---

① 《清季台湾洋务史料》，文丛版，第31页。

② 光绪三年六月十五日，总理衙门奕訢等议奏“丁日昌请将轮路经费变通购办铁甲船并于台湾先办马车路一案请旨遵行”折，《清季台案洋务史料》，文丛版，第33页。

③ 光绪二年十二月十六日，丁日昌奏“统筹台湾全局，拟开办轮路、矿务请简派熟悉工程大员驻台湾督理”折，《清季台湾洋务史料》，文丛版，第7—8页。

④ 光绪二年八月二十四日，丁日昌等奏“请专派叶文澜驻台督办煤厂等件并察看硫磺、磺油、樟脑、茶叶各情形设法开采”折，《清季台湾洋务史料》，文丛版，第4—6页。

声气之不通，修铁路。丁日昌认为，台地修铁路其利有十。如铁路日行两千余里，由台南至台北顷刻即达，军情可瞬息而得；文报无淹滞之虞。后山若有铁路，则屯军择善地驻扎；遇有紧急，方轨而驰，朝发夕至，不必使有用之兵受瘟疫之害。同治十三年，日本出兵台湾，沿海七省纷纷设防，耗饷不止千余万。台湾若设铁路、兴矿务，不仅大宗之饷可省，常年防军亦可裁减。铁路开，兵勇可以归并操练，营官不敢以少报多，而且勤惰壮弱亦可随时稽查。开铁路，由台湾府城至鸡笼口不过数时可到，往来人等自可由鸡笼起岸，不必再涉安平之险。①

信息不便，设立电线。台湾设立电线，初始于同治十三年沈葆桢巡台之时，沈葆桢认为“台洋之险甲诸海疆，欲消息常通，断不可无电线。”遂计划由福州陆路至厦门、由厦门水陆至台湾设立电线，但因经费无着，或断或停，进展缓慢。至丁日昌巡台，建议鸡笼至恒春之陆路电线，以闽省议撤之电线移用，稍加添设修正，需款较少；安平至厦门之水路电线，为费较多，似可从缓再议。②

其三，全台营伍“老弱者大约十之六七，精壮者不过十之二三，所执器械亦朽坏不堪，界于若有若无之间”③。因此，丁日昌对全台营伍大加整顿，包括：停募台兵、汰弱留强、裁并营汛、加大训练等。

停募台兵。同治十三年，沈葆桢奏准将班兵疲弱者撤令归伍，另招本地精壮补充之，内地班兵由是停拨。至光绪元年，奏改营制，台湾分路开山，勇营之患不在兵力之不足，而患饷项之不充。署台湾知府孙寿铭奏请暂停招募，将各营旧存、新募各兵，逐加挑选，待将来开山事竣，勇丁即行遣散。丁日昌查阅福建省情后认为，“此时正当出多入少，饷需最为困难。既无他术以裕财源，即应设法以节财流”，应孙寿铭之请，对现有台勇，慎选营官，勤加操练，其余一概停募，免致虚靡。④

汰弱留强。丁日昌巡阅台湾之际，曾嘱台湾总兵张其光前往南北两路，将绿营兵丁严加裁汰。光绪三年四月二十六日，张其光至凤山裁去南、淡两营老弱兵丁248名。然而，当丁日昌巡阅南路时，见沿途营兵疲

① 福建巡抚丁日昌奏，中国史学会：《洋务运动》（二），上海人民出版社，2000年，第346—348页。

② 《清季台湾洋务史料》，文丛版，第1、13页。

③ 丁日昌奏“整顿台防营伍”片，《抚闽奏稿》（四），第536—537页。

④ 丁日昌奏“停募台兵挑选汰留”片，《抚闽奏稿》（一），第392—393页。

弱者十之八九，张其光报称仅裁汰200余名。丁日昌称其实属敷衍了事。并告以再往北路时，如不能破除情面，将绿营认真整顿，定将严参。限令总兵张其光一月之内将镇标、道标、城守和安平水师等营中之老弱予以裁汰，足见丁日昌整顿营伍之决心之大。经此整顿，全台各营共裁汰老弱3316名。裁汰之后，对剩余精壮加强训练。除府城原有两营练军外，在被裁军中挑练一营，安平水师练一营，共练军2540名。① 另，丁日昌巡阅后山防务后认为，南、北、中三路统领声气不能相通，将吴光亮所部移扎后山璞石阁水尾，居中控驭；苏澳至新城中间所扎各营移至岐来，秀孤恋、卑南一带归吴光亮调度节制；苏澳不设统领，仍扎一营，就近归总兵孙开华调度。②

吴赞诚加强后山防务。丁日昌巡台确立了以“杜绝觊觎”为目标的台湾海防建设方针，此后巡台之闽抚关于台湾海防建设，均以布置防务和整顿营伍为主。光绪六年（1880年）吴赞诚巡台时认为台地事宜当以后山为急务，初次渡台即与总兵吴光亮亲往查勘抚垦情形及营伍驻防，得知后山驻防情况：吴光亮所部飞虎左、右两营暨中哨亲兵，暂扎璞石阁，并于成广澳设立粮局，分勇守护，以资转运。由苏澳移调之练勇前、左两营，分扎水尾、马大鞍、吴全城等处。原驻新城、花连港之江开泰、李英两营仍驻旧处。考虑到后山烟瘴气盛，原驻各营病弱者多，吴赞诚遂将台湾营伍酌量裁并更换。其中，原驻花连港都司李英福靖左营，即行裁并。新城、苏澳，或人烟稀少，或道路不通，非扼要之地，原驻该处之副将陈得胜及福锐左营，移回吴全城，择近、择要驻扎。原驻吴全城都司刘洪顺练勇左营裁撤。副将陈得胜因恃勇轻近，撤去营官，改派都司杨金宝接带；现驻中溪洲之吴炳章所带练军前营，因多病弱，由总兵邱德福另募一营更替，仍归吴光亮节制。经此裁换，汰弱留强，“庶期兵收实用，饷不虚靡”③。

勒方锜奉命调整台湾防务。光绪六年正月，朝廷因台湾后山办理多年，迄未就绪；即酌行停止，腾出饷需以作海防之用。至于停办之后如何留驻兵勇、弹压抚绥，使番族相安无事，福建督抚何璟、勒方锜奉命悉心

① 军机处月折包奏折录副，第118933号，转引自许雪姬：《清代台湾的绿营》，台湾“中央研究院”近代史研究所专刊（54）1987年，第98页。

② 《清德宗实录选辑》，文丛版，第37页。

③ 吴赞诚：《吴光禄使闽奏稿选录》，文丛版，第27页。

筹划，奏明办理。[①] 四月闽浙总督何璟奏“遵议筹办海防及节省台湾开山经费”折，计划将台湾后山防勇抽出两营，归并台北操练；将江南练勇着调数营，派得力营将管带渡台，驻扎鸡笼、沪尾，与闽省各营合力固守；孙开华原带练勇营回扎泉州，以为厦门后劲。[②] 勒方锜为此奉命渡台，认为时下海疆多事，台湾控驭数省，防务尤不可疏。遂将台湾各处分屯营伍作如下调整。前山北路之鸡笼驻一营，台北府城驻一营，沪尾驻一营。前山中路之彰化、嘉义近外诸处分驻一营、近里诸处分驻一营。前山之南路，台湾府城内驻两营，府城西门外驻一营，安平地方驻一营，另加水师练兵190名、炮台专驻管炮弁勇140余名。旗后添设一营、炮台亦专驻管炮弁勇130余名，凤山、恒春要隘诸处分驻两营。后山之全境，北头前后山交界苏澳地方驻一营；由北往南自花莲港至象鼻嘴诸处分驻一营；再往南自卑南至牡丹湾等处分驻一营。根据勒方锜的布防，后山之驻营，除招抚番社外，还承担有兼顾海防后路、照护遭风船只、预杜衅端之责。

岑毓英加强两岸联系，确定台湾防务重点。自沈葆桢以后，渡台轮船向来由罗星塔出五虎口，绕道厦门、澎湖，须三十九个时辰始能到岸，如遇狂风大浪，行船颠簸，日期更难预料。然若由五虎门直抵台北，只需九个时辰即可到达鸡笼；再由鸡笼到台湾府城数日可达。因此，岑毓英渡台之前即商请以此路为渡台正路。同时，商请福建船政大臣黎兆棠，拨大轮船一号为渡台之用；台南至五虎口，则用小轮船往来。[③] 回省期间，岑毓英于九月二十六日再奏“请将琛航、永保轮船二号轮流渡台”片，希望琛航、永保两号轮船能够轮流渡台，加强海峡两岸之联系，巡察海防并便商民之用。岑毓英称，福建轮船除兵船分防各海口外，仅有琛航、永保、海镜三号轮船，为渡送来往官兵之用。因五虎口径渡鸡笼海道实属便捷，不论有风无风皆可停泊，并无危险。若增琛航、永保两号轮船，由五虎门轮流渡往鸡笼、沪尾，来往官兵及省台文报均可由轮船渡送（因官兵文报多寡不定，而轮船所需煤炭及员工薪水有数，其中费用之差额当筹款补贴）。遇有民人渡台或商人贩运货物，均准随时搭船，仿照招商局章程，酌减水脚收支、轮船炭工等项。所有应纳关税仍由闽海关委员收其应纳厘金，另

① 《清德宗实录选辑》，文丛版，第66—67页。

② 《清德宗实录选辑》，文丛版，第71页。

③ 岑毓英：《岑襄勋公遗集》卷十七，第1824页。

有厘金总局委员收解，不容隐漏。岑毓英以为该两号轮船，虽顺搭民商，毕竟以渡送官兵文报为主，与寻常轮船不同，无需经新管洋人之手，其余别号官兵轮船，仍照定章办理。[①] 岑毓英调整渡台正口，增加轮渡船只，加强了对台湾海峡的控制，同时也大大便利了两岸交通，造福商民。

岑毓英认为，台湾自北而南，沃野数百里，粮食、茶叶、煤炭，皆出其间；海滨之民复有鱼盐之利；前、后山又出樟脑、硫黄及各种竹木，此诚外国所垂涎而我所急宜防范也。然台湾防务不同内地各省仅一二面临海，所备者寡。台湾则一岛孤悬，港汊纷歧，乃四面受敌之区。经过勘查，岑毓英将安平、旗后、鸡笼、沪尾各口等作为台湾防务之重点。因为以上各口虽设有炮台，而备御不周，恐敌人由无炮台之处舍舟登岸，抄袭后路。中路之彰化、鹿港等处不可不防，因台湾并入版图以来，此地民变、械斗事件常有发生，如朱一贵、林爽文、戴万生之役，均起于彰化。如今，彰化、嘉义一带械斗枪杀之案层出不穷，往往逃匿番地，少有获案。前、后山生番，仅南路概行就抚；中、北两路尚多梗化。台地水土恶劣，前、后山烟瘴更大，历年员弁兵勇死于烟瘴者不少，故招抚进展缓慢。台北府之淡水、宜兰各县尚无城垣，台湾府城及各县城池，亦间有损害，不足以资捍卫，亦为防务之重点。[②]

岑毓英确定台湾防务重点之后，从内地调兵加强台湾防务。因台地戍兵不足为用，岑毓英抵闽之初，即奏请从贵州安义等营练军调 2000 名入台。其中，以 200 名留为护兵，以 200 名驻扎五虎口，其余 1600 余名，分扎台湾各处。岑毓英至台，即将由贵州陆续到闽之 2065 名黔军，分为四营全数渡台，接替孙开华驻扎防地。刘璈所带旧部楚勇一营，随调台湾。留台兵勇与原存制兵共计 12000 多名，除留守澎湖、各海口及前后山外，拟分为三小军：一军驻扎台南，一军驻扎台北，一军驻扎中路之彰化县。其粮饷、军火亦分屯三处，以备缓急之需。无事则认真操练，有事则互相应援。同时，严饬各员，一面招抚中、北两路生番，查拿匪犯；一面修理城垣，整顿保甲，若有余力，可挑选屯丁为坚壁清野之计。[③] 岑毓英还对台湾防勇汰弱留强。台湾防勇，除署陆路提督孙开华所带擢胜四营，已奏明

① 岑毓英：《岑襄勋公遗集》卷十七，第 1849—1850 页。
② 岑毓英奏“渡台查明情形会筹防务”折，《岑襄勋公遗集》卷十七，第 1842—1843 页。
③ 岑毓英奏“渡台查明情形会筹防务”折，《岑襄勋公遗集》卷十七，第 1841—1846 页。

应撤回漳、泉驻防，尚有防勇 12 营。按楚军章程，505 员为一营，370 员为一小营，拟易大营为小营，每营将裁汰 135 员，共裁汰防勇 1620 员。镇标练军 2540 员，拟裁二成，共 508 员。

三、抚番开山，加速台湾内地化

清代前期的抚番政策，主要体现为抚绥熟番、保护生番。如通过设置番目或通事诱导熟番汉化；在生番地界设隘驻守或将其隔离，免其生事，以期熟番化。总之，追求番民的自然汉化，而不施之以强迫，[①] 因此，番民内地化进程缓慢。自沈葆桢推行积极理番政策，奏请废除旧禁，武力征讨凶番，加速番民汉化进程。沈葆桢的积极抚番政策为丁日昌和岑毓英等接受并大力实施，在番民归化；牛耕、水利、农作物栽培等生产领域；语言文字、婚丧嫁娶、宗教信仰，乃至服饰等生活领域，促进番族社会变迁，加速台湾社会内地化进程。

丁日昌“寓抚于教化”的抚番政策。丁日昌的抚番政策主要体现在其巡台其间，于光绪三年二月制定的《抚番善后章程》中。其主要内容为：归化之番一律薙发，并由官发给粗布衣服；归化各番社，设立头目，作为乡长，每月酌给薪水 18 元。以后若再有伏杀军民之事，即令该头目捆送真凶；严定各番社地界，禁止彼此侵占；除近海官山及各番耕种力所不能及者，听民开垦外，其余附社山田树木，严禁民人侵占；凡准民番交易之处，均设公局，就近选公正绅士主持，以处理民番纠纷，防民商欺凌番人；番民来往城镇，不准携带武器，并严禁私自买卖军火；于前、后山各设医局，为番人治病；番民除种植番芋、小米自给外，因膏腴之土，栽种无多，以致多为贫苦，挑选善于种植之人，分往各社，教以种植茶叶、棉花、桐树、麻、豆、咖啡等，得以改善番民生活；前、后山各处旷土甚多，设立招商局，由营务处派员往汕头、厦门等处招人前来开垦；附近番社市镇，均广设义学，选择善于劝导之塾师，随时为之讲说礼义，导以尊亲，其各番社头目，劝令多送子弟入学，以资化导，番童得进庠序，将来如有读书明理者，即准其应试；未经归化之番，不准接济盐米等必需

① 李国祁：《中国现代化区域研究：闽浙台地区，1860—1916》，台湾“中央研究院”近代史研究所专刊（44）1985 年，第 170 页。

之物。①

此后，丁日昌的抚番活动即以《抚番善后章程》全面展开：

开番童登进仕途之路。往时台湾番童若有应试者，不过取充佾生而止，以至番童登进无路，难期鼓舞奋发。为鼓励番人向化，光绪三年二月十三日，丁日昌主持台湾府试时，无分畛域，特录淡水厅番童陈宝华一名，取进府学，凤山县番童沈绍陈一名，取充佾生，首开番童获取功名登进仕途之路。同时勉力各番童读书向学，为诸番倡。② 丁日昌还建议，熟番学额将来应援照康熙五十四年湖南所属苗瑶另编字号、于正额外酌量取进事例，仿照举行。当今教化初兴，人文未盛，进学名数，多则不过二名，少则一名，以届时人文之多寡而定。

赈济番民，教番耕作。丁日昌巡至嘉义、彰化时得知台湾内山各社熟番，一向好猎惰农，不谙耕种。而彰化、嘉义等处水埔六社之番民，虽能口操台语，实与生番无异；且附近既无鹿可捕，远猎又恐为野番戕杀，番民之地，为汉民代种，坐收租粟。近来粮食歉收，租粟亦多被欠。番民既不善耕植，是以生计尤艰。又据中路统领吴光亮报，该处上年收成歉薄，现届青黄不接之时，番民饥困可悯，自应酌筹款项，购粮赈济。丁日昌当即商属台湾道夏献纶转饬彰化代理知县钟鸿逵，携带银米前往该处，会同署鹿港同知李时英，查明实在口数，按名每日给米一升，不分大小口，俟稻熟再行停止，事后核实报效。将来凡有似此无衣无食之番，一律筹款酌赈。同时，教番耕作，开浚水源，以防荒旱。对于身强力壮者，雇之开路、开矿，仿古人以工代赈之法，使能持久。③ 如此，强壮之番不致流离，老弱者免转沟壑。

奏请台湾中路水沙连六社归入版图。台湾中路彰化之水沙连六番社，周围七八十里为膏腴之地，山水清佳，土地肥美。道光十年曾议开垦未果，民人前往私垦，与日俱增。但附近各县"匪类贼人"，亦因该处地僻山深，藉为捕逃渊薮。丁日昌巡察至此，饬令总兵吴光亮将自集集街（入六社之路之一）入埔里社之道路开通，联络布置。因吴光亮移营后山，所有经手事宜暂交代理北路理番同知李时英接办（沈葆桢奏请将台湾北路同

---

① 《刘铭传抚台前后档案》，台湾文献丛刊第276种（以下简称文丛版），第7—10页。

② 丁日昌奏"台湾岁试事竣"疏、"添设熟番学额饬部立案"片，《抚闽奏稿》（三），第481、510页。

③ 丁日昌奏"添设熟番学额饬部立案"片，《抚闽奏稿》（三），第495—496、511页。

知改为中路，驻扎水沙连）。开山之后，水沙连内地民人来垦日多，生聚渐繁，丁日昌奏请添设一县。在正式设县之前，于该社紧要适中之地，先行筑一土城，派官驻扎，并分兵防守，募民栽种竹树，以固藩篱。①

抚番杜衅，剿灭凶番。经深入番地实际考察后，丁日昌发现，此前数年台湾抚番效果并不明显。如后山生番约有数百社，穴居野处，并无总目管辖，“行同禽兽，但以杀人为乐”，半月前，福靖新到各营兵勇，来市买菜，回至苏澳五里亭，被生番狙杀9人；其居平原者，“稍知人性，性极诡诈，每纵容生番杀人，居间取利”。自咸丰年间开垦，百姓被该番杀害者约千余人，可谓“在我徒费赏赉之资，而在生番并未稍弭杀人之害”，长此羁縻，终无了局。丁日昌在巡察番地时，敏锐觉察到番民之中有佩戴洋枪、与洋人勾结之危险。其中，光绪三年正月，丁日昌巡阅南路凤山、恒春番界时，发现番人及番目均携带新式后膛洋枪，有悖理番禁令，遂通饬全台文武官员对此番地加以警戒，于善良之番，妥为抚绥，不准百姓稍有欺凌，通事稍有垄断。其原有田地，设立界址，不准百姓稍有侵占。每社各设头目，稍予体面，以资约束而便羁縻。应抚之番，须一律薙发，然后名为“抚良番”。其未经就抚之凶番，严禁接济军火，不准百姓与之销售货物。如此受抚之番有利而无害，则向化之心益坚；不受抚之番有害而无利，则革面之心益笃。② 丁日昌在恒春察看番情时还发现，生番无论老幼均佩枪刀，枪虽土造，但擦摩滑亮，较之营兵所用之旧式火枪，几胜数十倍。各番目所佩皆新式后膛洋枪，为倭人所赠。当饬恒春县黄延昭等确查洋枪来路，设法杜绝。

对于不受抚之野番、凶番，予以剿灭。如台湾南、北、中三路生番，“负险嗜杀，人性全无”。南路悉忙社生番戕害台湾镇总兵张其光所部哨官把总谢受业及兵勇数名，且该社倚恃地险人众，与狮头社、龟纹社凶番联为一气，数十年来杀害兵民无数。丁日昌遂调总兵张其光、道员方勋，就近抽调二营，再由郡城添拨炮队，会同前往剿办，于三月初七日由枋寮出发，分头进攻，初九日，大破之。③ 对于平埔近海各番，易于洋人勾结者，丁日昌主张，可抚则抚，不可抚则须痛加剿灭，然后另择头目，令其薙

① 丁日昌奏“拟开辟台湾中路六社归入版图”片，《抚闽奏稿》（四），第553—554页。

② 丁日昌奏“巡查台湾南路凤山恒春等处”折，《清光绪朝中日交涉史料选辑》，文丛版，第4页。

③ 丁日昌奏“遵旨剿抚生番缘由”片，《抚闽奏稿》（三），第477页。

发，并入版图，严定界地，不许他人侵占，法立恩加，番民必知惧而后感恩。

吴赞诚教化熟番，剿抚生番。与海防建设一样，驻台闽抚大都以丁日昌确立的抚番政策为蓝本，具体执行之。光绪四年九月十五日，吴赞诚首次渡台巡至花莲港，与孙开华、吴光亮亲赴加礼宛番社察看，招集各社番目，宣布朝廷圣谕。因七脚川番社全力配合官军剿番，面予嘉奖，犒以银、帛；薄薄社番情驯良，亦予奖励。豆拦、里楼等社则以严加训饬，晓以利害，令其约束子弟，不得为非。其余番民均择地安置。因卑南各社就抚已久，番情尚属驯良。其中卑南觅大社，向为七十二社之长，归化最早。康熙、乾隆年间，大军先后渡台，平定朱一贵、林爽文时，该社酋长或奉檄搜捕、或远出迎师，屡受银牌、衣物之奖，至今传为家宝。日本琅琊之役，署同知袁闻柝等航海至卑南晓谕，该头目陈安生、郑仁贵等，首先薙发具结，各社闻风一律遵办，使倭人无从借口，此后，开路抚番诸事，陈安生甚为出力。吴赞诚至此，该处八社头目及觅仔爻、阿眉社番目、促桑庄客民、董事人等，一同来谒。于是当众宣布朝廷恩德，并对番众反复教导，勉以各安本分，勿杀兵民。吴赞诚亲至卑南觅社考察番情发现，社中设有议事公所，名曰"笆楼馆"，且设有义塾，七八岁孩童能背诵王凯泰所刻《训番俚言》，琅琅可听。据查，后山一带，共设义塾十六处，北丝社丁杨姓之幼女，入塾两年，已读完《四书》诠注及《诗经》一部，对《训番俚言》能逐句解读大意。吴赞诚认为，该处社塾未久，民番诸童已有鼓舞向学之机，将来涵濡圣教，沦浃日深，其进境未可量。遂对塾师和学童酌加奖励，同时饬知同知袁闻柝查明该处未设义塾之处，再添设数塾，以广教化。①

台北后山加礼宛番，半是熟番，与十六股庄兵营为邻，因买米与营勇口角而起衅，番人分路围攻鹊子埔营堡，杀害民勇，枪击哨官杨玉贵。吴光亮奉命驻扎花连港，夏献纶赴台北与孙开华会商筹办一切。然该番社顽抗不遵，复劫杀哨官参将文毓麟及勇丁 9 人，番情益行猖獗。八月十八日，吴赞诚在渡台之前，奏"台湾后山加礼番情蠢动"折，表达了他的抚番原则："若该番能悉数捆送凶犯，悔罪投诚，自应网开一面；倘不知悔悟，

① 吴赞诚奏"查勘台湾后山情形并筹应办事宜"折，《吴光禄使闽奏稿选录》，文丛版，第 7—12 页。

自外生成，亦不能稍事姑容，致贻后患”①。由于后山原驻各营分扎要隘，且多疾病，不敷调拨，总兵孙开华督带亲兵驰赴花连港与先期而至的台湾道夏献纶会商进剿之事。为使各番社怀德畏威，为一劳永逸之计，九月一日，吴赞诚奏“加礼番不尊查办，现赴进剿”折，即由马尾乘“威远”练船亲自渡台，九月初五日抵达鸡笼登岸驻扎。初六日，吴赞诚即会督各营，分路进攻。派副将李光率队驻扎米仑港；调新城营勇驻鹊子埔，以防生番窜逃。孙开华、吴光亮率参将张兆连佯攻加礼宛。另遣参将胡德兴等，向巾老耶社猛攻，加礼宛番目大肥宛汝及数十名悍党被毙。初七日，再攻加礼宛社，战四日，歼番200余名，众番慑服。后山巾老耶、加礼宛两社全被击破。

岑毓英开山抚番，剿灭土匪。岑毓英首次渡台之时，曾查得中、北两路生番尚多梗化，即派垦户黄南球、姜绍基等分头招安，当时即带来26社番目，其中，禾乃、阿鹿等217户均愿薙发归顺。记名提督邹复胜受命查看后山番情，发现后山仅有一路可通，防军绕道行走维艰，每遇换防及采运粮米、军火，皆需轮船渡送，而后山各营扎处又无大港，轮船难泊，一有缺乏，坐困堪虞。只有将中、北两路先行开通，使后山各营粮饷、军火及往来文报皆便于运送，则开山抚番方能应手。二次渡台时，岑毓英行至大甲溪与台湾道刘璈、台湾镇总兵吴光亮、署台湾知府袁闻柝前往行营，专此会商开山抚番事宜。其中，命吴光亮兼统的飞虎三小营归邹复胜统带，并将南路屯丁挑派500名为向导，责成由台湾、嘉义交界处之三重埔老弄社开路六站，即至后山之大陂，以通璞石阁、卑南等处。命驻扎苏澳一小营拨归驻防鸡笼的提督何秀林就近兼统，以500名北路屯丁为向导，责成由大小南澳、新城一带开路，以通花莲港。将驻扎埔里社一小营拨归驻防彰化之总兵丁槐，责成清查沿山垦户，防范生番再出劫杀，并查勘山势能否再开一路。此外，因台湾后山番地，语言难通，烟瘴甚大，开山之事，方在冬春两季。命何秀林、邹复胜，待来年春暖瘴轻之时，再设法将各路开通。各路开山之时，抚番事宜亦随之展开。根据岑毓英的抚番计划，凡就抚之番，按管番户多少，给予八、九品顶戴，月给饭食银数两。令其约束番民，凛遵教化。若能相安无事，再仿照湖南凤凰三厅成案，奏

① 《清德宗实录选辑》，文丛版，第48—49页。

请分设千、把、外委各土职，以示鼓励，或添设文员督同治理。[①] 自沈葆桢以后，台湾开山事宜或停或滞，无大成效。岑毓英以上诸端步步为营，由点到面，真正做到抚番开山并进，成效甚佳。

岑毓英开山抚番之时，对于滋事土匪，亦严行剿灭。光绪八年正月十四日，岑毓英接署嘉义知县潘文凤禀称：闻有土匪庄芋、林阿淋、陈文婴等于光绪七年十二月二十五日夜纠集匪党将甘蔗仑民人吴登科及其妻吴李氏一并杀死，其余家属受伤七人，被虏二人。又将顶坪民人刘传基、刘廷显、刘廷芳等房屋焚烧，虏去男女八人。该县闻报，一面驰往勘验，一面会营查拿，庄芋等匪徒竟敢聚众二百余人，在距城五十里处之大湖、甘蔗寮等处阻险抗拒。岑毓英接报后，即飞饬台湾道刘璈并咨会台湾镇总兵吴光亮就近酌派兵勇，交署台湾知府袁闻柝带往查拿。[②] 二月初七日，岑毓英亲往嘉义县城督同办理。两日后，据台湾知府袁闻柝称，已会同刘璈所派之升用总兵副将杨开友、李胜才及吴光亮所派之已革职总兵王九龄等管带驻防勇营及绿营练兵，于二月初四、五两日攻破匪徒占据之大湖甘仔宅等处。匪徒死伤二十余名，生擒陈老阵等十五名，余匪溃散，匪首庄芋等潜逃。匪首庄芋、林阿淋、陈文婴皆系积年匪犯，前次逃匿生番内山，此次乘机复出抢虏烧杀，实属罪不容诛。岑毓英当令该府及各营员悬赏购线，务将该匪首等拿获惩办，以绝根苗。

四、整顿吏治，赈济饥民

丁日昌整顿台湾吏治。人称台湾吏治暗无天日，牧令能以抚字教养为心者，不过百之一二，其余非性耽安逸，即剥削膏脂，百姓怨毒已深，无可控诉，往往铤而走险，酿成大变。“此台湾所以相传无十年不反之说也”[③]。丁日昌至台，在筹办海防、抚番杜衅的同时，亦对台湾吏治、营政大加整饬。首先，将“科派百姓捐输、津贴州县仓谷、自尽命案株连拖累，及牛捐诸弊政”严行裁革。对于名目繁多的杂饷，除蔗车、糖部，其弊尚易厘剔，继续保留外，所有港、潭等项杂饷，统计各项共有五千二百

---

① 岑毓英奏“到台湾办开山抚番等事”片，《岑襄勋公遗集》卷十七，第1865—1869页。

② 岑毓英奏“攻克嘉义土匪庄芋等巢购拿匪首”片，《岑襄勋公遗集》卷十七，第1889—1891页。

③ 丁日昌奏“参裁嘉义县知县”片，《抚闽奏稿》（三），第482页。

二十三两九钱六分五厘一并豁免，以除民累。① 同时，将以上举措，遍彰告示，晓谕百姓，不致再受讹索。对于“倚恃官势，吓诈乡里，罔法勒索”之衙役，严惩不贷；差役诬良为盗、佐杂擅押平民，以及诉讼延不造报者，均随时参办。对所有贪酷各员，如彰化县朱干隆、嘉义县杨宝吾均据实严参，革职查办。据报，署嘉义县篆候补县何銮到任之后收受书吏税契陋规，由四五千元增至一万元，书吏又转攫于民者数倍。以至“一官新正，势必税差四出，隳突叫嚣，鸡犬无声，民不安枕。”丁日昌认为，杨宝吾前因催收税契，酿成命案，业经查办，何銮委署此缺复敢尤而效之，“若不认真严劾，民困何由得甦，吏治何由得肃”。除将何銮革职外，严饬台湾道府“将各属税契陋规全行裁革”②。巡察台南回郡途中，丁日昌访闻台湾县役林升从前本是“贼党”，充役后遇事索诈，众怨切齿，乡民被诈者指不胜屈，经台湾道夏献纶提审确证后，当即杖死。杖刑之时，“万众聚观，咸谓地方从此除一巨害，无不同声称快”。另有台湾知县白鸾卿莅任十有余年，一任差役妄为，毫无闻见，实属不胜首要之职，一并撤任。③

对兵弁之惩处，也是丁日昌整顿吏治的一部分。据报，管带镇海左营总兵朱名登，驻扎南路枫港时，营有旷缺，属员克扣勇粮，始终袒护；游击郭珍明、哨官都司何积祖、支应委员郭秉义等，克扣勇粮及在营中贩卖洋药，借以牟利而坏营规。丁日昌在查有实据后，奏请将朱名登、郭珍明、何积祖、郭秉义一并革职。其中，朱名登、郭秉义永不叙用，不准投效各路军营；郭珍明、何积祖在军前正法。④ 经此大加整饬之后，贪官污吏为之敛迹，“任何压诈勒索均不敢进行”，因为很多官员为此丢掉了乌纱帽。⑤

岑毓英赈济饥民。光绪七年六月中旬，台澎地区遭遇飓风大雨，台湾、台北两府大面积受灾。凤山县所属大龟山地方溪水陡长，淹死番民数十人；淡水、新竹两县海边草寮民房皆被吹倒；宜兰、鸡笼等地灾情尤为

---

① 丁日昌奏“台湾府属杂饷征收苦累情形”疏，《抚闽奏稿》（三），第504页。

② 丁日昌奏“参裁嘉义县知县”片，《抚闽奏稿》（三），第483—484页。

③ 丁日昌奏“惩办蛀役”片，《抚闽奏稿》（三），第518页。

④ 丁日昌奏“查勘北路淡水、彰化大略情形”疏，《抚闽奏稿》（二），第413—414页。

⑤ The North China Heraid, June 16, 1877; British Consular District of Taiwan, Commericial Report for the Year 1877, F. O. 17—787. 转引自吕实强：《丁日昌与自强运动》，台湾“中央研究院”近代史研究所专刊（30），第286页。

严重。其中，台湾府属之澎湖地方，遭遇飓风，百姓所种花生、地瓜根叶糜烂，糊口无资，[①] 岑毓英巡台至此，饬令台湾道臬司张梦元筹拨粮米运往赈济，以解民乏，至基隆时又得澎湖绅士诉说受灾情形，再批饬台湾道刘璈筹款采买杂粮解往接济。后经刘璈称张梦元已将义仓存谷提出2000石碾米运往澎湖散赈。此外，又从台局货厘项下提银5000两委通判李嘉棠带往浙江温州府采买薯丝、小米运回澎湖，添资赈济。因澎湖各岛共有八万饥民嗷嗷待哺，前项杂粮恐不及散赈。故岑毓英奏请由省城增广仓义谷项下提陈谷两万石碾米，陆续装轮船运往澎湖。[②] 十二月二十日，据代理彰化知县朱幹隆称，县属深耕、二林两保，因逼近海边被灾较重，所种杂粮收成歉薄，饥民众多，恳请赈济。又据署台湾知府袁闻拆、署嘉义知县邱俊南报：嘉义沿海之笨港、三条仑一带，亦有饥民，纷纷求赈。岑毓英与台湾道刘璈先后委员勘查，并饬该县官绅分别周济，将精壮者雇修大甲溪等处河堤，以工代赈。[③]

五、朝廷的反应

自同治十三年清政府确立积极治台政策，台湾纳入洋务运动重要一环，与内地同步发展，其间驻台闽抚的治台主张，均得到朝廷上下积极回应，进而上升为清政府治台政策。如前所述，闽抚驻台期间，台湾海防建设、开山抚番等治台主张均为丁日昌倡导，此后之驻台闽抚萧规曹随而已，故我们以丁日昌驻台其间的治台主张为例，将其间所奏折片与朝廷及朝中重臣的反应作一对照，探知朝廷的反应。

其一，丁日昌巡台初期之主张，朝廷于光绪二年十月作出回应。如十月十九日的上谕，根据丁日昌奏“台湾事宜亟应统筹全局，并省城、台湾势难兼顾情形”，及“拟于台湾举办矿务、垦务”各折片称：“台湾时势今昔悬殊，自宜及早图维，俾资实际”。丁日昌所拟购铁甲船、练水电车、造炮台、练枪炮队、开铁路、建电线、购机器、集公司各条，“亦属目前应办之事”。因李鸿章于洋务情形最为熟悉；沈葆桢从前办理台湾事务，该处一切机宜，亦必周知。应如何擘划尽善之处，朝廷命李鸿章、沈葆桢

① 十月十三日，岑毓英奏“赈济澎湖饥民“片，《岑襄勋公遗集》卷十七，第1853页。

② 岑毓英：《岑襄勋公遗集》卷十七，第1853—1854页。

③ 十二月二十人，岑毓英奏“赈济嘉、彰两属灾民“片，《岑襄勋公遗集》卷十七，第1877—1878页。

等“妥密筹商，速议具奏”①。

由于沈葆桢、李鸿章为南北洋大臣，洋务派领袖人物，而且丁日昌主政台湾亦为两人鼎力之荐。在李鸿章、沈葆桢支持下，丁日昌之治台主张很快得到总理衙门之核准。但“事事创始，需用孔殷，必须制定有著的饷，源源报解，方易集事”。清廷并无饷源可寻，只得剜肉补疮，台湾海防经费从光绪元年六月拟定的海防经费中支解。根据总理衙门“指拨海防需饷”之议定，自光绪元年七月始，粤海、潮州、闽海、浙海、山海等五关及沪尾、打狗二口应提四成洋税暨江海关四成内之二成洋税，并每年酌提江苏厘金银30万两、湖北厘金银30万两、广东厘金30万两，按结分解督办南北洋海防大臣李鸿章、沈葆桢兑收应用。因西北战事，光绪二年正月，总理衙门再奏“提还部库拨给西征饷银”，自是年七月始，将原定海防经费之一半批解海防大臣，一半委解部库陆续归还部拨西征饷银200万两。至光绪三年二月，四成洋税、厘金两项已解交北洋大臣李鸿章兑收银约190余万两。因海防经费原系奏明分解南北洋海防大臣兑收应用，台湾地属南洋，经理各事均与海防相为表里，总理衙门最终议定，自光绪三年七月始，将指拨海防经费中各关四成之二成洋税，一半批解部库抵还部拨西征饷银；一半之半批解北洋大臣李鸿章兑收，另一半之半批解福建巡抚丁日昌兑收。其每年酌提江苏、浙江厘金银各40万两，江西、福建、湖北、广东厘金银各30万之一半批解北洋大臣李鸿章兑收，一半批解福建巡抚丁日昌兑收。每年仅有的海防经费，经反复分割，分拨台湾四成洋税和厘金两项，每年约银100万两。

其二，丁日昌巡台后期所奏，如“勘查台湾北路回抵郡城布置大略情形”折、“统筹台湾全局拟轮路矿务”等折片，也很快呈至总理衙门议奏，总理衙门于光绪三年正月二十二日，一并议准，略谓：经营台湾，实关系海防大局；台湾煤、铁、硫黄等矿务须赶紧经理，樟脑、茶叶、垦务等，亦不可迟缓；举办轮路为经理全台第一关键，尤属目前当务之急；经营台湾之重任，专派丁日昌一手经理。与此同时，沈葆桢在回奏中表示，丁日昌所奏购船、练兵、炮台、电线、开矿、招垦诸务，其本人在台时先后条奏，或奏焉而未及举，或举焉而未及成。唯铁路一端，当时未经议及，而实为台地所宜行。台湾煤矿已有权舆，即可收其盈余以开硫黄、煤油、樟

① 《清德宗实录选辑》，文丛版，第28页。

脑诸利。铁甲、水雷目前姑且从缓。李鸿章称赞丁日昌，“所拟以静待动，以柔克刚，万一遇有外侮，当可操纵合宜”。若台湾经久事宜，应以举办矿务、垦务为兴利之大端。至铁路、电线相为表里，无事时运货便商，有事时调兵通讯，功用最大。至购铁甲船、练水雷军，不独台防当办，南北洋海防尤为急务。[①] 两人亦充分肯定了丁日昌的治台主张。

丁日昌经营台湾，时人给予高度评价。如当时《申报》刊有一文称：“中丞莅台以来亲巡各路，奔驰于蛮烟瘴雨之乡；公忠体国，不辞劳瘁，而全台利弊，洞彻胸中。剿生番、招民垦、造电报、开煤矿、整顿地方要务，惨淡经营，择人任用，俾获成效，于全台大为声色，是于台有再造之功也”[②]。但因清政府财力空虚，各省协饷难以兑现，台湾筹饷举步维艰，到头来，丁日昌真正能做的也仅仅是自己认为或可暂缓的开山抚番；用费较少的电线、矿务、垦务，以及几乎无需经费的整顿吏治营政而已。[③] 同时，丁日昌在台湾之洋务海防活动，均随丁之离任而人亡政息。香港报纸评之曰：

> 去年丁雨生中丞巡抚福建时，于台湾各事皆极留心，外人之闻而见之者，皆谓孤悬之海岛日渐富强，屹然重镇矣。乃自丁中丞因病解职，台事遂不可问。如火轮车路之铁条等物，拆自吴淞，移来台境，本期便运煤之用，乃弃置海滨，盐潮浸润，各铁由绣而腐，尽成废物。向者欲购西国挖泥机器一具，藉以大兴水利，今则如天外冥鸿，杳无来信。前欲招徕汕头无业人民来台开垦，俾田亩不致荒废，今亦已如画饼之不足充饥矣。兵丁之向屯东岸者，今因畏逼近生番之故，日渐退回矣。鸡笼地方所开之煤矿，自经官开办后，难言得力矣。[④]

丁日昌及其后驻台闽抚的治台主张，均以台湾防务为首务，开山抚番

① 总理衙门奕䜣奏折，中国史学会：《洋务运动》（二），上海人民出版社，2000年，第354—355页。

② 光绪三年七月，《述台湾剿抚生番事》，《清季申报台湾纪事辑录》（六），文丛版，第720页。

③ 张世贤：《丁日昌治台政策》，载《中国近现代史论集》（第29编），台北：商务印书馆，1985年，第214页。

④ 光绪四年十一月初三日《西人论台湾》；十一月初四日《西人论台湾废弃各事确有所见说》，均见《清季申报台湾纪事辑录》（七），文丛版，第807、808页。

则次之，表明台湾的安全威胁来自外敌之入侵，已不是岛内的民变或械斗。从丁日昌治台主张在朝野上下的反应看，朝廷不仅很快接受，而且予以支持，但因经费无着，事事皆空，巧妇难为无米之炊。自此清廷对台湾的治理已不再是政策之积极与否，而是国家实力问题。虽有心经营而无力为之，是清廷最大的困惑，换句话说，国家实力将决定经营台湾的实际效果。

第三节　闽抚驻台与台湾建省

在国家战略意义上讲，台湾建省标志着1875年海防与塞防之争后确立的海防塞防并重战略的全面展开；[①] 意味着清政府更主动地面对中国地缘政治战略之两难选择。[②] 对此之研究，无论是现实意义，还是学术价值都非同一般。鉴于以往研究已有丰厚的积累，本文不准备将研究视野作如此延伸，仅从清王朝对台湾的管辖相对微观意义上，探讨闽抚驻台，乃至清代渡海巡台制度与台湾建省之间的内在联系。

一、早期建省之议

由于特殊自然环境，台湾并入大清帝国版图不久，就有建省之议，以后一百多年，朝野上下时有议论。综观这些来自不同时间、不同层面的建省主张，都是通过加重或扩大台湾镇、道之职权，提升台湾建置，弥补闽台合治体制下福建督抚对台湾隔海遥制之不足。所以，我们的考察将从清初台湾地方最高长官及其职权开始。

清初台湾最高行政长官为分巡台厦兵备道，[③] 正四品，驻台湾府城，兼管台湾与厦门，初兼兵备衔，有道标；同时，兼理学政和船政，主持岁科考试，其职权大于内地道员。康熙六十年（1721年），朱一贵起义，时台湾道梁文煊弃城而逃，被革职正法，福建巡抚吕犹龙、水师提督姚堂奏

① 参考尹全海：《中国近代史研究的时间与空间》，载《江西社会科学》2006年第5期；《学术视野下的晚清海防与塞防之争》，载《河南社会科学》2007年第1期。

② 参考尹全海：《晚清地缘政治困局》，载《史学月刊》2005年第7期；《中国地缘战略之两难选择》，载《湘潭大学学报》2006年第1期。

③ 清制，道为行省之下一级政区，下辖数府或州。辅助布政使掌管钱谷，驻守一定地方，称守道。辅助按察使掌管刑名，分巡一定地方，称巡道。

请，削去台湾道兵备衔及道标。雍正五年（1727年），经闽浙总督高其倬奏请，新设兴泉永巡海道，驻厦门，改台厦道为台湾道，专辖台澎地区，是年，台湾学政移交巡台汉御史兼理，台湾道职权始有弱化之势。至乾隆朝，台湾道之职权得以恢复，如乾隆十七年（1752年），因巡台御史"三年一次命往，事竣即回，不必留驻候代"，亦不便兼理学政，台湾学政复归台湾道兼管；三十二年（1767年），凡镇、道同城之道，皆加兵备衔，台湾道因而恢复兵备衔；五十一年（1786年），恢复统兵权；五十三年（1788年），台湾道加按察使衔，使得自行奏事。同治八年（1869年），复设道标；十三年（1874年），加营务处，统理勇营，权事渐重。台湾道地位高于内地的另一表现是，台湾道任命权直归朝廷，遇有缺出，请旨简放。

清初台湾最高武官为台湾镇总兵官，初设之时，下辖兵丁一万名，最多时，统领水陆16营，兵弁14000名；并对中级将校有挑补权、对下级兵弁有拔补权。雍正十一年（1733年），台湾总兵挂印，王命旗十面，与加衔总督同，且有审判权及主稿权，兼理民事，位高权重，凌驾台湾道之上。

台湾镇、道之职权已远远大于内地，但在建省之前，台地官员仍有加重或扩大台湾镇、道职权之呼声和提升台湾建置之要求。

（一）蓝鼎元主张"易台湾总兵而设提督"

台湾最高武官为台湾镇总兵官，受福建（闽浙）总督、提督之节制，下辖副将二，参将二，游击、守备、都司、千总、把总等武职，统领官兵一万多名。清代军制，提督，从一品，为各行省绿营之最高长官，统领全省绿营官兵，亦称地方大员。康熙六十一年朱一贵起义平定后，闽浙总督满保奉命主持台湾善后事宜。根据满保的建议，将台湾总兵移驻澎湖，仍设游击二、守备二、千总四、把总八，兵2000名。台湾陆路改设副将一、游击二、守备二、千总四、把总八，兵2000名，驻守台湾府城。水师营仍留副将一、游击二、守备二、千总四、把总八，兵2000名，驻扎安平镇。如此布局，若陆路有事，则水师营可以赴援；水师营有事，则陆路营能够接应。

时为台湾总兵蓝廷珍幕僚的蓝鼎元，在《论台镇不可移澎湖书》中提出了与满保完全不同的看法，他认为，若台湾总兵移澎湖，则海疆危若累卵。因为仅守澎湖，无异于弃台湾；弃台湾，无异于弃东南半壁封疆。“台湾一去，则漳、泉先为糜烂，而闽、浙、江、广四省俱各寝室不安，山左、辽阳皆有边患”。蓝鼎元进一步认为：

> 台湾沃野千里，山海形势，皆非寻常。其地方于福建一省，论理尚当添兵，易总兵而设提督五营，方足弹压。①

蓝鼎元“易总兵而设提督”之建议，是与“增兵台湾”计划同时提出的，或者说是“增兵台湾”的一部分。② 他希望通过增兵和提升台湾武职的级别，使台湾在军制上首先进入省级政区。由于福建地方大员和蓝鼎元关于“增兵台湾”的计划，被康熙皇帝断然否定，称“增兵无用”；蓝鼎元“易台湾总兵而设提督”之主张，自然无法进入朝廷的视野。

（二）沈起元主张“台湾道行巡抚职权”

雍正初年，台湾知府沈起元，根据他的任职经历而著的《治台湾私议》，提出台湾道行巡抚职权之主张。沈起元称，台郡重洋阻隔，风汛不时，每地方有事，动须请命两司、两司请命两院，文移往返，辄须累月；一经驳议，往往经年。事之丛废，半由于此。且台湾与内地不同，唯本道熟悉情形，可以随宜裁处；两司在内，以遥度耳闻之见处之，所以彼此饬查，每无定局。至如词讼命案等案，其审实重犯，固应解院，而原告干证应审人等远涉重洋，水陆千有余里，其为拖累，何可胜道？至于钱粮本无解司，原系另行奏销，每年核定应协济兵饷若干，遣官支领外，其征比缓急早晚之宜，亦与内地不同，原非藩司所能稽查。所以，“刑名、钱粮之事，统归本道察审详院定案，不必更经藩臬衙门，则一凡公事可以随时办理”。况两御史坐镇台地，倘台道有所缺欠，御史可以就近纠察，不必以专擅为嫌。至于海疆重地，“文武宜带兵威，方可资其弹压，缓急可恃”③。

---

① 蓝鼎元：“论台镇不可移澎湖书”，《东征集》卷四，文丛版，47页。

② 见第二章第一节。

③ 沈起元：《治台湾私议》，《清朝经世文编选录》，台湾文献丛刊第229种（以下简称文丛版），第11页。

依清制，各行省最高长官为巡抚，下辖布政使和按察使两司，分掌钱谷和刑名；行省之下，根据疆域大小或职司繁否，设守道，辅助布政使掌管钱谷；设巡道，辅助按察使掌管刑名，如此形成道向两司负责、两司向巡抚负责的责任体制。若以沈起元之主张，钱粮、刑名之事，通归台湾道，“不必更经藩臬衙门”；再恢复台湾道的兵备衔，统辖军队，台湾道之职权事实上与巡抚等同。

沈起元，来自台湾地方官员，以亲身观察和行政体验，而提出的“台湾道行巡抚职权”，其目标指向与日后的建省主张是完全一致的，可谓台湾建省之先声，具有重要意义和价值。但沈起元提升台湾行政级别之呼声，没有引起朝廷之注意，原因之一是沈起元的建议并非以奏折形式出现，而是在台任官之“私议”，非官方文本，也许根本就没有达于朝廷；另一个原因是，沈起元的分析过于简单，很难引起朝野大臣之注意。

（三）吴金首倡台湾建省

乾隆二年（1737 年）四月十一日，内阁学士兼礼部侍郎吴金在“敬陈台湾利弊请设专员弹压以重（海防）事”折中，首次提出台湾建省之议，我们全文录于后，以此了解与早期建省之议和光绪初年台湾建省方案之异同，从中透视台湾建省理念之演变趋势。吴金“为敬陈台湾利弊请设专员弹压以重海防事”称：

> 窃唯台郡孤悬域外，虽弹丸一府，而控制（诸）洋。近者为江、浙、粤、闽之保障；远者为燕、齐、辽（东）之声援。南北万里，资其扼要。且山深地旷，尤宜藏奸。伏查明季，因台湾未入版图，每有内地奸民潜踪于彼，接连海匪，冒充倭人，乘机劫掠，沿海遭其荼毒。迨我圣祖仁皇帝统一寰区，深鉴此弊，遣师奠定，分土设官，不唯化外蛮民，获沾声教，而奸徒无处（缺一字）藏，倭寇不能出没。边海七省，军民咸得安（缺两字）席。圣德神功，超越万古。唯是该府自归化以来，既设有守（备）以司吏治；又设巡道，以总纪纲；复遣台臣，以（缺两字）劝。且有总兵官统辖将弁，分守要区，制度（缺两字）可称周备。而往往匪类发动，有不时之虞。臣每留意咨询，乃知皆因地方官平日既不能抚循，临时又不能绥辑，一味欺隐废弛，

酿成事故者，唯文职为尤甚。盖各省州县官之积习，总以因循掩护为能，而其吏役幕宾又皆以粉饰朦胧相尚，以强为盗，以盗为仇，此臣自幼生长江南所深知者。夫内地州县密迩省城，尚敢匿灾讳盗，况台（缺一字）远隔重洋，督抚不能巡历，益可任其蒙混。如从前奸民朱一贵谋匪，该县仅以兵民（缺一字）斗失火延烧等语具详，是其明验。至于分设（兵）弁，原以防奸，但地方遇事，武职虽有擒捕之（责），（文）职反有牵制之心。或呈报之时，武职虽据实具（奏），文职复讳重为轻。督抚远阻风涛，既无从深悉其事，欲据详办理，而文武互异，轻重悬殊，批驳往返，稽时日必至贻误。巡察虽有稽查之任，无办理之权，其势不能节制。且题奏咨移，皆有府县传递，不无沉搁阻挠，上下因循，及至酿成事故，虽严加处分，而劳师动众，已大费筹画。伏思治郡为外洋门户，边海藩篱，其一应抚（缺一字）安戢，尤须事先预筹，以期宁谧巩固，更（缺两字）地州县可比，似此玩娱成风。名虽隶于督抚，实有鞭长莫及之虞。臣之愚见，似宜将台（湾）另分一省，专设巡抚一员，带兵部侍郎衔，（抚戢）台湾地方，统辖文武，凡钱谷、刑名、考成、调遣、（荐）举、应劾，俱听其题奏办理。庶责任既专，就近稽查，则属员自不能掩饰废弛，于海防重地大有裨益。仰祈皇上于满洲汉军汉人内择一亲信大臣前往，俾巡抚三年，果能实心整顿，调抚内省，以奖其劳。如此，则该员自能奋勉，地方自有成效矣。臣并未亲到台湾，因亲友在彼服官，臣留心察访，得以备悉其详，不揣愚蒙，敬陈一得，是（缺两字）行，伏祈皇上敕下该省督、抚、提、镇、将军、都统诸臣（缺两字）详察，各抒所见，依覆到日，统施睿裁施行。谨奏，乾隆二年，四月十一日。①

与沈起元相比，吴金对台湾现行管辖体制弊端的分析更加透彻。如福建督抚管辖台湾，远阻风涛，“不能巡历”，自然无从深悉台事，而台地官员往往报喜不报忧，且多“蒙混”；台湾虽设有镇、道，但职权相埒，分隶文武两大官僚体系，互异相属，遇事反而互相掣肘，不能齐心协力；巡台御史虽有稽查之任，无办理之权，其势不能节制。所以，他主张台湾建

① 吴金奏“为敬陈台湾利弊请设专员弹压以重海防事”折，《明清史料》（戊编），中华书局影印本，1987年，第40页。

省，专设巡抚一员，带兵部侍郎衔，统辖文武，对整饬台湾吏治，加强台湾之管辖，可谓积极而有效之举措。因此也引起朝廷的关注。但朝廷认为台湾建省与体制不符而予以否定。同年四月十五日的上谕称：

> 台湾地方远在海外，是以武员则设有总兵，文员则特遣御史，并设道府等官，以资弹压，以重海防。（缺一字）一应军务机宜并地方事件，仍听内地督（抚节）制办理，立法已为周备。若谓总兵等官不（能）弹压，必须添设巡抚，而巡抚体制不能统（制）总兵，势必又请添总督，而后可以。以弹丸之地，（统）属不过一府四县，而竟改为省制，于体不可，于事无益。[①]

从沈起元到吴金，无论是扩大台湾镇、道之职权，还是提升台湾之行政级别，其目标指向都是要结束福建督抚对台湾的隔海遥制，将台湾收归朝廷直接管辖，以达“事权归一”。朝廷不予重视，或予以否定，皆因“不合体制”。所谓的体制即是清王朝对台湾实施的管辖体制，即闽台合治。此时台湾一府四县，幅员不够辽阔，且“王化不及”，经济、文化落后于内地，清廷坚信闽台合治，呼应灵便；并不强调或希望“事权归一”，自是没有另设一省之必要。

二、闽抚驻台及其与闽督的矛盾

有清一代，清王朝对台湾实施管辖总的趋势表现为：一方面随着台湾开发和人口不断增长而设官建置，渐次纳入行政体制；同时，依据台地事务的扩展，中央简派直接管辖台湾官员的官职越来越高、职权越来越重。渡海巡台制度之演变，则从一个侧面体现了这一发展趋势，它的结果便是台湾建省。

如前所论，巡台御史制度的运行，加强了中央对台湾的控制，但同时也打乱了闽台合治的管辖体制，引起福建台湾地方官员的抵制，加上巡台御史为七品科道，不足以震慑。所以，乾隆五十三年三月，定巡察台湾例时，上谕称巡台御史“职分较小且不能备悉该处情形”，简派巡台御史之例由是停止，改派福建大员轮值巡台。时台湾政区已由一府三县发展到一

① 乾隆二年四月十五日谕旨，《明清史料》（戊编），中华书局影印本，1987年，第40页。

府四县两厅，管辖形式之变化，与台湾之开发相一致。福建大员轮值巡台，体现了“闽台一体，呼应灵便”之治台观念，但大员巡台如同走马灯，你来我往，事权难以归一；又因巡台大员均有节制全省之责，所谓轮值巡台往往不能落到实处，于是才有闽抚冬春驻台之更张。

清代地方总督总理军政，巡抚经理吏治，本有分工，但督、抚同城者，巡抚往往授总督节制。督、抚矛盾本是普遍之事，但福建督、抚矛盾由来已久，居各省之冠。同治十三年，沈葆桢在台时，开山抚番、兴办洋务，饷需甚巨，闽浙总督李鹤年对之并不积极配合，一则李思想保守，对洋务无大兴趣；二是福建本位，因为朝廷拿不出更多的钱用于台湾开发，所需经费基本上来自福建。如因台湾设立电线一事，李鹤年颇有烦言，与沈葆桢几生冲突，但因沈葆桢籍隶福建，功勋名望重极一时，又是钦差大臣，李鹤年对之仍有顾忌与尊重。事后，丁日昌甚至认为，沈葆桢因与李鹤年不和，又恐在台设督办大员于地方呼应不灵，才奏请福建巡抚兼办台事。闽抚冬春驻台，延长了驻台时间，表面上实现了既“事权归一”，又“呼应灵便”之目的，但福建督、抚之间原有的矛盾更加突出。王凯泰驻台其间，因总督掣肘，“欲咨调将弁数员赴台差遣，终未能成”[①]。王凯泰深感为难，遂萌乞退之意，李鸿章力予勉励，直至病故。由于督、抚不和，驻台闽抚得不到福建之支持，孤立无援，同样不能“呼应灵便”。

沈葆桢以钦差大臣之尊尚不能得到闽浙总督李鹤年之相助，丁日昌为闽抚同样与闽浙总督何璟“积不相能”，何璟甚至抱怨丁日昌“只知有己，不知有人”[②]，至丁日昌驻台之时，台湾海防洋务、开山抚番全面展开，但建设经费仍得不到福建的支持，宏图大志终难有果。甚至向例应解至台湾的月饷，自光绪二年起，年余之间欠解达80万两。[③] 朝廷为此特颁谕旨称，台湾南路凤山、恒春等处，经丁日昌巡历察看，饬令各该地方认真办理成功，并抚驭番民、筹买炮位、训练营勇，办理尚属周妥。命丁日昌认真筹划，力图整顿，以为自强之计。“唯足兵尤须足饷，闽省欠解台湾月饷，自上年正月至今已积至八十余万之多，办理实行棘手。现在台湾诸事，俱宜整饬，且系闽省所辖之地，岂可使丁日昌独任其难？即着文煜、何璟与丁日昌联为一

① 丁日昌奏“省台远隔重洋，难以兼顾”片，《抚闽奏稿》（三），第503—505页。

② 光绪三年十一月二十七日，闽浙总督何璟等奏，中国史学会编：《洋务运动》（二），上海人民出版社，2000年，第377—378页。

③ 《李鸿章全集·朋僚函稿》卷十七，海南出版社，1999年，第10页。

气，不分畛域，合力图维。该处月饷，应如何覆定准数、按月筹解，责成文煜、何璟先其所急，与丁日昌通盘筹划，妥为经理”①。若非福建督、抚矛盾影响海防大计，不至惊动光绪皇帝亲自颁谕协调。

为解决闽抚驻台后愈加激化的福建督、抚矛盾，刑部侍郎袁保恒提议改福建巡抚为台湾巡抚。光绪二年十二月，刑部左侍郎袁保恒奏请“福建巡抚改为台湾巡抚”片称：

福建之台湾，地虽僻处海噬，而物产丰富；加以民、番杂处，区画尤难。非专驻大臣，镇以重兵，举其地民风、吏治、营制、乡团事事实力整顿，洽以德意、孚以威信，未易为功。若以福建巡抚每岁驻扎台半载，恐闽中全省之政务，道里悬隔，而转就抛荒；台湾甫定之规模，去往无常，而终为具文，甚非计之得也。查直隶、四川、甘肃各省，皆以总督兼办巡抚事。可否改福建巡抚为台湾巡抚，常川驻守，经理全台；其福建全省事宜，专归总督办理？庶事任各有攸司，责成即各有专属，似于台湾目前情形，不无裨益。②

十二月十八日，朝廷将袁保恒奏折交总理衙门会同吏部议奏，并征求南北洋大臣沈葆桢和李鸿章的意见。至光绪三年二月二日，经大臣议奏后称：“侍郎袁保恒奏请将福建巡抚改为台湾巡抚，业经吏部奏复，毋庸改设”③。第二天，《申报》刊登了袁保恒的原折，并于二月五日发表了评论文章《论改福建巡抚为台湾巡抚》。文章称就原折而论，其于台湾一隅，似筹划得宜；而于天下大局，则窒碍难行，恐部臣未必议准也。至于“恐难议准”的原因，文章认为，一设巡抚，必须增设藩、臬以下各官，方成体统；从未闻既设巡抚，而无藩、臬以下各官之地方。文章还称，若使全台湾尽归版图，其地方尚有数千里之大，再增设府、厅、州、县，则增设巡抚、藩、臬各官，方成局面。④《申报》舆论也发现了台湾的管辖体制及

① 《清德宗实录选辑》，文丛版，第35页。

② 光绪三年二月初三日，侍郎袁（保恒）奏请“福建巡抚改为台湾巡抚”片，《清季申报台湾纪事辑录》（六），文丛版，第661—662页。《光绪朝东华录》（一），中华书局，1958年，第344页。

③ 《清德宗实录选辑》，文丛版，第34页。

④ 《清季申报台湾纪事辑录》（六），文丛版，第663—664页。

其背后诸多矛盾一时难以消解，故对袁保恒的奏折抱悲观态度。

北洋大臣李鸿章也表达了相同的观点。李在“筹议台湾事宜”折（正月十六日）中称：“近阅邸钞，袁保恒请改福建巡抚为台湾巡抚，虽事有专属，而台地兵有饷源，实与省城呼应一气，分而为二，则缓急难恃，台防必将坐困，亦非计之得者。”[①] 值得注意的是，李鸿章在第二天复沈葆桢函中，透露了另外一种信息。李称：筱坞（即袁保恒）请改为台湾巡抚，凡与雨生（即丁日昌）龃龉者皆附和之。为一时计，固非善策；为百年计，更非常局。[②] 回想起光绪元年三月，沈葆桢就闽抚驻台问题致李鸿章电中所谓“移驻之议已得部文复准，补帆中丞恐常驻海外，将变成台湾巡抚，提饷呼应不灵，此亦确不易之论”[③] 的真正含义，以及日后沈葆桢改变自己主张而附和王凯泰的真正原因，在于以李鸿章、沈葆桢、王凯泰、丁日昌等洋务派官员，在台湾建省问题上与福建之非洋务派官员之间存在较大的矛盾或利益冲突。也许如丁日昌所言：沈葆桢请将巡抚移驻台湾，“并非偏袒巡抚，使夺总督节制台湾之权；亦非掣肘总督，使失省中应办各事之职”[④]。但可以肯定的是，袁保恒建省方案遭封杀，与权重朝野的南北洋大臣沈葆桢、李鸿章之阻止有很大的关系。他们担心，若改福建巡抚为台湾巡抚，经营台湾将失去福建的协助与支持，方兴未艾的台湾洋务必成坐困之局，难以进展。

于是，我们可以得出这样的结论：袁保恒光绪二年的建省方案，原本为解决闽抚驻台以后凸显的福建督、抚之间的矛盾，可以说是清代渡海巡台制度演变的一个新阶段。但不幸的是，恰恰因为福建督、抚矛盾以及由此引出的洋务派官员与非洋务派官员之间的利益冲突，使袁保恒的建省方案无疾而终，以至于十年之后，当左宗棠重提袁保恒当年建省方案时，福建台湾省便应运而生。也就是说，按照清代渡海巡台制度演变之趋势，台湾建省应在光绪二年，而不是十年以后。

为了加深对上述观点之理解，我们将左宗棠在光绪十一年六月的“改

① 李鸿章奏“筹议台湾事宜”折，《清光绪朝中日交涉史料选辑》，文丛版，第2页。

② 《李文忠公全集·朋僚函稿》卷十七，转引自陈在正：《台湾海疆史研究》，厦门大学出版社，2001年版，第167页。

③ 《沈文肃公牍·巡台五》，参见陈在正：《台湾海疆史研究》。

④ 丁日昌奏“拟遵旧章轮赴台湾巡查”片，《抚闽奏稿》（四），第536—538页。

福建巡抚为台湾巡抚”折摘录于下：[1]

第查同、光之交，前办理台防大臣沈葆桢躬历全台，深维利害，曾有移驻巡抚十二便之疏，比经吏部议准在案。嗣与督臣李鹤年、抚臣王凯泰会筹，仍以巡抚兼顾两地复奏。光绪二年，侍郎袁保恒请将福建巡抚改为台湾巡抚，其福建全省事宜，专归总督办理。部议以沈葆桢原疏奏称，别建一省，苦于器局未成。闽省向需台米，台饷向由闽解，彼此相依，不能离而为二。又有饷源、人才必须在省预筹，临时呼应方灵等语。恐其欲专责成，转滋贻误，未克奉旨允行。厥后抚臣丁日昌以冬春驻台、夏秋驻省往来不便，于台防、政事仍是有名无实，重洋远隔，兼顾为难，因有专派重臣督办数年之请。臣合观前后奏折，各督抚大臣谋虑虽周，未免各存己见。盖王凯泰因该地瘴疠时行，心怀畏却，故沈葆桢徇其意而改为分驻之议，而丁日昌所请重臣督办，亦非久远之图。皆不如袁保恒事外旁观，识议较为切当。

夫台湾虽为岛屿，绵亘亦一千余里，旧制设官之地，只海滨三分之一，每年物产关税，较之广西、贵州等省，有盈无绌。倘抚番之政果能切实推行，自然之利不为因循废弃，居然海外一大都会也。且以形势言，孤注大洋，为七省门户，关系全局，甚非浅鲜。其中如讲求军事，整顿吏治，培养风气，疏浚利源，在在均关紧要。非有重臣以专驻之，则办理必有棘手之处，据臣愚见，唯有如袁保恒所请，将福建巡抚改为台湾巡抚，所有台澎一切应办事宜，概归该抚一手经理。庶事有专责，于台防善后大有裨益。

至该地产米甚富，内地本属相需，然谓分省而接济难通，究不足虑。臣查台地未经开辟以前，如福建、兴化、泉、漳各属食米，概由广东、浙江两省客商源源运济。我朝天下一家，凡各行省向无遏籴之举，以台湾与内地只隔一水，便于贩运，焉得存此疆彼界之见，因分省遂致阻挠，此固事之所必无者也。若协济饷项，内地各省尚通有无，以台湾之要区，唇齿相依，亦万无不为筹解之理。拟请于奉旨分省之后，敕下部臣划定协饷数目，限期解济，由台湾抚臣督理支用，自行造报，不必与内地相商，致多牵制。

---

① 原折存北京中国第一历史档案馆，本文参考陈在正对原文的校对。

通观左宗棠的奏折中，以下信息是非常清楚的。第一，在同、光之交的诸多议论中，沈葆桢的闽抚驻台之议和丁日昌所请重臣督办，均非久远之图，“皆不如袁保恒事外旁观，识议较为切当”。而且，“袁保恒所请，将福建巡抚改为台湾巡抚，所有台澎一切应办事宜，概归该抚一手经理。庶事有专责，于台防善后大有裨益。”充分肯定袁保恒的建省主张。第二，袁保恒建省方案在议奏时被驳议，驳议的根据则是，“以沈葆桢原疏奏称，别建一省，苦于器局未成。闽省向需台米，台饷向由闽解，彼此相依，不能离而为二。又有饷源、人才必须在省预筹，临时呼应方灵等语。恐其欲专责成，转滋贻误”①，是沈葆桢等人否定了袁保恒的主张。第三，左宗棠也认为，沈葆桢放弃闽抚驻台，系因“王凯泰对该地瘴疠时行，心怀畏却，故沈葆桢徇其意而改为分驻之议”，完全出于对王凯泰私欲之考虑。

据此可以确认，在台湾建省问题上，确实受到福建督、抚矛盾之制约。但是，闽抚驻台后福建督、抚之间的矛盾也促成了台湾建省，因为福建督、抚的矛盾严重影响台湾海防与洋务、开山与抚番，乃至对外交涉等台湾事务的全面展开，特别是此时中国的新式工业大多集中在东南沿海，事实上，东南沿海已经成为中国的政治、经济命脉和核心区。而台湾又是东南沿海的安全门户，如丁日昌所言，“台湾有备，沿海可以无忧；台湾不安，则全局殆为震动”。福建督、抚矛盾一旦影响到海防大局，清廷便不会顾忌督、抚矛盾而推迟台湾建省计划了。

---

① 所谓“沈葆桢原奏疏”，指同治十三年十一月十五日沈葆桢“请移驻巡抚”折，《福建台湾奏折》，文丛版，第1页。

结论　清代渡海巡台制度之整体分析

由于我们采用了传统史学的制度史架构，在以上章节中对清代渡海巡台制度的三个阶段，分别进行了相对微观的探讨。下面将从清代渡海巡台制度的性质与功能、特征及其趋势，以及制度运作中的制约因素与历史局限三个方面，进一步作整体性分析，以此作为本文的结论。

一、清代渡海巡台制度的性质与功能

若从清代监察制度及其监察官员的职能看，巡台大员之巡台御史，乃中央监察官员；福建督、抚，依清制兼都察院右都御史和右副都御史，为地方最高监察大员，察吏安民是其重要职责之一。① 于是，有人将清代渡海巡台制度视为仅仅是一种监察制度，即对台湾地方官员的监察。② 但清代渡海巡台制度的最初设计，源于中央集权制和大一统观念，其预期目标、巡台官员的职权范围及其制度效果，已大大超出监察制度的范畴。巡台大员均为钦差大臣，奉差巡台，监督台湾地方官员，推行朝廷政令，反映台湾地方舆情，实为朝廷直接控制台湾的工具。在制度之具体运作中，巡台大员代表朝廷，每到一处，宣谕皇旨、恩泽臣民，地方官民亦望阙叩谢，山呼万岁，以示“普天之下莫非王土”。如乾隆十六年，巡台御史钱琦巡察台湾南路至凤山县时，“传集士民宣讲圣谕、播扬皇仁”，并面示该处文武官弁，“海外不比内地，兵民俱属赤子，当以公务为重”③，如此等等。从实践效果看，清廷通过渡海巡台制度在认识台湾、沟通信息、制定和调整治台政策，以及维持政权存续四个方面的功能，实现和加强了对台湾的直接控制，成为陆权国家对其岛屿领土实行的主权管辖制度。

第一，认识台湾。清代之前中原王朝对台湾的管辖形式或隔海遥制，

① 刘凤云：《清代督抚及其对地方的监察》，朱诚如、王天有主编《明清论丛》（第二辑），紫禁城出版社，1999 年，第 280—281 页。

② 许雪姬：《清代台湾的绿营》、《北京的辫子——清代台湾官僚体系》。

③ 钱琦：“恭报巡察南路情形”折，《宫中档乾隆朝奏折》（台湾故宫博物院 1979 年）。

或以澎湖遥制台湾；中央或地方官员大多是借助流寓文士的诗文或其他间接信息了解台湾。如三国时期沈莹的《临海水土异物志》，是以卫温“浮海求夷洲”大军传递的信息而成。大陆官员亲赴台湾者少，对台湾的社会经济发展水平知之甚少，知之不清，甚有误传，往往把自己不曾到过的地方视为“未入版图”，“王化不及”，误导中央决策层对台湾的认识。清初，福建大员对台湾隔海遥制，以赴台官员提供的信息判断台地形势，结果，“督、抚所闻，与镇、道所见，时或互异”①。不仅影响了对台决策的准确性，而且制约了大陆人民对台湾的认识。渡海巡台制度的实施，巡台大员亲历台湾，除加深对台湾的直接认识外，他们从台湾带回的信息及其著述活动在内地的传播，使上至帝王大臣，下到一般士人对台湾有了更为清晰、准确的了解。如巡台御史黄叔璥的《台海使槎录》，范咸、六十七主修的《重修台湾府志》等，在国内有较广的流传，成为国人认识台湾可靠的信息资源。

第二，沟通信息。中原王朝在宋元时期已经形成了较为完备的驿站网络，至清代不仅有发达的驿传系统，而且在北部边疆地区还设置卡伦，全国各地之文报、军情，乃至战备物资，通过发达的驿传系统及时达于朝廷。② 事实上成为朝廷治理国家的有效途径之一，但所有这一切都是在广阔的陆地疆域完成的。台湾地僻海疆，远隔重洋；然洋面风信无常，一切文移往返，动需时日，朝廷政令、地方舆情或台湾军事情报难以迅速传递，削弱了中央政府对台湾管辖能力；台湾地方官员往往恃风涛之险，或朝廷监督不力，贪渎玩忽或不作为，中央政府的政令事实上也难以在台湾推行。在没有现代通讯技术和交通工具条件下，清廷以巡台官员的往返奏报作为信息传递之载体，形成清王朝第二条“驿站”网络和信息传递体系，朝廷政令得以及时传至台湾，台湾信息也源源不断达于朝廷；虽有海峡阻隔，但两岸信息通过巡台大员往返传递，息息相通。为此，皇上要求巡台御史“凡有应奏事宜据实条奏”，包括仓库钱粮、命盗案件、治民驭兵之事，甚至雨水物价，风土民情都要一一奏报；福建大员每次巡台之前需奏请缘由，巡台归来要“专折奏报”。朝廷希望从其中得到所需要的信

① 沈葆桢：“请移驻巡抚”折，《福建台湾奏折》，文丛版，第4页。

② 刘文鹏：《清代驿传及其与疆域形成关系研究》，中国人民大学出版社，2004年；宝音朝克图：《清代北部边疆卡伦研究》，中国人民大学出版社，2005年。

息。所以，沟通信息成为渡海巡台制度三个阶段的共同功能。

第三，制定和调整治台政策。与身居京师的皇帝和远在内地的部臣相比，巡台大员的巡台经历成为清廷制定治台政策的决策依据。有清一代，治台政策的制定一般来自巡台大员。如清初的治台政策，是以施琅的《陈台湾去留利弊疏》为蓝本，而且，施琅此后所奏之“移动不如安静疏”、“壤地初辟疏”和“海疆底定疏”等，在清初治台政策中都有体现。晚清台湾开山抚番，废除“内地民人渡台之禁”和“台民私入番界之禁”，以及闽抚驻台制度等积极治台政策，均来自同治十三年沈葆桢的巡台活动及其提出的治台主张。可以说，清代治台政策由消极向积极之转变，是沈葆桢巡台的结果之一。同时，台湾每次大创之后，治台政策的调整，也大多是经由巡台大员的治台主张，上升为清廷的治台政策。如雍正朝治台政策的调整，是接受蓝鼎元的治台主张；乾隆朝治台政策，则来自福康安的“善后措施”。此外，对台湾具有重大影响的行政建置、移民限渡政策、理番政策、班兵制度、科举考试制度，乃至闽台正口开放顺序的确定与调整，均来自巡台大员的主张或建议。当然，巡台大员的奏请也有被朝廷拒绝的，如乾隆九年，巡台御史熊学鹏奏请“开垦荒地，招养穷民”；道光十二年，闽浙总督程祖洛奏请“更便调补内地章程”也被拒绝。清廷也曾接受福建地方大员错误的治台主张，如康熙六十一年，闽浙总督满保关于划界迁民主张被清廷接受以后，对台湾产生的消极影响长期无法消除。巡台大员对清廷治台政策影响之大，反过来要求巡台大员必须对台湾的社会现状作出正确的判断和准确把握，否则，带来的消极后果更大。

第四，维持政权存续。清代渡海巡台制度在不同阶段通过不同方式维持着清廷在台湾的统治秩序。御史巡台时期主要体现在察吏安民和推行教化两个方面。巡台御史通过题奏条陈，稽查台地官员，反映地方舆情，使“彼处一切信息可得速闻，彼处之官民皆得敬畏”，从而实现联海外于内地，“血脉相通，呼吸相应”。巡台御史成为“皇帝欲达到更有效、明确地控制地方之一种‘以臂使指’的工具”[①]。同时，巡台御史在台湾发展教育，建立儒学、书院和社学，中华文化由此源源输入台湾；推行以儒家经籍为命题原则的考试制度，潜移默化中台湾进入“汉化”或“内地化”进程；循序上考的规定，追求功名的土著士子必须到省城、京师参加乡试、

① 何孟兴：《清代巡台御史制度之研究》（硕士论文，1989年），第207页。

会试，从而强化了中央对边疆的控制，以及边疆士子对中央的效忠和向心力。① 乾隆朝以后，随着大陆汉人移居台湾人数不断上升，对耕地需求与日俱增，汉人侵占番地之事时有发生，番民纠纷日多；吏治腐败，激良为变，导致民变或械斗事件频繁发生，严重威胁到清王朝在台湾的统治秩序，所以，福建大员轮值巡台期间主要是通过追剿海盗、平定民变和弹压械斗事件，维护和加强清廷在台湾的“国家机器”。如在处理台湾民变或械斗事件时，或因“豪强逞凶”，或为“饥寒所迫”而引起的事件，往往是责成地方镇、道弹压；而对于试图改变清王朝统治秩序的民变事件，朝廷必派大员渡台，大军征剿。如清代台湾大规模的民变或械斗事件不少，但因此大员巡台者仅有嘉庆十年的海盗蔡牵犯台、道光十二年因械斗而引起的张丙事件，和同治初年的戴潮春事件。因为在以上三个事件中，除规模较大外，他们的相同之处是民变首领有明显的政治诉求。如蔡牵自称“镇海威武王”；戴潮春不仅以“大元帅”相号召，还称“东王”；张丙则自称“开国大元帅”，定年号为“天运”，公开挑战皇权，自然是诛而灭之。在西方列强觊觎台湾，并深度介入台湾事务的情况下，驻台闽抚一面修筑铁路，架设电线，加强台湾防务，抵御外侮；一面令番人薙发穿衣，送子弟入学，教番种植，设医施药，改善番民生活，加速番民内地化，使台湾的现代化与内地化同时并举，外防内治，维护国家主权。从察吏安民、推行教化，到平定民变、弹压械斗，再到抵御外侮，清代渡海巡台制度功能的阶段性转移，折射出随着台湾内外环境的变化，中央政权面临的挑战亦不尽相同。

二、清代渡海巡台制度的特征及其趋势

有清一代，清政府对台湾实施的各种制度或政策，在一定程度和范围内充分考虑到台湾特殊的自然环境及社会发展状况，但若关系国家根本利益，清政府坚持台湾人是中国人，② 台湾是大清帝国的一部分，凡推行全国的政策和制度，如保甲制度、赋税制度、科举制度及各级官制等，在台湾亦不例外。巡台御史制度，就其巡阅范围而言有一定的特殊性和区域

① 尹章义：《台湾—福建—京师—科举社群对台湾开发以及台湾与大陆关系之影响》，在1987年“近代中国区域史研讨会”上的发言。

② 如与郑氏集团谈判中关于薙发问题，清廷决不让步。

性；但作为一种制度，则是清代御史制度之具体运用而已，表现为明显的内地化特征。渡海巡台制度之实施动因，源于台湾重大事件的刺激，因此具有被动性和过渡性特征。

第一，内地化特征。清王朝在入关之前，为明朝统治下的边疆民族政权之一；其入主中原，建立中原王朝统治之初，中国周边地区的民族政权，除漠南蒙古已纳入清朝统治范围之外，北部的喀尔喀三汗部；西北的卫拉特—准噶尔汗国，叶尔羌汗国；青藏地区的蒙藏联合政权——和硕特汗廷，以及盘踞台湾的郑成功政权，尚未与清廷建立统属关系，没有接受清王朝的直接管辖。经康、雍、乾三朝，近百年的努力与征战，中国再次实现了大一统；清王朝为加强对边疆地区的有效治理和管辖，在中央设立与六部平行的理藩院，边疆地区设置将军、都统、大臣等军政官员，管理边疆民族事务。同时，根据“因俗而治”、“分而治之”原则，在蒙古、西藏和新疆分别建立起蒙旗制度、政教合一制度和伯克制度等不同类型的政治制度和多元化的行政管理体制，从而确立中央政府对边疆地区的有效管辖。台湾，同属清王朝的边疆地区，并入清朝版图之初，即设立一府三县，隶福建省，直接纳入行省体制，以郡县制治之，“不仅军政设施与内地完全相同，连衙署建筑也如内地衙门口朝南开”①。说明清廷治台之初就确立了视台湾如同内地的内地化原则。

渡海巡台制度，从制度设计到制度运作，其内地化倾向都非常明显。制度之设计一律“仿内地之例”。在我国，明代已有执行特殊任务的巡察御史，如巡盐御史、巡漕御史和茶马御史等。清代设立巡台御史之前，已在两淮、两浙、长芦、河东等地设巡盐御史各一人；在京师设五城御史，建御史衙门，即“五城察院”。而且，简派重臣巡阅特殊地区或特殊事务的巡按制度，明清两代已成定制。御史巡台，无论作为御史制度还是巡按制度，均有成例。此外，福建大员轮值巡台制度系“照四川巡查促浸赞拉之例”；闽抚驻台制度，“仿江苏巡抚驻苏州之例”，亦援内地成例。渡海巡台制度之运作，则是通过“闽台一体”模式实现了内地化。在台湾建省之前，行政上，台湾为福建一府，最高行政长官台湾道，为福建六道之一，为福建督、抚之下属，台地官员由福建派出。军事上，闽台为一防御体系，台湾镇为福建水师五镇之一，台湾最高武官台湾镇总兵受福州将

① 张研、牛贯杰：《清史十五讲》，北京大学出版社，2004年，第36页。

军、闽浙总督和福建水师提督节制，台地班兵亦由福建调拨。台湾之文化教育、开科考试，亦遵循闽台一体，照甘肃、宁夏生员之例。

第二，过渡性特征。就清王朝对台湾的直接管辖形式而言，渡海巡台制度处在由“隔海遥制”到台湾建省的过渡阶段。渡海巡台制度的过渡性特征，首先体现在巡台官员的过渡性。如巡台御史的职责及其巡台形式已表现出差遣御史向常设职官过渡的特征。御史出巡一般都是因事钦差，事竣回院，而巡台御史无论是一年更替，还是三年一次命往，基本上成为常设之官；不仅长期驻台，而且还参与地方事务，成为台湾镇、道之上的一级衙门，扮演了朝廷与台湾之间上传下达的中间者的角色；尽管巡台御史之官职和职权，均无法与督、抚相提并论，但其驻台其间，与行省督、抚的职能几乎一致。福建大员轮值巡台同样也有过渡性特征，大员巡阅地方，本是其职责所在，但渡海巡台毕竟是“持节使臣”。正如沈葆桢所言，“使臣持节可暂而不可常。”“欲责效于崇朝，兵民有五日京兆之见；倘逾时而久驻，文武有两姑为妇之难”。大员巡台其间，台湾的行政体制已接近行省体制；大员离台，则仍有“隔海遥制”之痕迹。

其次，渡海巡台制度的过渡性特征，表现为清代治台理念的转变。清初确立的闽台合治体制，由于福建大员不肯渡海，台地事务委诸地方镇、道，闽台合治变为隔海遥制，使朝廷对福建大员治理台湾的能力，以及台湾地方官员对朝廷的忠诚持怀疑态度。通过巡台御史的巡台活动，皇权直接介入了对台湾的管辖，在闽台合治体制之外，朝廷与台湾地方之间建立一种直接的信息沟通渠道。但御史巡台，特别是御史驻台，打乱了已经运转的闽台合治体制下的权力关系和闽台之间的联系。所以，以福建大员轮值巡台代替御史巡台，使朝廷对台湾的直接管辖与闽台合治体制趋于一致。随着台湾事务的扩展，台地官僚体系中文武不相统属之弊端，影响和制约台湾洋务新政的全面启动。于是，“事权归一”成为渡海巡台制度的又一动因；改福建巡抚为台湾巡抚，既“呼应灵便”又“事权归一”。所以，台湾建省，既是渡海巡台制度追求的最高目标，也是其演进趋势。

渡海巡台制度的过渡性特征，还表现为制度本身愈加灵活、功能愈加合理之趋势。乾隆三十年以后，巡台御史制度基本上是“虚应故事”，但是清王朝并没有及时调整，在僵化和无序中延续了60年；轮值巡台制度中断的时间与实际运行的时间相差无几，却没有终止，竟持续80年方才调整。制度之惰性、惯性特征，或者说清廷对此反应之迟钝非常明显。但闽抚驻台制度，十年期间凡三次调整。闽抚移驻台湾，因影响福建政务，遂有冬春驻台，省台兼顾之制；当冬春驻台，省台难以兼顾时，则有改福建巡抚为台湾巡抚之更张。

第三，被动性特征。清代渡海巡台制度，可以说是台湾历史上重大事件刺激的结果。康熙六十年朱一贵起义，七日之内全台陷落，台湾文武官员逃至澎湖时福建督抚才得知朱一贵起义的消息，当然，朝廷闻讯更迟。因此，康熙对朱一贵起义事件的检讨，主要围绕对台地官员的监督和保证海峡两岸信息之畅通两个方面展开。所以，每年钦差满汉御史各一员，前往台湾巡察，“此御史往来行走，彼处一切信息可得速闻”，巡台御史由是设立。后来巡台御史职权式微，变成“有名无实”，朝廷失去了快速获得台湾信息的有效渠道，乾隆五十一年台湾爆发了一次更大规模的林爽文起义。起义之初，乾隆一直认为“此系乌合，不日便可底定”，甚至认为不需要内地之兵。结果，朝廷以陕甘总督福康安为钦差大臣，最多时动用内地数省六万之众，费时一年多，才得以平定。经此巨创，福建大员轮值巡台制度，开始实施。同治十三年，日军入侵台湾事件对清廷刺激更大，闽抚驻台制度遂得以确立。整个制度的确立与调整都是在重大事件之后被动进行的。

需要指出的是，若辨证看待渡海巡台制度的被动性特征，则在另一意义上表现为清廷随着台湾的社会变迁以及移民垦殖之拓展不断调整其治台政策，以期符合台湾社会需要的趋势。也许这种调整幅度有限，时紧时弛，但已经反映出其灵活性或弹性特征，甚至可以认为是由消极治台政策向积极治台政策转变中量的积累。这一点在台湾行政区划的建置上表现得尤为突出。如朱一贵起义的后果，说明清廷在台湾的统治不仅十分薄弱，而且也十分有限，当时所谓的一府三县，其实际治理区域主要集中在府城周围，所以，雍正初年便有台湾建置的第一次拓展。整个乾隆朝，台湾建置基本上没什么变化，林爽文事件之后方有嘉义易名及台湾建置的又一次拓展。沈葆桢巡台时，发现“台地广袤千有余里，官吏所治仅滨海平原三分之一”，奏请增设郡县，终成两府八县一厅之制。所以，将清代治台政策绝对分为前期为消极，后期为积极，是不客观的，任何政策都有其成长完善过程，况且对于并不熟悉或没有治理海疆经验的清王朝而言，这一进程来得缓慢些似乎也是正常的。

三、清代渡海巡台制度的制约因素与历史局限

无论是御史巡台，还是福建大员巡台，制度之主观设计都有明确的目标；对巡台官员的职责亦有明确规定，但从实际执行效果看并没有完全达到预期目的，其效果不彰主要受以下因素之制约。

第一，自然因素。我们在第一章用了一节的内容描述了渡海之艰难以及海洋险处给渡者造成的心理压力和由此形成的海神信仰，其意暗示这些恶劣的自然因素，不仅使大陆移民“十个移，六死三留一回头”，使渡台商贾、官船船毁人亡，同样也使朝廷和巡台大员心存畏惧，每有大臣渡海巡台时，朝廷特此颁谕，或发去右旋白螺或大藏香，俾资护佑，祈求风波恬静；巡台大员往往携带家祀神祇，增强渡台勇气和信心。台湾海峡特殊的水文、气候条件对渡海巡台制度具体执行中的制约作用是非常明显的。如“七百里横洋”，风信靡常，一年三月可行船，台地官员必须“乘冬月北风之时到台，乘夏月南风之便回内地。”① 因此，台地官员上任或奏报期限多有展期，一般比内地至少迟两个月，即使如此也不能保证如期到任，如乾隆五十三年，台湾总兵奎林赴任时，九月已至崇武澳候风，至十一月中旬尚未渡台。巡台大员亦如此，若台湾有重大事件发生，巡台大员因事巡台也受信风的限制，亦非随时可至。况且，大员巡台均乘坐木制帆船，面对黑水沟之险，常有海难之虞。清代台湾官员大多苛索贪婪，台湾吏治暗无天日，原因之一便是在台任官风险大于内地。事实上，“凡未顾虑及交通阻隔影响之政策，未有不遭至失败者”②。

同治十年前后，台湾海峡有了定期轮渡，渡海条件得到改善。但大员巡台遇到的瘴疠之苦与生番之害，同样直接影响巡台效果。光绪二年，闽抚丁日昌巡至苏澳时得知，提督彭楚汉、罗大春及总兵宋桂芳、吴光亮均因曾至此地而感染瘴疠，或亡或病，驻扎兵弁更是病者十之八九。鸡笼之生番“行同禽兽，但以杀人为乐”，二十年间该处百姓被生番杀害者达千余人。早期巡台大员所遇到的环境恐怕更为恶劣。巡台大员苦于瘴疠或生番之害往往在府城、县治或汛塘等安全之处例行“巡阅”而已，不能深入实际，自然很难达到预期目的。闽抚驻台期间，先后驻台的王凯泰、丁日

① 《清会典台湾事例》（光绪朝），文丛版，第13页。
② 杨　熙：《清代台湾：政策与社会变迁》，台湾天工书局，1983年。

昌、勒方锜三人，一死两伤的悲惨结局，除证明台湾环境恶劣之外，还足以表明先前巡台大员并未巡至以上三任所到的险境。据记载，丁日昌自苏澳、噶玛兰至竹堑、彰化交界之大甲溪十一站，向为“开辟以来大吏之所未到，故丁日昌所过之处男女老幼夹道欢迎”①。

第二，制度因素，即制度自身缺陷。正如我们在上面已经提到的，巡台大员本身就是监察官员，他们的活动是在缺少监督的情况下进行的。制度运行之初期，尽管朝廷有意让巡台御史与福建地方大员之间相互制衡，但制衡之目的是为了保证对朝廷的忠诚，并不监督巡台御史职责履行情况。福建大员甚至并不欢迎巡台御史驻台，当然对其之懈怠或渎职多视而不见，此即御史巡台成为“虚应故事”的原因之一。至福建大员轮值巡台时，同样缺乏监督机制，随意性就更强了。总之，一种缺少监督机制的制度，其运作效果自然是无法保证的。

清代渡海巡台制度的另一缺陷是，只有原则条款和宏观规定，没有具体操作细则，巡台大员的具体巡台活动，要么是根据皇上的临时谕旨，要么是依据前例。诸如为保证制度运行必须具备的巡台时间与经费等，一直没有专门规定。既然没有具体细则，巡台官员的非制度化操作，亦在情理之中。我们在以上章节中涉及的运作规则都是根据巡台官员巡台归来时的奏报整理而成的，并非文本规定。具体言之：如巡阅南北两路，巡阅营伍，因没有具体规定巡阅地点和检验科目，所以我们看到的巡台奏报都是“校阅营伍，分别等第”和“考核官兵武艺”；点验军装器械时，往往是“各营队旗帜、器械、俱属鲜明锋利”等，循例巡台基本上变成走过场，巡台奏报千篇一律自是不难理解。再如巡台经费没有保证，巡台大员要么尽量减少巡台次数或内容，安坐郡城听取台地官员的汇报；要么勒索地方，弥补经费之不足。如光绪三年闽浙总督何璟奏“请津贴闽抚办公渡台经费”所称，渡海巡台本为涉险，而巡台大员为表示皇恩浩荡，还要赏赐番民食物、布匹等，费用往往不敷，以至“亏累甚重”。同样，由于没有具体规定福建大员的巡台顺序，结果是督、抚以公务繁忙为由很少渡台。轮值巡台制度运行86年其间，共有福州将军34人，34任，巡台者只有2人；闽浙总督48人，48任，巡台者只有5人；福建巡抚31人，34任，巡台者只有2人。

---

① 参考第四章第二节。

第三，观念因素。在影响渡海巡台制度实际效果的诸多因素中，自然因素可谓直接的客观因素，在一定程度上还是可以克服的，但是人们的观念因素就难以逾越了。其观念因素，首先表现在为防台而治台的消极观念。所谓防台就是防止内地民人偷渡，防止番汉冲突。福建大员往往把防台重点放在内地，即所谓的“堵乱源”，防止“罗汉脚”等“不良分子”偷渡台湾。如道光十二年，闽浙总督程祖洛制定的“善后事宜”中就有“禁偷渡，以绝盗源”：内地民人渡台，由地方官给票验放，台地官员验收；私给照票者革职。既然内地民人渡台是台乱之源，那么福建大员坐镇内地，“堵塞乱源”，也就达到了所谓的“治”。与之相应的是治台标准问题，何为治？消极治台政策下的治，“无乱便是治”。御史巡台之“因时酌遣”、福建大员之因事巡台即是这一观念的具体体现。比如，乾隆五十八年至嘉庆十五年间，台湾地区相对“平静”，没有大的民变或械斗事件发生，福建大员轮值巡台制度因此中止了17年。

影响巡台制度实际效果的第二个观念因素是，中原王朝长期存在的重陆轻海观念，而且表现得非常具体，甚至说是一种“选择”。从清代渡海巡台制度执行情况看，一般是福建内地形势稳定时，巡台制度能够正常运行；但每当福建内地发生变故或内地和台湾同时出现不稳定因素时，无论是朝廷还是巡台大员，首先考虑的是内地而不是台湾。如乾隆五十一年，台湾林爽文起义爆发时，闽浙总督常青疾驰厦门督战，并奏请渡海，乾隆反责之曰：“若因外洋遇有此等案件，该督、抚纷纷调遣，转至内地民人心生疑骇”，殊为不妥。福建内地形势严峻或发生变故时，轮值巡台活动因此取消或推迟是常有的事。如轮值巡台制度确立的第二年，因福建沿海海盗猖獗，水师提督哈当阿的巡台计划被迫取消。福建大员轮值巡台制度在1796—1806年第一次中断，因为东南沿海海盗频发；1848—1873年第二次中断，则因闽南小刀会起义和太平军第四次入闽。

第四，历史局限。清代渡海巡台制度运行期间，台湾海峡为中国的“内湖”，风平浪静之时，巡台大员可自由往来于大陆、海峡和台湾之间，就是说在陆权时代，清廷运用旧式木船就控制了台湾海峡的“制海权”。鸦片战争之后，外国轮船往来台湾海峡日渐增多时，清政府仍以木制帆船作为横渡台湾海峡的交通工具，已是非常危险；所以，晚清洋务期间福州船厂仿照西方自造洋轮，力图改变这种状况。同治十三年为防日本议购铁甲船计划的失败，丁日昌等提出的控制台湾海峡制海权之努力亦随之落空，渡海巡台制度的管辖功能事实上基本结束。此后沈葆桢、丁日昌、刘铭传在台湾苦心经营，也曾修筑台湾南北铁路，以及自凤山、安平，经澎湖至福州电线水陆三百余里，陆路六百余里，但中法战开，法国舰艇封锁台湾海峡，台湾之接济顿时瘫痪，大陆与台湾之间再度为海峡阻隔，清政府只得让步。可见渡海巡台制度作为对台湾的管辖制度，仅仅使用于陆权时代。在海权时代，中央政府对台湾的管辖制度，若不能取得制海权，其管辖效果是非常有限的。

根据以上之整体分析，中原王朝试图克服海峡阻隔对台湾实行管辖的努力和设计，几乎自中原王朝之政治、军事势力第一次到达台湾之时就开始了；受自然因素和重陆轻海观念之影响和制约，其管辖形式，在不同历史阶段先后表现为隔海遥制（或以澎湖遥制台湾）、简派大员渡海巡台，最终实现台湾建省，其基本趋势和追求目标是非常清晰、明确的。清代渡海巡台制度，“上承早期隔海遥制，下启晚清台湾建省”，并为实现台湾建省做了前期准备和经验积累，在中原王朝对台湾管辖历史上具有非常重要的意义。所以，海峡两岸不仅很早就有了历史文化联系，而且同时也存在着管辖关系，至于管辖制度则经历了一个逐步完善过程。同时，我们必须承认，由于中原王朝在处理西北陆疆与东南海疆的关系时重陆轻海，清王朝对台湾的管辖，也未能超越大陆国家以陆制海之治理理念；一切仿内地成例的内地化特征始终存在，以至于当海权时代来临之时坐失台湾海峡的制海权，可谓清代管辖台湾的最大教训，亦为我民族之痛。

附　录

附录一：台湾海峡每年一至十二月飓风及其名称

正月初三日真人飓，初四日接神飓，初九日玉皇飓，十三日关帝飓，十五日上元飓，二十四日，小妾飓，二十八日洗炊龙飓，二十九日乌狗飓。正月，初三、八、十一、十五日，月晦日，龙会日。

二月初二日白须飓，初七日春明飓，初八日张大帝飓，十一日马和尚渡江飓，十八日达摩渡江飓，十九日观音飓，二十五日（或二十九日）龙神朝天飓。二月，初三、九、十二日，为龙神朝上帝之日。

三月初三日上帝飓，初七日阎王飓，十五日真人飓，十八日后土飓，二十三日妈祖飓（真人飓多风，妈祖飓多雨），二十八日东岳飓（又名诸神朝天暴）。三月，初三、初七、二十七日，龙神朝星辰之日。

四月初一日白龙飓，八日佛子飓（又名太子暴），十三日太子飓，十四日纯阳飓，二十五日神龙太白飓。四月初八、十二、十七日，神龙会太白之日。

五月初一日南极飓，五日屈原飓，初七日朱太尉飓，十三日关帝飓，十六日天地飓，二十一日龙母飓。五月初五、十一、二十九，天地龙王朝玉帝之日。

六月初六日崔将军飓，十二日彭祖飓，十八日彭婆飓，十九日观音飓，二十三日小姨飓，二十四日雷公飓，二十八日大姨飓，二十九日文丞相飓。六月，初九、二十九日，地神龙王朝玉帝之日。

七月七日乞巧飓，初八神煞交会飓，十五日鬼飓，十八日王母飓，二十一日普庵飓。七月，初七、九、十五、二十七日，神煞交会之日。

八月初一日龟君飓，初四伽蓝飓，十五日魁星飓，二十一日神龙大会飓。八月，初三、八、二十七日，龙王大会之日。

九月初九重阳飓，十六日张良飓，十七日金龙飓，十九日观音飓，二十七日冷风飓。九月，初十一、十五、十九日，神龙朝玉帝之日。九月自寒露至立冬，天气乍晴乍阴，谓之九降。

十月初五日风信飓，初六日天曹飓，十日水仙王飓，十五日下元飓，二十日东岳朝天飓，二十六日翁爹飓。十月，初八、十五、二十七日，东府君朝玉帝之日。

十一月十四日水仙飓，二十七日普庵飓。是月，无日无风，然南风禁绝，凡背北处皆可泊船。

十二月初八腊八飓，二十四日送神飓，二十九日火盆飓（自二十四日至年终没遇大风，为送神飓）。十二月二十四至二十九日，凡有南风则应来年之月，如二十四日，则应四月。

（史料来源：周钟瑄、陈梦林：《诸罗县志·飓日》；胡建伟：《澎湖纪略·风暴日期》）

附录二：雍正七年至道光十八年台湾海峡官船遭风被难摘录

雍正七年七月二十六日，台协水师中营平字 14 号，左营定字 14 号、波字 5 号，右营澄字 8 号、16 号运兵船，在笨港遭风，船被撞裂沉没，遭风 53 人，溺死兵丁 31 人。

雍正七年闰七月二十三日，澎湖水师左营绥字 16 号，右营宁字 4 号、15 号，遭风刮断椗索，漂至龟头海滨冲礁击碎，82 人遭风，溺死 19 人。

乾隆元年十一月三十日，台湾水师右营澄字 6 号赶缯船，派拨赴厦，渡载福州守城班兵，在西屿头洋面遭遇飓风，船舵被浪刮折，漂至八罩、水安口外冲礁击碎，淹死班兵 39 人；另有班兵 55 人、水兵 22 人落水生还；所有配置器械及防船军械，俱各沉失。

乾隆八年六月十三日，台湾水师中营平字 5 号赶缯船，配载班兵 65 名来台换班，在澎湖洋面陡遇北风，飓风迅发猛烈，浪涌滔天，突转西狂风，船漂至隙仔，冲搁铁板沙汕击破，器械沉失，换班兵丁 65 人遭风，皆得生还。

乾隆八年五月十三日，台湾南路下淡水营差目为解送盔甲旗帜赶省修理，在金门洋面遭风冲塔仔礁击破，溺死兵丁 3 人，1 人得还。

乾隆十五年八月八日，台协左营定字 17 号战船出洋巡哨，驶至鹿仔港洋面陡遇飓风，漂至七鲲身外洋，船舵被浪击折，船身冲汕击碎，弁兵溺水受伤，军火炮械沉没。

乾隆二十三年正月初五日，澎湖水师右营宁字 14 号船载运粮米，行至东吉外洋，突遇狂风大作，浪涌滔天，漂至大屿洋面，冲礁击碎，寸板无存，粮米、军械、公文、印照一尽沉没。

乾隆三十五年七月十二日，澎湖协右营宁字 1 号船配载班兵，在厦门洋面被巨浪击裂，全船覆没，135 人溺死。

乾隆四十七年三月二十三日，台湾水师中营宁字 1 号船，配载班兵赶赴厦门，驶至马鬃隙洋面，因风信不顺，漂流马鬃隙搁汕沉水，大桅随风而倒，压坏船身，断作两截，寸板无存，船中军械，俱被沉没。

乾隆五十年七月十三日，闽安水师右营澜字 5 号船配载班兵赴台，在东吉洋面风浪陡作，船无主宰，随风漂至马鬃隙外汕，被浪击碎，器具、军械尽行沉没，班兵一并落水。

乾隆五十一年六月初九日，海澄县船户杜永福在鹿仔港装载粮米运往罗源，在北椗外洋遭遇猛烈风浪，折断桅舵，船身击裂，官谷货物漂没无存，舵水杜金等26人淹没。

乾隆五十一年，福建澎湖水师右营宁字2号赶缯船，赴厦门运载台、澎饷银，事竣回营，突遇飓风飘虫击碎。

乾隆五十五年正月十八日，安平协平字1号哨船配载班满弁兵回厦门，行至澎湖东吉洋面，突遇飓风，船只被浪击沉，全船班兵溺水，死亡121人。

乾隆五十五年五月二十四日，海澄县船户金和萨，在台湾置买糖米，并配载兵米，驶至沉山外洋，失舵案桅，陡遇狂风，漂至黑水沟外洋，人船覆没，寸板无存；船户并舵工水手22人淹没水中；牌照、官谷一尽沉没。

乾隆五十七年六月二十五日，福宁右营年字5号哨船，在厦门配载福宁镇三营弁兵130人来台换班，驶过澎湖洋面突遇飓风，桅舵损失，船身击破，全船落水，7人下落不明。

乾隆五十九年七月三十日，福建水师提标后营清字4号船，由厦门押运军装、炮械往台，驶至澎湖洋面忽起狂风，船被浪漂至虎井外洋击碎，兵弁5名下落不明；军装、炮械、兵器尽被沉没。

嘉庆元年正月二十六日，澎湖水师诏安营国字5号哨船，配载班兵内渡，驶至澎湖洋面陡遇大风，大桅吹断，船身被浪击散；班兵概行落水，随风漂流沉于澎湖花屿澳得以生还。

嘉庆四年九月二十九日，福建水师提标前营年字6号哨船，配载戍台班兵27人来台，返程顺带班满兵丁95人由鹿尔门放洋内渡，驰至东吉洋面，陡起飓风，大桅折断，船无把握，漂至马鬃隙外洋沉礁击裂，班兵落水得以生还，水手4名下落不明。

嘉庆五年三月十三日，台湾水师右营澄字4号船及操驾、护饷目兵各30名往厦门运载本年台湾饷银，在洋面遇风船位舵被折，大桅复被刮折，漂至南椗外洋，沉礁击碎，寸板无存；所有防船军械、炮位、药铅一概沉没。

嘉庆五年十一月初二日，澎湖水师左营绥字8号船，护送漳州镇总兵，并换回班满兵丁赴厦后返回澎湖，至澎湖沟，风浪异常，大桅折断，漂至塔屿外洋沉礁击碎，全船一并落水。

嘉庆六年三月十八日，淡水营额设波字4号哨船按期回场拆造，驶至淡水中港洋面，狂风大作，椗索被风刮断，船无把握，随风漂至外洋沉礁击碎。全船目兵落水，4 人下落不明。

嘉庆六年十一月八日，台湾水师提标前营年字 5 号哨船，配载班兵 180 名来台换戍，驶过澎湖洋面，陡遇飓风，船桅刮断，随风漂至鲲身外洋，沉礁击碎；全船目兵及炮械概行落水。

嘉庆七年二月八日，澎湖水师提标右营万字 6 号哨船，在厦配载班兵来台，驶近澎湖大洋，陡遇飓风大桅拔起，船无把握，随风漂至姑婆屿外洋沉礁击碎。全船弁兵同军装、器械、公文概行落水，仅有 4 人得救。

嘉庆七年八月二十六日，台湾水师提标中营海字 3 号哨船，在厦渡载海坛左营班兵 98 名来台换戍，至鹿尔门外，陡遇飓风，不得进港；随后狂风暴雨而至，椗索刮断，船无把握，随风漂流，至凤山县歧后外洋沉礁击碎，全船班兵及公文等概行落水，漂失 3 名，大半受伤。

嘉庆七年九月初八日，澎湖水师右营宁字 14 号船驾赴台厂修造，驶至时里澳大洋飓风大作，因船已届修限，难堪冲风抵浪，椗索刮断，舵叶折失，冲礁击碎。器械、药铅沉失；兵丁落水，溺死 24 人。

嘉庆七年十月十六日，澎湖水师左营绥字 11 号哨船，配载班满兵丁 73 人内渡归伍，驶至猪母落水外洋，飓风骤发，浪涌滔天，本船勒肚刮断，船无把握，漂至虎井屿西鼻外洋，沉礁击碎。全船目兵及防船炮械概行落水；溺水兵丁 1 名。

嘉庆八年六月二十一日，台湾水师哨船澄字 1 号、金子 8 号、绥字 3 号、金字 4 号四船，在金字 1 号哨船护送下，载运台澎饷银九万六千多两由厦门放洋。二十四日夜，猝遇飓风，澄字 1 号哨船桅、舵皆断，漂至灯火外洋冲礁击碎。兵丁 10 余人落水，大半溺死。同一日，金字 4 号饷船亦被击碎，饷鞘落水。金字 8 号，则在鹿尔门遭风击碎，饷鞘沉失，淹溺人等不详。金字 1 号护送船，同时遭风击碎，被淹兵丁 9 名。唯绥字 3 号饷船被风打回厦门收泊。

嘉庆十年三月十日，澎湖协标左营绥字 7 号哨船在台厂造竣回营时，行在洋中，突遇西南飓风，大桅折断，漂至马沙沟外洋冲礁击碎。全船目兵、炮械、药铅概行落水，淹死水兵 1 名。

嘉庆十一年十月二十三日闽安右营善字 22、24、26 号、澄字 4 号、定字 1 号哨船分载解台生息银，由厦门放洋，行至乌水大洋，遭遇狂风，善字 22 号、澄字 4 号、定字 1 号三船载银六万两收回厦门；善字 24、26 号哨船在虎井屿冲礁击碎，银鞘尽失，兵丁 24 人落水。

嘉庆十三年五月十三日，澎湖协标右营宁字16号战船前赴台湾厂小修，驶至东吉屿洋面，遭风刮去船舵、大桅，船身漏水沉没。防船军火、器械沉失；受困兵丁22名。

嘉庆十四年九月三十日，台湾水师提标前营年字6号哨船配载台湾班满班兵65人，由鹿尔门放洋内渡，驶近东吉洋面，陡起飓风，哨船舵叶刮断，漂至马鬃隙外洋沉没，班兵落水，4名溺死。

嘉庆十五年六月二十五日，海澄县船户杜荣华配载班兵139名，由厦门放洋来台换戍，至鹿尔门东北飓风大作，巨浪奔腾，椗索被风刮断，船无把握，漂至马鬃隙外洋沉礁击碎。全船班兵、船户、舵水人等同时落水，溺死3名。

道光三年七月初七日，澎湖水师提标左营国字1号哨船配载安平协班兵94人内渡归伍，由鹿尔门放洋，次日夜陡遇飓风，船身颠裂，船勒肚被浪刮断，船舵折断，随风漂至西吉屿东外洋沉礁击碎。全船班兵及配带炮械、公文概行落水，漂失班兵3名。

道光四年五月二十七日，台湾水师提标前营年字3号哨船，在厦门渡载戍兵来台、澎各营补额。六月初十日至台，经各营点验归伍。润七月二十三日，由鹿尔门内渡，驶至东吉洋面，狂风陡作，桅舵俱折，椗索刮断，随风漂至鹿尔门外沉汕外洋冲汕击碎。全船兵丁及防船军械落水，14名得救，7名不知下落，3名溺死。

道光六年五月初一日，福宁右营新字6号哨船渡载邵武营兵赴台换班，在洋遇风，船身损坏，无处收泊，漂冲北汕沉水外洋搁汕击碎，漂失兵丁1人；防船军械尽失。是年六月，台湾水师善字1号哨船，赴厦门渡载班兵，在洋遇风漂至鲲身外洋击碎，3名兵丁溺死。

道光九年十月十三日，澎湖右营巩字1号哨船在台修竣，押回澎湖配缉，由鹿尔门挂验出口。十四日，行至东吉洋面，风浪大作，至三更后，桅舵刮断；十五日，漂至南鲲身外洋被浪击碎，片板无存。全船人等尽行落水；兵丁2人下落不明。

道光十年七月，台协右营澄字6号哨船出洋巡缉，陡遇风浪漂至鲲身外洋，触铁板沙汕，船身击碎，溺死兵丁4人。是年十二月台协左营绥字1号哨船赴厦渡载班兵，在八罩金鸡外洋冲礁击碎，漂失兵丁2名；防船炮械、军火、公文及附载硝磺一同落水。

道光十三年六月二十八日，福建陆路提标左营千总任连春等管带兵弁

124 名，在鹿尔门配坐商船放洋，驶至东椗洋面，商船遭风击碎，溺死兵丁 30 名。

道光十三年十月十二日，福建督标水师营参将王毅斌，在厦门配坐提标右营集字 7 号哨船，护解道光十三年全台兵饷来台交验。二十四日，驶至彰化所属麦仔寮外洋，飓风突起，猛烈异常，该船肚带击断，二十三日黎明冲礁击碎，全船兵丁概行落水。

道光十四年三月十六日，金门右营汤字 5 号哨船，奉命渡载督标三营班满兵弁 168 名，由鹿港内渡归伍，陡起飓风，哨船椗索刮断，漂至大山仔外洋冲汕击碎，军装器械概行沉失；全船人等纷纷落水，水兵 2 名失踪。

道光十五年润六月二十八日，台湾水师协标左营定字 3 号哨船配带舵水、兵丁 33 名，由鹿尔门放洋，赴厦门候载班兵；二十九日行至澎湖东吉洋面陡起飓风，哨船勒肚刮断，船无把握，随风漂至马鬃隙外洋沉汕击碎。全船兵丁落水，漂失 1 名；所载军装、军械一概沉失。

道光十八年七月十四日，台湾镇标中营顺字 13 号哨船在台厂修竣，回营差缉，驶至大山头外洋猝遇风暴，勒肚刮断，漂至二鲲身外洋冲汕击碎，片板无存；全船人等尽行落海，溺死 1 名。

（史料来源：《明清史料·戊编》，《台案汇录·戊集》，《清实录》）

附 表

附表一：清代台湾民变表

时间		地点		首领	简由	备注
年号	年代（公元）	旧名	今名			
康熙	二十三年（1684）	台湾县	台南县	林盛	郑氏部下密谋抗清，未起事即被捕	
康熙	二十三年（1684）	凤山县	高雄县	蔡机功	继林盛之业，聚众散扎欲图抗清	
康熙		诸罗县	南投县	陈辛	郑氏部下联合番民反清	
康熙	三十五年（1696）	诸罗县	台南县	吴球	招众密议，未起事即被捕	
康熙	四十年（1706）	诸罗县	台南县	刘却	以迷信招诱群众，起事攻汛、抢掠	
康熙	六十年（1721）	凤山县 台湾县 诸罗县	高雄县 台南市 嘉义县	朱一贵	以官逼民反为借口，以朱姓为号召，占城称王	
雍正	四年（1726）	凤山县	屏东县	陈三奇	聚众欲攻统领营，未果	
雍正	六年（1728）	诸罗县	台南县	汤完	聚众结父母会	
雍正	十年（1732）	凤山县	高雄县	吴福生	因地方官疑其交结“匪类”，乃起义造反	
雍正	十二年（1734）	凤山县	高雄县	许祖	招人竖旗意图滋事	
乾隆	七年（1742）	彰化县	彰化县	郭兴	竖旗诬陷	
乾隆	十五年（1750）	淡水厅	新竹县	陈盖	造言惑众	
乾隆	十七年（1752）	彰化县	云林县	蔡倪	竖旗诬陷	
乾隆	十八年（1753）	诸罗县	嘉义县	吴典	窝藏抢犯，聚众抗官，	

续表

时间		地点		首领	简由	备注
年号	年代（公元）	旧名	今名			
乾隆	十八年（1753）	鹿港	彰化县	施天赐	打伤差役，抢劫囚犯	
乾隆	十八年（1753）	凤山县	屏东县	张凤皆	竖旗诬陷	
乾隆	三十三年（1768）	台湾县	台南市	黄妈成	造作匿名揭帖，欲图陷人于反乱之罪	
乾隆	三十三年（1768）	台湾县 凤山县	台南县 高雄县	黄教	遭官府缉捕，乃聚众攻汛相抗	
乾隆	四十七年（1782）	凤山县	高雄县	陈虎	竖旗欲图抢劫	
乾隆	四十七年（1782）	彰化县	彰化县	谢笑	起于漳、泉械斗	
乾隆	五十一年（1786）	诸罗县	云林县	杨光动	兄弟争产械斗，演变成劫囚戕弁	
乾隆	五十一年（1786）	台湾县 彰化县 凤山县 诸罗县	台南县 台中县 彰化县 高雄县 嘉义县	林爽文	天地会众以吏治不良为导因，起事抗官	
乾隆	五十五年（1790）	彰化县	南投县	张标	纠人结天地会自保	
乾隆	五十七年（1792）	彰化县	彰化县	吴光彩	为报仇而纠人结会	
乾隆	五十九年（1794）	凤山县	高雄县	郑光彩	纠人结小刀会，歃血定盟，欲图抢夺	
乾隆	六十年（1795）	凤山县	高雄县	陈光爱	歃血立盟，攻汛伤兵	
乾隆	六十年（1795）	鹿港	彰化县	陈周全	歃血立盟，攻鹿港彰化	
嘉庆	元年（1796）	彰化县	彰化县	施兰	因陈周全案，欲为兄报仇，结会起事	
嘉庆	二年（1797）	淡水		廖挂	欲竖旗聚众抢掠	
嘉庆	三年（1798）	台义县	台南县	徐章	纠伙抢劫，恐兵役查拿，结小刀会拘捕	
嘉庆	五年（1800）	凤山县	高雄县	汪降	集众起事	
嘉庆	五（1800）	嘉义县	台南县	陈锡同	戕官焚汛	
嘉庆	六年（1801）	盐水港	台南县	白启	结小刀会包庇逸犯，抢掠民家	

续表

时间		地点		首领	简由	备注
年号	年代（公元）	旧名	今名			
嘉庆	七年（1802）	盐水港	台南县	吴允锡	竖旗诬陷	
嘉庆	十年（1806）	淡水厅 台湾县 凤山县	台北县 台南县 高雄县	蔡牵	欲据台为王，纠党攻城	
嘉庆	十五年（1810）	凤山县	高雄县	许比	集众起事	
嘉庆	十六年（1811）	淡水厅	台北县	高夔	散布反政府言论，戕毙兵丁	
道光	元年（1821）	噶玛兰	宜兰	朱蔚	宣传反政府言论被捕	
道光	三年（1823）	噶玛兰	宜兰	林泳春	由抗办军工木料进而聚众抗官	
道光	四年（1824）	凤山县	高雄县	许尚	聚众攻城	
道光	十年（1830）	彰化县		王溪水	纠伙造谣焚抢，抗官拘捕	
道光	十二年（1832）	嘉义县	嘉义县 台南县	张丙	不满官府措施，遂聚众起事	
道光	十三年（1833	嘉义县	台南县	许赣成	聚众密谋起事	
道光	十四年（1834）	彰化县	台中县	陈长	谋借米贵造谣滋事	
道光	十六年（1836）	嘉义县	台南县	沈知	借歉收抢粮戕弁	
道光	十八年（1838）	彰化县	台中县	蔡水藤	平素抢劫，官府严拿，乃结会抗官	
道光	十八年（1838）	嘉义县	嘉义县	赖三	抢劫并竖旗诬陷	
道光	十八年（1838）	嘉义县	台南县	吕宽	前科犯，纠众结会抗官滋事	
道光	十八年（1838）	凤山县	高雄县	张贡	结合偷盗、寻仇、抢掠、抗官之事作	
道光	十八年（1838）	嘉义县	台南县	胡布	游民因饥寒而起事	
道光	二十一年（1841）	嘉义县	台南县	江见	趁英船犯台，乘机起事	
道光	二十一年（1841）	凤山县	高雄县	陈冲	因北路滋事，欲与洋船勾结竖旗攻汛	

续表

时间		地点		首领	简由	备注
年号	年代（公元）	旧名	今名			
道光	二十二年（1842）	彰化	南投县	陈男	地方土豪筑造石围，聚众滋事	
道光	二十三年（1843）	嘉义县	台南县	洪协	集众起事	
道光	二十四年（1844）	嘉义县	台南县	叶周	派饭抢夺，拒敌官兵	
道光	三十年（1850）	嘉义县	嘉义县	王涌	散布邪言，纠党攻抢	
咸丰	元年（1851）	嘉义县	台南县	林闹	因地方清庄，无处容身之际，乃纠众抢掠	
咸丰	三年（1853）	凤山县 台湾县 嘉义县 彰化县	高雄县 台南县 嘉义县 彰化县	林恭	乘太平军起义之机，竖旗集众举事	
咸丰	三年（1853）	噶玛兰	宜兰	吴磋	不满官府征粮措施，遂集众竖旗抗官	
咸丰	四年（1854）	嘉义县	嘉义	赖某	集众起事	
咸丰	四年（1854）	鸡笼港	基隆	黄位	厦门小刀会余众欲攻占台湾	
咸丰	五年（1885）	嘉义县	云林	林房	攻入斗六门，杀害县丞	
咸丰	五年（1885）	凤山县	高雄县	王辨	竖旗集众	
同治	元年（1862）	彰化县	彰化县 云林县	戴潮春	原本结天地会自保，后因会党势大无法控制，遂演成抗官攻城之局	
光绪	元年（1875）	嘉义县	嘉义县	蔡显老	拒捕伤兵	
光绪	六年（1880）			刘参根	纠众滋事	
光绪	七年（1881）	嘉义县	嘉义县	莊芋	地方土豪拘捕抗官	
光绪	七年（1881）	台湾县	台南	王春华	哥老会党欲图起事	
光绪	十一年（1885）	嘉义县	嘉义县	颜摆彩	地方土棍恃众拘捕	

续表

时间		地点		首领	简由	备注
年号	年代（公元）	旧名	今名			
光绪	十一年（1885）	彰化县	南投县	许添丁	集众抗官拘捕	
光绪	十二年（1886）	嘉义县	台南县	吴金印	地方土豪恃众拘捕	
光绪	十四年（1888）	台东州	台东	刘添汪	附和番社起事	
光绪	十四年（1888）	彰化县	彰化县	施九缎	因不满官府，聚众围城	

（资料来源：刘妮玲《清代台湾民变研究》）

附表二：清代巡台御史表

姓名	籍贯	出身（或前历）	任期	备注
吴达礼	正黄旗汉军人	以监察御史差	康熙六十一年任，留任一年，雍正二年闰四月卸	雍正二年弹劾安平游击游全兴，令休致，世宗未准
黄叔璥	顺天大兴人	己丑进士，以监察御史差	康熙六十一年任，留任一年。雍正二年四月卸任	著有《台海使槎录》、《国朝御史题名录》、《南台旧闻》、《中州金石考》、《近思录集注》等
禅济布	满洲镶蓝旗人	以监察御史差	雍正二年任，留任一年，四年四月离任	雍正二年弹劾台湾知县周钟瑄，贪婪不法，会审后拟定绞监候。雍正三年弹劾台湾知府范廷谋，徇庇、姑容属员。因与景考祥互揭，雍正四年四月赴闽接受质审
丁士一	山东日照人	丙戌进士，以监察御史差	雍正二年任，三年二月任满离台	转升福建按察使，再授江西布政使，五年，因江西考试受贿革职
景考祥	河南汲县人	癸巳进士，以监察御史差	雍正三年四月抵任，在差改补吏科给事中，九月转本省盐运使，因与禅济布互揭，十一月离台	著有《恬村吟》、《燕台小草》、《视台集》、《双椿草堂集》等
汪继景	浙江秀水人	戊子举人，以监察御史差	雍正四年任，在台改补吏科，未满先行离台	
索琳	满洲镶红旗人	以监察御史差	雍正四年任，留任一年，六年二月卸任	
尹秦	云南蒙自人	庚午解元 以监察御史差	雍正五年正月抵任，十月兼理学政，五年二月卸任	雍正五年，与索琳弹劾台湾县典史、署新港巡检事徐履谦，虚冒兵粮，监役滋扰

续表

姓名	籍贯	出身（或前历）	任期	备注
赫硕色	满洲正红旗	举人，以吏科掌印给事中差	雍正六年二月任，留任一年，八年正月卸	
夏之芳	江南高邮人	癸卯进士，以监察御史差	雍正六年二月任，留任一年，八年卸	雍正七年，与赫硕色弹劾凤山知县彭之昙，怠玩推诿，殊为溺职
奚德慎	满洲正红旗	以工科掌印给事中差	雍正八年正月任，留任一年，十年卸任	
李元直	山东高密人	癸巳进士，以监察御史差	雍正八年正月任，六月高其倬参其任性滋事，下部议察，去职	
高山	山东历城人	癸卯进士，以兵科掌印给事中差	雍正八年十一月任，留任一年，十一年未满解任	雍正九年，弹劾台湾道员刘藩长，违例纵容工役私入番界采船木料，致遭生番杀害。九年弹劾安平水协右营将弁，所属兵丁违例在台藏眷。同年弹劾淡水同知张宏章，激变熟番，贻误地方
觉罗栢修	满洲镶红旗人	以陕西道监察御史差	雍正十年任，留任一年，十二年卸任返京，升内阁学士兼礼部侍郎	雍正十年，弹劾台湾道员倪象恺，邀功饰过，屡致民怨。是年八月，倪象恺解任。雍正十年，弹劾凤山知县熊琴，推诿捏饰，养奸贻害。雍正十年，弹劾台湾、彰化二县各文武员弁，看守不力，重犯脱逃
林天木	广东朝阳人	癸卯进士，以兵科掌印给事中差	雍正十一年任，十三年卸任，寻丁祖母难，未几病卒于家	雍正十年，弹劾台湾知县路以周，草率塞责，因循怠忽。翌年，路以周调任福安知县。雍正十年，与图尔泰弹劾城守营守备刘灏

续表

姓名	籍贯	出身（或前历）	任期	备注
图尔泰	满洲正黄旗人	以礼科掌印给事中差	雍正十二年任，至乾隆元年卸任。	雍正十二年，弹劾城守营守备刘灏，斋戒之日酗酒不法，无故鞭民
严瑞龙	四川阆中人	戊戌进士，以吏科掌印给事中差	雍正十三年任，乾隆二年卸任返京，擢湖南按察使	任内躬往军前，剿抚"加志阅"凶番
白起图	满洲正蓝旗人	以陕西道监察御史差	乾隆元年任，三年三月卸任	乾隆元年，弹劾后垅通事张方楷，作威苛索，激番焚掠，彰化知县秦士望、巡检王心棠、把总周诗、千总王登、守备袁鈇，玩忾疏误，淡水同知赵齐芳、北路协副将靳光翰、台湾知府徐治民，督察不周
单德谟	山东高密人	丁未进士，以工科给事中差	乾隆二年任，四年四月卸任，转江南盐运使	
诺穆布	满洲正蓝旗人	丁酉举人，以江南道监察御史差	乾隆三年任，五年三月差满	在归途病故
杨二酉	山西太原人	癸丑进士，以贵州道监察御史差	乾隆四年任，六年三月差满	
舒辂	满洲正白旗人	乾隆二年，以山西道监察御史差	乾隆五年任，七年差满补授陕西督粮道，十一年迁河南按察使。十二年，因巡视台湾需索供应、滥准词讼，部议革职	
张湄	浙江钱塘人	癸丑进士，以监察御史差	乾隆六年四月任，八年差满	著有《柳渔诗抄》等

续表

姓名	籍贯	出身（或前历）	任期	备注
书山	满洲镶黄旗人	以刑科给事中差	乾隆七年四月任，八年转吏部掌印给事中，十一年转工科给事中，为福建巡抚陈大受劾，诏革职留任	
熊学鹏	江西南昌人	庚戌进士，以山西道监察御史差	乾隆八年任，十年差满，升通政司右通政使。	
六十七	满洲镶红旗人	以户部给事中差	乾隆九年三月任，十一年差满，留任两年，十二年遭革职	著有《台海采风图考》，《番社采风图考》、《游外诗草》、《台阳杂咏》、《西域见闻录》等
范咸	浙江仁和人	癸卯进士，以监察御史差	乾隆十年任，十二年差满	任内与六十七和修《台湾府志》；著有《海外奏议》、《拄下奏议》、《碧山楼古今文稿、《周易原始》等
伊灵阿	满洲镶蓝旗人	以陕西道监察御史差	乾隆十二年任，留任一年，十五年卸任	
白瀛	山西兴县人	丁巳进士，以陕西道监察御史差	乾隆十一年十一月抵台，留任二年，十三年奉命再留任二年。	
书昌	满洲正黄旗人	甲辰举人，以江南道监察御史差	乾隆十五年任，十六年卸任，升少詹	
杨开鼎	江南甘泉人	己未进士，以河南道监察御史差	乾隆十四年任，十五年丁忧去职	
立柱	满洲镶红旗人	以户科掌印给事中差	乾隆十六年任，十七年疏职交部察议	是年，巡台御史“三年一巡，事竣即回，毋庸留驻候代”

续表

姓名	籍贯	出身（或前历）	任期	备注
钱琦	浙江钱塘人	丁巳进士，以河南道监察御史差	乾隆十六年任，十七年疏职交部察议	是年，提督学政关防交台湾道兼理
官保	满洲人	以刑科给事中差	乾隆二十一年四月抵台，九月差毕离台	
李友棠	江西临川人	进士，以福建道监察御史差	乾隆二十一年四月抵台，七月升福建学政，九月差竣离台赴任	
汤世昌	浙江仁和人	辛未进士，以工科给事中差	乾隆二十五年二月抵台，五月差竣离台	
宗室宝麟	满洲正白旗人	以兵科给事中差	乾隆二十五年二月抵台，五月差竣离台	
永庆	满洲人	以给事中差	乾隆二十八年十一月抵台，二十九年五月差竣离台	
李宜青	江西宁都人	丙辰进士，以江南道监察御史差	乾隆二十八年十一月抵台，二十九年五月差竣离台	三十年，巡台御史“因时酌量派遣”
觉罗明善	满洲镶蓝旗人	以给事中差	乾隆三十二年八月抵任，三十三年春，事竣离台	
朱丕烈	浙江海盐人	戊辰进士，以给事中差	乾隆三十二年八月抵任，三十三年春，事竣离台	
客尔崇义	满洲人	以刑科掌印给事中差	乾隆三十六年六月抵任，三十七年四月，差竣离台	

续表

姓名	籍贯	出身（或前历）	任期	备注
王显曾	江南华亭人	庚辰进士，以礼科掌印科给事中差	乾隆三十六年六月抵任，三十七年四月差竣离台	
觉罗图思义	满洲人	以福建道监察御史差	乾隆四十二年八月抵任，四十三年二月（或三月）差竣离台	
孟邵	四川中江县	庚辰进士，以贵州道监察御史差	乾隆四十二年八月抵任，四十三年二月（或三月）差竣离台	
塞岱	满洲人	以户科给事中差	乾隆四十六年八月抵任，十二月交部察议，四十七年春离台	
雷轮	四川井研人	乾隆己丑进士，以户科给事中差	乾隆四十六年八月抵任，十二月交部察议，四十七年春离台	

（资料来源：《清史稿》，《清史列传》，《清耆献类征初编》，《清朝御史题名录》，《清实录》，《明清史料》，各种台湾府志，并参考何孟兴《清初巡台御史制度之研究》）

附表三：1793—1801 年福建沿海海盗活动一览表

帮　名	帮　首	首次官方记载	结局	船只和人数	活动区域
蔡　牵	蔡　牵	1793	1809 被灭	船 30，人不详	闽浙
林发枝	林发枝	1795	1797 投降	船 12，人 153	闽浙
沈振元	沈振元	1795	1797 投降	船、人不详	闽
张　表	张　表	——	1796 投降	船不详，人 473	闽浙
纪　培	纪　培	——	1796 投降	船不详，人 200	闽浙
王流盖	王流盖	——	1796 被灭	船、人不详	闽
安南夷盗	陈阿保	1796	1800 被灭	船 28，人不详	浙
黄胜长	黄胜长	1793	1800 被灭	船 20，人不详	闽浙
林阿全	林阿全	1797	不明	船 30—50，人不详	闽
凤　尾	林　灿	1798	1800 被灭	船 50—70 人不详	浙
水　澳	林亚孙	1799	1800 被灭	船 50—70 人不详	闽浙
黄	江文武	1799	1800 被灭	船 12—20，人 153	浙
红　梅	不　详	不　详	不　详	不　详	不　详
水　溪	不详	1800	不详	不详	不详
蔡　牵	蔡　牵	1793	1809 被灭	船 40—90，人 2000	闽浙
（小臭）	张　然	1805	1809 投降	船、人不详	不详
（小仁）	小　仁	不详	1810 被灭	船 6，人 1300	闽
（武松）	蔡　勇	不详	不详	不详	闽
青筋茂	青筋茂	不详	1800 被灭	不详	闽
候齐添	候齐添	1800	1801 被灭	船 20，人不详	闽浙
小　猫	张阿恺	1800	1801 投降	船 7，人 90	浙
			1802 被俘	船不详，人 24	浙
补　网	丁亚歪	1800	1801 被俘	船 9，人 48	不详
卖　油	杨　课	1801	1802 投降	船 4—12，人 150	浙
剃鬚乌艚	不　详	1801	不详	船 12，人不详	不详
穷　嘴	张阿治	1801	1808 被俘	船 30—40，人 476	闽浙
（陈角）	陈　角	1801	1808 被俘	不详	闽浙

续表

帮　名	帮　首	首次官方记载	结局	船只和人数	活动区域
（乌蛋）	郭　潭	1801	1808 被俘	不详	闽浙
纪江钧	纪江钧	1801	1808 被俘	不详	闽浙
小肥饼	小肥饼	1805	1805 投降	船 30—40，人不详	闽浙
黄　葵	陈黄葵	1802	1805 投降	船 12—20，人 500	闽浙
白　面	不　详	1801	不　详	船 12，人不详	不详
朱　渍	朱　渍	1797	1808 被灭	船 100	闽
	朱　屋	1809	投降	船 42，人 3300	闽
小　差	骆仔庐	1808	1809 被灭	船 12，人不详	浙
七　嫂	不　详	1808	不详	船人不详	不详
梁山帮	吴振中	1804	不详	船 20，人不详	不详
红头艚帮	不详	1808	不详	船 20，人不详	不详

（资料来源：松浦章《明清时期的海盗》）

征引与参考书目

一、史料文献

1.《三国志》，《隋书》，《宋史》，《资治通鉴》，《元史》，《明史》，《清史稿》

2.《宫中档康熙朝奏折》，台北故宫博物院，1976 年

3.《宫中档雍正朝奏折》，台北故宫博物院，1979 年

4.《宫中档乾隆朝奏折》，台北故宫博物院，1981 年

5. 洪安全总编:《清宫月折档台湾史料》，台北故宫博物院，1994 年

6. 洪安全总编:《清宫谕旨档台湾史料》，台北故宫博物院，1996 年

7. 洪安全总编:《清宫廷寄档台湾史料》，台北故宫博物院，1997 年

8. 台湾“中央研究院”史语所编:《明清史料》（戊编），北京中华书局影印，1987 年

9. 台湾国学文献馆编:《台湾研究资料汇编》（第一辑），台湾联经出版事业公司，1993 年

10. 北京第一历史档案馆编:《雍正朝汉文朱批奏折汇编》，江苏古籍出版社，1991 年

11. 北京第一历史档案馆编:《乾隆朝上谕档》，档案出版社，1998 年

12. 厦门大学台湾研究所编:《康熙统一台湾史料选辑》，福建人民出版社，1983 年

13. 朱保炯，谢沛霖编:《明清历科进士提名碑录》，台湾文海出版社，1981 年

14.《国朝耆献类征选编》，台湾文献丛刊第 230 种

15.《清圣祖实录选辑》，台湾文献丛刊第 165 种

16.《清世宗实录选辑》，台湾文献丛刊第 167 种

17.《清高宗实录选辑》，台湾文献丛刊第 186 种

18.《清仁宗实录选辑》，台湾文献丛刊第 187 种

19.《清宣宗实录选辑》台湾文献丛刊第188种
20.《清文宗实录选辑》，台湾文献丛刊第189种
21.《清穆宗实录选辑》，台湾文献丛刊第190种
22.《清德宗实录选辑》，台湾文献丛刊第193种
23.《钦定大清会典例则》，文渊阁四库全书影印本，1986年
24.《道咸同光四朝奏议选辑》，台湾文献丛刊第288种
25.《雍正朝朱批奏折选辑》，台湾文献丛刊第300种
26.《清史稿台湾资料选集》，台湾文献丛刊第243种
27.《清季申报台湾纪事辑录》，台湾文献丛刊第247种
28.《清季台湾洋务运动史料》，台湾文献丛刊第278种
29.《清会典台湾事例》，台湾文献丛第226种
30.《光绪朝东华录》、《清经世文编选录》，台湾文献丛刊第229种
31.《光绪朝中日交涉史料选辑》，台湾文献丛刊第210种
32.《台湾关系文献集零》，台湾文献丛刊第309种
33.《台案汇录》（甲集）台湾文献丛刊第31种
34.《台案汇录》（乙集），台湾文献丛刊第173种
35.《台案汇录》（丙集），台湾文献丛刊第135
36.《台案汇录》（丁集），台湾文献丛刊第178种
37.《台案汇录》（戊集），台湾文献丛刊第179种
38.《台案汇录》（己集），台湾文献丛刊第191种
39.《台案汇录》（庚集），台湾文献丛刊第139种
40.《台案汇录》（辛集），台湾文献丛刊第205种
41.《台湾海防档》，台湾文献丛刊第110种
42.《台湾教育碑记》，台湾文献丛刊第54种
43.《台湾舆地汇钞》，台湾文献丛刊第216种
44.《台湾对外关系史料》，台湾文献丛刊第290种
45.《台湾南部碑文集成》，台湾文献丛刊218种
46.《清代台湾农民起义史料选编》，福建人民出版社，1983年
47.《台湾林爽文起义资料选编》，福建人民出版社，1984年
48. 贺长龄，魏源等：《清经世文编》，中华书局，1992年
49. 庄为玑，王连茂：《闽台关系族谱资料选编》，福建人民出版社，1985年

50. 温廷敬编:《丁中丞（日昌）政书》，沈云龙主编“近代中国史料丛刊续编”（第77辑），台湾文海出版社印行

51. 岑椿萱刻:《岑襄勋公（毓英）遗集》，沈云龙主编“近代中国史料丛刊续编”（第38辑），台湾文海出版社印行

52. 佚名:《同治甲戌日兵侵台始末》，沈云龙主编“近代中国史料丛刊续编”（第100辑），台湾文海出版社印行

53. 汪大渊著，苏继校释:《夷岛志略》，中华书局，1981年

54. 张燮著，谢方点校:《东西洋考》，中华书局，2000年

55. 向　达整理:《郑和航海图》，中华书局，2000年

56. 向　达校注:《两种海道针经》，中华书局，2000年

57. 台湾省文献委员会:《台湾省通志》，1965年

58. 陈　衍:《台湾通记》，台湾文献丛刊第120种

59.《清一统志台湾府》（嘉庆二十五年修）

60.《福建通志》（道光朝孙尔准等修、陈寿祺纂，刊于同治十年）

61.《福建省例》，台湾文献丛刊第199种

62. 刘良壁:《重修福建台湾府志》（乾隆六年修），台湾文献丛刊第74种

63. 范　咸，六十七:《重修台湾府志》，收录《台湾府志（三种）》，中华书局，1985年

64. 高拱乾:《台湾府志》，收录《台湾府志（三种）》，中华书局，1985年

65. 蒋毓英:《台湾府志》，收录《台湾府志（三种）》，中华书局，1985年

66. 周元文:《重修台湾府志》（康熙51年修），台湾文献丛刊第66种

67. 余文仪:《续修台湾府志》（乾隆29年修），台湾文献丛刊第121种

68. 周钟瑄:《诸罗县志》，台湾文献丛刊第141种

69. 王瑛曾:《重修凤山县志》，台湾文献丛刊第146种

70. 林　豪:《澎湖厅志》（光绪19年修），台湾文献丛刊第164种

71. 周　玺:《彰化县志》（道光12年修），台湾文献丛刊第156种

72. 胡建伟:《澎湖纪略》（乾隆34年修），台湾文献丛刊第109种

73. 陈文达:《凤山县志》（乾隆58年修），台湾文献丛刊第124种

74. 陈文达:《台湾县志》，台湾文献丛刊第103种

75. 王必昌:《重修台湾县志》（乾隆17年修)，台湾文献丛刊第113种

76. 谢金銮:《续修台湾县志》（嘉庆12年修)，台湾文献丛刊第140种

77. 周 凯主纂，厦门市地方志编纂委员会整理:《厦门志》，鹭江出版社，1996年

78. 孙元衡:《赤嵌集》，台湾文献丛刊第10种

79. 朱仕玠:《小琉球漫志》，台湾文献丛刊第3种

80. 丁曰健:《治台必告录》，台湾文献丛刊第17种

81. 姚 莹:《东槎纪略》，台湾文献丛刊第7种

82. 姚 莹:《东溟奏稿》，台湾文献丛刊第49种

83. 朱景英:《海东札记》台湾文献丛刊第19种

84. 江日升著，刘文泰点校:《台湾外记》，齐鲁书社，2004年

85. 施 琅:《靖海纪事》，福建人民出版社，1983年

86. 林 豪:《东瀛纪事》，台湾文献丛刊第8种

87. 郁永河:《裨海纪游》，台湾文献丛刊第44种

88. 黄叔璥:《台海使槎录》，台湾文献丛刊第4种

89. 蓝鼎元:《东征集》，台湾文献丛刊第12种

90. 蓝鼎元:《平台纪略》，台湾文献丛刊第14种

91. 蓝鼎元撰，蒋炳钊等点校:《鹿洲文集》，厦门大学出版社，1995年

92. 陈 璸:《陈清瑞公文集》，台湾文献丛刊第116种

93. 六十七:《使署闲情》，台湾文献丛刊第122种

94. 徐宗干:《斯未信斋文编》，台湾文献丛刊第87种

95. 吴德功:《戴施两案纪略》，台湾文献丛刊第47种

96. 周 凯:《内自讼斋文选》，台湾文献丛刊第82种

97. 刘铭传《刘壮肃公奏议》，台湾文献丛刊第27种

98. 刘铭传《刘铭传抚台前后档案》，台湾文献丛刊第276种

99. 吴赞诚:《吴光禄使闽奏稿选录》，台湾文献丛刊第231种，

100. 左宗棠:《左文襄公奏牍》，台湾文下丛刊第231种

101. 沈葆桢:《福建台湾奏折》，台湾文献丛刊第29种

102. 刘　璈:《巡台退思录》，台湾文献丛刊第21种
103. 李鸿章:《李鸿章全集》，海南出版社，1999年
104. 李鸿章:《李文忠公选集》，台湾文献丛刊第131种
105. 徐继畬:《瀛寰志略》（近代文献丛刊），上海书店出版社，2001年
106. 夏子阳:《使琉球录》，台湾文献丛刊第287种
107. 李鼎元:《使琉球记》，小方壶斋舆地丛钞第10帙（1）
108. 蒋维炎:《妈祖文献资料》，福建人民出版社，1990年

二、参考文献

1. 连　横:《台湾通史》，商务印书馆，1983年
2. 钱实甫;《清代职官年表》，中华书局，1980年
3. 钱实甫:《清代重要职官年表》，中华书局，1977年
4. 钱实甫:《清季新设职官年表》，中华书局，1977年
5. 张德泽:《清代国家机关考略》，中国人民大学出版社，1981年
6. 刘子扬:《清代地方官制考》，紫禁城出版社，1988年
7. 瞿同祖:《清代地方政府》，法律出版社，2003年版
8. 施联朱，许良国:《台湾民族历史与文化》，中央民族学院出版社，1987年
9. 扬彦杰:《荷据时代的台湾》，江西人民出版社，1992年
10. 陈碧笙:《台湾地方史》，中国社会科学出版社，1990年
11. 陈在正:《台湾海疆史研究》，厦门大学出版社，2001年
12. 林国平，彭文宇:《福建民间信仰》，福建人民出版社，1993年
13. 林国平，邱季端:《福建移民史》，方志出版社，2005年
14. 陈孔立:《清代台湾移民社会研究》，九州出版社，2003年
15. 李祖基:《台湾历史研究》，台海出版社，2005年
16. 谢必震:《中国与琉球》，厦门大学出版社，1996年
17. 王日根:《明清海疆政策与社会发展》，福建人民出版社，2006年
18. 陈支平:《民间文书与台湾社会经济史》，岳麓书社，2004年
19. 刘　伟:《晚清督抚政治——中央与地方关系研究》，湖北教育出版社，2003年
20. 施伟青:《施琅与台湾》，社会科学文献出版社，2004年

21．许毓良：《清代台湾的海防》，社会科学文献出版社，2003 年

22．王宏斌：《清代前期海防——思想与制度》，社会科学文献出版社，2002 年

23．刘登翰：《中华文化与闽台社会——闽台文化关系论纲》，福建人民出版社，2002 年

24．刘　彦：《中国近史外交史》，台湾文海出版社有限公司，1983 年

25．周育民：《晚清财政与社会变迁》，上海人民出版社，2000 年

26．冯尔康：《清史史料学》，沈阳出版社，2004 年

27．李云泉：《朝贡制度史论——中国古代对外关系体制研究》，新华出版社，2004 年

28．黄顺力：《海洋迷思》，江西高教出版社，1999 年

29．秦天，霍小勇：《中华海权史论》，国防大学出版社，2000 年

30．毛振发：《边防论》，军事科学出版社，1996 年

31．李明春：《海权论衡》，海洋出版社，2004 年

32．张　炜：《中国海疆通史》（中国边疆通史丛书），中州古籍出版社，2002 年

33．马大正：《中国边疆经略史》（中国边疆通史丛书），中州古籍出版社，2000 年

34．罗尔纲：《晚清兵志》，中华书局，1999 年

35．邵逼正：《中法越南关系始末》，河北教育出版社，2000 年

36．［日］滨下武志：《近代中国的国际契机》，中国社会科学出版社，1999 年

37．朱维干：《福建史稿》（上下），福建教育出版社，1986 年

38．马汝珩，马大正主编：《清代的边疆政策》，中国社会科学出版社，1994 年

39．白新良：《清代中枢决策研究》，辽宁人民出版社，2002 年

40．陈尚胜：《闭关与开放：中国封建晚期对外关系研究》，山东人民出版社，1993 年

41．刘文鹏：《清代驿传及其与疆域形成关系之研究》，中国人民大学出版社，2004 年

42．宝音朝克图：《清代北部边疆卡伦研究》，中国人民大学出版社，2005 年

43. 张胜彦:《清代台湾厅县制度之研究》,台湾华世出版社,1993年

44. 徐式圭:《中国监察史略》,中华书局,1937年

45. 高一涵:《中国御史制度沿革》,商务印书馆,1934年

46. 曾纪蔚:《清代之监察制度论》,兴宁书店,1931年

47. 吴 法:《台湾历史札记》,台湾七十年代杂志社,1976年

48. 赤领诚纪:《大航海时代之琉球》,冲绳时报社,1988年

49. 李金强:《清代福建史论》,香港教育图书公司,1996年

50. 张世贤:《晚清治台政策(1874—1895)》,台湾商务印书馆,1978年

51. 张炎宪:《台湾史与台湾史料》,台湾自立晚报社文化出版部,2005年

52. 张崇根:《台湾世居少数民族研究》,民族出版社,2002年

53. 陈捷先:《清代台湾方志研究》,台湾学生书局,1996年

54. 陈捷先等:《近代台湾的社会发展与民族意识》,香港中华书局,1987年

55. 曹永和:《台湾早期历史研究》,台湾联经出版事业股份有限公司,2003年

56. 陈其南:《台湾的传统与中国社会》,台湾允晨文化实业股份有限公司,1998年

57. 方 豪:《台湾早期史纲》,台湾学生书局,1984年

58. 许雪姬:《北京的辫子——清代台湾的官僚体系》,台湾自立晚报社文化出版部,1993年

59. 许雪姬:《清代台湾的绿营》台湾"中央研究院"近代史研究所专刊第(54),1987年

60. 吴密察等:《台湾史料集成提要》,台湾远流出版公司

61. 张炎宪,陈美蓉:《台湾史与台湾史料》,台湾自立晚报社文化出版部,1994年

62. 王晴佳:《台湾史学五十年(1950—2000):传承、方法、趋势》,台湾麦田出版,2003年

63. 戴炎辉:《清代台湾之乡治》,台湾联经出版事业公司,1979年

64. 庄吉发:《清代史料论丛》(1.2)台湾文史哲出版社,1997年

65. 庄吉发:《清代奏折制度》(故宫丛刊甲种),1975年

66. 庄吉发:《清高宗十全武功研究》，中华书局，1987 年

67. 辛　鸣:《制度论》，人民出版社，2005 年

68. 郭松义:《清朝典章制度》，吉林文史出版社，2003 年

69. 王亚南:《中国官僚政治研究》，中国社会科学出版社，1984 年

70. 钱　穆:《中国历代政治得失》，三联书店，2001 年

71. 苏亦工:《明清律典与条例》，中国政法大学出版社，1999 年

72. 郑　秦:《清代法律制度研究》，中国政法大学出版社，2000 年

73. 邱永明:《中国监察制度史》，华东师范大学出版社，1992 年

74. 韦庆远:《明清史料辨》，中国社会科学出版社，1989 年

75. 杨启樵:《雍正帝及其密折制度研究》，上海古籍出版社，2003 年

76. 谢国兴:《官逼民反：清代台湾三大民变》，台湾自立晚报社文化出版部，1993 年

77. 周益锋:《晚清海防思想研究》(西北大学博士论文，2004 年)

78. 任念文:《西北与中原》(华东师范大学博士论文，2003 年)

79. 覃寿伟:《清代前期东南督抚与海疆社会治理》(厦门大学博士论文，2006 年)

80. 石弘毅:《清代康熙年间治台策研究》(台湾成功大学博士论文，2007 年)

81. 施志汶:《清康雍乾三朝的治台政策》(台湾师范大学博士论文，2000 年)

82. 罗春寒:《清代台湾平埔族文化变迁之研究》(中央民族大学博士论文，2005 年)

83. 卓克华:《从寺庙发现历史——台湾寺庙文献之解读与意函》(厦门大学博士论文，2002 年)

84. 许世颖:《清代台湾书院研究》(台北师范学院硕士论文，1995 年)

85. 何孟兴:《清初巡台御史制度之研究》(东海大学历史所硕士论文，1989 年)

86. 张舜华:《台湾官制中“道”的研究》(台湾大学历史所硕士论文，1980 年)

87. 黄昭仁:《清代台湾知府之研究》(东海大学历史学系硕士论文，1995 年)

88. 蓝国荣:《蓝鼎元研究》(高雄师范大学文研所硕士论文，1988 年)

89. 刘守德:《清代台湾史事考》(国立武汉大学文学院史学系毕业论文,1945 年)

90. 黄跃荣:《1683—1860 年台湾米谷运销大陆研究》(厦门大学硕士论文,2002 年)

91. 陈一容:《清代官吏惩戒制度研究》(西南师范大学硕士论文,2005 年)

92. 石万寿:《清代台湾科举制度的研究》(台湾成功大学历史语言研究所硕士论文,1989 年)

93. 林淑慧:《黄叔璥及其〈台海使槎录〉研究》(台湾师范大学国文所硕士论文,2002 年)

94. 张 炎:《清代初期治台政策的检讨》,《台湾文献》21 卷 1 期

95. 刘广京:《晚清督抚权力问题商榷》,《台湾文献》27 卷 4 期

96. 李祖基:《清代巡台御史制度研究》,《故宫博物院院刊》2003 年第 2 期

97. 李祖基:《论清代政府的治台政策》,《台湾研究》2001 年第 3 期

98. 李祖基:《清代台湾地方的开发与岛上对外交通》,《台湾研究集刊》2002 年第 2 期

99. 徐万民:《建省前清政府管制台湾的若干特殊制度》,《明清论丛》(第 4 辑)

100. 徐晓望:《论晚明对台湾、澎湖的管理及设置郡县的计划》,《中国边疆史地研究》2004 年第 3 期

101. 卢建一:《试论清代闽台区域一体化的形成》,《东南学术》2004 年第 2 期

102. 张晶晶:《清代钦差大臣存在原因探析》,《河南大学学报》2002 年第 3 期

103. 黄国盛:《试论清代前期的闽台对渡贸易政策》,《福州大学学报》2000 年第 2 期

104. 季云飞:《清代台湾建省述论》,《江苏社会科学》1996 年第 6 期

105. 刘 战:《试论清代的监察制度》,《辽宁大学学报》2001 年第 5 期

106. 苏 德:《试论晚清边疆、内地一体化政策》,《中国边疆史地研

究》2001 年第 4 期

107. 刘文鹏:《清代驿传体系的近代转型》,《清史研究》2003 年第 4 期

108. 王跃生:《清代督抚体制探析》,《社会科学辑刊》1993 年第 4 期

109. 林富士:《清代台湾的巫觋与巫俗》,《新史学》第 16 卷 3 期(2005 年)

110. 张世贤:《清代台湾镇道关系》,《台湾风物》第 26 卷 5 期

111. 刘熊祥:《总理各国事务衙门及其海防建设》,吴相湘等编《中国近代史论丛》(第 1 辑)

112. 杨齐福:《清代台湾科举考试与移民》,《台湾研究》2006 年第 2 期

113. 张玉发:《台海两岸史学发展之异同》,《近代中国史研究通讯》第 18 期(1994 年)

114. 王晴佳:《台湾史学的变与不变》,《台湾大学历史学报》第 24 期(1999 年)

115. 卢美松:《从台湾地方志编修看国家主权行使》,《福建论坛》2005 年第 11 期

116. 唐一飞:《清代巡台御史传略及诗录》,《史联杂志》第 13 期(1988 年)

117. 林庆元:《南征纪程》、《台海使槎录》及其关于首任巡台御史黄叔璥的几个问题,香港:珠海书院亚洲研究中心,1977 年 7 月

118. 许雪姬:《首任巡台御史黄叔璥研究》,《台北文献》直 44 期(1978 年)

119. 张胜彦:《清代台湾书院制度初探》,《食货月刊》,复刊第 6 卷第 3—4 期(1976 年)

三、外文文献

1. 伊能嘉矩:《台湾文化志》,日本东京:刀江书院,昭和三年。

2. 增田福太郎:《台湾 宗教》,日本东京:养贤堂,昭和十四年。

后 记

本书是以我的博士论文为基础，除接受盲评专家提出的具体建议外，未做大的修改。拙著付梓之际，觉得有必要对书中运用的概念及研究重点作一交代与说明。

首先是关于概念的运用。本书的主题概念，渡海巡台制度，其核心是巡台制度，之所以突出和强调“渡海”，一是为了区分清代台湾地方官员，如台湾镇、道的巡台活动；因为，根据清代吏部规则，各级地方官员均有巡阅所治地方之责。二是为了突出陆权时代，台湾海峡特殊自然环境给中央政府带来的治理困难。三是表达传统陆权国家管辖或治理其岛屿领土的象征意义。

其次是本书的研究重点。诚如本书在绪论中对相关研究成果的回顾可知，目前学术界的研究现状为本书的进一步研究留下了相当大的空间，但并不意味着可以对清代渡海巡台制度做全方位研究。本书根据现有资料和本人的研究能力，暂将研究重点集中在清代渡海巡台制度的演变及其功能，以确定其在中原王朝对台湾实行直接管辖中的地位和价值。至于更为深入或更为细节的问题，如渡海巡台制度与“闽台合治”管辖体制之间的关系，制度实际运作过程中台湾地方官员的反应，等等，同样有研究价值和研究意义，需要深入研究，或因篇幅所限，或因史料不济，将俟诸来日。

本书在选题和研究过程中，除得到业师罗福惠先生悉心指导外，还得到厦门大学陈孔立教授、李祖基教授、王日根教授，福建师范大学谢必震教授，华南师范大学谢放教授，华中师范大学吴琦教授，河南大学马小泉教授、郭常英教授的多方指教；特别是谢放教授的鼓励与启发增强了本人的研究信心，在此一一鞠躬致谢。本书还受益于博士论文答辩委员会之冯天瑜教授、朱英教授、严昌洪教授、刘伟教授、彭南生教授的建议，疏漏之处得以弥补，心中亦是感激。

不能忘记的是，海峡两岸学者为台湾早期文献的搜集与整理所做的极大努力，大大减轻了本人资料搜集之苦，并幸得运用一些稀有文献。非常感谢，华中师范大学近代史研究所的何卓恩教授、郑成林副教授，每次赴台访学将带回的珍贵资料，慷慨赐予。

本书得以顺利出版，还要感谢九州出版社总编辑王杰教授的诸多关照。

最后，需要特别指出的是，受研究能力所限，本书仍停留在较低水平，浅薄、疏漏，乃至谬误似所不免，祈请博雅君子，教正为幸。

尹全海

2007 年 6 月